[제2판]

초등교육론

권동택 · 남미 · 박현진 · 성경환 · 이주영 · 장진희 · 정지선

YANGSEOWON
양서원

2판 머리말

이 책은 초등교육에 대한 입문서로서 예비 초등교사들의 꿈을 향한 첫걸음을 함께 걸어가고자 하는 마음으로 2014년에 초판이 발간되었다. 초등교육론 초판이 나온 이래로 벌써 10년의 시간이 지났다. 교육은 백년지대계라고 하지만 강산이 변한다는 그 시간 동안 우리나라 초등교육에도 많은 변화가 이루어졌고, 지금도 여전히 미래 교육이라는 이슈 하에 다양한 접근의 담론들이 이어지고 있다. 이번 개정판 역시 그러한 교육의 변화에 맞춰 수정과 보완의 필요성을 느끼며 개정 작업을 하게 되었다.

도서 출판의 특성상 현재의 변화의 속도를 따라가지는 못하겠지만, 새로운 교육학적 근거를 바탕으로 초등교육의 이론과 새로이 바뀐 실제를 최대한 반영하고자 노력하였다. 이를 위해 개정판은 2가지 측면을 중점적으로 고려하여 수정되었다.

첫째, 초판 이래 변화된 초등교육에 대한 이론과 연구, 정책을 최대한 반영하여 시의성을 높이고자 했다. 이를 위해 2장 및 4장에서는 우리나라와 해외의 개정된 교육 목적 및 교육과정을 반영하였으며, 3장에서는 근대 이후부터 현재까지의 우리나라 초등교육의 역사적 흔적을 반영하여 추가하였다. 둘째, 사회의 변화에 맞춰 바뀐 초등학교 교육 현장의 모습을 담고자 각 장의 개념에 관한 실제적인 사례와 현장 목소리를 담아 초등학교 교육의 실제적인 이해의 제고를 목적으로 보완했다. 또한 최근 강조되고 있는 새로운 수업방법을 5장에 추가하였으며, 6장 및 8～13장의 초등교육 실제 영역의 내용을 보강하여 초등학교 교실에서 이루어지는 초등교육의 다양한 모습을 조금 더 생생하게 담고자 노력했다.

많은 관심과 사랑 속에 지난 시간 동안 이 책으로 초등교육을 접한 예비교사들이 어느새 학교 현장에서 우리나라의 초등교육을 책임지는 교육리더로서 교사가 되었을 것으로 믿는다. 초등학교 교사를 꿈꾸는 많은 이들의 여정에 조금이나마 길잡이가 되었길 바라며, 개정판 발간을 통해 그동안의 독자들에게 깊은 감사의 마음을 전한다. 앞으로도 이 책이 우리나라 초등교육의 미래를 책임질 예비교사로 하여금 그들의 꿈에 다가가는 그 걸음의 작은 불빛이 되길 희망한다.

2023년 7월

한국교원대학교 연구실에서

著者 識

머리말

교육은 기본적으로 자식이 잘 되기를 바라는 부모의 마음과 같다. 역사 이래 기성세대는 다음 세대가 잘 되기를 바라는 마음으로 교육을 행해 왔다. 이러한 교육은 인류 역사의 시공간 속에서 다양한 형태로 이루어져 왔으며, 사회나 국가가 학교에 부여한 의미도 달라졌다. 역사적으로 19세기까지의 초등교육은 중등교육에 비해 중요한 의미를 갖지 못했으며, 중등교육 단계와 어떠한 제도적 연결 고리도 갖고 있지 못했다. 이후 근대 교육법 및 학제의 발달과 함께 초등교육은 중등교육과 교육제도적 관점에서 연속성을 가질 수 있었으며, 초등교육 자체에 대한 중요성과 고유의 정체성 논의들이 이루어져 왔다.

그러나 급변하는 현대 사회에서 초등교육은 점차 그 자체로서의 본질이 아닌 일반적인 학교교육의 보편적 범주에서 논의되는 경향이 있으며, 의무교육의 연장과 국민공통기본교육과정의 확대 및 기초교육의 재해석 등으로 유아교육이나 중등교육과는 다른 독특한 정체성 확보가 점차 애매해지고 있다. 과연 초등교육만의 독특한 성격을 어떻게 설정하고 학문적 정체성을 확보할 것인지는 이제 중요한 과제가 아닐 수 없게 되었다. 본서는 바로 이러한 이유와 고민으로 집필되었다.

본서는 내용 전개상 다음과 같은 집필 목적을 가지고 구성되었다.

첫째, 초등교원양성대학에서 초등(학교)교육에 처음 입문하는 대학생들을 대상으로 초등교육에 대한 기본 이해를 제고할 수 있도록 하는 데 초점을 두었다. 따라서 교육학의 기초적인 강좌를 접하고 있는 예비교사들에게 초등교육의 기본 원리와 실제를 쉽게 접할 수 있게 하였다.

둘째, 교육학의 기본 영역을 전반적으로 다루되 교육학 영역에서의 초등교육의 기본 성격을 보다 심화하도록 하였다. 특히 본서는 교육학의 기본 영역을 통하여 초등교육의 성격과 원리를 이해하고 초등학교 현장에서의 실제적 교육의 맥락과 연계하는 데 중점을 두었다.

셋째, 초등교육에 대한 기본 이론과 실제를 함께 다루고자 하였다. 사실 교육이론이 교육에 대해 어떠한 신념과 가치를 갖고 있느냐에 따라 교육의 실제는 달리 접근될 수 있다. 따라서 본서는 교육 일반에서 공통으로 통용되는 이론을 기본적으로 다루었으며 보다 쉬운 용어로 진술하려 노력했다. 또한 교육 실제는 교육 현상을 전제로 접근되며 학교 현장이나 정책의 변화는 교육 실제에 영향을 주게 된다는 점을 고려해서 교육 실제 부분은 특정 상황이나 특정 지역으로 국한하지 않고 일반적으로 통용되는 보편적 사례를 제시하고자 했다.

본서의 장별 구성은 전체 14장으로, 1장 초등교육의 기본 이해, 2장 초등교육의 목적, 3장 초등교육의 역사, 4장 초등교육과정, 5장 초등 교수-학습, 6장 초등교육 평가, 7장 초등학교 아동, 8장 초등생활지도, 9장 초등학교 훈육, 10장 초등학교 조직 및 학급경영, 11장 초등학교 교사, 12장 초등학교와 학부모, 13장 초등학교와 지역사회, 14장 초등교육의 과제 등으로 구성되었다. 각 장의 기본 구조는 교육학의 기본 이해와 관련 기초 이론, 초등교육의 성격과 초등학교에서의 실제로 구분하여 집필되었다.

그러나 본서를 집필하는 과정에서 몇 가지 아쉬움이 남아 있다. 먼저 초등교육 개론(입문)서의 성격으로 집필되었다는 점에서 보다 다양하고 심층적인 내용을 다루지 못한 아쉬움이 있다. 또한 본서의 교육 실제 부분의 내용은 한시적일 수 있으며 교육 현장의 변화에 따라 향후 개정되어야 할 것으로 본다. 결국 본서가 갖고 있는 총론으로서의 성격상 심화 내용과 보다 구체적인 실제 부분의 아쉬움은 이후 초등교육 관련 각론의 출판으로 달래고자 한다.

본서를 집필하는 과정에서 기본 내용의 오류 문장과 편집상 문제는 전적으로 저자들에게 책임이 있다. 끝으로 본서를 출판하게 한 양서원 박철용 회장님께 감사를 드리고 원고 교정으로 수고한 박사과정 최연희 대학원생에게도 고마운 마음을 전한다.

2014년 6월
한국교원대학교 연구실에서
著者 識

차례

Chapter 04 초등교육과정 / 97

Chapter 05 초등 교수-학습 / 141

Chapter 06 초등교육평가 / 171

Chapter 07 초등학교 아동 / 201

Chapter 08 초등생활지도 / 251

Chapter 09 초등학교 훈육 / 279

Chapter 10 초등학교 조직 및 학급경영 / 307

Chapter 11 초등학교 교사 / 339

Chapter 12 초등학교와 학부모 / 367

Chapter 13 초등학교와 지역사회 / 383

Chapter 14 초등교육의 과제 / 399

CHAPTER

01

초등교육의 기본 이해

1. 교육과 학교교육
2. 초등교육 이해의 기본 전제
3. 초등교육의 개념적 성격
4. 초등교육에서의 아동 인식의 중요성

1. 교육과 학교교육

가. 교육의 정의와 개념

1) 교육의 정의

'교육이란 무엇인가, 인간이란 무엇인가, 사랑이란 무엇인가'와 같은 질문들은 인류가 사고하기 시작한 이래로 꾸준하게 논의되어 왔다. 이러한 질문들은 인간 삶에서 가장 흔한 질문일 수 있어 너무 친숙하기에 오히려 대답하기 어려운 것 중의 하나이다. 왜냐하면 인간 삶의 과정과 밀접한 단어일수록 간단한 단어의 조합으로 표현할 수 없는 그 어떤 의미가 더 중요할 수 있기 때문이다. 이처럼 '교육'이라는 단어가 인간 삶에서 '인간', '사랑', '도덕'과 같이 대답하기 어려운 것 중 하나라면, 교육은 '교육'이라는 단어의 정의(definition, 定義)에서부터 학문으로서 어려움을 겪는다. 하지만 교육학이 하나의 학문으로 발전해 가기 위해서는 학문체계로서의 '교육'의 정의를 보다 확실히 할 필요성이 있다.

교육학에서 '교육'의 정의가 중요함에도 불구하고, '교육'은 다른 추상적인 단어가 그러하듯 그리 쉽게 정의를 내릴 수 없다. 물론 일상생활에서 우리는 '교육'이라는 단어를 자주 사용하고 있다. 그렇다면 적어도 일상생활에서의 '교육'과 교육학에서 다루어지는 '교육'은 동일하게 인식될 수 있는지 살펴볼 필요가 있다(고재천 외, 2007).

교육은 그것을 생각하는 사람들 수만큼이나 다양하게 정의될 수 있다. 누구나 '교육이란 무엇인가'에 대해 자신의 삶과 앎의 과정을 통하여 대답할 수 있기 때문에 교육은 매우 다양하게 정의되고 있는 것이 사실이다. 교육에 대하여 사람들이 갖는 철학적 사유와 생활방식에서 오는 인식의 차이로 인해 교육에 대한 정의방식과 그 수준은 다양할 수밖에 없다. 즉, '교육'이라는 단어를 생각할 때, 자신의 가치관이 어떻게 내재되어 있는가에 따라 혹은 자신의 삶을 통한 사고방식이 어떠한가에 따라 '교육'은 매우 다양한 의미로 표현된다. 그러나 교육이라는 단어가 그것을 생각하는 사람들만큼 다양하게 여겨진다면 하나의 학문으로서 교육학은 인정되기 어렵다(고재천 외, 2007). 따라서 교육학이 하나의 학문으로 발전하기 위해서는 '교육'의 정의에 있어서 개별적이고 독특한 정의가 아닌 보다 공유된 인식이 필요하다.

교육을 규정한 여러 논의를 검토해 보면, 교육을 이해하는 방식은 크게 3가지가 있다(곽병선, 1986; 정범모, 1968; Schofield, 1972).

규범적 정의(normative definition)는 교육을 이상적인 사회건설이나 인간양성을 위한 실천 대상으로 보고, 교육의 정의를 실천의 방향과 길잡이가 되는 것으로 본다. 이러한 정의방식은 가치와 신념에 기반하고 있기 때문에, 그 성격상 주관적이고 당위적인 성격을 띠게 된다. 규범적 정의의 대표적 예는 Peters(1966)의 정의로, 교육을 '모종의 가치 있는 것을 도덕적으로 온당한 방식을 통해 의도적으로 전달하는 행위'로 보고 있다.

기술적 정의(descriptive definition)는 교육현상을 자연현상처럼 과학적 탐구의 대상으로 삼는다. 이러한 정의방식은 과학적으로 증명된 법칙을 처방하여 목적을 달성하고 전체적인 입장보다 분석적으로 이해하려는 환원주의적 입장을 취한다. 정범모(1968)의 정의가 대표적이며, 공학적 정의로도 불린다. 그는 교육을 '인간 행동의 계획적 변화'로 보고 있는데, 여기에서 '인간 행동'은 교육의 대상, '계획적'은 교육의 의도성, '변화'는 교육의 목적과 결과를 나타낸다.

약정적 정의(stipulative definition)는 교육에 관한 다양한 생각과 의견을 정의를 통해 약정하는 것으로서 특정한 맥락 속에 놓여 있다. 기술적 정의가 '교육은 ~이다'와 같은 형태를 띤다면, 약정적 정의는 '교육은 ~로서 생각될 수 있다'와 같은 형태를 띤다. 약정적 정의는 잠정적으로 우리가 이해하기를 원하는 것으로 약속하여 정하는 것이다.

또한 서정기(1992)는 여러 가지로 규정하고 있는 교육의 정의를 종합하여 기능적 정의, 규범적 정의, 조작적 정의로 분류하고 있다.

첫째, 기능적(機能的) 정의는 교육이 무엇을 위한 수단인지를 밝힌다. 기능적 정의에서 교육은 '국가 발전의 기본 요소', '경제 발전의 원동력', '문화 전달의 수단' 등으로 규정될 수 있다. 이러한 기능적 정의는 교육의 도구적 가치를 중요시하는 입장이다.

둘째, 규범적(規範的) 정의는 목적론적 정의라고도 하는데, 교육의 궁극적 목적을 진, 선, 미와 같은 진리 추구로 보고 이를 어떻게 추구하느냐에 관심을 둔다. 규범적 정의에 따른 교육은 '사랑을 실현하는 과정', '민주성을 계발하는 과정' 등과 같이 목적의 실현에 초점을 두는 규정으로서 선언적인 의의가 있다.

셋째, 조작적(操作的) 정의는 실제에 포함되는 요인과 활동의 견지에서 내린 정의로서 대표적으로 교육은 '인간 행동의 계획적인 변화'(정범모, 1968)로 규정할 수 있다. 이러한 교육의 조작적 정의는 교육인 것과 아닌 것의 구분을 명확하게 밝혀줄 수 있다.

한편 '교육'이라는 단어의 진술방식에는 가치지향적인 것과 가치중립적인 것이 있다. 가치지향적인 진술방식은 '교육은 이러한 것이어야 한다'는 자신의 가치관이 내재된 것으로 규범적 진술방식이다. 가치중립적인 진술방식은 자신의 가치관을 가능한 한 배제한 것으로 '교육은 이것이다'와 같은 분석적 진술방식이다.

교육학에 있어서 '교육'이라는 단어의 진술문제는 가치지향적인 문제에서 가치중립적인 문제로의 과정이라고 할 수 있다. 물론 교육에 있어서 가치의 문제는 중요하다. 교육을 행함에 있어서 가치지향적인 것을 추구할 경우 교육적으로 바람직한 가치를 지닌 활동이어야 한다는 전제는 두말할 나위가 없다. 다만 이러한 전제하에 누구나 생각하고 있는 '교육'의 정의에서 누구나 보편적으로 인정하는 '교육'의 개념적 요소들을 추출하는 것이 바로 교육학에서 가장 먼저 이루어져야 할 과제인 것이다. 예컨대 A라는 사람은 교육을 '출세의 수단'으로 여길 수도 있고, B라는 사람은 교육을 '국가 발전의 원동력'으로 여길 수도 있다. 또한 C라는 사람은 교육을 '자아실현의 한 과정'으로 여길 수도 있다. 누구라도 그러한 사고방식에 대하여 자기 관점에서 비판할 수는 있지만 그 누구도 전적으로 부정할 수는 없다(고재천 외, 2007). 그렇다면 이러한 다양한 교육의 정의 방식에서 어떻게 누구나 인정할 수 있는 보편적인 개념적 요소들을 추출할 수 있을 것인가? 이것이 바로 일상용어로서의 교육이 아닌 교육학으로서의 교육을 이해하는 가장 기본적이고 중요한 첫걸음인 것이다.

2) 교육의 개념

'교육'은 추상적인 단어이다. '사랑', '삶', '악', 혹은 '선'과 같이 명확한 의미로 이해하기 어렵고 정의하기 어려우며, 다른 이에게 구체적이고 명료하게 전달하기도 힘들다. 모든 추상적인 단어가 가지고 있는 공통된 속성은 그 단어를 사유하는 사람 수만큼이나 다양하게 정의된다는 사실이다. 따라서 누구나 인정하는 구체적이고 명확한 개념을 정의한다는 것은 매우 어려운 일이다.

그러나 교육학이 하나의 학문으로 발전해 나가기 위해서는 반드시 '교육'이라는 단어에 대한 명확하고 구체적인 개념화가 필요하다. 추상적인 단어인 '교육'의 개념을 구체화하는 방법은 조작적 정의를 통해 가능하다. '교육'의 다양한 정의 중에서 공통 요소를 추출하는 것이다. 공통 요소는 '교육'에 대한 개념 혹은 정의에 포함되는 요소로서, '교육'이라는 단어를 개념화할 때 보편적으로 포함되는 것이다. 교육을 생각하는 사람들의 사고방식을 추출할 수는 없지만, 개개인들이 나름대로 생각하고 있는 '교육'이라는 단어의 정의에서 추출된 공통 요소들을 보면 다음과 같다.

- 인간
- 행동특성
- 의도성 · 계획성
- 변화
- 과정

이상의 단어들이 '교육'이라는 단어를 공통적으로 개념화할 수 있는 가장 핵심적이고 기본적인 것들이다. 우리는 이러한 단어들을 가지고 '교육'을 일상적인 용어와 교육학적인 용어로 구별하여 학문적으로 접근해 갈 수 있는 것이다. 또한 이러한 단어들은 행동상 변화를 일으키는 어떤 행위가 교육학에서 다루어지는 교육적 행위인지 아닌지를 판단하는 최소한의 기준이 될 수도 있다.

교육을 몇 가지의 단어만으로 표현할 수는 없지만 위에 제시한 단어들을 하나의 문장으로 만들면 교육은 '인간의 행동특성을 의도적·계획적으로 변화시키는 과정'으로 단순하게 개념화할 수 있다. 바로 이러한 형식의 진술방식이 교육의 조작적 정의이다. 이처럼 교육학에서 사용되는 개념의 범위를 한정시키거나 교육에 관한 개념을 보다 명백히 하고자 할 때 조작적 정의를 한다. 교육의 조작적 정의를 통하여 교육의 본질적 속성을 살펴보면 다음과 같다(고재천 외, 2007).

첫째, 교육은 인간을 1차적 대상으로 하는 행위이다. 인간이 아닌 동물을 대상으로 하는 어떠한 행위도 교육학적인 관점에서 교육이라는 단어를 사용할 수 없다. 물론 일상적인 용어로 사용할 수는 있다. 예컨대, 집에서 기르는 개를 대상으로 훈련을 시킬 때, 교육시킨다고 일상적으로 말할 수 있다. 그러나 교육학적 용어와 일상용어와의 질적인 구분이 필요하다.

둘째, 교육은 인간의 행동특성을 2차적 대상으로 하는 행위이다. 물론 행동특성은 전인을 의미한다. 즉, 인간의 신체적·정의적 영역뿐만 아니라 인지적 영역 모두를 대상으로 하는 행동특성의 변화는 교육활동에서 개별적으로 고려되는 것이 아니라 전인적 관점에서 고려되어야 한다. 엄격히 말하면, 인간의 특정 신체 부위만을 대상으로 하거나 특정 인지적 과정만을 대상으로 하는 것은 교육이라는 의미를 매우 좁은 관점으로 바라보는 것이다. 가령 농구선수의 드리블 기술을 연습시킬 때 우리는 농구선수를 교육시킨다고 말할 수 있다. 그러나 이때에는 교육학적인 관점에서 포괄적 의미를 가지는 '교육'이라는 단어보다는 '훈련'이라는 단어를 사용하는 것이 더 바람직하다.

셋째, 교육은 인간의 행동특성에 대한 의도적이고 계획적인 행위이다. 반대로 의도하지 않고 계획하지 않은 행위는 교육이 아닌 것이다. '의도성'이라는 의미는 일정한 방향을 추구한다는 것이다. 즉 교육은 교육목표를 추구하는 것이며 목표 달성을 위한 체계적인 조직과 관리를 통해 계획적으로 이루어지는 다양한 교육내용과 지도방법을 의미한다.

넷째, 교육은 변화시키는 행위이다. 교육은 인간의 행동특성을 변화시키는 행위이지, 자연적으로 변화하는 과정이 아니다. 인간은 자연적인 성장이 가능할 수 있다. 또한 스스로 변화하는 학습도 가능하다. 그러나 교육학적인 관점에서 의미하는 교육은 의도적으로 변화시키는 행위인 것이다.

다섯째, 교육은 하나의 과정이다. 교육은 그 행위의 종결이 아닌, 계속적인 삶의 과정이다. 즉 인간은 요람에서 무덤까지 계속적으로 교육받는다. 따라서 교육은 어느 한 기간의 교육을 받은 것으로 종결되는 것이 아니라 하나의 계속적인 과정으로 접근해야 한다.

이와 같이 조작적 정의에 의해 교육을 이해하면 '교육'이라는 단어는 일상적인 용어와 구별되며, 누구나 명확하게 이해할 수 있는 공통적이고 기본적인 요소를 지닌 교육학적인 개념으로 제시될 수 있다. 그러나 이와 같은 접근은 교육적 행위의 영역을 좁힐 수 있다. 인간을 대상으로 했다고 해서 모두 교육이라는 단어를 사용할 수 없으며, 전인적 교육내용을 가지고 교사가 의도적으로 행위를 했다고 해서 바로 교육이라고 할 수 없다. 교육의 조작적 정의는 교육을 교육학적으로 바라보는 최소한의 개념적 요소를 가지고 정의하는 방식으로 이해하여야 한다. 즉 '인간의 행동특성을 의도적·계획적으로 변화시키는 과정'이라는 교육의 조작적 정의가 교육의 완벽한 정의라고 볼 수는 없다. 왜냐하면 교육에 있어서 가장 중요하고 달성하기 어려운 것은 가치의 문제이기 때문이다.

교육에 있어서 가치의 문제는 교육의 조작적 정의 이전의 대전제적 요소라고 할 수 있다. 물론 의도성과 계획성 속에는 가치 있는 것을 지향하고 선택한다는 의미가 포함되어 있지만, 교육 행위 이전에 이미 가치의 문제가 전제되어야 한다. 즉, 바람직하지 않거나 가치롭지 않은 것을 목적으로 하는 행위가 교육의 조작적 정의에 완벽하게 적용된다고 하더라도 이는 교육이 아니다. 예를 들어, 조직폭력배 사회에서 '교육 좀 시켜라' 하는 말이나, 도둑질하는 방법을 가르치는 것과 같은 행위는 교육의 조작적 정의로 충분히 설명할 수 있지만 가치가 배제되었기 때문에 교육이라고 볼 수 없다. 이처럼 교육에 있어서 가치의 문제는 가장 중요하고 선행되어야 할 요소이면서, 동시에 가장 다루기 힘들고 달성하기 힘든 요소이기도 하다.

나. 교육의 형태

교육에 대한 정의는 다양하다. 시대에 따라 교육의 중점을 어디에 두었는지도 달라졌다. 교육의 형태 역시 다음과 같이 여러 가지로 구분할 수 있다.

- 교육 대상: 유아교육, 아동교육, 청년교육, 성인교육
- 교육 장소: 가정교육, 사회교육, 학교교육, 직장교육
- 교육 내용: 일반교육, 특수교육
- 교육 제도: 초등교육, 중등교육, 고등교육
- 형식의 유무: 형식적 교육, 비형식적 교육
- 운영 방식: 대면 교육, 비대면 교육, 온라인 병행학습

교육 대상은 크게 유아, 아동, 청년, 성인으로 구분할 수 있으며 유아는 주로 유치원과 가정에서, 아동은 초등·중등학교에서, 청년은 대학이나 직업 교육기관에서, 성인은 평생교육 측면에서 각종 교육기관에서 교육을 받고 있다.

교육 장소는 가정, 사회, 학교, 직장으로 구분할 수 있다. 한 사람이 동시에 여러 형태의 교육에 참여하는 것도 가능하다. 가령 성인으로서 사회교육과 직장교육을 병행할 수 있다.

교육내용 측면에서의 구분은 일반교육, 특수교육으로 나누어 볼 수 있는데 일반

교육(general education)은 모든 사람에게 공통적으로 필요한 지식이나 경험을 내용으로 하며, 특수교육(special education)은 특수교육 대상자의 교육적 요구를 충족하는 교육과정과 관련 서비스를 내용으로 한다.

교육제도 수준에 따른 교육은 학교교육체제에 따른 교육의 구분을 의미하며 초등교육, 중등교육, 고등교육으로 나누어진다. 우리나라는 현재 6－3－3－4학제로 운영되고 있고 초등교육은 초등학교에서, 중등교육은 중학교·고등학교에서, 고등교육은 대학교·대학원에서 이루어지는 교육을 의미한다.

형식 유무에 따른 교육에서, 형식적 교육(formal education)은 '의도된 교육', '협의의 교육'이라고도 불리며 학교교육과 같이 의도적이고 계획적인 교육을 목적으로 설립된 기관에 의해 이루어지는 교육이다. 반면 비형식적 교육(informal education)은 '무의도적 교육', '광의의 교육'이라고도 불리며 자연발생적으로 진행되는 것으로 교육기관에 의하지 않는 교육이다. 가정이나 사회로부터 인간 발달에 영향을 미치는 직·간접적 교육을 총괄한다.

운영 방식에 따른 교육의 구분은 집합형식의 대면 교육, 원격 형태의 비대면 교육, 두 형태가 결합된 온라인 병행학습으로 나누어진다. 대면 교육은 전통적인 등교수업이며, 비대면 교육은 온라인을 통한 실시간 쌍방향 수업, 콘텐츠 활용 수업, 과제제시 형식의 수업이 있다. 온라인 병행학습은 두 형태 교육의 장점을 살리기 위해 대면과 비대면 교육을 혼합한 방식이다.

다. 학교교육의 의의

학교는 가정에서 이루어지던 비형식적 교육이 아닌 교육을 담당하는 공식적 교육기관이다. 원래 학교(school)의 어원인 라틴어 'schola'는 '여가(餘暇)' 혹은 '한가(閑暇)'의 의미로 전통적으로 학교는 시간적·경제적으로 여유가 있었던 상류층의 전유물이었다. 초기 고대 사회는 문자를 보다 체계적으로 가르쳐 기성세대의 문화를 다음 세대에 전달하고자 일정한 장소에서 교육시킬 수 있는 학교가 필요하게 되었다. 문자의 소유는 특권층의 권리였기 때문에 당연히 학교교육의 대상은 자연스럽게 특권층의 자제들이었다. 물론 인류 역사에 있어서 특정 지식, 태도, 기능 그리고 문화에 대한 전달과정인 교육은 오랜 동안 인류 경험의 일부분으로 함께해 왔지만, 학교는 그러한 문화가 문자를 통해 형식적으로 가르쳐지던 장소였다. Dewey(1952) 역시 학교는 사회의 여러 가지 전통이 복잡하게 되어 많은 영역의 사회적 축적이 문자와 관련되고 문자적 상징체계를 통해 계승될 때 생겨났다고 보았다. 이와 같이 학교교육의 기원은 일정한 장소에서 문자를 통하여 문화를 전달하고, 의도적으로 배우게 되면서부터이다.

학교의 사전적 의미를 보면 '학교'란 일정한 목적·설비·제도 및 규칙에 의거하여, 교사가 계속적으로 피교육자에게 교육을 실시하는 영속적 기관 또는 그 장소, 건물 및 제도이다(이희승, 1997). 또한 일정한 발달 수준에 있는 학생집단에게 일정한 장소에서 일정한 교과를 일정한 계획에 따라 조직적으로 교육하는 곳으로 정의한다(Dictionary of Education, 1973). 따라서 학교는 자연 발생적으로 일어나는 교육이 아닌 일정한 계획에 의거하여 의도적으로 교육이 이루어지는 곳임을 알 수 있다. 이와 관련하여 Dewey(1968)는 학교의 본질적 기능을 다음과 같이 제시하고 있다.

- 학생들이 이해할 수 있을 정도의 경험이나 지식을 중심으로 기본적인 사회적 활동을 선택하여 난이도의 순서로 단순한 환경(a simplified environment)으로 조직하여 제공하는 것
- 학생의 심적 습성에 영향을 미치는 환경에서 무익하고 나쁜 관습을 타파할 수 있게 행동의 정화된 환경 조건(a purified medium of action)을 마련하는 것
- 사회 환경의 여러 요소와 균형을 유지하면서 학생으로 하여금 다른 주변 환경과 역동적인 관계를 맺을 수 있도록 보다 넓은 환경과의 생생한 접촉(living contact with a broader environment)의 기회를 마련하는 것

이와 같이 사회는 학교라는 특수한 환경(a special environment)의 교육기관을 통하여 그 모든 구성원에게 축적된 문화유산들을 적절하게 계승하고 있다.

2. 초등교육 이해의 기본 전제

'나는 누구인가'라고 한 개인의 정체성을 물을 때, 사람들은 인간의 보편성뿐만 아니라 자기 자신의 독특한 측면을 부각시키려고 한다. 만약 나와 너의 다름이 없다면 정체성의 문제는 보편적인 인간성의 문제가 된다. 초등교육이 유아 혹은 중등교육과 다름이 없다면, 초등교육은 그 자체로서의 본질이 아닌 일반적인 학교교육의 보편적 범주에서 논의될 수밖에 없다. 즉 초등교육의 보편적 의미는 존재하더라도 초등교육 맥락의 특수성은 존재할 여지가 없는 것이다.

따라서 초등교육의 정체성 논의는 바로 포괄적인 교육의 보편적 의미보다는 초등교육만이 갖는 독특한 특성을 찾으려는 노력일 수 있다. 그러나 다른 유형의 교육과 초등교육의 다름을 전제로 초등교육의 정체성을 논의할 경우 몇 가지 기본 전제들을 고려하여야 한다.

첫째, 초등교육의 정체성은 교육의 보편적 논리의 범주에서 다루어져야 한다. 초등교육은 교육적 행위의 범주에 포함되나, 교육적 행위 모두가 초등교육일 수는 없다. 즉 초등교육은 교육의 보편적 현상 속에서 초등교육만의 독특한 맥락을 통하여 이루어지는 교육이라고 할 수 있다. 따라서 초등교육의 정체성은 초등교육만이 만병통치의 교육이라는 자만에 의해 유지되는 것이 아니라 교육의 기본적인 논리와 가치의 유지하에 강화되는 것이다.

둘째, 초등교육이 다른 교육과 다름을 전제로 하는 정체성은 그 자체로서의 정체성이지 초등교육 자체가 더 중요하다는 관점으로 접근되어서는 안 된다. 왜냐하면 초등교육의 정체성만을 지나치게 강조하다 자칫 자기모순의 도그마(dogma)에 빠질 수도 있기 때문이다. 예를 들어, 유아교육과 초등교육 중 어느 교육이 더 중요한가? 혹은 초등교육과 중등교육 중 어느 교육이 더 중요한가? 등의 질문은 오히려 초등교육의 올바른 정체성 확립에 도움이 되지 않을 수 있다. 예를 들어, 단지 가소성의 중요성으로 인해 초등교육이 중등교육보다 더 중요하다는 관점은 유아교육과 초등교육의 비교 논리로 보면 자기모순에 빠질 수 있다. 즉 유아 혹은 중등교육과의 단순한 비교 논리가 아닌 초등교육 본질에 대한 그 자체의 이해가 필요하다. 따라서 초등교육의 정체성 논의는 초등교육과 다른 교육의 다름을 이해하고 초등교육 자체의 중요성을 찾는 일이 되어야 한다.

셋째, 초등교육의 정체성은 고정된 어떤 것이 아닌 변화하는 과정상의 문제로 접근되어야 한다. 교육의 일반적 특성과 현대사회에서의 교육의 다원화의 현실을 고려하면 기존의 초등교육이 갖는 일반적 성격은 초등교육에서 보다 강조하는 것일 뿐 초등교육만의 독특한 성격이라고 단정하지 못하는 것이 시대적 현실이다. 예를 들어 의무교육이라는 측면에서 볼 때, 유아교육의 공교육화나 중등교육의 의무교육화 등은 더 이상 의무교육이 초등교육만의 독특한 성격이라고 단정할 수 없게 한다. 그리고 더욱이 현행 국민공통기본교육과정에서, 우리가 말하는 의무교육을 기초교육에 의한 완성교육의 의미로 보통교육과 무상 교육이라는 차원에서 생각한다면 그 교육내용의 수준과 방법상의 차이가 있을 뿐, 초등학교와 중학교는 보통교육(일반교육)의 관점에서 논의될 수도 있다. 실제로 초등학교는 '초등 보통교육', 중학교는 '중등 보통교육'임을 강조하고 있다. 또한 전인교육도 마찬가지로 교육에 있어서의 일반적인 중요성과 그 강조 시기와 정도의 문제로 고려되고 있다. 따라서 이러한 기본적인 특성들에 대하여 초등교육은 이제 중등교육이나 고등교육에 비해 '좀 더 중요성을 두어야 하는' 혹은 '더 강조가 되는' 의미로 사용할 수밖에 없는 현실적 문제에 봉착하게 된다.

넷째, 초등교육의 정체성은 아동의 본질과 함께 논의될 필요가 있다. 초등교육은 단순 기능의 교육이 아니라 삶의 기초이며, 아동의 발달적 특징에 부합되는 것이어야 한다. 왜냐하면 초등교육의 정체성은 아동기 본질의 논의에서 출발해야 하기 때문이다. 학교는 시대적인 산물일 수 있으며 시간이 흐르며 사회적·정치적·경제적·기술적 그리고 다른 문화적 요인들이 변화함에 따라 학습심리학과 아동의 성장과 발달에 대한 새로운 지식은 변화하고, 최근의 이론과 실제는 초등교육의 기본 요소를 더욱 명료하게 해 준다(Collier et al., 1967). 수업에 있어서도 일반적으로 중등학교에서의 기본적인 수업 형태는 학년에 따라 별 차이가 없이 동일하나, 초등학교는 저학년과 고학년의 수업 형태가 완전히 다르다. 예를 들어 도덕 수업의 경우, 저학년은 도덕적 행위 습관의 형성에 초점을 두고 있으나 고학년의 경우는 도덕적 판단능력의 향상에 초점을 두고 있다. 따라서 저학년에서의 도덕 수업은 도덕적 딜레마 상황을 제시할 수 없으며, 일률적 도덕 기준을 적용할 수 있지만 고학년의 경우는 딜레마 상황에서 어떤 도덕적 판단을 할 것인가가 중요할 수 있다. 따라서 초등교육의 정체성 논의는 아동들의 삶과 앎의 세계 속에서 초등교육을 느끼며 이해되어야 한다.

다섯째, 초등학교 교육의 목적과 초등교육의 목적은 동일한 것이 아니다. 하지만 최근 학교교육에 대한 수요자 혹은 학부모의 선택과 자유가 강조되면서 교육수요자가 자신의 교육을 결정할 권리가 있다는 주장이 제기되고 있다. 예를 들어 대안학교 교육의 법제화는 장기적으로 기존 초등의무교육의 성격에 많은 변화를 가져올 것이다. 따라서 초등교육의 본질적 이해는 초등학교에서 이루어지는 초등교육뿐만 아니라 홈스쿨링(home schooling), 다양한 대안학교에서 이루어지는 초등교육에 대한 포괄적 이해의 노력을 필요로 한다.

3. 초등교육의 개념적 성격

사랑, 교육, 인생 등과 같이 인간의 삶과 밀접한 단어들은 그 자체로서 나름 중요한 의미를 가지고 있지만, 하나의 공유된 의미로 표현하기는 쉽지 않다. 특히 교육이라는 단어는 일상적 용어로 사용될 수 있지만 보다 전문적 용어로 사용되기 위해서는 공유된 의미로 한정될 필요가 있다. 만약 초등교육을 하나의 정의로 접근한다면, 그것은 참과 거짓을 논할 수 없는 것이 된다. 왜냐하면 초등교육을 그렇게 정의내리는 나름대로의 가치관이나 철학 내지 사고방식이 다를 수 있기 때문이다. 따라서 초등교육을 다른 학교급별과 구분하여 논의하기 위해서는 정의 수준이 아닌 개념(concept, 槪念) 수준에서 접근할 필요가 있다.

초등교육의 영어식 표현으로 'primary education'과 'elementary education'이 혼용되고 있다. 일반적으로 '초등'의 의미는 '첫 번째(primary)'라는 시간적 의미와 '초보적 혹은 기초적(elementary)'이라는 내용 요소적인 의미로 이해되고 있다. 즉 primary education에서 'primary'는 어원적으로 볼 때 '첫째의' 뜻을 가지고 있어 순차적인 시간상의 교육 단계로서 교육을 받는 대상자나 학령기 연령에 초점을 두고 있는 반면, elementary education에서 'elementary'는 '초보적인'과 '기초적인'이라는 의미가 있어 가르치는 교육내용에 초점을 두고 있다. 또한 elementary education은 교육의 전 과정에서의 기초라는 '제한된' 내용에 강조를 두고 있는 반면, primary education은 교육제도 차원에서의 의무교육의 첫 번째 단계로 접근하고 있다(권동택, 2007).

초등교육의 개념적 성격에는 기초·기본성, 의무·무상성, 보통·보편성, 발달·통합성 등이 있다. 이러한 초등교육의 성격들은 모두 초등교육을 설명하는 일면의 본질적 특성을 가지고 있으며, 초등교육의 개념화 논의에 있어서도 중요한 근거를 제공하고 있다.

가. 초등교육의 기초성

일상생활에서 흔히 사용되는 '기초'의 개념은 단순히 초보·입문이라는 통념적 차원에서 사용되고 있으나, 교육철학적 견지에서는 '최고경지', '진리', '비결(秘訣)' 등의 다의적 개념으로 해석되고 있다. 한기언(1996)은 '기초'의 교육적 의미를 인간 형성을 가능케 하는 중핵이 되는 핵사상으로서의 기초, 진리로서의 기초, 창조 논리로서의 기초, 교육적 평가기준으로서의 기초, 교육이념으로서의 기초로 분석하고 있다. 따라서 교육철학적 관점에서의 기초는 '토대', '밑바탕', '초보'의 의미뿐만 아니라, '진리', '핵심', '완전성'을 의미하며, '기초'는 바로 교육의 중심문제이며 목적이 된다.

삶과 앎의 근본으로서의 기초의 의미는 그 근본이 되는 바탕·본질·토대·뿌리 혹은 근간(根幹) 즉, 근원적 중심이 되는, 우선적으로 중요한 것을 의미한다. 이러한 의미로서의 근본은 일차적으로 습득해야 할 필요성이 있는 필수적 의미로 이해될 수 있기 때문에, 후속하는 모든 교육의 근본이 되며 바탕이 되는 교육으로 최소한으로 중요한 필수적 의미(minimum essential)로서 이해된다. 또한 삶과 앎의 근본으로서의 기초는 누구나 공통으로 필요한 일반교육 혹은 보통교육의 의미와 누구나 필수적으로 받아야 하는 의무교육의 의미를 내포하는 개념으로 기본적인 최소요소(basic minima)로서 이해된다.

따라서 초등교육에 있어서 기초성의 의미는 초등교육이 중등교육을 위한 준비단계로서의 기초교육의 의미보다는 초등교육 그 자체로서 완성교육의 의미로 인식되어야 한다. 이러한 의미에서 초등교육에서의 기초성은 이후 생활 속에서 삶과 앎의 활동에 기본이 되는 것으로 기초적 완전성(basic perfection)을 전제하며, 기초적 완전성은 삶뿐만 아니라 앎의 활동을 보다 잘할 수 있게 한다. 특히 앎과는 달리 삶의 기초적 완성이란 있을 수 없으며, 삶의 과정에서 계속적인 노력만이 있을 뿐이다.

나. 초등교육의 보통성

교육을 2가지 유형으로 구분하면, 하나는 특수한 기능이나 재능과 관련되며, 다른 하나는 모든 사람들에게 공통된 능력, 기능과 관련된다(Mortimer, 2000). 이러한 점에서 교육은 '전문교육(specialized education)'과 '일반교육(general education)'으로 구분될 수 있으며, 초등학교의 목적은 우선적으로 공통적이고 기본적인 교육을 제공하는 것이다(Bachman, 1915). 초등교육은 특정 직업을 전제로 이루어지는 교육이 아니다. 초등학교에서의 아동의 사회화는 사회 속에서 생활하는 데 필요한 최소한의 소양을 공통적으로 습득하게 하고, 한 국민으로서 최소의 동질성을 확보하고자 하는 일반적인 공통교육의 의미를 가지는 동질성 교육이다. 즉 초등교육은 사회 모든 구성원들로부터 요구되는 기술, 지식(사실), 그리고 태도 등을 포함하는 일반교육(general education)이다. 결국 초등교육은 모든 이의 보편적 동질성의 확보가 중요하다.

사실 현대 교육개혁의 기본 방향은 교육의 질 보장과 수월성의 추구이지만, 초등교육은 인간의 기본권 보장 차원에서 성취 기준에 도달하지 못한 아동들을 최소 요구조건에 도달하도록 하는 것이 무엇보다도 선행되어야 한다. 따라서 초등교육은 국가가 요구하는 최소 요구조건에 모든 아동들이 도달할 수 있도록 하는 것이 선행되어야 한다. 이러한 점에서 우리나라에서 공교육의 기초교육을 담당하고 있는 초등교육은 이른바 민주주의 이념하의 보통교육의 이념을 근간으로 이루어지고 있는데, 이는 교육기본법에 명시된 초등학교 교육목적에서도 잘 알 수 있다.

보통교육은 그 대상이 소수의 특권층이나 엘리트와 대비되는 다수의 일반인을 대상으로 특정 직업군을 전제하지 않는 모든 사람들이 공유할 수 있는 공통적인 지식이나 경험을 제공하는 교육을 의미한다. 성장 발달의 경험은 아동의 지적·정서적·사회적·신체적 제 영역의 발달이 조화롭고 균형 있게 이루어지도록 할 필요가 있기 때문에, 이러한 점에서 초등교육은 특정 교과의 발달이 아닌 전인적 발달을 더욱 강조하고 있다.

다. 초등교육의 의무성

의무교육(compulsory schooling)에서 알 수 있듯이 초등교육은 임의 선택적 교육이 아닌 강제적 교육의 성격이 있다. 즉 의무교육은 단순한 도덕적 규범이 아닌 법률적 의무로서의 강제적 규범이고, 강제적 취학을 요구하는 교육이다. 의무교육은 모든 국민이면 그 자녀로 하여금 교육받을 권리를 가지고 있다는 것으로 아동의 교육받을 권리인 교육권(내지 학습권)을 보장하는 성격을 가지고 있다. 즉 의무교육은 교육에 대한 국민의 권리를 보장하고 국가의 교육에 대한 의무를 실현하기 위해 마련된 최소한의 국가 수준의 교육제도인 것이다.

의무교육은 교육기회의 균등과 교육기회의 확대라는 전제하에, 모든 국민에게 사회적 신분이나 경제적 지위에 차별을 두지 않고 그 자녀로 하여금 국민으로서 자질을 함양하기 위한 최소한의 필수적인 기초보통교육을 보장하기 위한 교육제도이다. 따라서 의무교육은 단순한 강제 학교출석법의 의미보다는 한 개인의 기본권 보장의 의미로 이해될 필요가 있다. 물론 학부모의 바람직한 교육권의 관점에서 의무교육의 강제성은 학부모의 자녀에 대한 교육권에 우선할 수는 없다. 그러나 학부모의 자녀에 대한 비교육적 선택권은 의무교육의 강제적 학교 취학으로 제한될 수 있다. 따라서 의무교육의 강제성은 학부모의 그릇된 가치관으로 인해 자녀가 받아야 할 기본 교육권의 침해를 막는 최소한의 법적 장치인 것이다.

물론 의무교육의 무상화 정도는 국가(지자체)나 사회의 여건에 따라 다르지만, 의무교육의 무상성은 학부모의 사회 경제적 능력에 관계없이 의무학교교육을 통하여 기본 자질과 능력을 교육받게 함으로써 교육의 기회균등을 실현하는 데 있어서 매우 중요한 조건이 될 수 있다. 한편 의무교육이 강제적인 학교 출석의 성격이 강하다면, 그만큼 교육의 정치적 및 종교적 중립성은 더욱 엄격히 지켜질 필요가 있다.

라. 초등교육의 국민성

국민교육은 한마디로 국가가 국민을 양성하기 위한 목적으로 운영하는 교육제도로, 국민교육은 그 성격상 초등교육의 기본 성격으로 논의될 수 있다. 즉 국민교육으로서 초등교육은 보통 시민을 교육한다는 점에서 국민교육이 없이는 사회인 혹은 국민으로서 사회나 국가를 구성하기 힘들며 국민으로서 의무를 기대하기 힘들다. 따라서 국민교육은 모든 국민을 대상으로 실시되며 상대적으로 고등교육보다는 초등교육의 성격에 더 부합된다고 볼 수 있다.

국민교육으로서의 초등교육은 단지 고등교육을 위한 준비과정이 아니라 건전한 정신을 구비한 국민을 양성하는 그 자체로서 독특한 성격의 교육이라고 할 수 있다. 이러한 국민교육을 실시하기 위해서는 국가 수준의 교육제도적 측면에서의 선결 요건이 있다. 국민이면 누구나 국민교육을 받게 할 국가적 수준의 제도를 이행하기 위해서 무상교육을 포함하는 의무교육제도의 실시가 그것이다. 이처럼 국가의 입장에서 국민으로 하여금 자국의 국민이 되도록 교육하는 것은 선택이 아닌 필수라 볼 수 있다.

국민교육으로서 초등교육은 국민으로 하여금 일종의 국민적 습관(國民的 習慣)을 갖게 하는 교육이다. 이러한 관점에서 국민성이라는 국민교육의 핵심 성격은 국가의 정체성과 그 정체성에 대한 국민의 동질성으로 접근될 필요가 있다. 국민교육으로서의 초등교육의 일차적인 성격은 국가 정체성과 한 개인의 정체성을 국민교육을 통하여 어떻게 조화롭게 통합해 갈 것인가로 국민 정체성 통합의 교육인 것이다. 따라서 국민성, 정체성 그리고 동질성의 국민교육의 성격은 현대 초등교육 관점에서 재해석될 필요가 있으며, 현대 사회에서 국민교육은 한 개인의 성장과 발달을 통한 국가 차원의 가치 공유와 발전을 위한 교육으로 이해되어야 한다.

4. 초등교육에서의 아동 인식의 중요성

초등학교는 이후의 삶을 위한 훈련이 아니라 학습자의 현재 경험을 중요시하는 특별한 장소이다(Marsh, 1973). 초등교육은 아동에게 학문적으로 가장 중요한 시기일 수도, 단순히 노는 시기일 수도 있다. 두 견해는 학교교육의 복잡성을 충분히 인지하지 못한 것이지만 부분적으로는 정확하다. 아동들은 교육에서 필수적인 기본들을 익혀야 하고 사회화되어야 하며 자신을 표현하도록 허용되어야 한다(Kosnik, 1999).

학교교육의 이해, 특히 초등교육을 이해하는 데 있어서 그 중심에는 아동이 있어야 한다. 왜냐하면 초등학령기를 포함하는 아동기 교육에 있어서 그 대상인 아동 본질의 기본 이해는 아동교육에 대한 정체성 확립을 위한 본질적인 핵심 주제이자, 그 자체가 아동중심의 방법상 논리적 근거가 되기 때문이다. 즉 초등교육에 있어서 아동에 대한 인식은 초등교육의 명분과 그 실현 가능성에 중요한 단서를 제공한다. 일반적으로 교육학의 제 영역 중에서 교육의 철학적 배경은 교육의 명분과 그 정당성을 근거로 교육목적 설정에 중요한 원천을 제공하고, 교육의 심리학적 배경은 인간 발달의 이해를 통하여 교육의 실현 가능성을 마련하며, 교육내용의 선정 및 조직에 중요한 자원을 제공한다. 따라서 초등교육에 있어서 아동 인식의 중요성은 교육학적뿐만 아니라 역사·철학적 관점과 심리·발달적 관점에서 살펴볼 수 있다.

아동기에 대한 교육적 중요성은 여러 교육학 이론에서 중요하게 강조되고 있다. 또한 사회·문화적으로도 인간 발달의 과정에서 아동기에 대한 특별한 의미를 부여하기도 한다. 그러나 아동기의 중요성이 서양의 역사 속에서 성인들로부터 항상 중요한 관점으로 강조된 것은 아니다. 사실 아동기는 인간의 발달과정 속에 항상 설정되었으며, 누구나 과거 어느 한때 아동으로서의 삶의 과정을 경험했기 때문에 인간은 아동기에 대한 생래적(生來的) 관념을 이미 가지고 있다고 볼 수 있다. 물론 아동기라는 개념이 근대 이후의 사회적 발견물이라고는 하지만 역사 속에서 미성숙 세대인 아동은 기성세대인 성인으로부터 보살핌을 받아야 하고 문화를 전달받아야 하는 존재로서 인식되어 왔으며, 아동기는 성인이 되기 위해 반드시 준비를 해야 하는 시기 정도로만 인식되어 왔다는 점은 부정할 수 없을 것이다.

특히 역사·철학적 관점에서 아동기 인식의 중요성은 그리 오랜 역사를 갖지 않았다. 아동 내지 아동기에 대한 논의는 성인 사회에서 논의된 다른 주제 영역만큼 큰 관심을 갖지 못했으며, 인간 발달이 갖는 생물학적 단계 그 이상의 의미를 부여하지 않았다. 이에 아동기 자체에 대해 깊은 성찰의 기회를 우리 스스로 갖지 못한 것이 사실이다. 즉 과거의 아동양육 및 교육, 그리고 성인들의 아동에 대한 관심과 인식의 태도는 현대 사회와 상당히 다르다.

인간 발달과정상 모든 인간은 아동기가 있음에도 불구하고 아동은 사회·문화적으로 아동이 아닌 작은 성인으로 인식되어 왔다. 고대에서부터 교육사상가들이 가정교육 혹은 아동기 교육의 중요성을 강조했음에도 불구하고 사회·문화적으로 아동기 인식은 현대 교육의 관점에서 보면 그리 아동중심적이지 않았다. 따라서 자신의 교육적 사고와 다르고 심지어 대립되는 다양한 관점이 존재한다는 사실에 주목하면서 우리의 아동기 인식과 아동교육에 대한 관점을 반성적으로 검토할 필요가 있다. Archard(1993)가 지적하듯이 중세 이후는 성인 사회가 아동에 대한 인식을 성인과 구별하기 시작한 시기로 이러한 아동기 인식 과정의 변화는 중요하게 다루어져야 하며, 바로 지금이 그러한 중요성을 재인식할 시기이다.

한편 심리·발달적 관점에서 볼 때 아동들을 잘 이해하려면 아동 발달에 더욱 관심을 기울여야 하며 그와 관련된 기초적인 지식을 갖고 있어야 한다. 특히 아동기 동안의 발달기제를 고려하면, 아동기는 삶에 있어서 중요한 시기가 될 수 있다.

인간 발달은 단계별로 이루어지며, 각 단계는 독립적으로 구분되는 것이 아니라 나름대로의 발달과업을 가지고 유기적 관계하에 발달하기 때문에, 아동기의 교육은 그 시기의 발달과업과 무관할 수 없다. 따라서 아동 이해는 교사의 일방적인 교육이 아닌, 아동을 고려한 교육의 기본 전제가 된다. 아동 발달에 대한 이해는 교사로 하여금 아동을 종합적으로 이해할 수 있도록 도와줌으로써 교사중심이나 내용중심 수업의 단점을 보완하고 아동의 발달 특성을 충분히 고려한 교육을 처방할 수 있는 중요 전제가 된다. 그러므로 교사는 아동의 발달 특징과 그 기제에 대한 이해를 통해 아동 발달의 통찰력을 갖고 아동 발달의 제 영역을 촉진할 수 있는 교육을 전개해야 한다.

마지막으로 초등학교 교육에 있어서 간과해서 안 될 것은 학교교육에 대한 아동의 만족이다. 일반 기업의 경우 질은 공급자가 아닌 수요자의 판단이다. 그러나 학교교육의 질은 학업성취와 아동의 만족에 있다. 학업성취는 공급자인 교사의 판단이지만, 만족은 수요자인 아동의 판단이다. 따라서 초등학교 교육에 있어서 그 질(quality)의 판단을 학업성취에 지나치게 초점을 두게 되면, 아동들의 학교교육에 대한 만족도는 간과될 수 있다. 이제는 초등학교 교육에 대한 거창한 담론보다는 아동 자체에 대한 세심한 실천이 무엇보다 중요한 때이다.

이상과 같이 초등교육의 중심에는 그 대상인 초등학령기 아동이 있음을 간과해서는 안 된다. 왜냐하면 아동의 이해는 초등교육의 중요성 및 목적을 인식하게 해주며, 실생활에 대한 아동의 삶과 앎은 초등교육의 내용과 그 방법의 근거를 마련해 주기 때문이다.

CHAPTER

02

초등교육의 목적

1. 교육목적의 이해
2. 초등교육의 목적
3. 주요국의 초등교육의 목적
4. 초등학교 교육의 목적

1. 교육목적의 이해

가. 교육이념, 교육목적, 교육목표

교육의 의도성을 나타내는 용어로 교육이념, 교육목적, 교육목표가 혼용되고 있다. 교육의 이념, 목적, 목표는 교육의 방향과 과제 제시, 통제의 기능 등 중요한 의미를 가진다.

1) 교육이념

일반적으로 이념은 가장 넓은 의미로서 목적의식을 나타내며, 한 사회의 교육만이 아니라 정치·경제·사회·문화의 여러 활동에 모두 관계된다. 즉 교육목적을 설정하기 위한 가치적·철학적·이론적 기반이 되는 사회의 모든 면과 관련되는 가장 상위 차원의 목적의식으로 정치적 과정을 통해 결정되기도 한다.

교육이념은 교육의 목적과 목표의 원천이 되며 교육의 성과에 대한 이상적 관념이다. 이로 인해 교육이념 수준에서는 민주주의, 홍익인간, 근대화 등과 같은 추상적이고 포괄적 용어가 사용된다. 따라서 교육이념 설정에는 다음과 같은 6가지 원리가 작용한다.

① **포괄성의 원리** : 교육이념은 크고 작은 여러 개념을 모순 없이 포함하는 총괄적인 것이어야 한다. ‘A’라는 교육행위는 설명할 수 있고, ‘B’라는 교육행위를 설명할 수 없어서는 안 된다. 교육의 과정에서 전개되는 모든 활동을 해석하고 의의를 줄 수 있어야 한다. 즉 교육이념은 모든 교육 경험을 모순되지 않게 설명할 수 있는 포괄성을 가져야 한다.

② **보편성의 원리** : 교육이념은 교육활동 전체에 적용할 수 있는 것이어야 한다. 일부분에만 반영·실천할 수 있는 것은 교육이념으로서 부적당하다. 예를 들어 ‘A’라는 교육이념이 서울에서는 반영되고 실천되나 제주에서는 부적당한

것이라면 이 이념은 취약성을 가졌다고 할 수 있다.

③ **기본성의 원리**: 모든 교육활동을 정당화하는 근거, 즉 기초사상이어야 한다. 교육이념은 교육활동 깊이 뿌리에 묻혀 있고 깊이 침투되어 있어야 한다. 교육자의 편파적인 아집이나 선입관, 일시적 감정에 동요되지 않고, 굳건한 것으로서 모든 교육활동이 여기에 근거하고 이로부터 생장하여야 한다.

④ **일관성의 원리**: 모든 교육활동은 이념에 의거한 원리로 운영되기 때문에 한결같이 시간과 장소에 따라 다르지 않아야 한다.

⑤ **지속성의 원리**: 교육이념은 이성(理性) 작용에 의하여 형성된 것이기 때문에 절대적이지는 않더라도 비교적 장기간 계속된다.

⑥ **긍정성의 원리**: 어느 사상이건 확고한 기초 위에 항구성을 지니려면 부정적인 것보다 긍정적인 것이 바람직하다. 부정적인 것은 부정되는 상대가 있는 법인데, 만약 그것이 소멸될 경우 그 사상마저도 소멸되어야 하기 때문이다. 따라서 교육이념은 부정적·소극적·파괴적인 것보다 긍정적·적극적·건설적인 것이 바람직하다.

2) 교육목적

교육목적은 교육이 나아가야 할 기본적인 방향을 제시해 주는 지표로 교육의 여러 가지 조건을 고려하면서 교육을 통해서 성취하려고 하는 궁극적인 목적이다. 개념상으로는 교육이념보다 하위 차원이고 교육목표보다는 상위 차원이지만 교육이념과 교육목표의 조화로운 조정에서 성립되므로 실제적인 면에서는 교육이념이나 교육목표보다 더 포괄적이고 광범위하다.

교육에 관한 모든 활동, 조직, 교육내용 및 방법, 학교제도, 교육행정 등은 모두 교육목적을 능률적이고 효율적으로 달성하기 위하여 계획·실시되어야 한다. 이러한 교육목적 수준에서는 민주인, 생활인, 과학인, 예능인 등과 같은 용어가 사용된다. 또한 교육목적은 시대의 흐름에 따라 변하며 그 사회의 이상과 과제가 되어야 하므로 일반적으로 모든 시민이 참여하는 정치적 과정에 의해 정립되는 것이 특징이다.

따라서 교육목적을 설정할 때는 국가의 이념과 정체성이 고려되어야 한다. 이 때문에 교육이 정치로부터 독립하는 것은 현실적으로 불가능하다. 이러한 교육목적에는 우리나라의 교육법에서 제시하고 있는 유치원, 초등학교, 중학교, 고등학교, 대학 등 각 학교급별 교육목적이 포함된다.

3) 교육목표

교육목표는 교육목적의 수준을 한층 더 명백하고 구체적으로 진술하여 교육 현장에서 실천할 수 있도록 표현한 것이다. 교육목표는 가장 하위 차원인 현실적·기술적 입장에서 교육목적 달성에 도달하기 위한 수단을 강조하는 것으로 일선 교육현장의 학습 경험을 통한 학생의 행동 변화를 지칭하는 용어이다. 교육목표는 교육목적에 비해 단기적이며, 주로 학교교육에서는 교육과정에서 실현하고자 하는 학습자의 성취결과를 구체화한 형태로 제시된다. 예를 들면, '과학적 태도와 협동심을 기른다'는 형태로 제시된다.

교육에서 교육목적과 교육목표는 서로 다른 종류의 개념으로 교육목적이 개념에 내재하는 원칙을 모두 포괄하는 교육의 기본적 방향 제시라면, 교육목표는 교육목적을 달성하기 위해 구체적인 교육의 방향을 제시해 주는 행동적 지표라고 할 수 있다.

교육목표는 교육전문가로 하여금 그들의 보다 특수한 교육 계획 수립에 구체적인 방향과 순서를 제시하는 것으로 초등학교의 경우 각 교과별 교육목표 등이 여기에 해당한다.

나. 교육목적 설정의 중요성

교육은 인간이 행하는 다른 어떤 유형의 행위보다도 목적의식이 확실하고 중요시되는 매우 의도적인 활동이다. 이러한 목적의식에는 인간이 궁극적으로 추구하고자 하는 가치가 담겨 있기 때문에, 교육을 행하기 전에 달성하고자 하는 목적이 무엇인지를 인지하는 일은 교육에 있어서 매우 의미 있는 일이다.

교육목적은 일반적으로 교육활동의 내용 선정과 조직, 방법 및 원리의 마련, 그리고 평가의 방향과 이행까지도 결정할 수 있는 중요한 기준을 제공함으로써 교육의 근본 모습과 방향을 보다 구체화하는 준거로서 역할을 한다. 따라서 교육목적에 대한 물음은 곧 교육의 개념, 의미, 가치를 묻는 포괄적인 질문이자 실제적 교육을 행하도록 하는 구체적인 질문이기도 하다.

초등교육의 목적에 대한 논의와 규정은 초등교육을 이해하는 데 필수적인 과제이다. 특히 아동을 위한 초등학교의 경험은 초등교육의 중요성을 유지하는 목적과 목표에 의거해야 하며 아동을 위해 교사가 제공하는 특별한 교육적 경험은 본질적으로 목표 지향적이어야 한다(Collier et al., 1967). 따라서 초등학교에서 무엇을 가르치고 어떻게 가르칠 것인가는 "어떤 목적의 가치하에 가르칠 것인가?"라는 질문에 대한 대답으로부터 출발해야 한다. 즉 초등교육의 목적은 "초등학령기 아동은 어떤 모습이 되어야 하는가?"와 "초등학교 아동들은 장차 어떤 성인으로 성장해야 하는가?"와 같은 질문에 대한 대답을 하도록 안내해야 한다.

또한 초등학교의 교육목적은 모든 교사의 심사숙고를 통하여 더욱 정당화되고 학교 전체나 학년 혹은 개별 학급에서 다양한 교육적 활동을 통해 적용될 수 있어야 한다.

다. 교육목적 설정의 원리와 과정

교육목적의 효과적인 성취를 위해서는 구체적으로 교육목표를 설정할 필요가 있다. 교육목표는 교육의 목표로서 달성해야 할 교육적 인간상이 구체적으로 묘사되고, 그에 필요한 학습활동이 보다 구체적으로 전개될 수 있도록 해야 한다. 또한 모든 교육활동에 교육목표가 반영되도록 하고 일관성 있는 지표가 마련되어야 한다. 이러한 교육목표는 모든 교사에게 공유되어야 하고 공유된 목표에 따라 학습을 지도하며 학습결과를 평가하도록 해야 한다.

Tyler(1949)가 교육목적의 원천으로 학습자, 사회, 교과의 세 가지 자원을 제시하고 있지만 교육목적은 다양한 원천을 통해 마련된다. 이와 관련하여 Tyler는 교육목표 설정 시의 일반적인 기준을 다음과 같이 제시한다.

- **구체성** : 학습 경험의 선정과 지도에 직접적인 관계가 있도록 구체적이고 명확한 행동동사로 진술해야 한다.
- **포괄성** : 행동특성의 변화를 충분히 포함할 수 있도록 해야 한다.
- **철학적 일관성** : 교육과정의 전반에 걸쳐 통일된 교육목적이 있어야 한다.
- **실현 가능성** : 인간이 실현할 수 있도록 설정되고 진술되어야 한다.
- **주체에의 내면화** : 교육의 주체인 모든 교직원의 교육행위 속에 내면화되어야 한다.
- **가변성** : 교육목적을 불변적인 것이라고 생각해서는 안 된다. 시대적·문화적 요구에 따라서 변경 가능해야 한다.

또한 Taba(1962)는 교육목적과 목표를 결정하는 데 관련되는 요소로 학습자와 학습과정, 사회문화적 요구, 학습의 내용 등을 제시하고 있다. 이러한 교육목적 내지 목표의 설정 원리를 바탕으로 일반 교육목표가 설정되면 보다 구체적인 교육목표가 설정된다.

일반적으로 교육목표 설정의 과정은 다음과 같다.

① 교육의 일반목적 설정

민주적인 이상과 그 이상 실현에 이바지할 수 있는 바람직한 행위, 즉 국가적·사회적인 과제에 따라 교육의 중심 계획으로 설정한다.

② 구체적 교육목표 설정

교육이 구체화되려면 지역사회의 생활을 기반으로 구체적인 교육목표를 설정하여야 한다. 이와 같은 구체적 교육목표는 각기 지역사회의 기본 과제에서 결정된다.

③ 특수적·구체적·개인적 목표의 설정

일반목적과 지역 목표를 설정하는 일은 전체 사회나 지역사회의 필요에 부응하기 위해서이다. 사회의 필요에 못지않게 개인적인 필요를 구명하고, 그들의 필요를 교육목적이나 목표에 반영시키기 위해 특수적·구체적·개인적 목표를 설정한다. 구체적으로 진술된 교육목표는 그대로 교사의 교육활동이나 아동·학생의 학습활동의 지표가 된다. 또 그들 활동의 결과를 평가하는 기준이 되며 교육과정 구성에서는 범위(scope)와 계열(sequence)을 결정하게 된다.

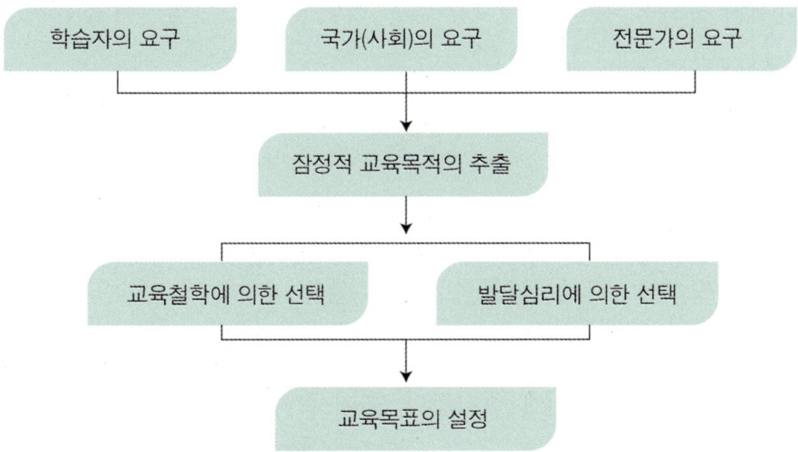

그림 2-1 교육목표의 설정 과정

이러한 교육목표는 국가(사회)의 요구, 전문가의 요구, 학습자의 요구 등 필요에 의해 잠정적인 교육목적이 마련된 후 교육철학 및 발달심리적 정당성을 통해 설정된다. 특히 학교에서 교육목표를 편성할 때 무엇을 가르칠 것인가의 정당성을 부여하는 교육철학적 근거와 학습자에게 가르쳐질 수 있을 것인가의 가능성을 부여하는 발달심리적 근거는 가르칠 내용의 선정과 조직에 중요한 역할을 한다. 예를 들어 초등학교의 경우 사칙연산을 가르쳐야 하는 명분을 확보하는 것과 덧셈과 뺄셈 그리고 곱셈과 나눗셈이 초등학령기 아동들에게 가르쳐질 수 있는가의 명분을 확보하는 것은 다른 문제일 수 있다.

라. 교육목적 설정의 쟁점들

1) 개인적 목적과 사회적 목적

교육은 근본적으로 개별 인간을 위한 것인가 아니면 사회 전체를 위한 것인가? 개인과 사회 중 어느 쪽이 더 본질적이냐 하는 문제는 쉽게 답할 수 있는 성질의 것은 아니지만, 교육의 목적을 생각할 때 이러한 양면적 관점에서 접근해 보는 것이 필요하다.

가) 개인적 목적

먼저, 교육은 개인들이 삶의 질을 향상시킬 수 있도록 돕는다. 개인의 삶의 질은 개인 자체가 건강하고 유능한 인격적 존재로 삶을 영위할 때 생각할 수 있는 일이다. 그래서 균형과 조화를 이루어 발달하고 내면적으로 자아의 세계를 지각하며 통합된 인격을 성숙시키는 일을 중시한다. 현대 교육의 이상 중 하나인 '전인적 교육'의 개념도 바로 교육받은 개인들이 성취하게 되는 균형과 조화의 모습을 나타내는 것이다.

다음으로 교육은 지식이나 기술, 사상이나 신념, 사회적 규범이나 관습을 익히는 일을 포함하지만, 다른 인격체의 지배나 통제를 받으면서 살아가는 노예나 피지배자가 아닌 자유인을 위한 교육이다. 즉 권위에 의해 부여된 지식이나 사상이 아닌 내면적 자기 인식에 의한 확신, 가치 판단과 선택을 행사하고 자신의 삶의 세계에서 발생하는 모든 문제에 대한 안목을 소유한 행위의 실체로서 자신에 대한 인식, 스스로를 통제하고 성장시키고 자유롭게 하는 능력 등의 내면적 삶의 능력을 소유하게 하는 데 교육적 관심이 있다.

나) 사회적 목적

교육은 문화를 전승하고 개조하고 통합하는 사회적 기능을 한다. 교육은 성장하는 세대에게 그 사회가 가지고 있는 문화적 체제나 요소를 전면적으로 혹은 선택적으로 학습시킴으로써 그 사회의 문화를 보존시킨다. 그러나 기존의 문화에 고질적인 문제가 있거나 사회적 삶의 조건, 필요, 욕구 이상이 달라져서 그 자체의 변화가 요청되면, 교육은 문화의 체제와 요소들을 검토하고 비판하며 새로운 것을 도입하거나 창조하는 데 요구되는 안목과 원리와 동기를 자극하고 필요한 태도와 능력을 기르도록 함으로써 문화를 개조한다. 그리고 교육은 다양한 문화적 요소가 공존하는 원리를 찾아주고 그 다양한 요소가 공유하는 공통된 지향점을 성립시켜 주면서 문화의 통합을 가능하게 한다.

2) 내재적 목적과 외재적 목적

교육의 목적은 내재적 목적(intrinsic aim)과 외재적 목적(extrinsic aim)의 관점에서 생각해 볼 수 있다.

가) 내재적 목적

교육의 내재적 목적은 교육이 다른 것의 수단이 아닌 교육의 활동 그 자체가 가지고 있는 목적이다. 교육의 내재적 목적은 교육활동 속에 붙박인 목적으로 교육활동 안에서 의미, 가치, 이상을 발견하려는 것이다. 교육의 내재적 목적을 강조한 대표적인 이론가로는 Dewey와 Peters를 들 수 있다. Dewey(1968)는 교육의 과정은 그 자체를 초월한 어떤 목적도 가지지 않으며 교육목적은 교육활동 밖에서 부여되는 것이 아니라 교육활동 그 자체가 교육의 목적이라고 하였다. Peters(1966) 역시 교육의 목적은 그 자체의 기준이나 준거를 잘 실현하는 것 외에는 별도의 교육목적이 존재하지 않는다고 보았다. 교육의 내재적 목적들은 대부분 하루아침에 갑자기 체득되기보다는 오랜 교육을 통해 학습되고 내면화된다. 이러한 교육의 내재적 목적에는 호기심, 지적 정직성, 정확성, 근면, 지적 우아, 논증을 따르는 기질, 진리와 정의에 대한 사랑 등과 같은 지적 덕목이 해당한다. 또한 선, 절제, 관용, 정의, 동정 등과 같은 도덕적 덕목뿐 아니라 합리성과 자율성도 교육이 추구하는 내재적 목적이다.

나) 외재적 목적

교육의 외재적 목적은 교육활동을 수단으로 하여 교육활동 밖에 있는 가치를 성취하려는 것이다. 외재적 목적은 당장 눈에 드러나고 실제적 이익을 가져다주기 때문에 즉시적 목적, 실제적 목적이라고도 한다. 예를 들어 교육의 목적이 국가발전의 원동력이라고 할 때, 교육을 잘하게 되면 국가발전에 도움이 된다는 전제하에 교육의 목적을 국가발전으로 보는 것은 교육의 목적이 일종의 수단적 관계 혹은 필요적 관계에 있으며 교육의 본질적 목적과는 별개라는 점에서 국가발전은 교육의 외재적 목적이라고 할 수 있다.

2. 초등교육의 목적

가. 보편적 가치로서의 초등교육 목적의 방향

교육이 가치지향적인 인간의 행위라고 한다면, 초등교육의 목적을 통하여 지향하고자 하는 가치의 성격이 무엇인지는 초등교육이 나아가야 할 방향을 설정하는 데 중요한 단서가 될 수 있다. 즉 초등교육이 나아가야 할 방향은 곧 초등교육에 있어서 바람직한 가치가 무엇인지에 대한 논의를 전제로 한다.

교육이 한 개인의 유전은 바꾸기 힘들지만, 세대를 거쳐서 인류의 유전은 바뀌어 왔다. 즉 한 인간의 삶의 과정 속에서 유전은 변하기 힘들지만 인간 세대를 거치는 인류의 역사 속에서 인간의 유전은 교육을 통하여 더욱 강하게 진화해 왔다. 엄청난 세월 동안 인류의 유전을 강하게 만든 것은 바로 교육의 힘이었다. 교육은 자식이 잘 되기를 바라는 부모의 마음처럼 다음 세대가 잘 되기를 바라는 기성세대의 마음으로 인류의 역사 속에서 함께 있어 왔다.

인류가 직립 보행한 것은 엄청난 세월을 통해 가능했지만 지금 태어나는 아기는 1년 정도면 직립 보행을 할 수 있도록 유전적으로 태어난다. 마찬가지로 인류가 언어를 사용하여 말이나 문자를 사용하기 시작한 것은 오랜 세월 동안 이루어진 역사이지만 현대의 아동은 유아기 때부터 마치 미리 프로그램되어 있는 것처럼 말이나 글을 통하여 언어를 사용할 수 있게 된다. 따라서 지금 태어나는 아동의 성장 과정을 보면 인류의 축적된 문화를 볼 수 있는 것이다. 즉 기성세대는 교육을 통해 다음 세대에 많은 문화를 전달하고, 다음 세대는 기성세대로부터 받은 문화를 바탕으로 더 뛰어난 문화를 창출하게 된다. 이 모든 것을 가능하게 만든 것이 바로 교육이다.

다음 세대가 잘 되기를 바라는 기성세대의 마음이 교육이라는 점에서 교육에는 '잘 되기를 바라는' 혹은 '잘 살기를 바라는' 등의 가치가 이미 내재되어 있다. 또한 교육은 한 개인의 바람직한 행동 변화뿐만 아니라 한 국가 혹은 한 사회의 바람직한 변화에도 영향을 줄 수 있다. 그렇다면 교육이 가치지향적이라는 관점에서 개인의 가치와 국가 혹은 사회의 가치가 충돌하면 교육은 무엇을 우선시해야 하는가의 문제가 발생한다. 특히 유아나 초등학교 교육에 있어서 교사 개인의 가치와 국가와 사회의 보편적 가치가 충돌이 생길 경우 보다 우선시되어야 할 가치는 무엇인가?

조직사회에서의 인간은 한 개인의 독특성은 사라지고 조직에서의 보편적 존재자로서 인식되는 경우가 많다. 가정에서 자녀를 둔 남자 혹은 여자는 한 개인의 남자로서 혹은 여자로서 인식되는 것이 아니라 아버지로서 혹은 어머니의 존재로 인식된다. 학교조직도 마찬가지이다. 학교라는 조직 안에서는 아동들은 한 아동으로 존재하기보다는 초등학생으로서 인식되며 가르치는 자 역시 교사로서 인식된다. 그러나 초등학교를 마치고 초등학생이 귀가하게 되면, 아동은 가정이라는 조직 내에서 한 자녀로서 인식된다. 흔히 내가 인식할 수 있는 나의 존재를 나의 실존이라고 한다면, 국가나 사회 혹은 한 조직이 규정하는 나는 나의 본질이다. 사회가 규정한 나의 본질과 나 자신의 존재로서 인식된 실존이 갈등을 갖게 되면 나의 실존과 나의 본질은 어느 것이 우선시되는가?

Sartre가 말한 실존에 있어서 존재는 본질에 우선한다는 것은 바로 사회가 나를 규정하기 이전에 내가 나를 규정한 주체자로서의 실존이 더 중요하다는 점을 강조한 것이다. 사회는 한 가정에서 남자로 행동하는 것보다는 한 아버지로서 행동하길 더 원할 수 있다. 학교교육에서는 어떠한가? 초등학교에서는 아동들에게 주체적 실존으로서 개인별로 행동하는 것보다는 한 초등학생으로서 행동하길 원한다. 또한 지금 암으로 투병하는 동생의 실존이 우선시되는가 아니면 나와 관계없는 자들의 실존이 우선시되는가? 초등학교에서는 자기 자신과 관련된 인간의 생명뿐 아니라 나와 상관없는 타인의 생명도 마찬가지로 중요하다고 강조하고 있으며, 심지어 여러 사람을 위하여 자기가 희생될 수 있음을 강조하기도 한다. 즉 하나의 조직 안에서 개인이 하고 싶은 바 의지대로 행동하는 것보다는 사회가 나에게 요구하는 행동 규범대로 행동하도록 한다. 이러한 관계는 유치원에서 초등학교, 중등학교, 그리고 대학으로 진학하면 할수록 후자보다는 전자의 행동을 더 중요하게 생각할 수 있다. 달리 말하면 어린 시기의 교육일수록 한 개인의 개별적 가치보다는 사회의 보편적 가치가 더 중요하게 다루어진다는 점을 알 수 있다.

성인은 자유의지가 있기 때문에 삶의 과정에서 어떠한 가치를 취할 것인지는 선택의 문제이다. 그러나 어린 아동은 자기 실존이나 주체자로서의 판단 능력이 미숙하기 때문에 삶의 과정에서 어떠한 가치를 선택하는 문제는 매우 제한될 수밖에 없다. 따라서 성인은 특정 가치의 취사선택이 가능하지만 주체적 판단능력이 떨어질 수 있는 아동은 가치의 취사선택이 매우 어렵기 때문에 스펀지처럼 빨간 물에 담그면 바로 빨갛게 되고 파란 물에 담그면 파랗게 된다. 이처럼 아동은 가치를 거부할 수 있는 주체자로서의 자유의지가 약한 존재이다.

만약 대학생들 혹은 고등학생들을 대상으로 '인생의 가치로운 삶의 방법'에 대해서 특강을 할 경우 그 방법을 받아들일지 여부는 본인의 선택이지만 어린 아동들이나 초등학교 아동들의 경우는 사정이 다르다. 고등학교에서는 어떤 교사가 자기 자신의 신념이나 가치, 철학을 가지고 어떤 것에 대한 가치를 특강할 수 있다. 왜냐하면 적어도 고등학생들은 특강 내용이 나에게 도움이 될 것인지 그렇지 않을지를 판단하여 선택할 수 있는 능력이 있기 때문이다. 그러나 어린 아동들이나 초등학교 학생들에게 교사가 자신만의 신념이나 가치를 중심으로 어떤 생활이 행복한 생활이라고 교육하면 그러한 생활을 행복한 생활로 믿게 된다. 왜냐하면 자기 자신의 주체적 판단능력이 낮기 때문이다.

고등학생들에게 담임교사가 교실 청소를 '잘' 하라고 하면 그것으로 의사소통은 충분하다. 그러나 자기 주체적 판단능력이 낮은 초등학교 저학년에게 교실 청소를 '잘' 하라고 하면 무엇을 어떻게 할 것인가에 대한 가치 혼란의 문제가 발생될 수 있다. 초등학교 고학년 아동들에게 내일부터 신발장을 '잘' 정리하라고 한다면 교사와 아동 사이의 의사소통은 이미 충분하지만, 초등학교 저학년 아동들의 경우는 다음날 아동들 사이에 많은 혼란이 일어나게 된다. 저학년 아동들은 어떤 것이 '잘' 정돈된 것인지에 대한 개인 주체자로서의 판단기준을 설정하기 힘들기 때문이다. 또한 고학년 아동들에게는 쓰레기를 잘 버리라고 하는 것만으로도 충분히 의사소통이 되지만, 저학년 아동들에게 쓰레기는 쓰레기통에 버리라는 식의 보다 구체적인 기준이나 안내가 필요하다. 따라서 고학년의 경우는 아동 스스로의 판단의 여지를 남겨두지만, 저학년의 경우는 교사가 아동이 판단할 수 있도록 도와주거나 그 기준을 마련해 주어야 한다.

만약 청소를 잘하는 기준이나 신발장을 잘 정리하는 기준이 같은 학년의 담임교사마다 다르다면 어떤 일이 생길까? 여기서 문제가 되는 것이 바로 교사 개인의 가치와 판단 기준을 제시하는 것과 사회 보편적 가치와 판단 기준을 제시하는 것 사이의 충돌이 일어날 수 있다는 것이다. 이런 경우 저학년일수록 전자보다는 후자의 가치가 우선시되어야 한다. 즉 초등학령기 아동의 경우 한 개인의 독특한 성향을 가진 교사의 개인적 가치보다는 사회 보편적 가치의 기준이 보다 우선시되어야 한다는 것이다. 따라서 초등학교 교사는 자기가 선호하거나 가치 있다고 판단하는 방향으로 아동들을 대하는 것이 아니라 동료교사들과 끊임없이 가치 판단에 대해 논의하고 합의하여 사회 보편적인 가치의 방향을 설정해 가야 한다.

사실 사회 보편적 가치보다 더 우선시되는 것은 범인류적 가치라고 할 수 있다. 보행자 통행에 대한 가치 기준의 경우, 현재 우리 사회의 보편적 가치는 우측통행이지만 일부 다른 나라는 좌측통행을 보편적 가치로 여긴다. 심지어 우리 사회도 이전에는 좌측통행이 보편적 가치였던 시대도 있었다. 이처럼 사회 보편적 가치는 국가나 사회의 가치 판단에 따라 바뀔 수도 있다. 그 사회가 추구하는 보편적 가치가 범인류적 가치에 어긋나지 않을 경우는 상관이 없다. 그러나 인간의 생명을 경시하는 보편적 가치를 지닌 국가나 사회가 있다고 한다면, 범인류적 가치의 판단에서 보면 문제가 될 수 있다. 이러한 경우 국가나 사회의 보편적 가치보다 범인류애적인 가치가 더 우선시되어야 한다.

여기서 보다 중요한 것은 사회 보편적 가치가 범인류적 가치에 위반될 경우, 사회 보편적 가치를 가르치는 것이 바람직할 것인가의 문제가 발생할 수 있다는 것이다. 이때, 판단의 기준은 범인류애적 가치가 우선시되어야 한다. 상위 수준의 가치로 판단하지 않고 한 개인의 신념이나 성향으로만 가치 판단을 한다면 더욱 큰 문제가 야기될 수 있다. 따라서 초등학교 교사는 특정 정치의 성향이나, 특정 종교의 성향이나, 혹은 내가 살아온 특별한 개별적 삶의 가치로 판단하는 것이 아니라 보다 높은 선의 기준, 즉 범인류적 가치의 판단하에서 가치 문제를 다루어야 한다. 결국 초등학교 교사는 범인류적 가치에 위배되지 않는 한, 가장 일반적이고 보편적인 행동의 모범을 아동들에게 보여주어야 하며 보편적 가치 판단을 해야 한다. 만약 초등학교 교사의 개인 성격에 문제가 있다고 하더라도 교실에서 아동들과의 교우관계에서는 사회적으로 가장 보편적인 모범행동을 의식적이고 의도적으로 해야 한다는 것이다. 왜냐하면 교사 자신의 개인적 성향이 그대로 교육 상황에서 교사 행동으로 반영될 경우 그것이 사회 보편적으로 바람직한 성향이라면 다행이지만 그렇지 않을 경우 어린 아동들은 무비판적, 무의식적으로 교사의 개인 성향과 행동에서 부정적인 영향을 받을 것이다. 따라서 초등학교 교사는 학교에 출근하여 퇴근할 때까지 의도적이든 무의도적이든 아동들과 함께 하는 모든 장소에서 선한 행위자의 모범을 보여주어야 한다.

한편 중등교육 혹은 고등교육의 경우 학생의 장래 직업군을 염두에 두고 교육할 수 있지만, 초등교육의 경우는 저학년일수록 아동의 장래 직업군을 염두에 두고 교육하는 것이 아니다. 초등학교에서 다루는 가치는 사회 보편적인 가치이지 특수한 경우에 적용되는 특수한 가치가 아니다. 따라서 초등학교 교육에서 추구해야 하는 가치는 특정 직업군에 관계없이 초등학교 아동이 장차 성장하여 능히 해낼 수 있는 보편적 가치의 능력을 구비하는 것이 더 중요시되어야 한다. 결국 초등학교 교육을 통해서 추구하고자 하는 가치는 초등교육 목적의 중요한 방향이 된다는 점에서, 초등학교 교육의 목적은 특수한 능력의 구비가 아닌 보다 보편적 능력의 구비로 접근되어야 한다.

나. 초등교육 목적의 강조점

초등교육에서의 강조점은 그 내용의 핵심적 특성으로 인해 초등학교를 개념화하는 데 결정적인 구성 요소가 되며 초등교육의 목적을 설정하는 방향을 제시해 줄 수 있다. 따라서 초등학교에서의 교육목적은 초등교육의 핵심 문제이며 또한 궁극적 방향이기도 하다. 이병진(1999)은 초등학교를 국민 생활에 필요한 기초교육을 실시하는 곳으로, 중학교에 입학하기 위한 준비교육이나 전문교육을 실시하는 곳이 아니며 기초교육으로서의 완성교육을 실시하는 곳으로 전제하고 초등교육에서의 기초성이야말로 교육의 중심문제요 목적이라고 강조하고 있다.

초등교육은 생활에 필요한 기본 자질을 함양하고 후속되는 교육에 기본적인 학습 기능과 학습방법 및 태도를 길러주는 기초교육이다. 초등학교 수준의 내용은 다양한 학문으로부터 생성된 지식과 관련되기 때문에 그 성격에 있어서 비전문화된 것이며 사회의 특징을 나타내는 기초적인 문제가 되는 주제 또는 주요한 사회 기능을 중심으로 해석되고 구성될 필요가 있다. 이러한 점에서 초등학교는 일반적으로 후속 발달 단계에서 보다 전문화된 교육을 추구할 수 있도록 보통·기초교육이 되지 않으면 안 되며, 초등학교에서의 내용은 구체적인 직업을 위한 특수한 사회적 기능을 목적으로 하지 않는다.

초등학교에서 강조해야 하는 교육목적과 관련하여 Jarolimek과 Foster(1985)는 ① 기초문자교육으로서 문자해득(literacy), ② 자기 나라에 대한 애국심과 정신적인 유산, ③ 비판적인 능력을 포함한 민주시민의 자질로서 시민성 혹은 공민성(citizenship), 그리고 ④ 학생 개개인에 관심을 갖고 그들의 지적·정서적·사회적·신체적 성장과 자아정체감을 형성하도록 돕는 개인의 발달(personal development) 등을 제안하였다. 이는 초등교육의 교육목적이 3R's를 통한 학습의 기초뿐만 아니라, 가치의 내면화를 통한 개인으로서의 시민적 기본 자질을 닦는 기초교육임을 강조하는 것이다.

이와 관련하여 Fitzgerald와 Fitzgerald(1955)도 가치 있는 삶을 위하여 아동들이 획득해야 할 교육의 목표들을 다음과 같이 제시하고 있다.

- 가치 있는 가족 구성원과의 관계(worthy home membership)
- 이웃 사랑(love of neighbor)
- 훌륭한 시민의식(good citizenship)
- 문화적 유산의 지식(knowledge of our cultural heritage)
- 건전한 삶의 철학(a wholesome philosophy of life)

Caswell과 Foshay(1950) 역시 전통적인 초등학교에서의 3R's의 강조로 그동안 간과해 왔던 사회적 이해와 감수성, 자연환경의 이해, 그리고 창의적인 흥미 등을 초등학교에서 중요하게 다루어야 할 기초로 강조하고 있다. 또한 초등학교에서 가르치는 내용은 단순한 기계적인 학습으로 습득되는 3R's보다 더 넓은 의미로 이해해야 하고 초등교육은 아동 발달의 모든 수준에서 고려되어야 하며 초등교육에서의 교육목적의 성취 수준은 다른 아동들과의 상대적 관점이 아닌 절대적 관점에서 다루어져야 한다고 강조하고 있다.

한편 Beck 등(1953)은 여러 일반적인 교육목적은 보통의 아동들이 성취하기 너무 어려울 수 있을 것이라는 비판하에, 초등교육의 기본 목적을 다음과 같이 제안하였다.

- 신체 발달, 건강, 그리고 보건(physical development, health, and body care)
- 개인적, 사회적, 그리고 정서적 발달(individual, social and emotional development)
- 윤리적 행동, 표준, 가치(ethical behavior, standards, values)
- 사회적 관계(social relations)
- 주변 사회적 세계(the social world)
- 물리적 세계(자연 세계)(the physical world(the natural environment))
- 심미적 발달(esthetic development)
- 의사소통(communication)
- 양적 관계(quantitative relationship)

특히 초등교육의 일반 목표(objectives)는 어린 아동에게 있어서 필수 자질이나 훌륭한 시민정신을 발달시키는 데 필요한 중요한 경험을 제공하는 방향으로 진술되어야 한다(Herrick et al., 1956). 특히 Herrick 등(1956)에 의하면 초등학교의 기본 책무는 어린 아동들로 하여금 민주주의 사회에서 좀 더 효과적인 구성원이 되도록 돕는 일이며, 초등학교의 본질은 대학을 위한 준비나 어떤 특별한 직업을 위한 준비보다는 오히려 어린 아동들에게 훌륭한 시민정신을 구비하게 하는 것으로 이러한 기본 책무의 인식은 중등학교와 초등학교의 프로그램의 차이점을 이해하는 데 필수적이라고 강조하고 있다.

따라서 초등교육의 교육목적은 초등교육에서 강조되어야 하는 핵심 요소들과 매우 밀접하게 상호 관련되어 있기 때문에 다양한 수준에서 총체적으로 논의되어야 한다. 이병진(1999)은 초등교육에서 강조해야 할 것으로 첫째, 국민생활에 필요한 가장 초보적인 국민 자질적 소양을 길러준다는 점, 둘째, 한 사회인으로서 국가사회의 규범을 내면화한다는 점, 셋째, 그 속에서 자아를 실현해 가는 데 필요한 최소한의 능력과 인격을 도야한다는 관점에서 논의하고 있으며, 박경묵(1990) 역시 초등교육을 건전하고 유능한 민주시민으로서의 개인이 사회생활이나 국가생활을 해 나가는 데 있어서 기본적으로 요구되는 지식, 기능, 태도, 가치관을 신장하고 나아가 심신의 조화 있는 발달을 도모하기 위한 기초교육으로 개념화하고 있다.

이러한 종합적 관점에 있어서 초등교육의 교육목적은 아동의 자기주도적 학습력을 통한 기초학습능력 배양, 현 사회를 특징짓는 주요한 사회적 기능에 대한 안내, 아동의 자아실현을 위한 전인적 발달 등을 강조해야 한다. 따라서 초등교육은 기초기능의 학습을 통하여 아동들에게 영향을 미치고 그들의 성장과 발달을 촉진시키며 그들의 미래 생활에 영향을 미칠 수 있도록 노력하면서 아동들의 생활 세계의 삶과 앎에 영향을 주어야 한다.

다. 초등교육 목적의 공통 요소

점차 복잡해지는 사회 속에서 교육받은 시민의 필요성은 더욱 강조된다. 오늘날 아동들이 유능한 시민이 되기 위해서 그리고 개인적으로 만족한 삶을 살기 위해서 과거의 어떤 세대보다 더 많은 교육을 필요로 한다는 점은 명백하다(Collier et al., 1967). 그러나 초등교육 목적의 공통 요소는 초등교육의 본질에 근거한 가장 기본이 되는 핵심개념들을 포함해야 하며 기초학습 기능, 사회화 기능, 그리고 전인교육을 통한 자아실현 기능 등으로 구분하여 제시할 수 있다(권동택, 2003).

1) 학습력 강화를 통한 기초학습 기능

일반적으로 아동들에게 기초학습 기능을 제공하는 일은 초등교육의 역할에서 가장 중요하고 독특한 기능이다. 다른 어떠한 사회적 기관도 모든 아동의 기초학습 기능의 발달에 책임을 전제하지 않는다는 의미에서 초등학교에서의 기초학습 기능은 독특한 것이다.

초등학교 교육의 역사에 있어서 핵심적 기초학습 기능은 항상 초등교육의 과업으로서 3R's가 강조되어 왔다. 전통적으로 초등학교 교육을 통하여 아동들로 하여금 기초적 기능과 잘 마련된 전통적 지식을 획득하게 하고 학습에 대한 건전한 태도를 갖도록 하는 것이 중요하게 여겨져 왔다. 그러나 아동의 기초학습 기능의 발달은 역사적으로 초등학교에서 강조된 3R's의 범위를 넘어 좀 더 확장될 필요가 있다. 왜냐하면 기초기능에는 아동이 삶을 살아가는 데 필요한 지식, 기능, 사고과정 등의 다양한 기능의 발달이 포괄적으로 포함될 필요가 있기 때문이다.

따라서 기초학습 기능은 단순한 기계적 기능의 발달이 아닌 아동의 삶을 영위하는 데 필요한 중요한 학습력을 포함하고 있다. Fadiman(1959)에 의하면 기초기능은 학습을 하는 데 바탕이 되는 기초적 행위로 학습을 위한 출발점 혹은 학습의 제반 행위를 유발하는 발생적 힘인 것이다(김진숙 외, 1999 재인용). 물론 모든 수업이

기능, 이해, 태도, 지각 등 현재 배운 기초기능들이 후속 상황에서의 행동에 영향을 미칠 것이라는 가정에 근거하는 것이 사실이지만(Travers, 1967), 기초기능은 학습의 결과와 그 전이만을 고려하는 것이 아니라 학습의 전 과정과 총체적으로 관련되어 배우는 것이다. 결국 초등학교에서의 기초교육은 일련의 교육적 활동을 통한 결과뿐만 아니라 아동에게 유의미한 학습의 과정을 포괄하는 앎의 접근으로 이해되어야 한다.

이러한 관점에서 초등학교는 근본적으로 아동들에게 앎의 방식을 안내하는 공식화된 사회적 기관이다. 즉 초등학교에서의 기초교육은 생활 영역에서 불편 없이 생활할 수 있도록 기초적 소양의 함양, 성장과정에서 끊임없이 야기되는 앎의 욕구를 충족하여 지적 희열을 느끼고 탐구의 기쁨을 느끼면서 생활할 수 있게 함을 목적으로 한다. 사실 초등교육의 중요한 목적 중 한 가지는 아동으로 하여금 배움의 개인적인 즐거움을 경험할 수 있도록 돕는 일이다(Collier et al., 1967). 즉 배우는 일 자체보다는 각 아동들이 배움에 대한 지속적인 열정을 갖도록 하는 일이 중요하다.

따라서 초등교육에서의 기초학습 기능은 가르치려는 내용에 가장 잘 조화되는 방법을 가르침으로써 이러한 앎의 방식을 아동들에게 안내할 책임을 가지고 있으며, 아동들에게 흥미 있는 주제 영역에 관련된 모든 가능한 지식을 사용하여 아동 생활 세계를 탐색하는 데 필요한 기회를 제공해야 한다. 결국 앎의 방식들을 통한 기초학습 기능의 이해는 초등교육의 교육목적을 개념화하는 데 있어서 도움이 되며, 이러한 앎의 다양한 방식은 초등교육에 있어서 아동들에게 앎의 방식을 통하여 기초학습 기능을 어떻게 안내해야 하는지를 이해하는 데 도움을 준다.

2) 사회 입문으로서의 사회화 기능

초등학교 아동의 사회화는 매우 중요하고 복잡한 과정이다. 왜냐하면 사회적 생활을 기반으로 하는 인간생활에 있어서 사회화 과정은 일종의 사회적 학습의 과정이기 때문이다. 아동기는 유아시기의 자기중심성에서 점차 벗어나 아동 상호 간의 대인관계를 심화·확대하고 상호 의존관계를 유지하며 조망수용능력이 향상되는 동시에 사회적 환경에의 적응을 위한 다양한 행동양식과 습관이 형성되어 가는 시기이기 때문에 아동의 사회화는 특히 중요하다.

초등학령기 아동의 사회화는 개인적 차원과 사회적 차원으로 구분할 수 있다. 먼저 개인적 차원에서의 사회화는 자아 혹은 인성이 성숙되고 발달되는 과정을 의미한다. 그러나 사회 필요의 관점에서는 사회 자체를 유지하고 영속시킬 필요가 있으며, 그러기 위해서 아동들에게 사회의 기초적 신조, 전통, 가치, 인습 그리고 관행을 가르치고 안내하기 위해 강조된다. 왜냐하면 교육을 통한 사회화를 필연적으로 전제하지 않고는 그 국가사회의 유지·발전이 불가능하기 때문이다. Til(1972) 역시 교육에 있어서 마련되어야 할 기초로서 사회적 실제(social realities), 개인-사회적 요구(personal-social needs) 그리고 가치(values)를 제시하며, 급변하는 시대적 삶의 과정 속에서 문화의 사회적 실제를 이해하는 것, 인간으로서의 개인·사회적 요구에 부응하는 것, 그리고 어떤 문화에서도 소중히 다루는 가치를 내면화하는 것 등을 강조하고 있다.

따라서 초등교육의 목적으로서 강조되는 아동의 사회화는 사회 속에서 생활하는 데 필요한 최소한의 소양을 공통적으로 습득하게 하고 한 시민으로서 최소의 동질성을 확보하고자 하는 공통교육의 의미를 가지는 동질성 교육뿐만 아니라 공통교육을 합법적으로 보장하고 있는 의무교육과도 밀접한 관련을 가지고 있다. 즉 초등교육은 사회 모든 구성원으로부터 요구되는 기술, 사실, 그리고 태도 등을 포함하는 일반 교육(general education)으로서의 기초교육이다(Good, 1973). 결국 초등학교에서의 기초교육을 통한 사회화는 의무교육의 본질과 밀접한 관련을 가지며, 이는 기초적 국민 동질성 교육이 내재된 공식적인 제도적 교육의 첫출발인 것이다.

그러나 초등교육에 있어서의 시민교육으로서의 사회화 교육은 가치 내재적 단어 즉 '기본', '가치', '바람직한', 혹은 '도덕적' 등의 단어를 어떻게 정의하고 사용할 것인가에 따라 그 의미가 달라질 수 있기 때문에 훌륭한 시민정신이 무엇을 의미하는지 명확하게 정의하지 않고 있으며, 또한 시민교육은 다른 제 영역의 내용을 포괄적으로 포함하고 있기 때문에 강조 개념이 중복되기도 한다. 또한 사회가 보다 복잡해지면서 사회화 과정도 보다 어렵고 복잡하게 되었기 때문에 현재 교육의 사회화는 아동들을 사회 질서의 현상에 획일적으로 적응시키기가 쉽지 않다.

따라서 보다 역동적이고 급변하는 사회 질서 속에서 아동이 민주시민성을 스스로의 힘으로 발달해 가는 데 필수적인 이해, 기능, 그리고 행동 양상의 다양한 개인적 발달을 강조할 필요가 있다. 이러한 민주시민성의 강조는 The Educational Policies Commission(1938)의 미국 민주주의의 목적에 대한 초기 연구를 통해서도 알 수 있는데 초등학교 교육의 목적으로 자아실현(self-realization), 인간관계(human relationships), 경제적 유능성(economic efficiency), 그리고 시민의식(civic responsibility)을 제시한 바 있다. 결국 사회적 측면에서의 기초를 닦는 기초교육을 통하여 아동을 대상으로 사회적 가치를 내면화하고 자주적이고 창조적이며 도덕적인 인간으로 성장할 수 있도록 교육하는 일은 개인과 국가뿐만 아니라 국제사회에서의 생활 모두에 밀접히 관계되어 있다(Jarolimek & Foster, 1985).

초등학교는 아동들에게 사회화 과정이 아동 삶 속에서 계속적으로 일어나고 사회적 성장에 의미 있게 받아들여질 수 있는 새롭고 자극적인 환경을 계속적으로 제공해야 한다. 왜냐하면 초등학교에서의 아동들의 사회적 행동과 발달은 아동 삶의 성장과 발달에 영향을 미치는 다양한 요소와 매우 밀접하게 관련되어 있기 때문이다. 결국 초등학교에서의 아동들의 사회적 성장과 발달은 그들에게 필수적으로 제공하여야만 하는 학습환경, 생활지도 및 학습활동 등과 밀접하게 연관시키지 않으면 안 된다.

이러한 관점에서 인간은 사회성을 지닌 사회적 유기체로서 집단 구성의 일원으로 성장 발달해야 한다고 전제하고 초등교육과정을 인간생활에 필요한 보편적인 영역에 걸친 아동의 생활 경험으로 규정하고, 경험으로서의 영역을 다음과 같이 제시할 수 있다(심진구, 1992).

- 학습하는 데 필요한 기능을 사용한다든가 또는 그 기능을 발달시켜 나가는 경험
- 집단생활에서 일어나는 여러 가지 문제를 이해해 나갈 수 있는 경험
- 인간생활의 물질적·자연적 환경에 관한 이해를 깊게 할 수 있는 경험
- 창의적 표현을 할 수 있는 경험
- 건강생활에 관한 경험
- 직업에 대한 관심이나 그 준비에 관한 기초적인 경험

이와 같이 초등교육의 교육목적으로서 아동들의 사회적 기능 습득을 통한 사회화는 사회가 아동들에게 요구하는 사회적 필요 혹은 사회적 발전뿐만 아니라, 아동들의 실생활 세계의 사회적 현실의 맥락에서 기초학습 기능과 밀접하게 연관되어야 한다. 따라서 현대 초등교육이 발달하면서 초등교육의 목표 중 하나는 각 아동들이 자신의 위치를 알고 자신의 진정한 능력을 발견하도록 돕는 일이지만, 학교는 개인뿐만 아니라 사회 전체와 관련이 있기 때문에 개인의 능력을 발달시키려는 목표는 전체 사회에 이익이 된다는 전제가 필요하다(Collier et al., 1967). 결국 초등교육의 교육목적은 개인과 사회에 모두 이익을 주는 방향으로 설정되어야 한다는 점에서, 초등학교에서의 사회화는 개인적 발달 측면과 사회적 발달 측면을 동시에 고려해야 한다.

3) 전인적 발달을 통한 자아실현 기능

초등교육의 교육목적에 있어서 중요한 것 중 하나는 아동들의 전인적 발달을 통한 자아실현 기능이다. 전인적 발달을 통한 자아실현이란 지식편중의 획일적 교육에서 탈피하여 아동이 가지고 있는 모든 잠재 가능성의 조화로운 발달을 위한 교육이다. 모든 인간의 능력과 가능성은 인간으로서의 전인적 발달을 전제하기 때문에 아동들의 성장과 발달에 있어 전인성은 매우 중요하다. 초등학교는 다양한 영

역에서 아동들의 성장과 발달의 방향에 대한 책무성을 갖고 있다는 점에서, Kilpatrick은 균형 잡힌 경험의 다양성을 제공하는 것이 중요하다고 강조하고 있다(Collier et al., 1967).

아동의 전인적 발달은 모든 발달 양상과 매우 밀접하게 관련되기 때문에 초등학교의 기초교육에 있어서 결코 경시될 수 없다. 그러나 아동의 전인적 발달을 강조한다고 해서 전통적 교과교육의 중요성을 간과하는 것은 아니다. 초등학교에서의 전인적 발달의 의미는 아동들로 하여금 전통적 교과교육을 보다 잘 이해하기 위한 토대를 마련하는 데 중요한 의의가 있는 것이다(Haigh, 1975).

초등학교 수준에서의 아동의 전인적 발달과정을 본다면 아동은 미성숙한 존재임에는 틀림없다. 그러나 미성숙은 성장하기 위한 중요한 조건이 될 수 있다(Dewey, 1902). Dewey는 아동의 미성숙을 단순한 부족으로 보는 것은 옳지 않다고 한다. 왜냐하면 성장을 성숙과 미성숙 사이의 차이를 메우는 어떤 연결로 보는 경향은 아동을 내재적(intrinsically)으로 보지 않고 상대적(comparatively)으로만 보는 데서 기인하기 때문이다. 아동은 성인이라는 고정된 표준에 비추어 성인에 비해 상대적으로 단순히 결핍된 존재가 아니라고 주장한다.

따라서 초등교육은 아동들에게 모든 생활의 영역에 있어서 그들의 성숙도에 맞게 교육적 경험을 마련해야 하며 또한 아동의 일상적 삶의 경험은 통합적 활동의 장에서 이루어지고 그렇게 될 때만이 의미가 있기 때문에 초등교육은 아동들에게 미성숙으로서의 삶의 과정 속에서 전인적 통합의 기초를 마련하여 초등학령기 아동의 실제적 성장 가능성의 관점에서 이루어져야 한다(Caswell & Foshay, 1950).

특히 초등학령기 아동들은 학교교육의 영향을 많이 받는 시기이기 때문에 이 시기의 성장 발달의 경험은 아동의 지적·정서적·사회적·신체적 제 영역의 발달이 조화롭고 균형 있게 이루어지도록 해야 한다. 따라서 공식적 교육의 세계로 입문하는 첫 단계인 초등교육은 주체적으로 학습할 수 있는 능력과 자신의 삶의 방향을 찾는 것을 본질로 하는 전인적 발달에 본질적 의미가 있는 것이다(엄태동, 2002).

이처럼 초등교육이 인격을 구성하는 모든 구성 요소의 균형 있고 조화로운 발달을 추구한다는 점에서 전인성은 전체성 혹은 총체성을 의미하며, 초등학교에서의 전인적 발달을 통한 자아실현은 바로 통합성과 밀접한 관련을 갖는다.

아동의 전인적 발달에 있어 아동 삶을 통한 기초교육의 경험은 완전히 종결된 경험이 될 수 없으며, 아동 삶의 과정을 통하여 계속적으로 계획되고 수정되는 새로운 해석과 의미부여를 통한 계속적인 과정이다(Alexander, 1987). 따라서 초등교육에서의 아동 삶의 사태란 단순히 경험된 삶의 의미나 지식에 적용되는 장면이 아닌, 새로운 삶의 의미를 창조해 가는 계속적인 재구성의 과정인 것이다.

3. 주요국의 초등교육의 목적

가. 미국의 초등교육 목적

미국의 교육목표는 연방정부보다는 주정부에서 결정하기 때문에 미국 전반에 걸쳐서 초등학교 수준의 교육목적을 일률적으로 제시하는 것은 어렵지만, 미국 공교육의 기본 목적은 장애아나 소수민족을 포함한 모든 아동에게 학교교육의 취학 기회를 균등하게 보장하는 데 있다. 또한 미국의 교육은 사회의 가치와 우선적 중요성의 바탕하에 민주주의 이상에의 헌신, 개인 자유에 대한 의무, 그리고 국민 다양성에 대한 존중을 강조하고 있다. 특히 개개인으로서 모든 아동이 자신의 잠재력을 최대한 발휘할 수 있도록 하고, 자유사회의 시민으로서 효과적으로 봉사하며, 변화하는 국제사회에서 성공적으로 능력을 발휘할 수 있도록 질 높은 교육을 제공하는 데 중점을 두고 있다(유네스코 국제교육국, http://www.ibe.unesco.org).

미국의 초등교육의 목적과 관련하여 미국 캘리포니아의 교육과정을 살펴보면, 학년별로 제시되어 있지 않고 각 교과별로 제시되어 있으며 별도의 초등학교 교육과정의 목표는 구체적으로 제시되어 있지 않다(캘리포니아주 교육부, http://www.cde.ca.gov/ci/). 미국의 초등학교 교육목표는 일반적으로 학생의 인격적 발달, 건전한 신체와 정신적 건강의 장려, 민주적 시민의 형성에 주로 강조점을 두고 있다. 특히 주의 모든 학생이 수준 높은 공교육을 공급받을 수 있도록 하는 것을 학생들의 권리이자 주정부의 책임으로 제시하고 있다.

나. 영국의 초등교육 목적

영국의 초등학교는 아동의 연령, 능력, 태도 등에 적합한 균형 있고 폭넓은 교육과정을 제공하고 있으며, Education Act에 의거하여 마련된 교육과정을 통하여 학교와 사회에서 아동의 영성적·도덕적·문화적·정신적 그리고 신체적 발달을 증진하고 아동으로 하여금 이후 삶의 다양한 기회, 책무, 그리고 경험을 대비하도록 하고 있다. 영국의 국가 교육과정은 모든 학생이 다음 3가지 목표를 이루도록 하고 있는데, 이러한 목표들은 총론의 목표이자 모든 교과의 공통된 목표이다(영국 교육부, https://orderline.education.gov.uk).

- 학습을 즐기면서 향상과 성취를 이룰 수 있는 성공적인 학습자의 양성
- 안전하고 건강하게 삶을 영위할 수 있는 능력을 갖춘 자신감 있는 개인의 양성
- 사회에 긍정적인 공헌을 할 수 있는 책임감 있는 시민의 양성

다. 프랑스의 초등교육 목적

프랑스 초등학교의 목표는 모든 아동이 낙오되지 않도록 하는 것인데, 아동에게 배워야 할 지식의 핵심을 가르치고 그들이 성장해야 할 사회와 어떻게 통합해 갈 것인가에 중점을 두고 있다. 이러한 목표들을 통합시키기 위해서 초등학교는 암기와 창조성, 엄격함과 창의성, 주의력과 자율성의 발달, 규칙에 대한 존중과 진취적

인 정신 간의 균형을 강화시키고 있다. 프랑스 초등교육의 구체적인 목적은 다음과 같다(Eurydice, http://eacea.ec.europa.eu).

- 기초적인 능력에 대한 만족할 만한 숙달을 보장함
- 모든 이에 대한 기회 균등과 프랑스 사회의 성공적인 통합을 보장함
- 아동들이 직면하는 어려움을 극복하도록 지원함으로써 모든 아동을 배려함
- 개별 그리고 모든 아동이 자신의 잠재력을 충분히 발휘할 수 있도록 함

특히 프랑스는 프랑스어 숙달, 기초적인 수학능력, 사회성 및 시민성 강화 등을 더욱 강조하고 있다.

라. 독일의 초등교육 목적

독일의 초등학교 교육은 유아 단계의 놀이 위주의 학습에서 학교 학습의 체계적 형태로 아동들을 안내하고 교수 프로그램의 형태와 내용을 개별 아동들의 다양한 학습 요구와 능력에 적합하도록 하는 데 중점을 두고 있다. 독일의 초등학교는 다음과 같은 목적을 강조하고 있다(Eurydice, http://eacea.ec.europa.eu).

독일의 초등학교는 개개인의 학습 배경과 학습능력에 따라 스스로 사고하고 기초학습을 발달시키며 타인과 상호작용 할 수 있는 경험을 제공하면서 아동들을 교육하는 데 목적을 갖고 있다. 따라서 아동들이 환경과 상호작용할 수 있도록 돕고, 중등학교에서의 학습과정을 준비할 수 있는 튼튼한 기초를 다지도록 하고 있다. 특히 초등교육의 목표는 다음 단계의 학습과 평생 학습을 위한 기초를 제공하는 것인데, 일반적인 언어능력의 제고와 수학적·과학적 개념의 기본적인 이해를 강조하고 있다. 초등학교는 아동들이 주변 환경에서 얻은 경험을 이해하고 구조화할 수 있도록 하고 있으며 동시에 아동의 정신운동 기능과 사회적 행동방식을 계발하도록 하고 있다.

마. 일본의 초등교육 목적

일본의 소학교는 아동들의 심신 발달을 위해 보통교육 중 기초적인 것을 실시함을 목적으로 하며 이러한 목적을 실현하기 위해 제21조 각 호에 제시된 목표를 달성하도록 하고 있다.

제21조 의무교육으로서 행해지는 보통교육은 교육기본법(평성 18년, 2006년 법률 제120호) 제5조 제2항에 규정된 목적을 실현하기 위해 다음에 언급된 목표를 달성하고자 한다.

- 학교 내외에 따른 사회적 활동을 촉진시켜 자주, 자율 및 협동정신, 규범의식, 공정한 판단력 및 공공정신을 바탕으로 주체적으로 참여하고 발전에 기여하는 태도를 갖춘다.
- 학교 내외에 따른 자연체험활동을 촉진시켜 생명 및 자연을 존중하는 정신 및 환경보전에 기여하는 태도를 갖춘다.
- 국가와 향토의 현실과 역사에 대해 올바른 이해를 도모하고 전통과 문화를 존중하며 그것을 키워온 국가와 향토를 사랑하는 태도를 갖춤과 동시에 나아가 외국 문화의 이해를 통해 타국을 존중하고 국제사회의 평화와 발전에 기여하는 태도를 갖춘다.
- 가족과 가정의 역할, 생활에 필요한 의·식·주, 정보, 산업, 그 외의 사항들에 대해 기초적인 이해와 기능을 양성한다.
- 독서를 습관화하여 생활에 필요한 국어를 바르게 이해하고 사용하는 기초적인 능력을 갖춘다.
- 생활에 필요한 수량적인 관계를 바르게 이해하고 처리하는 기초적인 능력을 갖춘다.
- 생활에 관계된 자연현상에 대하여 관찰 및 실험을 통해 과학적으로 이해하고 처리하는 기초적인 능력을 갖춘다.

- 건강과 안전을 바탕으로 한 행복한 생활을 위해 필요한 습관을 기르고 운동을 통해 체력을 키우며 심신의 조화로운 발달을 도모한다.
- 생활을 밝고 풍요롭게 하는 음악, 미술, 문예, 그 외의 예술에 대해 기초적인 이해와 기능을 양성한다.
- 직업에 대한 기초적인 지식과 기능, 노동을 중요시하는 태도와 개성에 부응하여 진로를 선택하는 태도를 기른다.

바. 중국의 초등교육 목적

중국의 교육은 교육과 생산, 노동을 결합시킨 사회주의 현대화의 구축을 강조하고 있는데 중국 소학교 단계의 교육목표는 학생들이 초보적인 수준에서 조국, 인민, 노동, 과학, 사회주의를 사랑하는 사상, 감정을 갖게 하고 사회주의 문화를 지닌 노동자를 길러내는 데 있다(유네스코 국제교육국, http://www.ibe.unesco.org). 중국의 초등학교 교육의 목적은 다음과 같다(중국 교육부, http://www.moe.gov.cn).

- 중국 당국의 교육방침을 관철하고 시대 요구를 실현하며 학생들로 하여금 애국정신, 집단정신을 갖게 한다. 사회주의를 사랑하고 중화 민족의 우수한 전통과 혁명 전통을 계승 발전시키고자 한다.
- 사회주의 민주 법제 의식을 갖추고 국가의 법률과 사회 공공 도덕을 준수한다.
- 올바른 세계관, 인생관, 가치관을 점진적으로 형성한다.
- 사회 책임감을 갖추고 인민을 위해 열심히 일한다.
- 초보적인 창조정신, 실천능력, 과학과 인문 소양 및 환경의식을 갖춘다.
- 평생 교육에 적응하기 위한 기초지식, 기본 지능과 방법을 갖춘다.
- 건전한 기질과 정신, 양호한 심리 소양을 갖추고 건강한 심미 정취와 생활 방식을 양성함으로써 이상적이고 도덕적이며 문화적으로 기강 잡힌 새로운 시대적 인재로 성장한다.

사. 핀란드의 초등교육 목적

핀란드에서 교육은 전통적으로 모든 시민의 기본 권리 중 하나로 간주된다. 교육정책의 주요 목표는 거주지, 재산, 모국어 또는 성별에 관계없이 모든 시민에게 교육 수준을 높이고 평등한 교육 기회를 제공하는 것으로, 기초교육으로서의 목적은 '국가적으로 교육의 적절한 형평성을 보장'하는 것이며, 기초교육의 목표는 인간다움을 향한 아동들의 성장을 촉진하고, 사회 구성원으로서의 책임의식을 기르며, 삶에 필요한 지식과 기술을 함양시키는 데에 있다.

교육법에서 핀란드에 영구적으로 거주하는 아동은 의무교육에 참석해야 한다고 규정하고 있으며, 기초교육은 만 7~16세 아동을 대상으로 종합학교(comprehensive schools)에서 9년간 모든 지역에서 균등하게 제공되고, 원하는 만 6세 유아들에게 종합학교 입학 전 1년간의 예비 기초교육을 제공한다. 실제로 만 6세 유아의 약 96%가 종합학교 준비단계의 예비 기초교육을 제공받는다. 의무교육은 자녀가 7세가 되는 해에 시작되며, 기초교육과정을 마치거나 의무교육 시작 후 10년이 지나면 종료된다. 아동의 장애 또는 질병으로 인해 기초교육의 목표를 달성할 수 없는 경우, 취학 전 교육 참여 여부는 자녀의 부모나 보호자가 결정한다. 교육, 필요한 교과서 및 기타 학습 자료, 학교 장비 및 자료는 학생에게 무료로 제공된다(유네스코 국제교육국, http://www.ibe.unesco.org). 등교 전 활동과 방과 후 활동에 관한 법률적 근거를 갖추고 있으며, 읽기교육과 영어교육을 강조하는 핀란드의 교육제도는 그 자체가 '행복교육'을 지향하는 거대한 교육 복지 체제라고 할 수 있다(국회입법조사처 현안보고서, 제196호, 2013. 8. 5.).

아. 싱가포르의 초등교육 목적

싱가포르의 교육 시스템은 모든 아동을 양육하고 모든 학생이 자신의 재능을 발견하고 잠재력을 최대한 실현하며 평생 학습에 대한 열정을 개발할 수 있도록 돕는 것을 목적으로 한다. 국가 교육은 학생들 사이에 강한 유대감을 조성하고 가족, 지역 사회 및 국가에 대한 깊은 소속감과 헌신을 개발하는 것을 목표로 한다. 교육을 통해 추구하는 인간상은 자신감 있는 사람, 자기주도적 학습자, 적극적인 시민, 적극적인 토론자이다. 즉 일에 자부심을 가지며 건강한 습관과 예술에 대한 인식, 그리고 싱가포르를 알고 사랑하는 자이다. 싱가포르의 아이들은 국익과 하나가 되는 결의, 자신감 있는 사람들이 되기 위해 위협과 도전을 극복하고 자신의 문화유산과 모국어를 알아야 하며 다양한 인종, 종교, 문화 및 언어 배경을 존중한다.

싱가포르의 의무교육은 2003년 1월부터 시행되었으며, 초등교육은 6세부터 시작하며 기초 단계(1~4학년) 4년, 오리엔테이션 단계(5~6학년)로 이루어졌으며, 6학년 말 학생들은 초등학교 졸업 시험(PSLE)에 응시한다(유네스코 국제교육국, http://www.ibe.unesco.org).

초등학교 교과 과정은 영어, 모국어(중국어, 말레이어 및 타밀어 사용 학생 가능), 수학, 과학, 예술, 음악, 체육, 사회, 인성 및 시민권 교육의 10개 과목 영역으로 구성되며, 2019년에는 코딩 수업이 커리큘럼에 추가되었다. 그리고 2021년 교육부는 무엇보다도 정신 건강과 사이버 웰니스, 모든 학교 내 동료 지원 구조 구축에 중점을 둔 업데이트된 인성 및 시민 교육 커리큘럼을 도입했다. 영재 자격이 있는 초등학생을 위해 싱가포르는 개별화된 심화 커리큘럼 기회를 제공하고 있다(전미경제교육협의회, https://ncee.org/country/singapore/).

4. 초등학교 교육의 목적

가. 우리나라의 초등학교 교육목적의 법적 근거

1) 헌법 제31조

① 모든 국민은 능력에 따라 균등하게 교육을 받을 권리를 가진다.
② 모든 국민은 그 보호하는 자녀에게 적어도 초등교육과 법률이 정하는 교육을 받게 할 의무를 진다.
③ 의무교육은 무상으로 한다.
④ 교육의 자주성·전문성·정치적 중립성 및 대학의 자율성은 법률이 정하는 바에 의하여 보장된다.
⑤ 국가는 평생교육을 진흥하여야 한다.
⑥ 학교교육 및 평생교육을 포함한 교육제도와 그 운영, 교육재정 및 교원의 지위에 관한 기본적인 사항은 법률로 정한다.
(전문개정 1987. 10. 29.)

헌법 제31조에 있는 초등학교 교육목적의 법적 근거는 모든 국민은 능력에 따라 균등하게 교육을 받을 권리를 가지며, 모든 국민은 보호하는 자녀에게 적어도 초등교육과 법률이 정하는 교육을 받게 할 의무를 진다는 의무교육의 기본 목적을 천명하고 있으며, 의무교육은 특히 무상으로 하는 것을 원칙으로 하고 있다.

2) 교육기본법 제2조(교육이념)

교육은 홍익인간(弘益人間)의 이념 아래 모든 국민으로 하여금 인격을 도야(陶冶)하고 자주적 생활능력과 민주시민으로서 필요한 자질을 갖추게 함으로써 인간다운 삶을 영위하게 하고 민주국가의 발전과 인류공영(人類共榮)의 이상을 실현하는 데에 이바지하게 함을 목적으로 한다. [전문개정 2007.12.21]

교육기본법 제2조에 있는 교육이념은 초등학교 교육목적의 기본 방향을 설정하는 내용으로, 초등학교 교육 역시 모든 국민이 구비해야 할 인격 도야와 기본적인 생활능력을 구비하게 하고 민주시민으로서의 역량을 발휘하게 함으로써 한 개인의 인간다운 삶의 질을 제고하고 민주국가와 전 인류의 발전에 기여하게 하는 것을 궁극적인 교육이념으로 삼고 있음을 알 수 있다.

3) 초·중등교육법

제38조(목적) 초등학교는 국민생활에 필요한 기초적인 초등교육을 하는 것을 목적으로 한다. [전문개정 2012.3.21]

제41조(목적) 중학교는 초등학교에서 받은 교육의 기초 위에 중등교육을 하는 것을 목적으로 한다. [전문개정 2012.3.21]

제45조(목적) 고등학교는 중학교에서 받은 교육의 기초 위에 중등교육 및 기초적인 전문교육을 하는 것을 목적으로 한다. [전문개정 2012.3.21.]

제23조 제3항. 학교의 교과(敎科)는 대통령령으로 정한다.

초·중등교육법 시행령 제43조(교과) 법 제23조 제3항의 규정에 의한 학교의 교과는 다음 각호와 같다. [개정 2022.5.9]

① 초등학교 및 공민학교 : 국어, 도덕, 사회, 수학, 과학, 실과, 체육, 음악, 미술 및 외국어(영어)와 국가교육위원회가 필요하다고 인정하는 교과

② 중학교 및 고등공민학교 : 국어, 도덕, 사회, 수학, 과학, 기술·가정, 체육, 음악, 미술 및 외국어와 국가교육위원회가 필요하다고 인정하는 교과

③ 고등학교 : 국어, 도덕, 사회, 수학, 과학, 기술·가정, 체육, 음악, 미술 및 외국어와 국가교육위원회가 필요하다고 인정하는 교과

④ 특수학교 및 고등기술학교 : 국가교육위원회가 정하는 교과

초·중등교육법 제38조에 제시된 초등학교의 교육목적은 국민생활에 필요한 기초적인 초등교육을 하는 것으로 제시되어 있다. 이는 국민이면 누구나 구비해야 하는 기초교육으로서의 초등교육을 강조하는 조항으로 초등학교에서 구체적으로 추구해야 하는 교육의 기본 방향이라고 할 수 있다. 그러나 초·중등교육법에 제시된 교육목적의 진술은 초등학교 교육의 목적으로서 보다 근본적인 초등교육의 기본 방향을 제시한 것은 아니다. 즉 초등학교 교육의 목적은 초등교육을 하는 데 있다는 점에서 과연 초등교육의 목적은 무엇인지에 대한 보다 근본적인 논의가 필요하다.

나. 현행 초등학교의 교육목적과 교과별 목표

1) 초등학교 교육목표

초등학교 교육은 학생의 일상생활과 학습에 필요한 기본 습관 및 기초 능력을 기르고 바른 인성을 함양하는 데 중점을 둔다.

① 자신의 소중함을 알고 건강한 생활 습관을 기르며, 풍부한 학습 경험을 통해 자신의 꿈을 키운다.
② 학습과 생활에서 문제를 발견하고 해결하는 기초 능력을 기르고, 이를 새롭게 경험할 수 있는 상상력을 키운다.
③ 다양한 문화 활동을 즐기며 자연과 생활 속에서 아름다움과 행복을 느낄 수 있는 심성을 기른다.
④ 일상생활과 학습에 필요한 규칙과 질서를 지키고 서로 돕고 배려하는 태도를 기른다.

2) 초등학교 교과별 및 비교과 영역 목표

- **바른생활** : 공동체 구성원으로서 '지금－여기－우리 삶'의 문제를 성찰하고 실천한다. 첫째, 지금 만나는 삶의 문제를 인식하고 스스로 해결하려 노력한다. 둘째, 자신이 속한 공동체에서 살아가는 데 필요한 생활 습관과 학습 습관을 형성한다. 셋째, 주변 사람들과 소통하고 배려하며 생활한다.
- **슬기로운 생활** : '지금－여기－우리 삶'에 지속적으로 관심을 갖고 탐구한다. 첫째, 자신과 주변에 관심을 가지고 질문을 제기하며 지속적으로 탐구한다. 둘째, 탐구 과정에서 필요한 지식이나 기능을 다루면서 주변을 탐구하는 태도를 기른다. 셋째, 탐구 과정에서 형성한 이해를 공동체와 공유하며 확장한다.
- **즐거운 생활** : 놀이를 하면서 '지금－여기－우리 삶'을 즐긴다. 첫째, 문화 예술

활동과 신체 활동을 통해 지금을 즐긴다. 둘째, 자신이 속한 장소에서 놀이를 즐기며 감정과 정서를 표현한다. 셋째, 공동체와 더불어 생각이나 느낌을 나누며 창작하고 표현하는 활동에 참여한다.

- **국어** : 국어 의사소통의 맥락과 요소를 이해하고 다양한 의사소통의 과정에 협력적으로 참여하면서 언어생활을 성찰하고 국어문화를 향유함으로써 미래 사회에서 요구되는 높은 수준의 국어 능력을 기른다.
- **사회** : 사회현상에 관한 기초적 지식을 습득함은 물론 지리, 역사, 제 사회과학의 기본 개념과 원리를 발견하고 탐구하는 능력을 익혀 우리 사회의 특징과 세계의 여러 모습을 종합적으로 이해한다. 또한 다양한 정보를 활용하여 현대 사회의 문제를 창의적·합리적으로 해결하는 데 적극적으로 참여하는 능력과 태도를 기른다. 특히, 초등학교에서는 학생들이 주변 사회현상에 대하여 관심과 흥미를 가지며, 생활과 관련된 기본적 지식과 능력을 습득하고, 이를 자신의 주변 환경이나 문제에 적용할 수 있는 적극적인 태도를 기르는 것에 주안점을 둔다.
- **도덕** : 개인적 도덕성과 사회구조적 도덕성 사이의 유기적 연관성을 토대로 성실, 배려, 정의, 책임의 핵심 가치를 체득하여 도덕적 지식과 실천의 과정을 연계시킬 수 있는 도덕적인 인간을 바탕으로 정의로운 사회를 만들고자 하는 의지와 역량을 갖춘 시민을 육성하는 것을 목표로 한다.
- **수학** : 수학의 개념, 원리, 법칙을 이해하고 수학의 가치를 인식하며 바람직한 수학적 태도를 길러 수학적으로 추론하고 의사소통하며 다양한 현상과 연결하여 정보를 처리하고 문제를 창의적으로 해결하는 수학 교과 역량을 함양한다.
- **과학** : 자연 현상과 일상생활에 대하여 호기심을 가지고 과학적 탐구를 통해 주변의 현상을 이해하고, 개인과 사회의 문제를 과학적이고 창의적으로 해결하는 민주 시민으로서 참여하고 실천하는 과학적 소양을 기른다.
- **실과** : 교과 지식, 수행 역량, 가치 및 태도를 함양하여 생활 속 문제를 탐구하

고 문제 해결의 결과가 개인과 사회에 미치는 영향을 인식하여, 가정생활, 기술 및 정보 소양을 바탕으로 주도적인 삶을 영위할 수 있도록 한다.

- **체육** : 활동적이고 창의적인 삶, 건강하고 주도적인 삶, 신체활동 문화를 향유하며 사회 속에서 바람직하고 더불어 사는 삶을 영위할 수 있는 신체활동 역량을 기르는 것을 목표로 한다.
- **음악** : 음악의 핵심적 지식·이해, 과정·기능, 가치·태도를 포괄하는 다양한 음악 활동을 통하여 감성, 창의성, 자기주도성을 기르고, 일상생활 속 다양한 공동체 안에서 소통할 수 있는 인간 육성을 목표로 한다.
- **영어** : 영어과의 궁극적인 목표는 다변하는 미래 사회를 대비하여 언어와 문화의 배경이 다른 세계인 영어로 의사소통하는 역량을 기르는 것이다.
- **창의적 체험활동**(비교과 영역) : 학생들이 창의적인 다양한 활동에 주도적으로 참여함으로써 개인의 소질과 잠재력을 계발·신장하여 창의적인 삶의 태도를 기르고 공동체 의식을 함양하도록 한다. 특히 초등학교에서는 자신의 개성과 소질을 탐색하고 발견하여 공동체 생활에 필요한 기본 생활 습관과 시민의식을 기른다.

※ 초등학교 저학년의 경우, 현재 교과별로 바른생활, 슬기로운 생활, 즐거운 생활에 해당하는 교과서명은 봄, 여름, 가을, 겨울이다.

CHAPTER

03

초등교육의 역사

1. 서양 초등교육의 역사

가. 원시시대의 교육

원시시대의 성년식은 일종의 교육적 행사로 한 종족의 아동 혹은 아동들을 성인이나 성인 집단으로 변화시키기 위한 제도이다. 성년식은 인류의 자녀들을 대상으로 그 부모들이 구성하고 있는 공적 집단조직에 의해 공공적으로 행해지는 제도로서, 계획적으로 교육된 최초의 사례라고 할 수 있다(梅根悟, 1955, 김정환, 심성보 역, 1990). 이러한 성년식은 동서양을 통해서 어느 정도 진보된 부족에는 모두 있었던 의식으로, 극심한 고통이 수반되는 여러 가지 행사를 통하여 하나의 성인이 되는 통과 의례이다. 고통스러운 시련의 경험을 통해 사고방식, 행동방식 등이 이전과 전혀 다르게 되고 완전히 성장한 한 인간이 된다고 여겼던 성년식은 아동과 성인은 질적으로 다르며, 아동이 성인이 되기 위해서는 어떤 형태로든 통과 의례를 통해 삶의 질적 변화가 필요하다는 당시의 생각을 보여준다.

원시시대에서는 성년식을 통해 다시 태어남으로써 비로소 기성 사회의 성인이 된다는 점에서 성년식의 대상은 남자들만의 의식이 아니었으며 여아를 위한 성년식도 있었지만, 아마도 남아를 대상으로 하는 성년식이 보다 더 많은 사회적 의미를 가졌을 것이다. 성년식은 다양한 종족의 문화에 따라 행해지는 방법에 많은 차이가 있지만 어느 경우이든 미성년에서 성년으로의 전환 시점에서 이루어지는 것이 공통된 특징이고 매우 혹독한 성년식을 통해 부족의 성인 사회에 입문함으로써 끝나게 된다.

이와 같이 성년식은 오늘날 성인 사회에 입문하기 위해 학교교육의 과정을 거쳐서 학교를 졸업해야 하는 것과 같이 극히 평범한 하나의 삶의 과정이자 하나의 교육이었다는 점에서, 사람들이 사회 속에서 살아가기 위해 공동으로 종족을 유지할 필요성으로 인해 생겨난 최초의 의무교육제도이다(梅根悟, 1955, 김정환, 심성보 역, 1990).

나. 고대 그리스의 초등교육

스파르타는 리쿠르구스(Lycurgus) 법 제정 이후 아동교육은 엄격한 단련주의 입장에서, 국가적 관심하에 건강하고 의지가 강하며 연대 의식이 풍부한 아이로 키우는 것이 기본 방향이었다. 반면 아테네에서는 아이를 교육시킬 책임이 전적으로 가장에게 주어졌기 때문에 아이가 18세가 될 때까지는 가정에서 직접 가르치거나 다른 사람에게 교육을 맡겼다. 고대 그리스 시대는 전반적으로 남성중심의 사회였고 스파르타나 아테네 모두 정치 참여에 있어서 시민의 권리는 남자들에게만 있었기 때문에 여자들은 기본적으로 공식적 교육에서 제외되었다.

1) 스파르타의 초등교육

스파르타에서 7세 이전의 아동은 일차적으로 가정에서 유모와 시녀 그리고 어머니에게서 교육을 받게 된다. 이후 국가에서 임명된 10명의 원로 장로의 심사를 거쳐 건강한 아동만을 미래의 스파르타 시민의 일원으로 양육하였는데, 이는 스파르타 사회의 엄격한 단련주의 입장을 반영하는 것이었다. 따라서 엄격한 단련주의식 스파르타 교육에 대비하여 철저히 의도된 아동 양육이 이루어졌다. 일단 아기가 태어나면 레스케(Leskhe)라는 신체검사장으로 데리고 가서 원로들이 검사를 하는데, 장차 스파르타인이 될 신체상 및 다른 자격 요건 등을 구비하고 있는지 검증하며 아기의 태생에 대한 조사도 병행하였다. 남자아이가 기형이거나 허약하게 태어난 경우, 아기를 유기하여 산 속에 버리는 것은 그리스 시대의 일반적인 관행이었다. 그리스 사람들은 살인을 범하는 것을 원치 않았기 때문에 신생아가 살해되기보다는 유기되는 경우가 많았다(허승일, 1998). 스파르타에서는 아버지가 아닌 국가가 아기에게 삶의 자격을 부여했기 때문에, 아기를 유기할 것인가의 결정은 경제적 이유보다는 훌륭한 전사로 성장할 수 있는가의 여부에 달려 있었다.

스파르타에서 아동은 부모의 사유재산이 아니라 도시의 공유재산으로 인식되었기 때문에 이들의 교육은 비단 부모나 연고자, 혹은 특정한 교사에게만 한정되지 않았으며, 폴리스의 운명을 짊어진 아이라는 의식에서 공동으로 교육시켰다. 따라서 스파르타에서는 태어나면서부터 만나는 부모가 아니더라도 스파르타인이면 누구나 경우에 따라 소년들을 가르치고 훈육할 수 있었다.

7세 이후 스파르타 남아들은 아고게(Agoge, 군사훈련기관)로 들어가 공적 제도하에 집단공동생활을 하였으며, 집단적인 공동생활은 교육과 훈련의 최대 효과를 거두기 위해 초등반은 7, 8~11세, 중등반은 12~13세, 고등반은 14~18세 그리고 종합반의 경우는 19~20세로 구성하였다. 일반적으로 중등반까지는 적정 규모로, 고등반 이후는 연령별 단위로 구분되어 교육받았다. 특히 14세부터 본격적으로 시작하여 19~20세에는 실전을 방불케 하는 훈련을 받았다.

아고게에서의 교육을 책임진 유일한 훈련관인 파이도노모스(paidonomos)는 고위 관직에 있는 자 중 가장 현명하고 용감한 자로 선발되었으며, 학생들을 통솔하고 상벌을 줄 수 있는 절대적 권한이 법적으로 보장되었다. 아고게에서 최고 학년이라고 할 수 있는 20세의 에이렌(eiren, 전투에 나갈 수 있는 등급)들 중 용감하고 현명한 자를 조교 겸 부대장으로 임명하여 소년들의 교육과 훈련에 중요한 역할을 부여했다. 이들은 소년들의 숙박에서부터 식사, 일상생활의 모든 것을 감독하였다. 아고게에서의 소년들의 훈육은 한마디로 야수처럼 길들이는 훈련이었고, 식사는 모두 공동으로 했으며 아주 형편없는 음식을, 양마저 충분하게 주지 않았다(심현정 역, 2004). 아고게에서의 소년들은 몸을 단련하는 시간으로 하루의 대부분을 보냈고 생활의 기본으로 읽기와 쓰기도 일부 학습했으나 최소한의 것으로 국한했으며, 무엇보다도 음악과 무용은 군사적 용도로 중요하게 강조되었다.

스파르타에서는 남아와는 달리, 여아가 태어날 경우 아이를 기를 것인지의 여부는 부모가 결정한 것으로 추정된다. 스파르타의 여성은 건강한 병사 보급의 기계로서 중시되었으며, 어머니는 아버지 못지않은 신체적 교육을 받고 아내로서, 어머니로서, 국가의 성원으로서 자녀의 교육자 역할을 하였다. 따라서 스파르타 여아들은 장차 스파르타에서 건강한 신체를 통해 튼튼한 아이를 출산하는 것, 아름다운 정조를 지키는 것, 나라를 사랑하고 의무를 수행하며 법을 준수하는 것, 그리고 집 안에서 노예를 잘 다루는 것 등의 여러 역할을 기대 받았다(Flacelière, 1959, 심현정 역, 2004). 그러나 이러한 교육의 목적은 여성의 사회적 지위 향상을 위한 것이라기보다는 튼튼한 아이를 출산하고 양육함으로써 국가 발전에 기여해야 한다는 의무감에서 비롯된 것이라고 할 수 있다(Butts, 1955).

2) 아테네의 초등교육

아테네의 아이들은 태어나면서 당시의 높은 문화적인 분위기에 둘러싸여 자연스럽게 아테네의 시민이 될 수 있었고 풍부한 예술적·문화적 혜택을 받으며 어린 시절을 보낼 수 있었다. 먼저 아기가 태어나면 집안의 신인 헤스티아(Hestia, 부뚜막의 여신)에게 제를 지냈으며, 제 7일 혹은 제 10일에 명명식을 행한 후 아버지는 아기가 정당한 자식임을 확인하였다. 유아의 양육은 어머니가 맡지만 부유층에서는 유모가 맡는 경우가 많았는데, 1년 또는 1년 반 정도 지나면 유모의 손에 있다가 다음 양육을 맡는 시녀에게 넘어갔다. 엄마와 유모는 아이에게 자장가와 동요를 불러주고 부드러운 음식을 제공하고, 아이가 어느 정도 말을 하기 시작하면 구전동화를 들려주곤 하였다. 이것이 아테네 시대에 아이가 받은 최초의 교육일 수 있으며 이후 아이가 성장하면 신화나 전설을 들려주었다.

아테네에서 부모가 아이를 학교에 보내는 것이 법으로 정해져 있었는지는 확실하지 않다. 그러나 성문법은 없었을지라도 법 못지않은 구속력을 지니는 관습과 전통은 학교교육을 의무화했던 것으로 보인다(Flacelière, 1959, 심현정 역, 2004). 이러한 경우 아이 교육비는 부모가 지불하였으며 가난한 집 아이들은 아주 기초적인 것, 즉 읽기와 쓰기, 산수만 배우고 일찍 학업을 중단하는 경우가 많았다.

아테네의 기초교육을 담당했던 교사로는 기초문자교사인 그람마티스테스, 음악교사인 키타리스테스, 그리고 체육교사인 파이도트리베스가 있었다. 특히 아테네 아동기 교육은 나름대로 일정한 순서로 학교에 다니는 형식으로 이루어졌는데, 그람마티스테스 교육, 키타리스테스 교육 그리고 파이도트리베스 교육의 순으로 개인 교사 집에 순서대로 다닌 것으로 보인다. 또한 어느 과목이건 간에 교사는 국가가 비용을 부담해서 세운 공공건물이 아닌 자신의 집에서 아이들을 가르쳤다.

아테네에서의 여성 교육의 목적은 현모양처의 양성에 두었다. 단정하고 정숙한 여성의 덕을 강조하고 가사, 방직, 재봉, 육아방법을 배웠으며 자유로운 외출은 어려웠다. 스파르타와 달리 아테네의 모든 여자는 운동이나 교육의 기회를 거의 갖지 못했기 때문에, 아이가 학교에 다니기 시작하더라도 어머니로서 도움을 줄 수 있는 것이 사실상 없었다.

초등교사가 되기 위해서 어떤 학위나 자격증도 필요하지 않았고 그저 읽고 쓸 줄 아는 사람이면 누구나 가르칠 수 있었으며 교육에 대한 국가의 감독은 오로지 도덕적인 관점에서만 이루어지고 교사의 지식과 능력에 대해서는 아무런 관심을 기울이지 않았다. 아테네의 경우는 스파르타와 달리 파이다고고스(Paidagogos)라는 노예 신분의 교복(敎僕)이 있었는데, 파이다고고스는 아이가 학교에 갈 때면 항상 데려다 주고 아이에게 예의범절을 가르쳐주는 임무를 맡은 노예들이었다. 이들은 필요에 따라 체벌을 가할 수도 있었으며 특히 자작나무 회초리를 많이 사용했다. 그리고 개인 교사의 집까지 아이의 짐(밀랍 칠판, 필기도구, 책 등)을 들어주고, 학교에 남아 아이의 수업이 끝나기를 기다리며 경우에 따라서는 수업을 듣고 집에 돌아와 복습 교사 역할을 하기도 했다.

다. 고대 로마의 초등교육

로마시대에 기본적으로 아동교육을 담당했던 곳은 가정이었다. 로마시대에 있어서 가정은 단순히 사회적 단위의 조직만이 아니라 교육의 기관으로서 매우 중요한 위치에 있었다. 물론 가정에서의 양육은 어머니가 맡았지만 교육을 위한 남아의 훈련은 일반적으로 아버지가 전적으로 맡아서 했다. 이는 로마시대 기초교육을 담당했던 교육기관의 교육 여건이 형편없었기 때문으로, 가정에서의 아동교육은 아버지가 직접 가르치는 형태였다.

로마시대의 초등교육은 공화정 시대 후반부터 생긴 루두스(Ludus litterarius)를 통해 알 수 있다(류재화, 2003). 루두스의 교육 풍경을 살펴보면 옹색하고 불편한 건물 내에서 7세에서 13세 내외의 여자아이들과 7세에서 15세 내외의 남자아이들이 뒤섞여 같이 수업을 받았으며 교실 시설로는 교사를 위한 의자, 아동들을 위한 긴 벤치형 의자나 팔걸이와 등받이가 없는 나무 의자, 검은 칠판과 작은 게시판, 몇 개의 주판식 계산대가 전부였다.

루두스에서의 수업은 퀸쿠아트리아(Quinquatria, 미네르바 신을 기리는 5일간의 축제)와 여름방학을 제외하고 일년 내내 똑같은 교육방식으로, 기계적으로 읽고 쓰고 셈하는 것을 가르치는 것이 전부였다. 루두스의 대부분 교사는 구태의연한 방식으로 수업을 했으며, 아동들은 밀랍을 바른 판자에 글자 쓰기를 배웠다. 당시 아동들은 문학의 표본으로 간주되었던 호메로스의 작품과 12동판법을 낭송했다. 기원전 450년에 제정된 12동판법은 로마인의 기본적인 가정 및 사회생활에 관한 부권, 재산권, 종교, 정치 그리고 군사상의 의무를 규정한 법전으로 로마인들에 있어서 12동판법은 교육내용 그 이상의 의미를 가졌다. 따라서 아동들은 12동판법을 기본 교재로써 암송하였다.

2세기부터 루두스의 수는 증가했지만 교사들의 질적 수준은 낮았기 때문에 오늘날 학교에 부여되는 의무들을 다했다고 보기는 힘들다. 왜냐하면 당시 루두스의 교사는 일반적으로 노예나 정복당한 나라에서 잡혀온 사람들이었기 때문이다. 따라서 루두스에 대한 사회적 인식 수준은 낮았고 교사에 대한 사회적 대우도 매우 낮았다(류재화, 2003). 반면 중등이나 고등교육을 담당한 교사들은 어느 정도 사회적으로 그 지위를 인정받았으며 그리스에서 온 철학자나 학자들의 경우는 더욱 대접을 받았다.

루두스에서는 체벌이 만연했기 때문에 아이들은 체벌을 피하기 위해 본능적으로 눈치를 보고 위선과 거짓과 비굴한 생활을 하였다. 특히 제국시절에도 교사들은 좋은 평판을 누리지 못했으며, 심지어 덕망 있는 인사들은 교사들을 거의 사회 쓰레기로 보고 그들과 어울리면 사회적 품위가 떨어지는 것으로 생각할 정도였다. 따라서 로마의 루두스는 교육을 맡은 기관이면서도 아동의 유년시절을 망칠 수도 있는 곳이기도 했으며 학교는 도덕정신을 강화하기보다 약화시켰고 육체를 건강하게 만드는 대신 약하게 만들었다. 학교에서 배운 것은 그나마 정신과 영혼의 틀을 갖추었다 해도 더 가꿔 나가기엔 역부족이었다. 결국 로마시대의 국민기초교육은 거의 파산지경이었으며, 오늘날과 같은 기초 및 중등교육에 해당하는 교육을 로마시대 귀족들에게 공급한 것은 문법학교와 수사학교 교사들이었다.

라. 중세의 초등교육

중세 이전에 단순히 모국어만 사용한 국민들은 전통적 라틴어학교에 갈 기회가 없었다. 그러다 중세 말경에 시민의 역할이 점차 증대되면서 자신들의 신분에 맞는 학교가 등장하기 시작하였는데 이 과정에서 주목할 것은 단순한 연령에 의한 구분에서 사회계층과 교수 언어에 의해 초등과 중등교육 간에 새로운 구분이 이루어졌다는 것이다.

상류가정의 아동들은 어린 시기부터 고전어중심으로 교육을 받았기 때문에 학령 전에 어느 정도 라틴어를 읽고 쓸 수 있었다. 따라서 전통적 고전어(Classics)가 수업 언어이자 교수목표였던 중등학교는 상류계층에 속해 있었으며, 모국어를 가르치던 초등학교는 하류계층에 속해 있었다. 초등과 중등교육 사이에 이러한 계층차가 뚜렷이 나타났다는 것은 모국어학교가 초기 상류계층 교육과 공존했음을 보여준다. 그러나 고대 아테네의 기초도야기에서의 3R's와 달리 고대 로마의 7자유교과 이후 서양의 교양인은 초등학교 단계의 3R's의 습득이 아닌 중등 문법학교의 입문이었다는 점에서 초등 단계의 교육과 중등 단계 이상의 교육은 아무런 순차적 연계 없이 별개의 교육으로 발전되었다고 볼 수 있다.

중세의 아동교육은 주로 가정과 교회를 통해 이루어졌는데 기독교적 관점에서 항상 신과의 올바른 관계 속에서 양육이나 교육이 이루어지는 것으로 여겼다. 특히 아동에게 신을 존경하고 복종케 하는 종교중심의 정서적 도야가 교육의 목적이었으며 도야나 의지의 발달 역시 가정교육을 통해 종교적 정서생활을 경험하도록 했다. 따라서 중세시대에는 아동의 흥미는 억압당하고 개성의 신장과 자연적이고 심미적인 측면은 오히려 죄악시될 정도로 교육은 오직 내세에 대한 현세의 준비를 목적으로 하였다. 결국 이러한 중세의 아동교육은 고대 그리스의 자유적·심미적 교육과 로마의 실제적이고 현실적 교육과는 다른 도덕적·종교적 교육으로 발전하였다.

중세 아동교육의 방법은 대개 복종, 모방, 반복이 중심이 되었으며 그러한 교육방법은 특히 신앙교육, 예의범절교육, 기술 및 직업교육에 있어서 필수불가결한 교육방법이라고 생각했다. 이러한 이유로 교사는 신에게서 권위를 위탁받은 자로서 자기 자신을 엄격한 기준으로 다스리고, 그러한 신탁에 의해 아이들을 교육시키려 했다(송준식, 사재명, 2006).

중세의 여아들이 문자교육을 받을 수 있는 길은 귀족과 상류계급의 유복한 딸들을 위한 수녀원 학교, 대귀족 부인의 시동(侍童)으로 들어가 사교 매너와 일부 지적인 기술을 배우거나 도시의 장인 계급의 딸을 위한 도제 제도, 그리고 가난한 계급의 딸들을 위한 도시와 농촌의 학교 등이 있었다(Power, 1997, 이종인 역, 2010).

1) 도제에서의 아동교육

7~8세 정도 된 아동들은 일정한 연한의 계약을 통해 주인 밑에서 숙식을 함께 하면서 일을 배우기 시작한다. 기술을 어느 정도 습득하면 직공이 되는데, 직공은 다른 지역에 있는 장인의 공장에서 임금을 받고 조력하며 기술을 익힐 수 있었으

며 장인 밑에 있는 견습공들을 가르치기도 했다. 이들은 견습기간 동안 장인에게 절대 복종해야 하고 기간이 종결될 때까지 헌신적으로 봉사해야만 한다. 대략 7년 정도 장인의 밑에서 혹독한 단련을 받아야만 했기 때문에 많은 인내와 정신적 무장이 필요했다. 그러나 마지막 단계인 장인이 되는 것은 매우 어려운 일이었다. 장인이 되기 위해서는 그 지역의 조합으로부터 심사를 받고 인정을 받아야만 했는데 장인이 된다는 것은 완전한 장인으로서 인정받아 독자적인 점포나 공장을 개설하여 도제 자격을 가지며 동일 업종에서 물건을 판매할 수 있다는 것을 의미하기 때문에 조합으로부터 승인을 받는 것은 쉬운 일이 아니었다. 한 지역의 장인이 많아지면 그만큼 수입이 줄어들 수 있었기 때문에 견습공으로 시작해서 장인이 되는 경우는 드물었다.

2) 기사계급에서의 아동교육

기사계급의 아동들은 궁정에 들어가 정식으로 기사교육을 받기 이전에는 가정에서 기사인 아버지와 어머니 그리고 지역 성직자 등을 통해 교육을 받았다. 특히 기독교 신앙 때문에 기사계급의 아동에게는 어렸을 때부터 하나님에 대한 경건을 강조했다. 아동들은 어렸을 때부터 기사들이 교회를 위해서 생명을 걸고 싸울 것을 맹세하는 것을 보고 성장했기 때문에 여성과 어린아이들을 보호하는 기독교적인 기사도 정신을 체험하며 성장했다.

기사계급의 가정에서는 어린 시기부터 어머니의 양육 아래 기도, 예의범절뿐 아니라 춤, 매스게임, 동화, 수수께끼 등을 통해 기사도 정신의 예비 기초를 다지는 양육을 받았는데, 이러한 아동의 놀이도 기사교육과 관련된 것이었다(송준식, 사재명, 2006). 즉 창과 비슷한 막대기를 가지고 목마에 올라가서 싸움을 하는 놀이를 통해 자연스럽게 기사도 정신을 느끼게 했다. 특히 기사계급의 아동들은 일상적으로 노작활동과 기독교 신앙에 대한 경건한 마음을 가지고 어린 시절을 보냈다.

아이들은 일단 7~8세가 되면 집을 떠나 주군의 성에 들어가 시동이 되어 기사

훈련을 받기 시작하는데 기사가 되는 데 필요한 체력을 기르고 말을 타는 법을 배우면서 다양한 무기를 다루는 방법 등을 훈련받았다. 또한 성에 상주하는 학식 있는 성직자 밑에서 기사가 되는 데 필요한 기초적인 학문을 배우기도 했으며 영주 부인에게 귀족에게 필요한 예절교육을 받기도 했다. 반면 여아는 항상 숙녀다워야 할 것을 교육받았으며, 동화와 시에 친숙하고 유희와 음악 등을 통해 여성으로서의 기초를 닦는 일을 중심으로 양육되었다.

3) 시민계급에서의 아동교육

중세 시민계급들은 부를 축적하면서 점차 학교를 설립하게 되는데, 이 시기의 대표적인 형태의 학교교육은 영국의 그래머스쿨(Grammar School)과 퍼블릭스쿨(Public School), 독일의 라틴어학교 등의 중등학교와 영국의 조합학교와 독일의 교구학교 그리고 조합학교와 교구학교가 결합한 형태의 시민학교 등의 초등학교들이었다.

중세 시민계급에서의 중등교육기관은 원래 왕성한 상거래를 통하여 부를 축적함으로써 상류계층을 형성한 시민들이 만든 학교였기 때문에, 상류계층으로서 자신들의 기득권을 계속 유지할 목적으로 자녀에게 지도자적 자질을 길러주기 위해 세운 학교들이었다. 반면 하류계층의 시민들은 주로 초등학교를 다녔는데, 당시 하류계층의 아동들을 대상으로 하는 초등학교에서는 서민들의 생활에 필수적으로 요청되었던 기본적인 직업 기술이나 문자를 습득하는 것을 목적으로 하였지만, 교육방법은 단순히 체벌이나 암기에 의존하였고 교육과정 수준 자체가 매우 낮은 상황이었다.

도시에는 남아와 여아가 함께 다니는 초등학교가 드물었으며 대부분 사제들에 의해 운영되는 경우가 많았다. 이러한 학교는 일반적으로 도시의 귀족층을 위한 것이지 농촌의 하류계층 자녀들을 위한 것은 아니었다. 또한 초등학교에서 가르친 교육과정은 다양하지 않았고 소규모로 운영되었으며, 공부보다는 품행을 가르쳤으며 교육 내용은 알파벳 익히기, 교리 문답, 기타 종교 관련 지식 등이었다. 귀족과 부유한 상류계층 여아들은 최소한 읽기와 쓰기를 포함한 교육을 받았지만, 하류계층 여아들은 그러한 교육의 기회가 있었는지 구체적으로 설명하기 힘들다. 대체로 지위가 낮은 여아라도 농촌보다는 도시에서 교육의 기회가 더 많았을 것으로 보인다(Power, 1997, 이종인 역, 2010).

중세 시민계급에서의 교육은 교육의 대상이 일반 서민계급의 아동들로 확대되었다는 점, 학교교육이 점차 교회에서 분리되어 공공단체에 의해 운영되기 시작했다는 점 그리고 생활을 위한 실제 교육에 초점을 맞추기 시작했다는 점에서 이후 교육이 근대화되는 데 영향을 준 시민정신의 함양과 시민계급의 문화 및 인식을 높이는 계기를 마련하는 데 기여하였다.

마. 16세기의 초등교육

16세기 초등교육의 대표적 학교 형태는 종교개혁기 이후 신교주의 교육에 의한 초등 수준의 모국어학교이다. 사실 16세기의 인문주의는 중등 교양의 강조로 모국어중심의 초등교육은 관심의 대상이 되지는 못했다. 초등 모국어학교에 큰 영향을 미친 사건은 1450년대부터 발달한 인쇄술 보급과 종교개혁이라고 할 수 있다. 따라서 초등교육의 실제적 기원은 종교개혁 이전보다는 종교개혁 이후의 시기에 나타난다고 볼 수 있다.

르네상스 시기는 흔히 인문주의 교육으로 설명이 되고 있지만, 당시 인문주의 교육과는 전혀 다른 형태의 교육이 병행되기도 했다(山本義隆, 2007, 남윤호 역, 2010). 14세기 이후 이탈리아의 도시국가에서는 엘리트를 위한 문법학교와는 별개로 초등 수준의 견습학교를 나온 아이들이 다음으로 진학하는 학교로서 상인과 직인들의 자제가 공부하는 산수 교실이 있었다. 당시 라틴어중심의 문법학교와 모국어학교는 개별적인 존재로 서로 구분되었지만 어떠한 연계도 없었다. 즉 당시 문법학교와 모국어학교는 현존하는 사회적 분화에 따라 상호 연계가 전혀 없이 병존하고 있었다.

16세기 일반 서민의 자녀들은 모국어학교에서 읽기, 쓰기, 노래하기, 체육, 실과 등을 배웠는데, 신교의 성서주의 운동은 민중으로 하여금 성서를 읽을 수 있도록 하는 것이 필요했기 때문에 당시 초등교육의 중요한 내용은 성서중심의 학습이기도 했다. 성서 다음으로 초등학교에서 강조된 것은 음악이었다. 특히 루터 중심의 신교에 있어서 음악은 신이 주신 고귀한 선물로 인식될 정도였다(Wilds, 1942). 따라서 모국어학교에서의 기본 교과는 생활의 기본이 되는 종교적이고 도덕적인 것뿐 아니라 직업적인 목적을 갖고 있었으며 대개 종교개혁에 영향을 받은 나라에서 발달하였다.

전통 가톨릭교회와 결별한 루터는 모든 사람이 성경에서 개인적 구원을 찾을 수 있도록 하기 위해 읽기 능력을 강조했다. 그리고 새로운 개신교 교회는 합창과 읽기를 강조하였는데 2가지 예배의식 모두 문자를 필요로 했다. 특히 루터 중심의 신교 세력들은 성서를 중심으로 하는 기독교적 삶이 중시되었고 시민계급으로 하여금 모국어를 통해 성서를 읽을 수 있는 능력을 갖추게 하는 것이 중요한 과제였다. 이러한 이유로 독일의 많은 개신교 공국에는 국민들을 위해 모국어 중심의 초등 의무교육의 필요성이 대두되었다. 그러나 루터의 모국어 성경이 만약 인쇄술의 발명의 혜택을 얻지 못했다면 상황은 달라졌을 것이다. 따라서 루터의 성서 모국어 번역과 인쇄술의 발명은 종교개혁의 수행뿐만 아니라 이후 초등교육의 성격에 중요한 영향을 주게 되었다(Brubacher, 1947, 이원호 역, 2001). 특히 종교개혁 이후 서양에서는 근대 초등학교의 실제적인 발전의 계기가 마련되었다고 볼 수 있다.

한편 16세기 종교개혁 이후 교육방법에 새로운 접근이 나타나기 시작했다. 강제적이고 강압적인 육아법은 아동의 활기와 자발성의 성향을 일찍부터 억누르는 것으로 보았기 때문에 아동에 대한 애정과 이해가 강조되었다. 또한 기존의 학교교육은 일정한 학년제 없이 여러 명의 7세에서 15~16세까지의 아동을 한 교사가 한 자리에 모아 가르치는 것이었으나 종교개혁 이후 학년별 학급제가 점차 도입되기 시작했다. 그러나 16세기 인문주의 시기의 교사에 대한 인식은 중등교사 이상의 경우는 대개 인문주의 교육자로서 사회적인 존경의 대상이 되었으며 보수도 좋았던 반면, 초등학교 수준의 교사의 경우는 그리 높지 못했다.

여성은 공적 활동이 힘들었기 때문에 여성에 대한 세속 교육은 사회적 관심 밖이었으며 르네상스의 세속적인 학교교육은 대부분 남아들을 위한 것이었다. 특히 당시의 학교교육은 교사의 집에서 유숙하면서 라틴고전어 학습을 중심으로 하는 기숙사학교 형태로 이루어졌으므로 여아들의 취학은 더욱 어려웠을 것이다(진원숙, 2005). 반면 상류층의 한정된 여성들은 일반적으로 공적인 학교에 다니지는 못했지만 수녀원이나 가정에서 상당한 지적 훈련을 받을 수 있었다.

바. 17세기의 초등교육

17세기 유럽은 종교개혁 이후 신교와 구교의 대립, 그리고 그로 인한 30년 전쟁으로 시작된 많은 전쟁의 폐해로 인해 대부분의 지역은 어려운 상황이었으며 교육은 더욱 극심한 침체를 보였다. 비록 16세기 르네상스를 통해 문예부흥운동이 전개되었지만 당시 문법학교는 더 발전하지 못하고 라틴어와 종교 위주의 교육에 머물러 있었다. 특히 서민을 대상으로 하는 모국어학교는 큰 변화를 보이지는 않았으며 더욱 침체될 수밖에 없었다.

따라서 종교개혁가들의 활약이 두드러진 일부 지역을 제외한 대부분의 지역에서 일반 서민의 교육은 최악의 조건에서 이루어질 수밖에 없었다. 이러한 전반적인 교육의 부진은 프랑스 혁명으로 야기되는 유럽 지역의 시민혁명과 산업화 운동이 본격적으로 전개되기 전까지 큰 변화 없이 지속되었다. 다만 17세기 감각적 실학주의자들의 경우 대부분 실제 교사였기 때문에 인문적 혹은 사회적 실학주의자들보다 학교교육과 교사의 중요성을 언급했으며 초등학령기 단계의 아동들에 대한 자국어 교육의 중요성을 언급했다. Mulcaster는 6세에서 12세 정도까지 자국어를 6년의 학년제에 따라 교육시킬 것을 주장했으며 이는 남녀 아동 모두에게 적용되어야 한다고 강조했다. 또한 Ratke는 4년의 초등과 2년의 중등교육이 혼합된 형태의 6년제 학교를 창안하여 자국어가 기본적으로 모든 수업의 수단이 되어야 하며 다른 언어 역시 자국어를 통해 배워야 한다고 주장했다(Wilds, 1942). Comenius 역시 6세에서 12세 정도까지 6년의 모국어학교를 통해 감각적 경험을 익혀야 한다고 주장했다.

또한 17세기 일상어가 모국어로 바뀌고 30년 전쟁 후 라틴어가 무용지물임을 인식한 결과, 중등학교에서도 교육내용 변화 일환으로 실과가 장려되기에 이른다. Ratke의 교수법을 초·중등학교에 도입해서 <학교규정> 속에 초등교육에 관한 상세한 교수법을 제시하기도 하였으나 실질적인 성과를 거두지는 못했다.

한편 유럽 지역에서의 연방군주제의 확립은 군주들로 하여금 자국의 민중들에 대한 교육적 관심을 높이게 만들었다. 특히 16세기 종교개혁운동의 영향으로 보편적 의무교육제도의 필요성이 대두되었는데, 종교개혁운동을 통해 확산된 "모든 국민에게 교육을 시켜야 한다"는 이념은 루터파와 칼뱅파의 노력으로 구체적인 의무교육령의 결실을 보게 되었다. 이것이 독일의 고타(Gotha)공국의 고타 교육령과 미국의 매사추세츠에서 만들어진 매사추세츠 교육령이다. 이 2가지 법령은 국가 수준의 의무교육을 통한 보통교육의 시도라는 점에서 교육사적 의의를 가진다고 볼 수 있다. 그러나 실제적인 강제 출석의 의무교육법은 1870년에서 1890년 사이에 미국 및 유럽의 여러 나라에서 제정·집행되었다.

1) 고타 교육령

독일 지방의 소국 고타 공국의 영주인 에른스트공은 1642년에 루터파의 신교파로서 루터의 종교교육 정신에 입각하여 당시의 선진적인 교육학자인 Ratke와 Comenius의 영향하에 남·여아 1년간의 의무교육, 5세아 취학을 포함하는 상세한 내용을 담은 고타 교육령을 공포하여 교육제도를 정비해 나갔다. 물론 고타 교육령은 이후 여러 차례 수정되었지만 이 법령에 규정된 취학의 의무, 교과서 무상배부, 장학제도, 교과과정, 교수방법 등에 관한 조문은 매우 구체적인 내용을 담고 있다. 세계 최초의 의무교육령인 고타 교육령은 전문 16장 435조로 이루어졌는데, 특히 제2장 49~54조는 취학의 의무에 대해서, 제13장 361~365조는 취학에 대한 부모의 의무에 대해 규정하고 있다.

2) 매사추세츠 교육령

영국에서 신대륙을 찾아 미국으로 건너간 청교도들은 칼뱅주의에 입각하여 인간이 신의 구원을 받기 위해서는 교육이 필요함을 절실히 느꼈다. 특히 신앙의 기초를 확립하기 위한 교육은 국가적 책임이라는 인식하에, 1642년에 매사추세츠 교육령을 만들게 된다. 매사추세츠 교육령은 각 지방자치단체(town)로 하여금 자기 관할의 교육에 관하여 책임을 지고 타운 내의 양친, 고용주 및 소년들을 감독하여 모든 소년이 교육을 받을 수 있는 권한과 의무를 갖도록 했으며 부모나 고용주는 감독자에게 복종하고 이를 어기고 자녀의 교육을 소홀히 하는 자에게는 벌을 부과하도록 했다. 매사추세츠 교육령은 고타 교육령에 비해 단순하게 규정되었지만 교육이 공교육제도의 형식을 취할 것과 부모나 고용주의 교육 의무를 규정하고 있으며, 지방자치단체의 학교 설치 의무와 의무교육 감독권을 인정하고 세금으로 무상교육제도를 실시할 것을 규정하고 있다는 점에서, 현대적인 공교육 의무제도의 기본 원리를 갖추고 있다.

사. 18세기의 초등교육

18세기 당시 유럽 사회에서 상류계층에게는 라틴어 문법학교가 주를 이룬 반면 하류계층에게는 다양한 형태로 낮은 수준의 초등교육 단계의 학교들이 제공되었는데, 이러한 2가지 계층의 학교 형태는 동일한 교육제도하에서의 높고 낮은 단계라기보다는 사회계층의 수준을 조장하는 완전히 다른 형태의 학교였다(Brubacher, 1947, 이원호 역, 2001). 하류계층에게 제공된 초등학교로는 다음과 같은 유형들이 있었다.

- **아줌마학교**(Dame School)
  읽고 쓸 수 있는 마을의 아줌마들이 자신의 집에서 마을 아동들을 모아 읽기와 쓰기를 가르쳤던 학교
- **습자학교**(Writing School)
  주로 아줌마학교에서 읽기와 쓰기를 배운 아동들에게 습자와 계산 등의 초보적 수준의 기능을 가르쳤던 학교
- **주일학교**(Sunday School)
  주중에는 근로 때문에 학교에 다닐 수 없었던 아동들을 대상으로 기독교적 목적하에 주일에 초보적 내용을 가르쳤던 학교
- **자비학교**(Charity School)
  기부금에 의해 세워진 학교로 빈민의 아동들에게 읽기와 쓰기 등을 가르쳤던 학교
- **노래학교**(Song School)
  간단한 읽기와 쓰기를 가르친 학교지만 주로 찬송가를 중심으로 가르쳤던 학교

17~18세기 유럽 대부분의 지역에서는 하류계층의 경제적 지위가 매우 낮았으며 빈곤과 그에 수반되는 아동 양육 및 교육의 문제는 심각해져 갔다. 이러한 사회·경제적 상황을 극복하기 위해 영국의 특권층이나 귀족층 중 일부는 그들에게 호의를 갖고 자선을 베풀어 하류계층의 아동 교육에 관심을 갖게 되었다. 이러한 하류계층의 상황을 다소 해결하기 위한 노력으로 호의를 가진 사람들과 그들에게 자비를 베풀고자 한 상류계층의 일부 사람들이 자비학교를 설립하였다. 18세기 중엽

이후에는 초등교육을 개선하고자 하는 변화의 움직임이 있었다. 특히 개신교의 각 종파가 종파의 대립을 완화시키고자 하는 경향은 교육의 변화를 야기했으며 경제적·정치적·국가주의적 요인들로 인해 18세기 말에는 아동 교육에 대한 변화의 요구가 강해졌다.

아. 19세기의 초등교육

초등교육은 중등교육이나 고등교육과 대비되는 용어로, 19세기 후반부터 비롯된 근대 공교육체제하의 교육의 기회 균등 사상에 입각하여 실현되었고 교육에의 국가 개입으로 상류계급의 학교와는 별개로 서민의 학교로 발달하였다.

18세기만 하더라도 초등교육은 중등교육을 포함한 그 이상의 학교교육과 직접 연결되지 못하여 연계성이 없었으며 일반 서민계급의 아동들은 단지 읽기중심의 학교교육만으로 만족해야만 했다. Parker(1970)에 의하면 19세기에 일어난 초등교육의 실제적인 변화는 과거의 역사에 비하면 대단한 것으로 인식할 수도 있는데, 이는 1500년에서 1800년 동안에 초등교육은 거의 변화가 없었기 때문이다. 교육과정은 제한되고 시설은 미약했으며 교사들 또한 준비가 되지 않았고 교수법도 낭비적 요소가 많았다. 그러나 산업혁명은 경제적 생산체제나 사회구조뿐 아니라 교육에 있어서도 근본적인 변화를 주기에 충분했다. 특히 산업혁명으로 빈민자들의 증가에 따른 교육의 문제, 비숙련공에 대한 교육의 문제, 아동 및 청소년들에 대한 직업 훈련의 문제 등 교육 관련 사회적 문제가 대두되었으며 결과적으로 이러한 교육의 문제해결에 대한 사회적 관심이 집중된 계기가 되었다. 이러한 변화 속에 기존에 있었던 자비학교(Charity School) 외에, 19세기 초 넝마학교(Ragged School), 고아학교(Orphan School), 유아학교(Infant School), 직공학교(Industrial School), 감화원(Reformatory) 그리고 급식소(Soup Kitchen) 등의 다양한 형태의 학교들이 나타났다.

산업혁명은 학교교육의 운영방식에도 변화를 가져왔다. 영국의 Lancaster(1778~1838)와 Bell(1753~1832)이 제안한 조교제학교(monitorial school)는 커다란 교실에서 200~1,000여 명의 학생을 한 교사가 가르칠 수 있도록 많은 학생을 10명씩 그룹으로 나누어 각 집단마다 한 사람의 조교를 두는 것이 특징이었다. 교사에게 지침을 받은 조교들이 자기가 직접 맡아 가르치는 10여 명의 학생들에게 수업내용을 전달하는 방식이었다. 결국 이러한 조교제 수업은 단순히 암기과목 위주의 교과를 가르치는 데에 치중할 수밖에 없었지만, 적은 비용으로 많은 학생을 가르칠 수 있다는 효율성 때문에 영국과 미국의 박애주의자들에게 큰 호감을 주었다(Brubacher, 1947).

또한 Pestalozzi의 실물교수는 19세기 후반 초등학교 교육과정에 자연 과목을 도입하는 데 영향을 미쳤고 미술과 음악 그리고 체육 교과 역시 새롭게 도입되었다. 19세기는 아동으로 대표되는 학습자에 대한 과학적 탐구와 교육적 배려가 동시에 이루어진 시대로, 교육의 원리를 인간 정신의 제 활동과 인간 발달에 관한 지식 가운데서 구하기 시작하였고 교육에서 나타난 심리학적 경향은 자연주의 교육의 원리를 분명하게 하였다(송준식, 사재명, 2006).

물론 19세기 역시 초등학교의 주요 교육내용은 3R's였다. 읽기는 쓰기와 셈하기보다 강조되었는데 이러한 강조는 모국어문법의 연구로 이어졌으며 중등교육에도 영향을 주었다. 당시 초등학교 교육과정에서부터 부기(簿記)가 상당히 주목받았고 19세기 말에 여아들에게는 바느질과 요리, 남아들에게는 수공예 훈련을 교육과정에 포함시키기까지 했다. 이러한 내용을 가르치는 것은 직업적 측면에서보다는 교육적 측면에서 의미를 가졌다(Brubacher, 1947).

한편 경제적 및 종교적 측면에서의 초등교육에의 영향은 18, 19세기에 국가주의를 통해 정치적 영향을 받는다. 특히 1789년 프랑스혁명 이후 국가주의 의식은 오랜 전통의 상류계층의 교육이 아닌 국민들을 위한 새로운 체제의 교육을 필요로 했다. 따라서 이러한 새로운 체제의 교육에 대한 정치적 요인은 시민계층의 초등학교의 중요성을 인식하게 했다. 시민혁명 이후 새로운 자유를 위해서 국민들은 애국적 열망뿐만 아니라 이 자유를 어떻게 행사해야 하는가를 배워야 했고, 인간의 권리뿐만 아니라 그에 부합하는 정치적 의무도 배워야만 했다(송준식, 사재명, 2006). 18세기 말부터 19세기에 이르는 기간 동안 유럽 대부분의 나라가 국민교육제도를 형성하는 데 큰 관심을 가졌기 때문에 19세기 시민교육을 위해서는 애국주의를 바탕으로 하는 국가주의적 교육체제가 필요했으며, 모국어중심의 초등학교 교육은 중요한 수단으로 자리매김하였다. 특히 독일에서는 초등학교를 민중학교라고 불렀을 만큼 국가주의적 교육의 주요 수단으로 강조되었다. 결국 19세기 초등교육의 발전은 국가주의의 교육체제와 밀접한 관련을 가질 수밖에 없었으며 중요한 영향을 끼친 정치적 배경이기도 했다.

자. 20세기의 초등교육

19세기 초등학교 교육에 변화를 준 요인으로 Dearden(1968)은 경제·사회적 측면에서의 사회적 구조의 요인을 들고 있다. 당시 초등학교에서의 교육과정이나 내용은 기본적으로 노동자 계급의 아동들에게 사회에서 필요한 기초 기능, 제한된 지식, 복종 같은 태도 등을 길러 주는 데 초점이 맞추어져 있었으나 점차 발달하는 노동 시장에서는 적절하지 않았으며, 심지어는 필요하지도 않았다. 왜냐하면, 노동자 계급의 아동들이 하는 낮은 수준의 작업들은 점차 기계화되고 있었으며, 점차적으로 기업들은 자신들이 필요로 하는 특정의 작업을 위한 훈련을 교육시킬 필요가 있었기 때문이다. 따라서 학교에서 낮은 수준의 기능들만을 갖춘 아동들은 기업에서 별도로 재훈련시켜야 했기 때문에, 당시 초등학교 교육에 대한 사회적 효율성에 의문을 제기하게 되었으며, 학교가 일반 교육을 시켜 사회의 여러 영역에서 적응적이고 융통적인 능력을 가진 학생들을 배출시켜 주길 원했다.

한편 현대의 교육은 '교육의 민주화와 대중화'로 특징 지어진다. 이는 교육의 기회균등을 통한 교육의 대중화를 이루게 되었음을 의미한다. 이러한 교육의 대중화 운동과 함께, 전통적 교육에서 근대화 교육의 변화를 의미하는 신교육 운동(New Education Movement, 1900~1930)이 일어났다. 즉 민주적 시민사회에 상응하는 자유스러운 자주적 인간을 양성하기 위하여 종래의 주입식, 권위주의적 교육방법에서 탈피하여 교사, 아동의 인간적 결합에 의한 정의적 순화 및 경험적 방법에 의한 학습을 지향하는 신교육 운동은 자유롭게 자기의 운명을 개척하는 인간을 양성하려는 학교교육의 내용 및 방법적 차원의 교육운동이라고 할 수 있다.

이러한 신교육 운동을 통하여, 교육에 대한 과학적 탐구는 여러 방면에 영향을 미쳤으며, 교실의 분위기와 교수방법, 교사훈련 등을 개선시키고 교육의 본질에 관한 폭넓은 이해를 형성하는 데 기여하였다. 특히 교육에서의 주된 관심은 종래의 구교육이 가졌던 중등교육이나 고등교육과는 전혀 다른 교육의 영역인 초등교육에 집중되었다(송준식, 사재명, 2006). 신교육 운동은 Rousseau의 사상을 이어받은 Montessori, Dewey, Ellen Key 등에 의해 활발해졌으며, 이들의 활약은 Lietz의 전원학교, Kerschensteiner의 노작학교, Dewey의 실험학교, Olsen의 '학교와 지역사회' 등으로 발전해 나갔으며, 새로운 학습지도법과 심리학의 발달로 아동의 이해를 과학화하고, 교육과정 및 교육방법 개선의 기초를 제공하는 등 아동에 대한 새로운 발견으로 인해 아동중심의 교육관으로 전환을 가져온 계기를 마련했다.

2. 우리나라 초등교육의 역사

가. 개화기 이전의 초등교육

현재의 초등교육의 성격과는 차이가 있지만 최초의 초등교육기관으로 볼 수 있는 것은 삼국시대 사학인 고구려의 경당(扃堂)이다. 경당은 평민의 자제들이 다니던 교육기관으로 독서나 활쏘기 등 실생활 위주의 교육을 하였으며, 일반 평민을 대상으로 했다는 점에서 초등교육의 흔적을 엿볼 수 있다.

경당에 이어 조선시대의 대표적인 초등교육기관으로는 각 지방의 부락에 위치한 서당(書堂)을 들 수 있다. 서당은 고려시대부터 조선시대에 걸쳐 일반 평민의 자제들을 위해 세운 민간 사설 교육기관이다. 조선시대 서당은 구체적인 현대의 학교 모습을 갖추지는 못했지만 평민 자제의 교육에 중요한 교육기관이었다. 왜냐하면 강력한 왕권의 신분제 사회에서 일반 평민의 자녀들도 교육을 받도록 권장했다는 점에서 서당의 교육적 의의가 중요하기 때문이다. 일반적으로 서당은 훈장, 접장, 학동으로 구성되어 있는데 연령이 비교적 높고 학력이 우수한 학생을 접장으로 세워 훈장을 보조하도록 하였다. 서당의 교육내용은 주로 강독, 제술, 습자로 이루어졌으며, 1일 단위의 하루 수업을 통하여 학생 개인의 진도에 따라 훈장이 정해주는 교재를 하루 종일 배우는 방식이었다. 따라서 서당은 현대 교육과 비교하여 사제동행, 개별학습, 완전학습, 무학년제 등의 교육적 의의를 가지고 있다.

나. 개화기의 초등교육

개화기(1876년 강화도조약~1910년 한일합병)의 교육을 살펴보면, 먼저 개국이 되면서 외국인들에 의해 세워진 학교가 등장하기 시작했다. 근대적인 관학의 시초가 되는 통변학교(通辯學校)와 육영공원(育英公院)이 대표적이며, 1883년에 세워진 원산학교(元山學校)는 민중에 의해 설립되었다는 점에서 높이 평가받고 있다.

우리나라가 제도상으로 신학제를 실시하기 시작한 것은 1894년 갑오개혁 이후로 1895년 2월에 발표된 고종의 「교육조서(教育詔書)」에 따라 우리나라 최초의 학교법규인 한성사범학교관제(漢城師範學校官制)가 공포되고 그 해 7월 19일 소학교령이 공포되었다. 갑오교육개혁은 인재 양성을 위한 국가의 책임을 초등교육 수준으로까지 확장하였다는 점에서 획기적인 개혁이었다. 1895년 반포한 고종 황제의

'교육조서(敎育詔書)'에 교육에 대한 국가의 책임을 명시하고 정부의 책임 아래 국가 발전을 위하여 전반적인 교육개혁을 추진할 것임을 주창하였으며, 종래의 유교적 교육으로부터 근대적 교육에로의 전환과 근대 학제의 확립의 계기가 되었다.

1890년 1월 19일에 공포된 소학교령을 비롯해서 동년 8월 11일에 공포된 학부령 제3호 소학교규칙 대상에 의해서 근대적인 제도의 기반이 마련되고, 1896년 2월 20일에 공포된 초등공립 소학교규칙에 의거, 공립 소학교에 대한 국고금 보조를 법적으로 강화하였다. 특히 당시 소학교에는 만 8세부터 15세까지의 아동이 교육을 받았는데 이로써 기초과정의 초등 학제가 마련되고 의무교육의 초기 기틀을 마련한 것으로 볼 수 있다. 이때부터 관립소학교들이 많이 설립되었으며 이러한 학교들이 우리나라 최초의 근대적 초등교육기관이라 할 수 있다.

다. 일제침략기의 초등교육

1905년 제2차 한일협약으로 일본에 의해 통감부가 설치되고 식민지교육의 기본정책 수립을 위한 여러 가지 교육법령이 제정·공포되었다. 특히 1906년에는 보통학교령이 공포됨에 따라 종래의 소학교를 보통학교라 하고 수업연한을 4년으로 단축하는 동시에 심상과와 고등과를 하나로 통일시켰다. 당시 교과목은 달라지지 않았으나 초급 학년부터 일본어를 배우도록 하기 위해 통감부는 관공립보통학교를 많이 세웠다. 그러나 사립학교령을 모두 고쳐 일본식 교육을 강화하고 국립과 관립 외에 다른 학교의 설립을 완전히 봉쇄하였으며, 일본인과 한국인을 상하관계에 중점을 두는 주종관계라는 의식교육을 강화하였다. 반면 교육구국운동을 이끌었던 안창호, 이승훈 등은 초등학교와 중학교 등을 세워 우리나라의 교육을 바로 세우고자 노력했다.

1910년 한일합병으로 일제는 우리나라의 민족의식을 말살하고자 일본어 시간을 조선어 시간의 2~3배로 늘려 보통학교에서 일본 문화를 배우게 했고 저급의 직업

교육을 실시하였다. 이후 초등학교의 명칭을 6년제 심상소학교로 바꾸면서 조선어 사용을 금지하고 창씨개명, 성전에의 참여, 신사참배 등 우민정책을 통해 일본인화교육을 실시하였다. 1941년에는 국민학교령에 의해 심상소학교를 국민학교로 명칭을 바꾸었으며 조선어 자체가 교육과정에서 빠지게 되었다.

라. 광복 이후 미군정기의 초등교육

1945년 8월 15일 조국 광복을 맞이하였으나 다시 남북으로 갈라져 남한은 미군정에 의해 교육을 실시하게 되었다. 미군정기는 1945년 8월 15일부터 대한민국 문교부가 과도정부 문교부로부터 사무인계를 받은 1948년 8월 15일까지로, 광복을 계기로 한국의 교육은 전체주의적인 일제 식민지교육에서 벗어나 개인의 존엄성을 인정하고 자유를 기본이념으로 하는 민주주의 교육의 이념에 입각하여 새로운 틀을 짜게 된다. 광복 후 일제식민지시대 교육체계를 정비하기 위한 본격적인 활동은 미군정 학무국의 주도로 1945년 9월 16일 한국교육위원회(The Korean Committee on Education)가 구성되면서 시작되었다.

1945년 9월 17일 미군정 학무국은 광복 후의 정치적·사회적 혼란을 극복하려 노력하는데, 일반명령 제94호를 통해 같은 해 9월 24일부터 초등학교가 수업을 개시토록 하여 공립초등학교 운영을 통해 초등교육이 이루어지게 된다. 또한 미군정은 1945년 11월 23일 교육심의회를 조직하고 한국교육위원회와 함께 한국정부가 수립되던 1948년 8월 15일까지 3년간 일제교육제도를 철폐하는 한편 교육연한과 학기제를 개편조정하고 종래의 이원제를 일원제로 고치는 등 새로운 교육제도를 마련하게 된다.

특히 이 시기 우리나라에서의 새교육운동(一教育運動)은 주목할 만하다. 교육의 민주화라는 기치 아래 광복 이후 1950년대 초반까지 전개된 새교육운동은 일본적인 것을 배격, 일소함으로써 민족적 의식과 정신 하에 민주주의원리로 하는 교육을 추구하고, 새국가의 건설은 구 교육(舊敎育)으로는 불가능하며 새로운 교육으로만 수립될 수 있다는 교육개혁운동이었다(손인수, 1969). 당시 새교육운동을 주도한 오천석(1964)은 전통적 교육의 계급주의와 차별주의의 배격, 인간을 도구화하는 일제시대 교육을 배격하고 인간을 존중하는 교육풍토의 조성, 억압적 교육에 대항하는 자유주의적 교육의 실시, 획일적이고 주입식인 교육을 배격하고 개인의 능력·성격·취미를 존중하는 교육의 실시, 문화적 유산의 전달기능에서 현실에 적합한 인간 발달과 향상을 위한 교육으로의 전환 등을 강조하였다. 하지만 당시의 우리나라 교육현실에 있어서 진보적 교육이론에 대한 충분한 철학적 뒷받침 없이 미국의 이론을 그대로 도입, 교육현장에 적용했기 때문에, 그 이념을 어떻게 학교교육에 반영할 것인가에 대한 실제 학교현장에서의 교육개혁운동으로 정착되지는 못했다. 그러나 당시 시대적 맥락을 고려할 때, 새교육운동은 광복 후 일제 식민지교육의 잔재를 청산하고 민주교육을 지향하고자 했던 측면에서 그 의의가 매우 크다고 볼 수 있다.

마. 정부 수립 이후의 초등교육

1948년 정부가 수립되고 1949년 12월 31일 교육법이 제정·공포됨에 따라 초등교육제도의 법적 근거가 확립되었고 일제에 의해 이루어진 교육의 잔재를 해결하는 것이 시급한 과제였다. 1950년 6월 25일 북한군의 남침으로 전화(戰禍) 속에서 교육시설은 대부분 파괴되었으나 전쟁 중에도 천막학교를 운영하는 등 교육에 대한 애정과 교육열은 사회 재건의 밑거름이 된다.

이후 1954년 의무교육 6개년 계획에 의거, 모든 국민은 초등교육을 받을 권리가 있음을 인정하고 보호하며, 의무교육을 위하여 학령아동 전원의 취학에 필요한 초등학교의 설치·운영을 규정하고 6년간의 초등의무교육의 기틀을 마련하였다. 비록 초등교육이 의무교육으로 실시되기 시작한 것이 다른 선진국에 비해 약 1세기 정도 늦었지만, 지속적으로 발전하여 취학률이 100%에 가까워졌다.

이후 1960년대에 들어와 교육 시설확충을 위한 노력이 이어졌고, '7·15어린이 해방'이라 일컬어질 만큼 전면적인 개혁이었던 1968년도의 중학교 무시험입학제도의 시행, 1970년대의 국민교육이념의 구현 및 도서·벽지교육과 특수교육의 진흥, 1980년대의 7·30 교육개혁 등을 통하여 우리나라 초등교육은 양적인 성장뿐 아니라 질적인 성장에 이르기까지 많은 변화를 거듭해 왔다. 특히 1980년대에 이르러 우리 교육은 전인교육과 평생교육의 원리 아래 교육의 정상화를 이룩하고, 모든 교육 분야에 걸친 개혁을 추진하여 교육의 질을 높이는 한편 교육의 기회를 확대하여 교육의 여건을 개선하기 위한 노력을 하였다. 1985년 이래 중학교 교육의 의무교육 연장정책이 시행되어 의무교육은 초등학교와 중학교를 통한 9년제로 규정되었으며, 기존의 6년제 초등 의무교육의 개념은 법규면에서 사라지게 된다.

1992년 문민정부가 수립된 이후 초·중등교육의 질적인 발전을 위한 조치로 교육개혁위원회의 활동을 들 수 있는데, 1995년에는 세계화·정보화 시대에 부응하는 5·31 교육개혁안이 발표되면서 신교육체제로의 전환을 시도하였다. 초·중등학교 교육과정 개편 및 내실화를 통해 열린교육체제를 구축하고 학습자의 다양한 개성을 존중하고, 인성 및 창의성을 신장시키는 교육체제를 갖춤으로써 학습자의 잠재능력을 최대한 계발하고자 노력하였다. 5·31 교육개혁안의 주요 내용은 학습자중심으로의 전환, 교육의 다양화, 자율과 책무성에 바탕을 둔 개별학교중심의 학교운영으로의 전환, 자유와 평등이 조화된 교육체제, 교육의 정보화·첨단화를 구축하여 21세기 세계화 시대에 대비하는 교육 그리고 질 높은 교육의 추구를 통하여 엄정하고 객관적인 평가와 지원을 뒷받침하는 것이었다.

특히 1996년 일제의 잔재가 남아 있는 명칭인 국민학교를 초등학교로 바꾸고, 1997년에는 1949년 이후의 교육법 및 교육관계법령을 개정하여 '교육기본법', '초·중등교육법', '고등교육법'을 제정·공포하였으며, 교육기본법은 헌법상의 교육받을 권리를 구체화하여 '학습권'의 개념을 도입하고, 학교 운영의 자율성 보장, 학생·학부모의 교육참여권, 교육의 정보화 및 평가 등에 관한 사항을 새로이 규정함으로써

[초등학교 명칭의 변화]

- 갑오개혁 이후 1895년 7월 19일 소학교령(小學校令)이 공포됨으로써 소학교(小學校) 명칭 사용
- 1905년 을사보호조약 체결 이후 1906년 제정 공포된 보통학교령(普通學校令)에 따라 통감부에 의해 보통학교(普通學校) 명칭 사용
- 1910년 한일합병 이후 일제 식민지 초기에는 그대로 보통학교(普通學校)로 명칭 사용
- 1919년 3·1운동 이후 일제 식민지 중기에는 보통학교(普通學校)와 심상소학교(尋常小學校)의 2가지 명칭 사용
- 1941년 국민학교령에 의해 국민학교(國民學校) 명칭 사용
- 1996년에 초등학교(初等學校) 명칭 사용

모든 교육에 있어 교육관계법령의 입법·해석 및 적용의 기준이 되도록 하였다.

한편, 핵가족화 진행 및 여성의 사회 진출 증가라는 사회구조 변화 속에서 국가와 사회의 요구에 부응하는 다양한 제도가 초등학교에 도입되었다. 학생의 건강 증진을 위한 학교급식 실시와 교육격차 해소를 위한 돌봄교실이 대표적인 사례이다. 우선, 학교급식은 1981년 '학교급식법'과 '학교급식시행령'이 제정되면서 초등학교에 점진적으로 확대 시행되다가 1998년부터는 모든 초등학교에서 전면 실시되었다. 이후 이 제도는 국가의 보편적 복지 실현, 교육 공공성 강화 차원에서 무상급식 형태로까지 발전하였고, 2016년 3월 기준 약 95.6%의 초등학교에서 무상급식이 이루어지고 있다(교육부, 2017). 돌봄교실은 교육부와 교육청 차원에서 안정적 운영을 위해 지속적인 노력을 기울이는 정책으로, 2004년 방과후학교 보육교실로 운영하기 시작한 것이 시초다(김선혜, 2015). 이후 2010년에 명칭을 '초등돌봄교실'로 변경하였고, 2014년부터는 모든 학생에게 초등돌봄교실 이용 기회를 허용하였다. 초등돌봄교실은 오후돌봄교실(방과후~오후 5시까지), 저녁돌봄교실(17시 이후부터), 연계형 돌봄교실(기존 방과후학교와 연계)의 세 종류로 나뉘어 운영되고 있다(김은정 외, 2019).

CHAPTER

04

초등교육과정

1. 교육과정의 기본 이해

가. 교육과정의 개념

교육과정이 교육학의 전문분야로 등장한 시기는 1920년경으로 역사상 최초로 교육과정(curriculum)이라는 단어를 사용한 것은 1918년 Bobbitt의 『교육과정(The curriculum)』이다. 이후 교육과정은 그 의미가 점차 확대되어 왔다. 초기 교육과정의 의미는 교육과정의 어원인 'currere(코스, 경주로)'의 의미로 교수요목, 학과과정, 교과과정 등 좁은 의미로서 코스 내지 교과로 이해되었으나, 현재의 교육과정의 의미는 일련의 기간에 학생이 경험하는 모든 과정을 포괄할 정도의 넓은 의미로 이해되고 있다.

교육이나 교육학 분야에는 교육과정이라는 단어와 비슷하면서도 그 의미나 용도가 다른 말들이 있는데, 오늘날 교육과정은 다음과 같은 유사 용어와 구분될 필요가 있다.

- **교과과정**(敎科課程, course of studies) : 교육을 하기 위하여 여러 가지 교과목을 선정하고, 그러한 교과목을 조직화한 것을 의미한다. 따라서 교과과정은 교육과정의 한 요소일 수는 있지만 교육과정과는 구분된다.
- **교수요목**(敎授要目, syllabus) : 특정한 교과나 강의의 목표나 내용을 기술한 것을 의미한다. 예를 들어 대학 교육에서 교수가 강의 시 강의 노트를 작성하여 사용하거나 강의에서 다룰 내용들의 목록이 교수요목이다.
- **교육과정**(敎育過程, process of education) : 교육의 과정이란 말로 교육이 이루어지는 경로 또는 절차를 의미한다. 즉 한 단위의 교육이 시작되어 마칠 때까지의 절차 또는 과정상의 차례를 의미한다.

일반적으로 교육과정은 교육의 과정에서 그 목적을 달성하기 위하여 무엇을 내용으로 선정하고 어떻게 조직하여 가르칠 것인가를 종합적으로 마련한 교육의 전체 계획으로 학생들에게 가르칠 것에 대한 계획이며, 동시에 실제 교육 상황에서 학생들에게 가르쳐지는 것이다. 따라서 학생이 배워야 하는 과정에는 배움의 주체인 학생과 배워야 하는 내용이 수반되므로, 학생을 어떻게 이해하고 배울 내용이 어떠한 것이며, 어떻게 배열하고 조직할 것인가의 문제가 발생하게 된다.

특히 교육학의 학문적 영역에 있어서 교육과정은 교육적 성취를 염두에 두고 있고, 교육활동의 중요한 지침이 될 수 있다는 점에서 교육의 핵심적 위치를 차지한다. 왜냐하면 교육과정은 교사와 학생의 상호작용의 매개물로 교육의 실천이자 학교교육 자체를 가능케 하는 중요한 요인으로 학교교육의 필수 요소이기 때문이다. 즉 교육활동을 가능하게 하는 하나의 본질적인 요소가 교육과정이며, 그 내용에 따라 교육의 모습과 결과가 달라지므로 학교 교육과정의 계획과 조직이 그만큼 중요하다고 볼 수 있다.

나. 교육과정의 수준과 구성 요소

1) 교육과정의 수준

교육과정은 교육과정이 이행되는 수준에 따라 다양하게 접근될 수 있다. 일반적으로 우리나라의 경우 국가 수준에서의 교육과정, 지역 교육지원청 수준에서의 교육과정 그리고 단위 학교 수준에서의 교육과정이 있으며, 단위 학교의 경우도 담임교사 수준의 교육과정 재구성에 의한 교육과정이 있다. 교육과정 수준의 다양한 관점을 살펴보면 다음과 같다.

먼저 교육과정의 수준을 '결정자와 학습자와의 거리' 측면을 기준으로 해서 수업 수준, 기관 수준, 사회적 수준으로 구분할 수 있다(Goodlad, 1966). 수업 수준은 학습자를 지도하는 교사가 교육과정을 결정하는 것이고, 기관 수준은 행정가의 지도 아래 기관의 전 교직원이 교육과정을 결정하는 것이며, 사회적 수준은 중앙정부의 입법가가 교육과정을 결정하는 것을 말한다.

다음으로 교육과정의 목표와 반영 및 성과로서 교육과정 수준을 나눌 수 있다(김호권 외, 1985). 교육부령에 의해 의도된 전체적 수준의 교육과정은 공약된 목표로서의 교육과정, 교사의 실제 수업 행위 속에 전개된 교육과정은 수업 속에 반영된 교육과정, 학생이 수업을 통해 습득한 실현된 교육과정은 학습 성과로서의 교육과정이다.

또한 교육과정 수준을 국가 및 사회적 수준, 교사 수준, 학생 수준의 교육과정으로 구분할 수 있다(김종서 외, 2004). 교육과정에 대한 국가의 의사결정을 기록해 놓은 문서인 국가 및 사회적 수준의 교육과정, 수업 계획 및 수업 자체를 의미하며 교육과정의 결정자가 교사인 교사 수준의 교육과정, 단위 학교에서 학생들이 학교생활 중에 교사에 의해 실질적으로 경험한 학생 수준의 교육과정이 그것이다. 이 중에서 교사 수준의 교육과정은 국가 및 사회적 수준의 교육과정을 현직교육과 관련지어 개정할 때 참다운 의미가 있다. 또한 학생 수준의 교육과정은 학생들이 실제 경험하는 교육과정이라는 측면에서 볼 때, 교육과정 이행 과정의 최종 종착점이라고 볼 수 있다. Ragan 역시 교육과정이란 학생들의 모든 경험 즉, 학교가 책임지고 받아들이는 모든 경험이라고 하면서, 교육과정은 교과서에 있는 것도 아니고 교과과정에 혹은 교사가 하려고 계획한 어떤 것도 아닌 단지 학생들의 경험 내에 존재하는 것으로 보았다(이숙례, 1994 재인용).

이러한 교육과정 수준은 상호 독립적으로 이루어지는 것이 아니라 상호 관련하에 교육과정이 이행된다. 교육과정 수준 간의 관련성은 다음 그림 4-1 과 같다.

- **영역** Ⅰ : 국가 및 사회적 수준에서 학생들에게 가르치기를 원하나 교사가 가르친 바 없고 따라서 학생도 배우지 않았다.
- **영역** Ⅱ : 국가에서 가르치려고 의도한 바 없으나 사회 변화나 학문 발전에 따라 교사가 독창적으로 가르쳤다. 그러나 학생들은 학습한 바 없다.

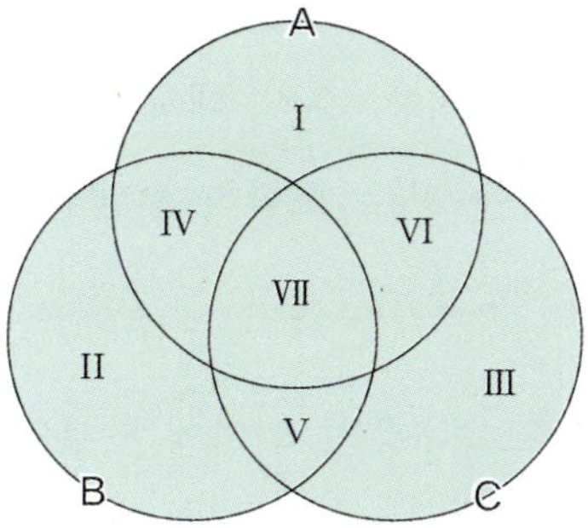

A : 국가 및 사회적 수준(좁은 교육과정 개념)
B : 교사 수준(약간 넓은 교육과정 개념)
C : 학생 수준(넓은 교육과정 개념)

그림 4-1 교육과정 이행 수준

- **영역**Ⅲ : 국가나 교사가 학생들에게 가르치려고 한 바 없는데 학교생활을 하는 동안에 학생들이 은연중에 가지게 되는 경험, 즉 잠재적 교육과정을 말한다.
- **영역**Ⅳ : 국가 및 사회적 수준에서 가르치도록 되어 있고 교사도 가르쳤지만 학생들 경험 속에는 침투하지 못했다.
- **영역**Ⅴ : 국가 및 사회적 수준에서는 관심이 없으나 교사는 중요하다고 생각하여 가르쳤고 학생도 배웠다.
- **영역**Ⅵ : 국가 및 사회적 수준에서 가르치도록 정해져 있는데도 교사 수준에서는 관심 밖에 있었다. 그러나 학생들은 교사의 가르침 없이 배웠다.
- **영역**Ⅶ : 가장 이상적인 상태이며 3가지 수준 간의 일치를 보이고 있는 삼위일체의 모습이다.

2) 교육과정의 구성 요소

교육과정이 교육의 과정에서 그 목적을 달성하기 위한 종합적인 일련의 계획 내지 그 과정이라면 교육과정은 다음과 같은 요소들이 필요하다.

① 교육목표의 설정

교육목표는 교육의 방향을 지시하는 것으로 교육활동을 통하여 달성하고자 하는 학습자의 행동 변화를 의미하며 학생들이 배워야 하는 학습목표로도 표현될 수 있다. 이러한 교육목표는 지식의 이해, 응용, 사고, 적용, 흥미, 태도, 가치관, 기술 등과 같은 일반적인 것과 특수적인 행동의 변화를 모두 포함하는 개념이다.

② 교육내용의 선정과 조직

교육내용은 교육목표 달성을 위한 매개물로 교육내용의 의미에는 무엇을 배우게 하느냐에 끝나는 것이 아니라, 무엇을 어떻게 배우느냐의 2가지 개념이 함께 포함되어 있다. 즉 내용과 행동(학습내용과 학습활동)이라는 2개의 개념이 함께 포함된 이원적인 성질이 갖추어진 교육내용을 의미한다.

③ 학습 경험의 과정

교육이 이루어지는 과정 중 실질적인 단계로 실제 학생들이 경험하게 되는 학습 및 행동과정이다. 이러한 학습 경험의 과정에는 학생 변인, 교사 변인, 목표와 내용변인, 교수 조건 변인, 학교 및 학급분위기 등 다양한 변인이 영향을 준다.

④ 학습 경험의 평가

교육과정의 한 요소인 교육평가는 학습자의 학습성과만이 아니라 학생들을 지도한 교사 자신의 평가와 교육과정 그 자체의 평가도 함께 포함된 개념이다. 학습 경험의 평가는 보다 나은 교육성과와 발전을 위하여 이루어지는 체계적이고 의도적인 교육적 노력의 지속적인 과정이다.

이러한 교육과정 구성 요소 간의 관계는 순환적 위계 관계와 상호 보완적 관계로 구분할 수 있다. 먼저 순환적 위계 관계는 목표, 내용, 과정, 평가가 순환적 위계를 통하여 계획된 목표를 달성해 가는 구조로 목표가 설정되어야 내용이 선정 혹은 조직될 수 있듯이 일련의 과정이 종결되어야 평가가 이루어지는 것으로 이해될 수 있다. 즉 학생이 달성해야 할 수업목표가 설정된 이후 학생들에게 무슨 내용을 가르칠 것인지 선정하고 그러한 학습내용을 학습자가 능력에 따라 알맞게 잘 달성할 수 있도록 순서를 정해서 조직 배열한 후, 교사의 수업활동이 이루어지면 마지막에 설정된 교육목표에 얼마나 달성하였는지 확인하는 일련의 순차적인 과정으로 이해할 수 있다. 따라서 순환적 위계 관계로 교육의 과정을 이해할 경우 목표, 내용, 과정, 평가 요소는 전체적인 위계하에 지속적으로 순환하는 성격을 갖고 있지만 각 요소 간의 유기적인 관계는 미약하고 상호 독립적으로 이루어지는 과정으로 이해될 여지가 있다.

반면 교육과정 구성 요소 간의 상호 보완적 관계는 순환적 위계 관계와는 달리 각 요소들이 독립적으로 작용하는 것이 아니라 목표, 내용, 과정, 평가 요소가 상호 유기적인 관계를 가지며 교육의 과정이 이루어지는 것으로 본다. 따라서 상호 보완적 관계에서 교육내용은 교육목표 설정을 위한 기본 자료로 작용할 수 있고, 교육목표는 평가의 기준이 되며 교육평가는 다시 교육목표 설정의 중요한 자료가 된다는 점에서 교육과정의 각 요소들은 상호 보완적 관계로 이해될 수 있다. 물론 상호 보완적 관계 역시 그림 4-2 와 같이 순환적 위계 관계의 성격을 수반하고 있지만 각 요소들의 유기적 관계의 중요성을 강조하는 의미로 이해되어야 한다.

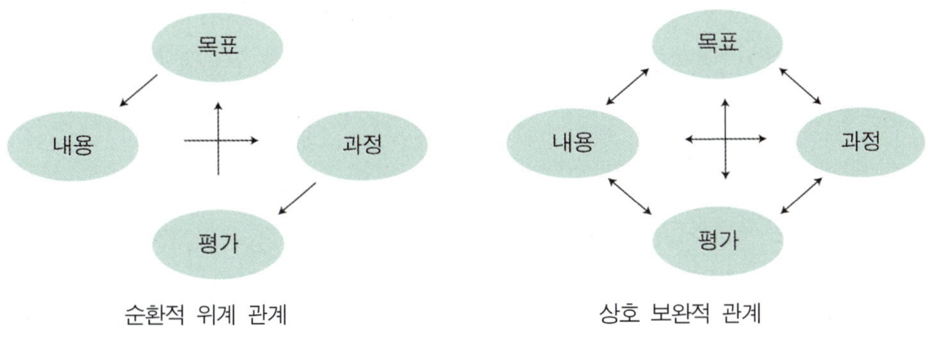

그림 4-2 교육과정 구성 요소 간의 관계

다. 표면적 교육과정과 잠재적 교육과정

표면적 교육과정이 학교의 의도적 조직 및 지도에 의해 이루어진다고 한다면 잠재적 교육과정은 학교에서 의도하지 않았으나 은연중에 학습되는 것을 의미한다. 잠재적 교육과정은 학교에서 의도하지 않고 계획하지 않았으나 학교의 물리적 조건, 제도 및 행정조직, 사회적·심리적 상황에 의하여 학습하게 되는 비공식적 교육과정인 것이다. 잠재적 교육과정에서의 '잠재적'이라는 개념은 넓은 의미로 3가지 내용을 포함한다.

- 예기치 못하였던 경험이자 학습
- 의도와는 관계없는 놀이에 의한 경험
- 의도하고 있으나 숨겨져 있는 경험

잠재적 교육과정은 표면적 교육과정 이외에 좀 더 인간적인 면을 고려하고, 학교의 역기능과 그 원인을 분석하여 이를 계획과 의도의 영역에 표면화시킴으로써 교육의 순기능을 확대하려는 사고에서 나온 개념이다. 그러나 의도와 무관한 학습결과를 잠재적 교육과정이라 부를 수 있다고 해서 교육과정과 학습결과의 구별이 그만큼 흐려진다고 생각하거나 잠재적 교육과정을 표면적 교육과정과 함께 동등한 범주로 보기는 어렵다.

사실 교육과정은 학생들에게 가르칠 가치가 있는 것을 함축하는 것으로 교육과정에서 가르치고자 하는 내용을 학생이 결과적으로 학습했는가 혹은 하지 않았는가는 관계없이 교육과정 그 자체만으로 성립한다고 볼 수 있다. 또 잠재적 교육과정을 표면적 교육과정으로 끌어들였다고 하더라도 표면적 교육과정과 잠재적 교육과정의 구조적 관계는 항상 유지된다는 점에서 볼 때, 잠재적 교육과정과 표면적 교육과정은 서로 보완적인 관계라고 할 수 있으며 상호 보완적 관계일 때 학생행동에 더 강력한 영향을 미칠 수 있다.

한편 대표적인 두 측면의 교육과정 외 Eisner는 그의 저서 『교육적 상상력(Educational imagination)』(1979)에서 영 교육과정(null curriculum)이라는 새로운 개념을 제안한다. '영(null)'이란 존재하지 않으면서도 학생들에게 교육적 결과를 가져오는 교육과정이다. 이러한 영 교육과정은 공식적인 교육과정에 들어있지 않아 교과가 가르쳐지지 않은 경우, 혹은 학교(교사)가 특정 인지 과정을 강조하거나 무시할 때, 특정 내용이나 교과 영역을 교육과정에서 제외하고 가르치지 않을 때 발생된다. 학자에 따라서는 영 교육과정을 공식적인 교육과정의 이면이라는 점에서 잠재적 교육과정의 부분으로 보기도 하고, 2가지 교육과정과는 다른 제3의 교육과정으로 보기도 한다.

라. 교육과정의 일반적 성격

교육과정의 개발과 이행 과정은 다음과 같은 특징을 가지고 있다.

- **포괄성** : 교육과정은 특정 학습자만의 내용을 다루는 것이 아니므로 보다 넓고 포괄적이어야 한다.
- **수단성** : 교육과정은 그 자체의 개발 목적이 아닌 교육목적 달성을 위한 수단이어야 한다.
- **개별성** : 교육과정은 학생 개인별 능력과 특성 등에서 나타나는 개인차를 고려해야 한다.
- **생활중심성** : 교육과정은 학생의 실생활의 세계가 반영될 수 있도록 생활중심적이어야 한다.
- **민주성** : 교육과정은 그 개발과 이행에 있어서 구성원들의 민주적 협력과 참여로 운영되어야 한다.
- **가변성** : 교육과정은 시공간적으로 고정된 것이 아니라 사회 변화나 맥락에 따라 적절히 개정되어야 한다.

- **지역성** : 교육과정은 그 지역사회의 실정과 학교의 내외적 특성을 고려해야 한다.
- **자발성** : 교육과정은 학생의 자발적인 학습을 통하여 학생의 창의력, 사고력 등을 길러주어야 한다.

2. 교육과정의 기본 유형

어떤 의미로 교육과정을 이해하든 교육과정은 '학교에서 무엇을 가르칠 것인가'의 문제이며, 학교에서 학생들이 배우는 내용의 성격에 따라 그 의미와 성격이 달라질 수 있다.

표 4-1 교육과정의 유형

유형	개념	실체	개념의 넓이
교과중심 교육과정	교수요목	문서	대단히 좁다
경험중심 교육과정	지도된 경험	경험	넓다
학문중심 교육과정	지식탐구과정의 조직	문서	좁다
인간중심 교육과정	경험의 총체	경험	대단히 넓다

가. 교과중심 교육과정

교과중심 교육과정은 역사적으로 전통이 가장 깊으며 오늘날에도 학교교육에서 가장 쉽게 활용되는 교육과정이다. 교과중심 교육과정은 전통적이고 보편적인 교과서중심의 교육과정으로, 전통적 교육철학과 능력심리학(형식도야설)에 기초를 둔 교육과정이다. 교과중심 교육과정에서의 교육과정은 '학교의 지도하에 학생이 배우는 일체의 교과와 교재'로 일종의 교수요목으로 정의되며 학생이 학습해 나갈 코스이다. 이때의 관심은 전적으로 교과를 가르치는 일에 국한되고, 교과란 교사가 학생에게 가르쳐야 할 내용의 주제나 제목의 열거를 말하며, 고정된 지식이나 기능의 내용을 일정한 계열로 조직한 공통된 문서로서의 교육과정이다. 따라서 교과중심 교육과정에서의 교과란 교수목적을 위해서 인류 문화유산을 체계적으로 조직해 놓은 조직체인 것이다.

교과중심 교육과정에서는 문화유산의 전달로서의 교육내용을 강조하며 교사에 의한 설명 위주의 교수법이 주로 사용된다. 따라서 교과서에 한정된 내용을 중심으로 가르치게 된다.

1) 특징

- 각 교과는 그 자체의 논리와 체계가 있으며 학습은 난이도에 따라 체계적으로 전개시키는 것이 좋다.
- 교과를 통한 지적인 인간형성을 교육의 이상으로 한다.
- 문화유산의 전달이 주된 교육내용이며 한정된 교과 영역 안에서 학습활동이 이루어진다.
- 교사중심의 설명식 교수법이 주로 사용된다.
- 교육내용의 조직은 학자나 전문가에 의해 이루어진다.

2) 장점

- 교과는 체계적으로 조직되어 있어서 새로이 생겨나는 경험을 해석하는 데 효과적이다.
- 교육과정의 조직이 쉽고 객관적 평가기준에 의해 평가 및 측정이 용이하다.
- 입시 준비에 도움이 되며 중앙집권적 통제가 쉽다.
- 교과서 구성이 명료하고 이해하기 쉽다.
- 교과서 내용이 체계적으로 조직되어 교사, 학생, 학부모에게 익숙하다.

- 지적 능력을 발전시키는 데 적당하다.
- 새로운 지식과 사실을 설명하고 체계화하는 데 효과적이다.
- 기성세대의 문화유산 전달에 적합하다.

3) 단점

- 사회와 유리된 비현실적이고 단편적 지식의 획득에 빠지기 쉽다.
- 경쟁심을 조장하고 학생들의 흥미, 능력, 필요와 거리가 있다.
- 능동적인 학습태도 형성과 고등정신 기능(비판력, 창의력, 사고력 등) 함양이 어렵다.
- 학습자중심의 경험 조직이 어렵다.
- 민주적 태도의 형성이 어렵다.
- 지식을 통합하는 전체적 구조가 약해 통합적 사고와 행동력을 함양하기 어렵다.

나. 경험중심 교육과정

진보주의 교육철학에 기초를 둔 경험중심 교육과정은 아동중심의 교육사상에 기인한 것으로, 경험의 중요성은 Rousseau 이후 계속적으로 주장되어 왔다. 특히 1930년대 전반에 진보주의 교육사조가 나타남에 따라 기존의 교과중심 교육과정으로는 현실생활의 문제를 해결할 수 없다는 비판과 함께 대두되었다.

진보주의 교육과정에 있어서 교육활동의 중심은 학습자의 흥미, 필요에 기초한 학생의 변화이며, 교육과정이란 '학교의 지도하에서 학습자에 의하여 행해지는 일체의 활동과 경험'으로 정의되기 때문에 아동중심 교육과정 또는 생활중심 교육과정이라고도 한다. 특히 경험중심 교육과정은 교육내용의 교육사태와 생활사태의 관련을 중요시하며 아동의 직접적인 흥미, 필요, 목적에 기초를 둔 자발적인 활동, 경험, 생활 적응 등을 강조한다.

1) 특징

- 아동의 자연성을 존중한다.
- 교사 또는 교재중심이 아니라 학습자중심이다. 즉 '교과를 가르친다'기보다는 '아동을 가르친다'의 입장이다.
- 교육과정 구성의 기초를 학습자의 흥미, 필요, 욕구에 둔다.
- 자발적 활동, 경험에 의한 학습을 중시하는 경험주의 입장이다.
- 생활 경험을 교육내용으로 보지만 교과의 존재를 무시하는 것은 아니다.
- 개인차에 적응하는 학습으로 끊임없는 성장과정의 전인교육을 강조한다.
- 교재를 미리 선택하거나 조직하지 않고 학습의 장에서 결정하며 교사와 학생의 협력과 참여에 의하여 교육과정을 계획한다.
- 경험중심 교육과정은 문제해결학습이 효과적이라는 입장을 갖는다.
- 학생들은 교과활동과 함께 실제 활동을 배우게 되며 다양한 체험활동을 중시한다.

2) 장점

- 학생의 필요와 흥미에 알맞고 흥미 있는 문제를 다루므로 능동적인 학습태도를 함양할 수 있다.
- 개인차에 따른 학습이 용이하며 지식과 경험의 통합이 가능하다.
- 협동이나 공동참여를 통한 민주적 생활태도를 기를 수 있다.
- 고등정신 기능(탐구력, 판단력, 창의력)을 함양할 수 있다.
- 지식뿐만 아니라 태도, 정서 등의 전인적 발달을 가져온다.
- 학교 및 지역사회의 인적·물적 자원을 활용할 수 있다.

3) 단점

- 교육과정의 분류 근거가 명확하지 않고 체계적인 지식과 기능을 등한시하기

쉽다.

- 행정적 통제와 학생의 통제가 어렵고, 시설과 설비 문제로 인해 비경제적이다.
- 교육과정의 계열성이 문제되며 상급학교 진학에 장애가 있다.
- 교사의 자질이 낮으면 기초기능이 저하될 수 있다.
- 학부모 및 사회로부터 적극적인 협조를 얻기 어려운 경우가 있다.
- 학생들이 경험을 통해서 체득하다 보니 시간과 경비가 과다하게 소요된다.
- 학교의 사회적 책임을 경시하기 쉽다.
- 교육성과의 표준화된 측정이 어려워서 행정적으로 통제하기 어렵다.
- 학생들이 경험해서 얻는 것이 부분적인 것으로 한정될 경우 높은 학습 단계에서의 추상적 원리의 습득 및 체계적 연구에는 부적합하다.

다. 학문중심 교육과정

본질주의 교육철학에 기초를 둔 학문중심 교육과정은 1957년 구 소련의 인공위성 스푸트니크 발사로 인해 미국 교육의 주류를 이루던 진보주의 교육에 대한 비판과 반동적 견지에서 등장하게 된 개념으로, 지식과 기술의 폭발적인 증가 등으로 인하여 전이가가 높은 지식을 선정하여 가르쳐야 한다는 요구에 부응하여 대두되었다. 즉 경험중심 교육과정이 그 구성방식에 있어서 지식의 체계성에 소홀함을 보였고, 학문적이고 체계적인 사고와 연구에 필요한 능력을 소홀히 했기 때문에 이를 지양하기 위한 운동의 일환으로 나타났다.

학문중심 교육과정은 각 교과를 구성하는 학문에 있어서의 독특한 '기초개념'과 '원리'를 중심으로 조직하는 교육과정으로 지식의 결과를 가르치기보다는 지식이 성립되는 과정을 능동적으로 학습(탐구학습)하도록 한다. 학문중심 교육과정은 지식체계를 강조하고 교과의 논리적 배열로 교육과정을 구성한다는 점에서 교과중심 교육과정과 공통적인 특징을 가지고 있지만, 학문중심 교육과정은 특히 지식의 구조를 핵심으로 교과내용을 조직한다. 지식의 구조는 각 학문의 기저를 이루고 있는 '기본적인 개념'과 그 학문에서 지식을 발견하고 검증하는 과정인 '원리'를 의미하며, 탐구과정에 있어서는 분석적 사고뿐만 아니라 직관적 사고를 중시한다는 점에서 차이가 있다. 이러한 지식의 구조는 이해 및 기억이 용이하고 일반적 사태에의 전이효과가 크며 초보적 지식과 고등지식 간의 간격을 좁힐 수 있다고 보고 있다.

학문중심 교육과정에서 교과의 기본 구조를 가르치는 이유는 다음과 같다.

- 기본적인 것을 이해하면 교과를 더욱 쉽게 이해할 수 있다.
- 인간 기억의 세세한 사항은 구조화된 전체의 형태 안에 들어 있지 않으면 쉽게 망각된다.
- 기본적인 원리나 개념의 이해가 적절한 훈련의 전이를 통하게 하는 가장 중요한 방법이다.
- 초·중등학교에서 가르치는 교재의 기본적인 성격을 조사해 보면 고등지식 간의 간격을 좁힐 수 있다.

1) 특징

- 교과중심 교육과정과 경험중심 교육과정을 절충하여 놓은 것으로 볼 수 있다.
- 기본 원리와 개념으로 구성, 조직화된 지식체계를 기초로 탐구학습 또는 발견학습을 방법적 원리로 하여 현상을 이해하고 전이가를 높이려는 교육과정이다.
- 학습자의 내적 보상에 의한 동기유발을 강조한다.
- 어떤 교과내용이든지 지적 성격에 충실한 형태로 학습자의 발달 단계에 맞게 표현하면 어떤 발달 단계의 어떤 아동에게도 가르칠 수 있다는 원리중심의 수업을 강조한다.
- 아동의 발달 단계에 맞게 기초개념으로부터 출발하여 학년의 진전에 따라 점차 심화, 확대해 나가는 나선형 교육과정으로 조직하는 계열성과 계속성을 중시한다.

- 탐구학습을 강조한다. 탐구란 지식이 성립하는 과정에 능동적으로 참여하여 현상에 관한 사실, 개념, 법칙을 찾아내는 활동으로 학문중심 교육과정에서 학습자는 학자가 하는 것과 똑같은 일을 학자와 동일한 눈과 방식으로 진행한다.

2) 장점

- 지식의 구조를 이해하면 지식을 기억, 이해, 적용하기 쉽다.
- 기본 개념의 학습으로 새로운 지식을 생산할 수 있다.
- 기본 개념과 원리를 배우고 학문의 탐구방법을 체득함으로써 높은 전이력을 유지할 수 있다.
- 내적 동기유발의 방법으로 학습효과 상승이 가능하다.
- 고등, 초등 지식 간의 격차를 줄일 수 있다.
- 학문의 탐구과정에 직접 참여하기 때문에 창의적 능력이 신장된다.
- 지식을 능률적으로 학습하기 때문에 양질의 효과적 학습이 가능하다.

3) 단점

- 정의적 교육의 소홀로 전인교육이 이루어지지 않을 염려가 있다.
- 교과 간의 통합성이 상실되기 쉽고 개인의 필요와 사회의 필요를 충족시키기 어렵다.
- 학문에 내재한 '지식의 구조'를 이해한 전문적 교사 양성이 어렵고 학생 또한 배우기 어렵다.
- 자칫 현실과 유리되어 복잡한 사회에 적응하기 어렵다. 즉 분야별로 단절된 학문에 의한 지식의 탐구만으로는 복잡한 현실 문제를 해결하기 어렵다.
- 탐구학습에 필요한 인적·물적·시간적 조건의 구비가 어렵다.
- 수학, 과학 등의 일부 교과에 제한적으로 적용할 수 있다.

라. 인간중심 교육과정

인간중심 교육과정은 1970년대 들어 교육의 적절성과 아울러 새롭게 강조되기 시작한 '교육의 인간화'의 요구를 반영한 교육과정이다. 풍부한 인간성을 유지, 발전시키면서 인간의 성장 가능성을 최대한으로 신장하고 발휘하게 하며, 개인적으로는 만족스럽고 사회발전에 기여하도록 하여 자아실현의 교육을 지향한다. 특히 인간중심 교육과정은 현대의 고도 산업사회에 따른 비인간화 문제와 교육의 수단적 기능에 반대하여 교육의 본질은 인간 삶의 충실과 자기충족감이 넘치는 인간을 육성하는 것이라는 교육본질론이 대두되면서 도입되었다.

인간중심 교육과정은 현대 사회에서의 인간성 회복에 중점을 두는 것으로 교육과정을 '학생이 학교생활을 하는 동안에 가지는 모든 경험'으로 정의하며 인간 존엄성의 신념 아래 최대한의 자아실현을 가져오게 하는 것을 목적으로 한다. 인간중심 교육과정이 경험중심 교육과정과 다른 것은 학교의 '지도'에 관계없이 학교생활을 하는 동안에 가지게 되는 모든 경험을 포함한다는 것이다. 따라서 인간중심 교육과정에 있어서 교육내용은 교육적 교재와 학습자가 상호 교섭하여 획득한 개별적 의미를 가지며, 교육방법은 그러한 의미의 획득을 용이하게 할 수 있는 자유로운 분위기에서 교사와 학습자가 맺는 역동적 관계를 통하여 개인의 성장 가능성을 실현하도록 돕는 것이다.

1) 특징

- 인본주의 교육관에 기초하며 개개인의 인간을 얼마나 존중하느냐에 기본적인 기준을 둔다.
- 비인간화 경향에 대처하고 인간성 회복을 중시한다.
- 학문중심 교육과정의 보완을 통해 인간의 지적·신체적·사회적·도덕적인 면의 조화적 발달을 꾀하는 전인교육의 정신과 상통한다.

- 잠재적 교육과정을 표면적 교육과정과 똑같이, 경우에 따라서는 더 중시한다.
- 교육내용은 생활에 직결되어야 하고 일상적인 삶과 학습자에게 적절하도록 가르쳐져야 한다.
- 더 나은 인간관계를 증대시키는 방법으로 학교환경의 인간화와 인간적인 교사를 강조한다.
- Maslow가 말하는 절정 경험(경외, 신비, 경이)은 학습의 처음이자 끝이므로 가치롭게 여기고, 또 제공하려고 시도해야만 한다. 개인이 자신의 감정을 관찰할 때 자기각성이 일어난다.
- 성과보다는 과정을 강조하여 아동의 성장을 강조하며, 인본주의 교육과정의 효과성을 판단해야 할 때에는 교사와 아동에 의해서 이루어지는 주관적 사정에 의존한다.

2) 장점

- 자유롭고 인간적인 교사와의 만남과 신뢰가 전제되어야 한다.
- 전인교육을 통하여 지적·사회적·정서적으로 조화로운 발달을 강조하며 교육내용의 통합을 강조한다.
- 학습자의 긍정적인 자아개념 형성 및 자아실현을 조장한다.
- 개방적·자율적 분위기로 학습결과의 내면화가 이루어진다.

3) 단점

- 교육과정의 내용 선정과 조직에 있어서 학생의 선택이 과도하게 허용되어 계열성이 결여된다.
- 개인 성장을 지나치게 강조하여 전체 사회구조 속에서 이루어지는 교육의 본질에 대한 전반적인 이해를 소홀히 하고 있다.
- 이론의 공통된 견해를 발견하기 힘들고 이를 학교교육에 적용하기에 많은

제약이 따른다.

- 과대규모 학교와 과밀학급의 해소 등 학교 시설 및 행정의 정비가 필요하다.
- 교육의 사회적 측면 등에 대한 본질적인 이해에 소홀하다.
- 명확한 경험이나 일관된 원리를 바탕으로 형성된 것이 아니기 때문에 이론이 미비하여 개념의 정착과 운영의 체계화가 어렵다.

3. 초등교육과정의 성격

가. 초등교육과정의 기본 전제

초등교육과정은 초등학교의 교육과정을 의미하는 것으로 초등학교와 중등학교에서 구현되는 교육의 모습이 다르기 때문에, 초등교육과정은 중등학교 교육과정과는 다른 독특한 성격을 가지고 있다. 따라서 초등학교에서 교육과정의 조직 및 이행에 있어서 고려해야 할 기본 전제를 제시하면 다음과 같다.

첫째, 초등교육과정은 아동의 삶과 앎의 기초 위에서 마련되어야 한다. 초등교육과정은 중등교육과정의 준비나 미래 특정 직업군을 전제로 하는 교육과정이 아니다. 초등교육과정은 아동의 삶과 앎의 과정에서 기초적 능력을 구비할 수 있도록 제공되는 교육과정이어야 한다. 따라서 초등교육과정은 가급적 아동이 학교의 안내하에 갖는 모든 삶과 앎의 경험을 포함해야 하며, 제공되는 경험은 상호 균형을 유지해야 한다.

둘째, 초등교육과정은 하나의 의미로 통일성을 가지고 있어야 한다. 학교교육은 학교에서 제공하는 활동들의 단순한 결합이 아니라, 교육의 모든 목적이 실현되기 위해서 경험의 총체가 통일성과 의미성을 가져야 한다. 즉 아동 개개인의 경험이 하나의 더 큰 전체에 집중되어야 하며 초등학교가 제공하는 교육의 경험으로 전환되어야 한다.

셋째, 초등교육과정은 아동들의 전인적 경험을 위해 여러 교과 지식이 아동의 실세계의 경험과 통합되어 제공되어야 한다. 아동은 자신의 경험을 스스로 재구성하는 데 능력의 한계가 있기 때문에, 아동의 경험 내에서 유의미한 교과내용이 될 수 있도록 도와주어야 한다. 따라서 초등교육과정은 아동의 경험 세계를 교과의 경험 세계로 이어주는 연결 고리의 역할을 해야 한다.

넷째, 초등학교에서 교육과정이 실현되는 과정에서는 교과와 경험의 단순한 분리는 현실적으로 어렵다는 점을 간과해서는 안 된다. 초등학교 교육과정은 아동에 의해 학습되도록 마련된 것이고, 어떤 형태로든 아동들이 학습하는 과정에 제시되는 것으로 아동이 학습하는 과정이 실제상의 교육과정일 수 있다(Caswell & Foshay, 1950). 따라서 교육과정 구성의 문제는 아동들이 갖는 실제적인 경험과 관계된다는 점에서, 교육 실제에 있어서 교과와 경험은 분리되어 논의되는 개념이 아니다. 모든 교육과정은 경험을 수반하며 모든 경험은 교과를 포함하기 때문에, 이 2가지를 전제하지 않고 학교 교육과정을 실행하는 것은 전혀 불가능하다. 따라서 교과와 경험은 상호 분리될 수 없는 교육과정 논의에서 가장 중요한 핵심 개념이다. 초등교육과정에서 어떤 경험의 의미와 가치는 그 경험을 발달시키는 데에 활용된 교과에 의해서 크게 영향을 받으며, 교과의 의미와 중요성은 교과활동에 수반되는 경험에 달려 있다. 그러나 종국적으로 초등교육과정에서 보다 중요한 것은 교과와 경험의 조화에 있으며, 교육과정은 아동에게 주는 총체적인 경험의 질인 것이다.

다섯째, 초등교육과정의 논의에 있어서 중요한 점은 초등교육의 대상인 초등학령기 아동이다. 초등학령기 아동들에게는 초등교육의 정당성 및 고유한 성격을 유지하게 하는 근거가 있기 때문에, 최근의 경향도 초등교육의 성격을 아동에게서 찾으려는 노력이 있다(이병진, 1999; Blekin & Kelly, 1981; Otto, Floyd & Rouse, 1969; Shepherd & Ragan, 1992). 이러한 점에서 아동 이해는 초등교육과정의 중요성 및 목적을 인식하게 해주며, 실생활에 대한 아동의 삶과 앎은 초등교육과정의 내용과 방법의 근거를 마련해 준다. 따라서 초등교육과정 논의는 초등교육의 대상인 아동의 삶과 앎을 기초로 논의되어야 한다. 왜냐하면 초등교육은 아동들이 삶을 잘 영위할 수 있는 기본적 앎의 방식을 터득케 하는 것이 중요한 일이며, 이는 곧 초등교육의 근본 문제이기 때문이다.

여섯째, 초등교육과정은 학교의 모든 교직원에 의해서 이행될 수 있도록 폭넓고 융통성 있게 마련되어야 한다. 초등교육과정은 아동들의 경험의 계속성과 질을 보장하기 위해 잘 계획되어야 하지만, 이는 특정 교사나 교과에 의해서 달성되는 것이 아니다. 초등교육과정의 성공적 이행은 학교 구성원 모두의 참여로 가능하며 개개인의 역할이 전체로서의 통일성이 있어야 한다.

나. 초등교육과정의 조직 원리

초등교육과정은 학교의 교육목표를 성취하도록 도움을 준다. 교육과정의 전반적인 계획은 교육목표가 수정되고 확장되듯이 계속적으로 연구되고 수정되는데 일반적으로 다음과 같은 원리를 따른다(이병진, 1999).

- **통합적 조직의 원리**

교육과정 조직은 교사들의 노력을 통합하는 데 도움이 되어야 한다. 그러므로 한 교사가 학생을 위해서 하는 것이 어느 정도는 다른 교사가 해온 것과 미래의 교사가 할 것으로 기대되는 것에 따라 결정되어야 한다.

- **균형적 제공의 원리**

교육과정 조직은 학생들에게 균형이 잘 잡힌 일과를 제공하여야 한다. 즉 교과목의 내용을 뛰어넘는 공부는 물론 교과목 영역에 대한 체계적 연구와 반복훈련의 기회, 그리고 이해와 통찰을 계발할 수 있는 경험이 제공되면서 균형을 이루어야 한다.

• **계속적 발달의 원리**

교육과정 조직은 학생의 계속적 발달을 조장해야 한다. 즉 교육과정 경험은 학생들이 좀 더 복잡한 자료를 숙달하고 성숙한 발달계열을 경험할 수 있도록 계획되어야 한다. 그러므로 교육과정 경험은 친숙하고 구체적인 것에서 멀고 추상적인 것으로 점차 이동할 필요가 있다.

• **통합적 학습의 원리**

교육과정 조직은 통합된 학습을 제공하여야 한다. 즉 교과목의 직접적인 지도와 광범위하고 의미 있는 경험이 되도록 교과목의 경계를 초월한 경험을 제공해야 한다. 즉 다양한 교과목의 내적 관계를 이해시키면 교과목 영역을 가르치는 것이 보다 의미 있게 되고 효율적이다.

• **기타 원리**

교육과정 조직은 질·평등성·관련성·개인화 등의 원칙을 고려해야 한다. 질은 지적·신체적·사회적 발달 영역에서 학생의 성장을 촉진시키는 교육과정의 개발이며, 평등성은 이들 동일 영역에서 학생들의 모든 범위의 변인을 위한 질 경영을 내포한다. 관련성은 학생과 사회 및 학교의 목적에 적합한 구체적 환경의 제시이며, 개인화는 수업받을 개인차의 구체적 집합에 맞게 교육 프로그램을 지정하고 할당하는 것이다.

다. 삶과 앎의 성격으로서의 초등교육과정

교육은 어떠한 형태 혹은 내용이라 하더라도 삶과 앎의 과정으로서 인식적 차원을 벗어날 수 없다. 왜냐하면 모든 교육의 형식 혹은 내용은 앎(knowing)이란 현상에서 이해될 수밖에 없기 때문이다. 앎의 문제와 삶의 문제에 대하여 이규호(1972)는 인간학적 지식론의 접근은 지식을 얻는 방법을 가르치려는 기술학이 아니라 인간의 지식의 본질과 그 가능성, 앎의 현상을 삶과의 관련 아래 분석하는 것으로 전제하고 인간 지식의 본질이 앎의 순환성을 통해서 밝혀지면 지식을 추구하는 태도와 방법, 학문을 하고 교육을 하는 태도의 문제가 뒤따라서 새로운 빛 아래 드러나게 될 것이라고 주장한다.

원래 앎(knowing)이란 말은 영어의 'ken(안다)'이라는 동사의 의미를 갖는 것으로 'can(할 수 있다)'이라는 조동사와 동일한 의미를 내포한다. 또한 독일어 kennen(안다) 역시 knnen(할 수 있다)과 같은 어원을 갖고 있으며, 히브리어 'yada'는 활력 있는 경험 속에 적극적이고 의도적으로 참여함으로써 생기는 앎의 의미를 나타낸다. 이러한 단어의 내포된 의미는 추상적 지식으로서 앎이 생활 세계의 '할 수 있다'를 상징한다고 볼 수 있다. 즉 아동들의 실생활의 경험 속에 적극적이고 의도적으로 참여함으로써 생기는 앎은 아동의 '생생한 경험 세계'인 생활 세계로부터 획득된 앎을 의미한다(고진호, 1993). 따라서 초등학교 교육에서의 앎은 결코 아동들의 실생활로서의 삶과 분리될 수 없는 것이다(권동택, 2003).

초등학교는 아동들에게 여러 가지 삶과 앎의 방식을 지도하려고 노력한다. 이러한 관점에서 초등교육과정은 아동들에게 단편적인 하나의 교육내용으로서만 가르치는 것이 아니라, 아동의 실생활을 교육과정의 일부분으로서 전달하는 것이다. 즉 아동들의 실생활과 초등교육과정에서 다루는 지식은 분리되기보다 질적으로 연관되어야 한다. 아동들에게 있어서 생활 세계는 지식의 원천이 될 수 있기 때문에 초등교육과정에서 제공되는 추상화된 지식이라 하더라도 그 근저에는 아동의 생활 세계가 존재한다. 따라서 초등교육과정에서 다루려는 지식은 아동의 생활 세계 내에서 의미 있게 재해석되어 이해될 때만이 그 가치를 찾을 수 있다(Otto, Floyd & Rouse, 1969). 즉 초등교육과정에서 다루어지는 지식은 아동의 실생활 세계에서 적절하게 재해석되고 이해될 때 유의미한 지식이 되며 아동에게 의미를 갖는다. 따라서 초등교육은 다양한 학습 경험을 제공하여 학문과 인간의 제 영역에서 기초적 경험을 공유할 수 있도록, 폭넓은 삶의 경험을 향유할 수 있도록 교육과정이 구성되어야 한다(장찬익 외, 1999).

우리 주변에 산재해 있는 아동들의 실생활 속 물리적·정신적 세계에 대한 앎의 방식에는 여러 가지 형태가 존재한다. 그러나 현대에는 인간의 물리적 세계에 대한 앎이 비물질적 세계에 대한 앎보다 더 큰 가치가 있다는 그릇된 생각으로 인해, 물리적 세계에 대한 앎을 지나치게 강조함으로써 아동들이 생각하는 실체는 기본적으로 물리적 실체라는 잘못된 결론을 내리기도 한다. 이러한 물리적 삶의 방식에 대한 인간의 경험적 양식과 강조는 초등학교 아동에게 영향을 줄 수도 있다. 그러므로 초등교육과정은 아동들에게 지식을 수집하고, 처리하며, 수용하는 경험적 방식과 비경험적(정신적) 방식을 경험할 수 있게 하는 기회를 포함해야 한다.

초등교육과정은 중요한 인식론적 방법 중 감각, 경험, 권위, 이성, 그리고 직관에 의해 아동을 앎의 세계로 인도할 수 있다. 세계에 대한 중요한 앎의 방식으로 아동들을 인도하기 위하여 하나 또는 두 개의 절대적인 앎의 방식에의 맹신보다는 모든 주요한 인식론적 방법에 대한 통합적 활용이 중요하다(권동택, 2003).

첫째, 감각적 지식은 아동의 감각기관들에 의해 신뢰성을 확보할 때만 성립하는 가장 기초적이고 원초적인 지식으로, 감각을 통해 주변 세계에 대한 상을 형성한다. 감각을 통해 아는 것은 즉각적이고 보편적이기 때문에, 아동에게 있어서 감각은 여러 가지 방식으로 지식의 많은 부분에 기초하고 있다. 그러나 아동의 감각은 가장 기초적인 앎의 방식이 되지만 한편으로는 가장 불완전하기도 하다.

둘째, 경험은 사실 및 자료 발견을 위한 체계적 절차 또는 본질의 구체적 관계에 근거한 지식으로서, 경험은 아동들에게 주요한 앎의 방식을 가르치는 초등학교 교육의 중요한 부분을 차지한다. 이러한 앎의 방식을 통하여 아동들은 자연에서의 구체적 관계의 특정한 사실을 발견하게 된다. 경험은 아동들로 하여금 지식의 원천으로서 활동의 가치를 학습하게 도우며, 초등학교의 관심 중 하나는 필연적으로 아동들의 사회화를 다루는 것이기 때문에, 경험은 중요한 앎의 방식이다. 경험에 의한 앎의 접근방식은 오늘날 초등학교의 교육과정에서 강력한 위치를 차지한다.

셋째, 권위(교과)로서의 지식은 인류가 쌓아온 다양한 분야의 전문가로서의 권위에 근거한 것으로, 아동들은 다른 어떤 정당화나 입증의 방법으로는 그 존재가 입증될 수 없었던 사건이나 현상을 오랫동안 연구한 전문가의 결론을 수용하는 것을 학습한다. 권위로서의 지식을 인정함으로써 문명(문화)을 교육내용으로 추출하는 과정이 가능한데, 역사와 문화에서의 사건이나 활동에 대한 많은 결론은 앎에 대한 '권위의 호소' 방법을 광범위하게 사용하고 있다. 이러한 지식은 전문가로부터 나오거나 전통적으로 인정되어 왔기 때문에 참으로 받아들여지는 것이고, 초등학교 교육과정에서의 대부분의 지식은 교과서나 교사 혹은 교육 자료와 같은 권위로서의 지식이 많으며, 가장 손쉽게 앎의 세계로 인도할 수 있다.

넷째, 이성에 의한 앎의 방식에는 추론, 사고 혹은 논리가 지식의 중심 요소가 되며, 감각만으로는 일관되게 보편타당한 판단을 우리에게 제공해 줄 수 없다고 본다. 왜냐하면 감각에 의한 앎의 방식은 지식의 단순한 자료일 뿐, 그러한 자료가 아동에게 하나의 지식이 되기 위해서는 합리적 사고에 의해 의미 있는 체계로 조직되어야 하기 때문이다. 이성 혹은 형식적 논리는 추론의 명확한 통찰에 근거한 지식으로서 형식적 논리는 수학이나 과학에서 널리 이용되고 있다. 이 앎의 방식은 아동들로 하여금 사실적 자료의 정확성을 부여하거나 논의나 추론의 가치와 타당성을 판단함으로써 준거를 수립하는 방법을 학습할 수 있게 한다. 형식적 논리의 사용은 정확하거나 부정확한 추론에 이르게 하는 물리적 조건이 아니라 추론이 정확한지 여부에 관심을 두고 있다. 이러한 의미에서 형식적 논리는 경험적 앎의 방식이라기보다는 규범적 앎의 방식인 것이다.

다섯째, 직관은 의식적인 추론이나 직접적인 지각의 결과가 아닌, 즉각적인 확신감(통찰)을 의미한다. 즉 직관에 의한 앎의 방식은 자기가 찾고 있는 것을 발견했다는 강한 확신감을 동반하는 지식의 직접적인 이해인 것이다. 이러한 직관은 지식을 얻는 방법에 있어서 불안전하고 통제되기 어렵지만, 아동 경험의 한계를 초월할 수 있다는 장점을 가지고 있다. 초등학교에서의 직관의 사용은 아동들이 알려진 인지 또는 반성적 사고의 과정을 통하지 않고 판단하거나, 의미 또는 사고를 도출하도록 유도할 때 나타난다. 복잡한 문제와 실제적인 판단의 대다수는 많은 직관적 요소를 내포하고 있으며 이러한 직관은 창의성과도 매우 밀접하다.

이상과 같은 아동을 위한 앎의 방식들은 우선 순위를 정할 수가 없다. 아동에게 모든 지식을 제공해 주는 단 하나의 앎의 원천은 없기 때문에, 앎의 방식들은 서로 대립적인 관계라기보다는 상호 보완적인 통합의 관계로 이해하는 것이 바람직하다.

라. 교육과정 원천으로서의 아동의 흥미, 경험, 필요

성장 가능성의 존재로서의 아동과 아동의 필요와 흥미로서의 교육적 경험에 대한 이해는 초등교육과정 논의의 토대를 마련해 준다. 먼저 아동은 '발달할 수 있는 능력(the ability to develop)'을 지닌 잠재 가능성의 존재(Dewey, 1952)로, 아동과 성인의 차이는 단순한 미성숙과 성숙의 차이가 아니라 각각의 조건에 맞게 성장방식을 달리한다는 의미가 있다. 따라서 초등교육은 발달 단계에서의 삶의 의미를 보다 풍부하게 하는 데에 의미가 있고, 매 순간의 발달과정에 완성을 기하는 노력이 초등교육에서의 기초성에서 무엇보다도 중요하며, 이는 바로 아동이 가지고 있는 성장의 원리를 존중하는 것이다(권동택, 2004b).

1) 흥미

아동의 흥미와 관련된 교육적 논의는 많은 논쟁이 있을 수 있으며, 아동의 흥미 존중은 '흥미'라는 개념의 애매성으로 인해 많은 혼란을 줄 수도 있다(Peters, 1966). 특히 누가 아동의 흥미를 결정하는가의 문제는 더욱 그렇다(Dearden, 1968). 또한 아동이 자신의 흥미를 최선의 것으로 선택할 수 있는가, 혹은 그렇다 하더라도 자기 자신의 실질적인 흥미를 이해할 수 있는가, 아동의 흥미가 과연 아동 자신에게 유익한 것인가의 문제도 남아 있다.

Dearden(1968)은 교육목적 진술 시 아동의 흥미를 고려해서 결정하는 문제는 매우 어려운 과제라고 한다. 특히 흥미의 선택 및 가치의 문제는 아동에게 있어서는 매우 어려운 과제이다. Peters(1966)에 의하면 흥미 존중의 의미에는 아동의 흥미를 선택하는 심리학적 문제와 아동의 이익을 존중하는 규범적 문제가 포함되는데, 아동의 흥미와 그 이익이 항상 동일한 것은 아니라는 데 문제가 있다고 지적하고 있다. 일반적으로 아동중심교육에 있어서 아동을 대신하여 아동에게 좋은 것을 가치 판단하는 것은 어떤 형태이든지 아동을 대신하여 목표나 가치를 선택하는 것이기 때문이다.

그러나 한 개인의 관심사를 스스로 선택할 수 있는 것이 개인의 권리라고 한 Mill(1910)도 이러한 선택의 문제에 있어서는 아동을 제외시켰으며, 성숙한 인간에게만 적용되는 문제로 아동을 전제로 하는 것은 아니라고 한다. 또한 자기 자신이 가치 선택을 하는 일은 지각 있는 선택을 할 수 있는 지식과 통찰력을 가진 사람에게나 적용될 수 있기 때문에 어린 아동이나 다소 미성숙한 사람에게는 적용되기 어려울 수 있다(Hamm, 1991). 따라서 초등교육과정은 아동이 직접적으로 관심을 가지고 있고 많은 흥미를 느끼고 있는 문제이면서도 사회적으로 가치를 가지고 있는 문제를 중심으로 구성되어야 한다(박상호, 1997).

또한 아동중심에 있어서 아동의 흥미를 고려한다는 것은 몇 가지 중요한 전제를 요구한다(Dearden, 1968).

첫째, 아동의 흥미에서 출발하자고 하는 아동중심교육은 '교육적으로 우선적으로 고려되는 영역(educational priority areas)'이 고려될 필요가 있다. 물론 아동의 흥미는 사회적으로 학습되는 것이기 때문에 학교에 의한 흥미뿐만 아니라 학교 밖에서의 활동을 통한 흥미도 포함된다. 따라서 아동중심교육에 있어서의 흥미는 학교가 추구하는 가치와 다르거나 부적절할 수도 있다.

둘째, 아동중심교육은 교사의 활동보다는 아동의 활동에 지나치게 치중될 수 있음을 유의해야 한다. 아동중심교육에 있어서 교사의 중요한 역할은 새로운 흥미를 자극하는 것이지 아동의 흥미를 일방적으로 따르는 것이 아니다.

셋째, 흥미를 통한 학습의 동기유발은 매우 바람직할 수 있으나, 모든 교육적 상황이 항상 흥미에 준해서 일어나야 하는가는 문제의 소지가 있다. 학습에 있어서는 아동의 흥미뿐만 아니라 아동의 노력이 요구될 수 있으며 아동의 행동형성에 있어서는 전통적 권위나 외부적 자극이 더 효과적일 수도 있기 때문이다.

이와 관련하여 Getzels(1969)는 '선호'와 '흥미'의 개념 비교를 통하여 아동의 학습활동을 '흥미' 중심으로 유도할 것을 강조하고 있다. 즉 '선호'는 어떤 다른 대상에 반하여 한 대상을 받아들이려는 성향으로서 아동이 적극적으로 학습활동 및 학습 대상을 찾아 나서게까지는 못하지만 '흥미'는 아동이 보다 적극적으로 학습활동 및 대상들을 찾아 나서게 하는 성질이 있다. 따라서 학교활동 및 학습내용에 대해 교사가 만약 아동의 '선호'를 '흥미'로 오해하여 '흥미'가 아닌 '선호'에 초점을 두고 교수 접근을 한다면 아동들은 자신이 진심으로 꼭 하고 싶은 특별한 경험을 선택할 능력을 상실하게 될 수도 있다. Dewey(1956) 역시 아동의 흥미를 존중한다는 것은 단순히 '재미'를 의미하지 않는다고 본다. Dewey에 있어서 아동의 학습동기는 그들이 일상적인 생활 속에서 겪게 되는 문제 사태에서 나타난다. 이때 아동은 이 사태를 하나의 문제로 인식하고 이를 해결하고자 하는 의욕을 갖게 되며, 이러한 문제를 해결하려는 욕구가 흥미를 유발시키게 된다. 따라서 흥미는 외재적 목적을 가진 필요(need)와는 다르며, 그 자체의 내재적 가치를 가지는 개념이다.

초등교육과정의 맥락에서는 아동에게 흥미 있는 것이 이익이 되는 것이라고 전제할 수 있기 때문에, 가치 내재적 흥미를 고려하여야 한다. 이러한 관점에서 수요자중심 사회에서 수요자의 선호도에 부응하는 것들과 상대적으로 비교해 볼 때 교육은 그리 호감이 가는 것이 아닐 수도 있다(Dearden, 1983).

2) 경험

아동은 학교생활뿐만 아니라 일상적 삶을 통하여 많은 경험을 한다. 그러나

Dewey의 경우 단순한 모든 활동을 교육적 경험으로 보지 않는다. 교육적 경험은 아동의 미래 성장을 더디게 하는 것보다는 오히려 증진하고 보다 풍부한 후속의 경험들을 이끌어 낼 수 있는 그러한 경험이다(Dewey, 1938). 또한 교육적 경험은 활동이 계속적으로 행위결과로서 관련되거나 경험으로서의 변화가 내적 변화로 반영되어야 한다(Dewey, 1958). 즉 경험은 이전에 겪었던 경험을 토대로 앞으로 다가오는 경험으로부터 질적으로 변화시키는 연속성(continuity)과 객관적 외적 조건과 주관적 자아가 함께 작용하여 내적 상황의 변화로 내면화되는 상호작용(interaction)의 성격을 갖는다. 따라서 경험은 능동적으로 개인에게 유의미해야 하며 실제(reality)를 기저로 하는 초등교육과정은 아동의 경험으로 심리화될 필요가 있다(Dewey, 1971).

아동중심교육에 있어서 경험을 중심으로 교육이 이루어져야 한다는 관점은 아동이 갖고 있는 개개인의 독특한 경험을 토대로 맞춤식 교육이 이루어져야 함을 의미한다. 또한 아동들에게 교육적으로 의미가 있다는 가치적 전제하에 교육적 경험을 제공하는 기성(旣成)의 교육이 이루어져야 함을 의미한다. 아동의 경험을 중심으로 교육이 출발한다는 점은 기성의 교육적 경험을 아동 개개인에 맞게 재구성하여 제공함을 의미하며 미리 마련된 교육적 경험을 아동 개개인에 맞는 맞춤식으로 재구성하여 제공함으로써 교수-학습의 효과를 높일 수 있고, 또한 교육적 가치를 유지할 수 있다는 것이다.

따라서 경험을 통한 아동중심교육이 아동에게 교육적 경험을 제공한다는 의미라면, 아동은 교육받기 전보다 가치 있는 교육적 경험을 해야 한다. 즉, 교육에 의해 선행하는 경험과 후행하는 경험 간의 질적인 변화과정을 통한 경험을 가져야 한다. 결국 아동에게 맞춤식의 아동중심교육을 제공하기 위해서는 각 아동에게 맞는 경험이 계속적으로 재구성될 필요가 있다.

또한 아동중심교육에 있어서 논의의 초점이 되는 것은 어떤 기준에 의하여 경험을 선정하고 제공할 것인가이다. 아동에게 교육적으로 의미가 있는 경험을 선정하거나 제공하는 판단 기준에는 내재적 기준과 외재적 기준이 있다. Dewey(1958)는 그러한 판단 기준을 생활 장면의 사태 속에서 찾고 있는데, 아동 삶의 변화는 학교에서 제공되는 경험의 질적 변화를 의미한다. 왜냐하면 경험은 아동의 삶의 사태를 반영하기 때문이다.

결국 초등교육에서의 다양한 경험은 경험과정이나 그 결과로서 개인에게 일어나는 것이며(Otto, Floyd & Rouse, 1969), 이러한 경험을 통하여 아동은 자기 삶의 의미를 찾아갈 수 있다. 또한 아동은 사회의 축소판인 학교교육의 많은 경험을 통하여 전인적 특성을 획득하게 된다. 물론 초등교육과정에 있어서 기존의 전통이나 교과가 갖는 학문적 가치를 간과할 수 없다. 왜냐하면 교과는 반드시 누구에게 가르쳐져야 하고, 또한 누구를 가르칠 때에는 반드시 뭔가를 가르쳐야 하기 때문이다. 그러므로 교과중심과 경험중심의 접근은 상호 의존적이어야 한다(Hamm, 1991).

3) 필요

인간의 가장 기본적인 욕구는 생존을 위한 필요이며 다른 필요를 만족시키는 수단으로서의 학습도 하나의 필요이다. 즉 교육은 인간의 필요이며, 다른 사람에게 영향을 주며 일생에 걸쳐 이루어지는 것으로 포기할 수 없고 강요되지도 않는다(Thomas, 1991). 따라서 초등교육은 그들 삶에 있어 절대적인 필수 요건 즉, 삶의 필연성으로서의 교육인 것이다. 이러한 관점에서 필요는 초등교육과정에 있어서 보다 심도 있게 논의될 필요가 있다. 왜냐하면 사회와 개인은 모두 교육에 대한 필요성을 가지며, 교육의 임무 중 하나는 양자의 필요성을 적절히 조화시키는 것이기 때문이다(Schofield, 1972).

필요에는 인간의 생명과 직결된 필수불가결한 요구사항(공기, 음식 등)이 있고 인간의 생명과 직결되지 않는 부차적 요구사항이 있는데, 아동중심교육의 관점에서는 필요(needs)와 바람(wants)을 구분할 필요가 있다. Dearden(1968)은 '아동의 필요'에서 출발한 교육이 과연 동기(흥미 유발) 문제를 해결할 수 있을 것이냐 하는 문제를 통하여, 필요로 하는 것(need)과 원하는 것(want)이 같은가 하는 문제는 논의 대상이 된다고 한다. 즉, 'x는 y를 요구(need)한다'는 판단이 곧 'x는 y를 원한다(want)'를 의미하지는 않는다.

이러한 점에서 Dearden(1968)은 교육에 있어서 '필요'의 논의는 가치중립적이지 않으며, 가치 판단 기준과 함께 논의하는 것이 적절하다고 전제하고, 명확한 경험적 진술의 성격을 이해하는 것이 중요하다고 한다. 따라서 초등교육과정에 있어서 필요의 문제는 반드시 선택의 문제를 요하게 되며, 특히 필요는 충족되어야 할 규준이나 기준이 전제되기 때문에 필요에 대한 진술은 곧 충족되어야 할 규준에 대한 진술이기도 하다(Hamm, 1991). 왜냐하면 아동에게 어떤 것이 필요하다는 것은 어떤 것이 충족되어야 하는 규준이나 기준이 있다는 것을 의미하기 때문이다.

그러나 필요는 단순히 가치 전제적인 것만은 아니며, 필요로 하는 그 어떤 것이 있다는 사실적 문제를 동시에 의미하고 있다. 예를 들어 아동에게 어떤 것이 필요하다는 가치 판단의 문제는 동시에 그 아동에게 있어서 어떤 것은 이미 결핍되어 있다는 사실을 전제하기 때문이다. 따라서 필요는 가치 전제적 진술과 사실적 진술이 동시에 내재되어 있는 단어이다.

아동의 능력과 적성은 초등교육이 그 역할을 다해야 할 어떤 필요성을 만들어 낸다. 왜냐하면 아동 개개인은 서로 다른 능력과 적성을 가지고 있기 때문에 그들은 나름대로 다른 필요성을 갖는다. 이러한 상이한 필요성을 발견하고 그에 따라 교육을 하는 것이 바로 '아동중심교육'인 것이다. 물론 개별 아동의 필요성에 따라 모든 아동에게 맞는 특별한 초등교육과정이 마련되어야 한다는 의미는 아니다.

초등교육에 있어서 아동중심의 의미는 개별 아동에 대한 심리학적 지식과 교육과정에 대한 지식을 통합하여 아동이 초등교육과정으로부터 독특한 경험을 받게 한다는 것이다. 결국 초등교육에 있어서 '필요'는 모든 아동에게 아동 자신의 고유한 필요성을 갖는 교육을 제공하는 의미를 내포한다.

마. 통합교육과정으로서의 성격

'통합'이라는 용어는 초등학교 교육과정의 조직이나 이행과 관련해서 가장 자주 사용되고 있다. '통합'이라는 개념은 진보주의 교육운동이 활발하게 전개되던 1920년대 이후 많은 학자에 의해 다양한 개념과 접근 방법이 제시되었으며, 단어가 쓰이는 맥락에 따라 그 의미는 다르다.

일반적으로 통합은 어떤 목적을 성취함에 있어서 모든 부분을 상호 도움이 되는 방식으로 하나의 전체로서의 통일을 이루게 하는 것을 의미한다. 통합교육과정은 교과 영역에 구애됨이 없이 이들을 횡단하여 일정한 기준에 따라 학습내용 및 경험을 선정, 조직하는 교육과정으로 정의된다(서울대학교 교육연구소, 2011). 따라서 통합교육과정은 교육과정 구성에 있어서 교육내용의 선정과 조직을 전통적으로 각 학문 또는 지식의 체계에 따라 분화된 분과 교과를 중심으로 하던 것에서 탈피하여, 교과 간의 경계를 고려하지 않고 각 교과의 지식을 학생의 흥미중심, 문제중심, 특정 제재 등을 중심으로 필요에 따라 재구성하는 것이다(곽병선, 1981). 그러나 교육과정통합(curriculum integration)은 통합교육과정(integrated curriculum)과 구분되는 개념으로 전자는 분리 독립되어 있는 교육과정의 요소들을 주제나 기준에 따라 관련짓고 통합함으로써 하나의 의미 있는 체계로 조직화하는 과정이며, 후자는 그러한 시도와 노력으로 결과로서 과정보다는 산출물의 성격을 띤다(이영덕, 1983).

한편 김재복(1995)은 학교교육의 근간이 되는 교육과정을 학교의 지도하에 학생이 가지는 경험의 총체로 보는 경험중심 교육과정을 중심으로, 통합교육과정을 학생들이 학교의 지도하에 시간적으로, 공간적으로 그리고 내용 영역에 있어서 각각 다른 학습 경험들이 상호 관련되고 의미 있게 모아져서 전체로서의 학습이 이루어지며 나아가서 인간의 성향 변화를 가치롭게 이루는 과정이라고 정의하고 있다. 결국 통합교육과정은 학자들의 관점에 따라 다소 차이는 있지만 전통적인 교과의 구분을 탈피하고 학생의 경험을 중심으로 통합의 관점에서 재구성된 교육과정이라 할 수 있다.

이와 같이 교육과정을 통합하는 과정에서 전통적으로 각 학문 또는 지식의 체계에 따라 학습 경험을 선정하고 조직하던 분화된 교과중심에서 벗어나 보다 폭넓게 각 교과의 지식이나 경험을 통합하여 재구성한 다양한 초등학교에서의 통합 교과(integrated subject)들이 나오게 된다. 따라서 초등학교에서의 통합교육과정은 아동의 실세계로부터의 경험과 교육내용의 통합을 통하여 아동들에게 분절된 지식과 경험을 제시하기보다는 전체적으로 '통합된' 지식과 경험을 '통합적'으로 제공하는 교육과정이라 할 수 있다.

통합교육과정으로서의 초등교육과정은 아동을 보는 관점과 교육을 하는 관점이 통합된 관점에서 출발하는 것으로, 이는 아동 삶의 과정에서 만나는 경험들을 전체로서 자아 속에 넣음으로써 통합적 성장을 통한 전인교육을 추구하는 것이다. 따라서 통합교육과정에서 통합되는 것은 아동 측면이지 교과나 교육과정이 아니다. 이와 관련하여 Hopkins(1937)는 통합이란 지속적이고도 상호작용적인 조정의 과정인 일종의 지적 행동으로 인간이 자신을 둘러싸고 있는 여러 가지 환경 및 상황과의 상호작용을 통해서 점차 지적으로 성장해 갈 수 있으며, 그러한 상호작용은 결국 개인 내부에서의 통합성 및 환경과의 통합성으로 귀결된다고 한다. 특히 Hopkins(1941)는 초등교육과정을 통해 제공되는 내용 영역은 아동들의 다양한 활동을 특징으로 생활의 과정(process)을 통한 경험이 선정·조직되어야 하고, 그 경험은 계속해서 새로운 욕구와 탐구할 흥미를 이끌어내야 하며 통합적인 개념을 기초로 아동 발달을 위한 목적으로 교과 영역을 통합해야 한다고 강조하고 있다(Otto, Floyd & Rouse, 1969).

Pring(1978) 역시 통합이란 말은 부분들의 전체성(unity)을 의미하지만, 어떤 특정한 대상이나 부분들의 총합이 통합된 전체를 만드는 것이 아니며, 통합을 이룸으로써 부분들은 전체에 속하는 새로운 특성을 얻게 된다고 하였다. 따라서 아동이 자신의 경험과 통찰을 그들의 의미구조에 통합시킴으로써 지속적인 상호작용의 과정과 반성적 활동을 통하여 자기 자신과 주변 환경에 대해 반응하면서 의미를 구성해 가는 것이 곧 통합교육과정의 핵심이라 할 수 있다(Beane, 1993).

이러한 점에서 통합교육과정으로서의 초등교육과정은 단순히 통합된 교과 지식을 전달하는 것이 아니며, 초등학교 교사가 교육을 보는 출발점은 가르칠 교과 지식이 아니라 통합된 생명체로서의 아동이 우선되어야 한다는 의미이다. 따라서 초등학교 교육은 하나의 교과 체제 안에서 함께 다룰 수 있는 교육활동으로 재구성되거나 여러 교과를 통합적으로 연계해서 교육과정이 재구성될 필요가 있다. 즉 초등학교에서 가르치는 각 교과는 독립적으로 교육의 목적 달성에 기여하는 것이 아니라 하나의 전체 교육과정 속에서 유기적으로 그 역할을 해야 하며, 여러 교과를 통합함으로써 아동들에게 새로운 경험을 제공해야 한다. 따라서 초등교육과정은 각 교과를 개별적으로 인식하는 것이 아니라 하나의 전체 교과군으로 인식하고 아동을 가르친다는 점에서 통합적이어야 한다.

4. 초등학교 교육과정의 실제

가. 국가 수준 교육과정

국가 수준 교육과정은 초·중등교육법 제23조제2항, 제48조 및 국가교육위원회법 부칙 제4조에 의거하여 교육부 장관에 의해 고시된다. 이 교육과정은 초·중등학교의 교육목적을 달성하기 위해 초·중등학교에서 운영하여야 할 학교 교육과정의 공통적이고 일반적인 기준을 국가 수준에서 제시하고 있다. 학교는 교육부에서 고시한 초·중등학교 교육과정 총론과 각 교과 교육과정의 내용에 근거하여 교육과정을 편성, 운영한다.

2022 개정 초·중등학교 교육과정 총론은 크게 교육과정 구성의 방향(교육과정 구성의 중점, 추구하는 인간상과 핵심역량, 학교급별 교육 목표), 학교 교육과정 설계와 운영(설계

의 원칙, 교수·학습, 평가, 모든 학생을 위한 교육기회의 제공), 학교급별 교육과정 편성·운영의 기준, 학교 교육과정 지원(교육과정의 질 관리, 학습자 맞춤교육 강화, 학교의 교육 환경 조성)에 관한 내용으로 구성되어 있다. 다음은 2022 개정 교육과정 총론 중 초등학교 교육과정 편성·운영 기준 내용의 일부이다.

III. 학교급별 교육과정 편성·운영의 기준

2. 초등학교

가. 편제와 시간 배당 기준

1) 편제

가) 초등학교 교육과정은 교과(군)과 창의적 체험활동으로 편성한다.

나) 교과(군)는 국어, 사회/도덕, 수학, 과학/실과, 체육, 예술(음악/미술), 영어로 한다. 다만, 1, 2학년의 교과는 국어, 수학, 바른 생활, 슬기로운 생활, 즐거운 생활로 한다.

다) 창의적 체험활동은 자율·자치 활동, 동아리 활동, 진로 활동으로 한다.

2) 시간 배당 기준

구분		1~2학년	3~4학년	5~6학년
교과(군)	국어		408	408
	사회/도덕	국어 482	272	272
	수학	수학 256	272	272
	과학/실과	바른 생활 144	204	340
	체육	슬기로운 생활 224	204	204
	예술(음악/미술)	즐거운 생활 400	272	272
	영어		136	204
	소계	1,506	1,768	1,972
창의적 체험활동		238	204	204
학년군별 총 수업 시간 수		1,744	1,972	2,176

나. 교육과정 편성·운영 기준

1) 학교는 학년(군)별 교과(군)와 창의적 체험활동의 수업 시수를 학년별, 학기별로 자율적으로 편성할 수 있다.

2) 학교는 모든 학생의 학습 기회를 보장할 수 있도록 학교 교육과정을 편성·운영한다.

3) 학교는 3~6학년별로 지역과 연계하거나 다양하고 특색 있는 교육과정 운영을 위해 학교자율시간을 편성·운영한다.

4) 학교는 입학 초기 및 상급 학교(학년)으로 진학하기 전 학기의 일부 시간을 활용하여 학교급 간 연계 및 진로 교육을 강화하는 진로연계교육을 편성·운영한다.

5) 학교는 학생의 발달 특성을 고려하여 학교 교육과정을 편성·운영한다.

2022 개정 각 교과 교육과정에는 교과의 성격 및 목표, 교과의 내용 체계(영역, 핵심 아이디어, 내용 요소) 및 성취기준(성취기준 해설, 성취기준 적용 시 고려 사항), 교수-학습(교수-학습의 방향, 교수-학습 방법) 및 평가(평가의 방향, 평가 방법)에 관한 내용이 수록되어 있다. 표 4-2 는 2022 개정 수학과 교육과정 내용 체계 중 초등학교 '수와 연산' 영역의 핵심 아이디어 및 내용 요소 일부이다.

표 4-2 2022 개정 초등학교 수학과 교육과정 내용 체계 중 '수와 연산' 영역 내용의 일부

핵심 아이디어	• 사물의 양은 자연수, 분수, 소수 등으로 표현되며, 수는 자연수에서 정수, 유리수, 실수로 확장된다. • 사칙계산은 자연수에 대해 정의되며 정수, 유리수, 실수의 사칙계산으로 확장되고 이때 연산의 성질이 일관되게 성립한다. • 수와 사칙계산은 수학 학습의 기본이 되며, 실생활 문제를 포함한 다양한 문제를 해결하는 데 유용하게 활용된다.		
구분 / 범주	내용 요소		
	1~2학년	3~4학년	5~6학년
지식·이해	• 네 자리 이하의 수 • 두 자리 수 범위의 덧셈과 뺄셈 • 한 자리 수의 곱셈	• 다섯 자리 이상의 수 • 분수 • 소수 • 세 자리 수의 덧셈과 뺄셈 • 자연수의 곱셈과 나눗셈 • 분모가 같은 분수의 덧셈과 뺄셈 • 소수의 덧셈과 뺄셈	• 약수와 배수 • 수의 범위와 올림, 버림, 반올림 • 자연수의 혼합계산 • 분모가 다른 분수의 덧셈과 뺄셈 • 분수의 곱셈과 나눗셈 • 소수의 곱셈과 나눗셈

과정·기능	• 자연수, 분수, 소수 등 수 관련 개념과 원리를 탐구하기 • 수를 세고 읽고 쓰기 • 자연수, 분수, 소수의 크기를 비교하고 그 방법을 설명하기 • 사칙계산의 의미와 계산 원리를 탐구하고 계산하기 • 수 감각과 연산 감각 기르기 • 연산 사이의 관계, 분수와 소수의 관계를 탐구하기 • 수의 범위와 올림, 버림, 반올림한 어림값을 실생활과 연결하기 • 자연수, 분수, 소수, 사칙계산을 실생활 및 타 교과와 연결하여 문제해결하기
가치·태도	• 자연수, 분수, 소수의 필요성 인식 • 사칙계산, 어림의 유용성 인식 • 분수 표현의 편리함 인식 • 수와 연산 관련 문제해결에서 비판적으로 사고하는 태도

나. 시·도 교육 초등학교 교육과정 편성·운영에 관한 지침

국가 수준 교육과정을 바탕으로 교육감에 의해 작성되는 시·도 교육청의 교육과정 편성·운영지침은 각 지역의 특징을 반영하여 만들어져 장학자료로 활용되며 각 학교에 책자로 배부된다. 학교에서는 시·도 단위, 시·군·구 단위 교육과정 편성·운영지침을 바탕으로 학교 교육과정 목표나 역점사업을 설정할 수 있다. 예컨대 서울특별시 초등학교 교육과정 편성·운영 지침의 경우, 교육과정 편성·운영 지침의 기저, 교육과정 편제 및 시간 배당 기준, 학교 교육과정 편성·운영, 학교 교육과정 편성·운영의 기타 사항, 학교 교육과정의 평가와 지원, 교과와 창의적 체험활동이라는 6개의 장으로 구성되어 있다. '서울특별시 초등학교 교육과정 편성·운영 지침의 기저' 중 서울특별시 초등학교 교육의 중점에 관한 내용의 일부를 살펴보면 다음과 같다.

서울특별시 초등학교 교육의 중점

서울특별시 초등학교 교육의 중점은 국가 수준 교육과정의 초등학교 교육목표와 서울교육 방향을 바탕으로 학생들의 핵심역량을 기르는 것에 중점을 두고 다음과 같이 설정한다.

가. 일상생활에서 고운 말을 사용하고 바른 행동을 실천하며 안전한 생활 습관을 기르고, 바른 인성과 건전한 가치관을 함양한다.

나. 자신의 소중함을 알고 건강한 생활 습관을 기르며, 풍부한 학습 경험을 통해 자신의 흥미와 적성에 맞는 꿈을 키운다.

다. 독서, 토의·토론, 탐구, 실험·실습, 체험·놀이 등 다양한 학습 활동을 통하여 지성, 감성·건강, 인성·시민성을 균형 있게 발달시킨다.

라. 질문하고 탐구하는 수업을 통해 배움의 즐거움을 경험하고, 새롭게 생각하는 창의력과 상상력을 키운다.

마. 학습과 생활에서 문제를 발견하고 해결하는 기초 능력의 바탕 위에 학생 스스로 계획·탐구·성찰하는 활동을 통하여 자기관리 역량을 기른다.

바. 새로운 지식을 찾아내고, 여러 가지 지식을 융합하여 새로운 가치를 만들어내는 활동을 통하여 창의융합 사고 역량과 지식정보처리 역량을 기른다.

사. 즐기고 나누고 표현하는 체험 중심의 문화·예술 활동을 통하여 다른 사람에 대한 공감적 이해와 문화적 감수성을 바탕으로 심미적 감성 역량을 기른다.

아. 학생 스스로 규칙을 정하고 실천하는 참여·자치 역량과 다른 사람과의 소통·협력을 통하여 의사소통 역량을 기른다.

자. 우리나라 역사에 대한 올바른 이해를 바탕으로 건전한 국가관을 갖고 통일 의지를 함양하여 국가 발전에 참여하는 공동체 역량을 기른다.

차. 인권을 존중하며 다문화, 탈북 및 특수교육 대상 학생을 존중하고 배려하며 서로 다름을 이해하고 조화롭게 어울려 살아가는 태도를 기른다.

다. 학교교육과정

교육과정 체제는 국가 수준, 지역 수준, 학교 수준, 학급 수준으로 구분되고 각 수준에 따라 교육과정 체제의 권한과 책임, 구조와 과정, 기능과 역할이 다르다(이상주, 1974). 국가 수준 교육과정은 아동과 가장 먼 체제로 전체 사회의 요구와 이념에 따라 교육정책이나 목적을 설정하나, 학교 수준 교육과정은 지역의 특수성과

학교의 실정을 고려하여 학교별로 마련하는 의도적인 교육실천 계획이다. 학교 수준 교육과정의 필요성은 교육의 효율성, 교육의 적합성, 교원의 자율성과 전문성, 교육의 다양성, 학습자중심 교육의 실현에 있다(교육과학기술부, 2008).

학교교육과정은 교육과정 운영의 자율성과 책무성이 학교 현장에 부여됨에 따라 그 중요성이 커졌으며 학교장의 교육철학과 교육목표, 당해 연도의 노력 중점이 뚜렷이 부각되도록 작성되어야 한다. 또한 아동들의 능력과 욕구, 지역의 특성을 잘 알고 있는 해당 학교 교사들이 전문성을 발휘하고 신장시킬 수 있는 기회로 학교교육과정 편성·운영에 적극 참여해야 한다. 마지막으로 지역 및 학교 실정과 학교장의 교육적 판단에 따라 창의성을 발휘하여 특색 있게 구성되어야 하며 주로 교육과정 편제, 시간배당, 교과, 창의적 체험활동의 학년·교과·영역별 중점과 연간 지도 계획, 평가 계획 등이 포함된다. 즉 학교교육과정은 학교 구성원들의 의견, 지역의 실정과 아동의 필요를 반영한 실천을 목적으로 한 의도적인 계획이다.

구체적으로 학교교육과정은 준비, 편성, 운영, 평가의 4단계로 편성·운영된다(교육과학기술부, 2010).

첫째, 준비 단계에서는 교육과정 관련 규정 검토, 역할의 구체화를 통해 학교 교육과정 위원회를 조직·운영하고, 기초 조사를 위해 교육과정 관련 규정의 검토 분석, 계획 수립, 조사 실시, 결과 분석을 실시한 후 시사점을 반영한다.

둘째, 편성 단계에서는 학교 교육과정의 편성·운영 방향과 교과, 창의적 체험활동의 지도, 학교 교육과정의 평가에 대한 구성 체제를 결정하고 학교 교육목표, 교육중점 과제 등의 기본 방향을 설정한다. 또한 학교 교육과정의 편제와 시간 배당 및 교육과정 편성 계획을 수립하는 등 학교 교육과정의 시안을 작성하며, 수립된 시안에 대한 검토를 거쳐 학교 교육과정을 심의·확정하게 된다.

셋째, 운영 단계에서는 교과, 창의적 체험활동, 범교과 학습 그리고 운영 관련 기타 사항 등을 실제 운영하고, 운영과정 중 생기는 문제점들에 탄력적으로 대처한다.

넷째, 평가 단계에서는 학교 교육과정의 전반적 사항에 대해 평가하고 개선점을 추출하여 다음 학년도 편성·운영에 이를 반영한다.

학교교육과정의 구성체제는 정해진 틀은 없지만 해당 지역 및 학교의 특색에 맞게 구성하면 된다.

표 4-3 학교교육과정 구성체제의 예

학교 교육과정	구성체제
Ⅰ. ○○교육의 기저	1. 학교 교육과정의 법적 근거 2. 국가 교육과정의 기본 방향 3. ○○도 교육 기본 방향 4. ○○시(군) 교육 기본 방향 5. 교육과정 수립을 위한 실태 분석
Ⅱ. ○○교육의 기본 방향	1. ○○교육의 기본 방향 2. 교육목표 및 구현 중점 3. 교육목표 구현 계획 4. 주요 실천 과제 5. 교육과정 영역별 추진과제
Ⅲ. ○○교육과정 편성·운영	1. 교육과정 편성·운영 방향 2. 교육과정 편성·운영 방법 3. 교육과정 편성·운영 내용
Ⅳ. 교육과정 지원활동	1. 학력지도 계획 2. 생활지도 계획 3. 학교 경영조직 4. 위원회·협의회 조직 운영 5. 교육 중장기 발전 계획
Ⅴ. 교육과정 평가	1. 학생평가 2. 학교 교육과정 운영 평가 3. 학교경영 평가
Ⅵ. 부록	1. 학교 현황 카드 2. 교육활동 누가 기록부 3. 자율장학 운영 계획 4. 학교운영위원회 규정 5. ○○ 학교생활 인권규정

라. 학년 교육과정

학년 교육과정은 학교 교육과정을 토대로 해당 학년만의 교육목표와 노력중점, 특색사업을 계획하여 작성한다. 국가 수준에서 제시한 교육과정 운영시수에 준하여 학년별로 각 교과와 창의적 체험활동에 대한 시수, 활동내용, 운영 계획 등을 구체적으로 작성하여 수록한다. 학년 교육과정에는 교과별 시수와 활동내용 이외에도 학년 실태, 학년 노력 중점, 학년별 교육과정 시간 운영, 학년별 현장학습 계획, 수행평가 계획 등이 반영되어 있다.

표 4-4 학년 교육과정 구성체제의 예

학년 교육과정	구성체제
Ⅰ. 학년 교육과정 수립의 기저	1. ○○교육의 방향 2. 교육과정 운영 체계표 3. 역점사업 및 특색사업
Ⅱ. 학년 교육과정의 편성·운영	1. 학년 목표 및 노력 중점, 특색사업 가. 학년 실태 분석 나. 학년 교육목표 다. 학년 노력중점 라. 학년 특색사업 2. 학년 교육과정의 편성·운영의 방향 가. 교육과정의 성격 나. 교육과정 편성·운영의 방향 다. 교육과정 편성 및 운영 방침 라. 교육과정 자율화 적용 내용 마. 학년 교육과정 편성·운영위원회 조직 3. 교육과정 편제 및 시간 운영 가. 편제 나. 편성의 기본 원칙 다. 연간 교육과정 시간 배정 기준 라. 주 5일제 운영 계획 마. 교육과정 연간 운영 계획

학년 교육과정	구성체제
Ⅲ. 학년 교육과정 운영의 실제	1. 교과별 2. 창의적 체험활동 3. 교과별 블록타임 운영 계획 4. 수준별 수업 운영 계획 5. 주변 환경 활용을 통한 창의·지성활동 계획 6. 생활지도 계획
Ⅳ. 학년 교육과정 평가	1. 교육과정 운영 평가 계획 2. 학년경영 자율 평가

마. 교사 수준 교육과정

교사 수준 교육과정은 아동들에게 가장 가까운 수준의 교육과정으로 학급담임교사가 아동들의 실태와 요구를 파악하여 교육과정에 반영할 수 있는 교육과정이다. 또한 국가 수준에서 고시한 교육과정이 단위 학교의 학급담임교사를 통해 최종적으로 실현되는 구체적인 실천 계획이다.

이러한 교사 수준 교육과정의 구성체제는 담임교사에게 자율·재량권이 부여되어 있기에 학급담임교사가 직접 작성·운영한 후 평가하는 일련의 활동을 통해 교사로서의 전문성을 발휘할 수 있다. 교사 수준 교육과정은 그 속에 학급담임교사의 교직관, 아동에 대한 열정 등이 고스란히 담길 수 있는, 학급 운영의 핵심이자 근본이 되는 계획서라고 볼 수 있다. 교사 수준 교육과정은 학급담임교사에게 주어진 자율·재량권을 최대한 발휘하여 아동과의 상호작용을 통해 실현되는 '실천적 교육활동 프로그램'으로서 교사는 학급 실태, 학급 교육목표, 학급 특색활동을 반영하여 교육과정을 편성한다.

표 4-5 교사 수준 교육과정 구성체제의 예

교육과정	구성체제
Ⅰ. 학교 및 학년 교육목표	1. 학교교육의 기본상 2. 학교 교육목표 3. 학년 교육목표
Ⅱ. 학급 실태 및 목표	1. 학급 실태 가. 학생 실태 나. 학부모 실태 다. 지도 대책 2. 학급 교육목표 가. 기르고 싶은 아동상 나. 학급 교육목표 다. 노력중점
Ⅲ. 학급 교육과정 편성	1. 학급 교육과정 편성 방향 2. 편성 계획 가. 교과 나. 창의적 체험활동
Ⅳ. 학급 교육과정 운영	1. 교육과정 운영방침 2. 교육과정 운영 계획 가. 교육과정 시간 배당 기준 나. 교육과정 연간 운영 계획 다. 일과 운영 계획 라. 특별실 사용 계획 마. 교육과정 연간 진도표 바. 연간 시간표 사. 주간 학습활동 계획
Ⅴ. 학급 교육과정 평가	1. 학급경영 활동 평가 2. 교육과정 평가 가. 교과 평가 나. 창의적 체험활동 평가
Ⅵ. 부록	1. 생활지도 계획 2. 학습 부진아 지도 기록 3. 특수아 지도 기록 4. 동학년 협의, 직원회의 전달 기록

학급담임교사가 교육의 전문적인 주체가 되어 교사 수준 교육과정을 계획, 작성, 운영, 평가하는 것이 왜 중요한지에 대해 이해하기 위해서는 다음과 같은 교사 수준 교육과정의 필요성(경기도교육청, 2005)에 대한 이해가 수반되어야 한다.

첫째, 아동의 요구와 필요에 맞는 학습자중심의 교육을 구현하기 위해 필요하다.

둘째, 국가 수준에서 고시된 교육과정과 교육 현장에서 실천적으로 전개되고 있는 교육과정의 괴리를 줄이기 위해 필요하다.

셋째, 교육의 다양성, 효용성, 적합성을 높이기 위해서 필요하다.

넷째, 교사의 자율성과 전문성 확보를 위해서 필요하다.

이처럼 초등교육과정은 국가 수준의 교육과정을 바탕으로 지역과 학교, 학년의 논리적 위계에 따른 일관성과 적합성을 고려하여 궁극적으로는 교사 수준 교육과정을 통해 실현되고 구체화된다고 볼 수 있다.

CHAPTER

05

초등 교수-학습

1. 교수와 학습이론의 기초
2. 교수-학습 설계와 수업 모형
3. 초등학교 수업의 성격
4. 초등학교 수업의 실제

1. 교수와 학습이론의 기초

가. 교수와 학습의 개념

1) 교수(teaching)의 개념

흔히 학교에서 교사가 학생을 가르친다고 말할 때 단순히 수업시간에 특정 내용을 가르치는 것으로만 한정하지는 않는다. 왜냐하면 가르치는 행위는 교사의 수업활동뿐만 아니라 생활지도를 포함하는 매우 포괄적인 단어이기 때문이다. 즉 교수는 교사의 자격으로 교사가 행하는 모든 것으로 학습지도, 생활지도, 학급경영 등을 포함하는 매우 포괄적인 개념이다(Gagné, 1977).

일반적으로 가르침으로 이해되는 교수의 의미는 교육 상황이나 맥락에 따라 다를 수 있는데, 그 이유는 교수의 범위나 가르치는 내용을 어떻게 보느냐에 따라 달라지기 때문이다(Hyman, 1974). Nyberg와 Egan(1981)에 의하면 교수는 사회화보다 범위가 넓은 교육활동에 쓰이는 용어로 지식이나 신념의 전달을 의미하는 지시적이고 강의중심적인 활동인 수업과는 다르다. 따라서 교수는 수업을 포함한 생활지도·학급경영 등의 모든 것을 포함함으로써 인격적 상호작용을 전제로 하여 이루어지는 교육활동을 총칭하는 포괄적인 의미로 이해되기도 한다(이병진, 1999).

반면 교사가 학생을 가르친다는 교수활동은 거의 교육활동만큼이나 매우 넓은 의미를 갖는 단어이지만, 교사가 학생들을 가르치는 수업활동은 교사의 교수활동의 일부분으로 이해되기도 한다. 이러한 좁은 의미의 교수는 흔히 수업(instruction)이라는 용어와 혼용하곤 하지만 다음과 같은 차이가 있다.

- 교수는 학습자에게 전달하려는 내용이나 자극하려는 학습자의 특성 면에서 수업보다 포괄적인 개념이다.

- 수업은 학습의 지적·탐구적 특성을 주로 자극하는 내용을 전달하는 데 적용되는 말이지만, 교수는 학습자의 모든 능력을 자극하는 포괄적인 내용의 전달을 의미한다.
- 교수는 학습자가 보인 변화 중에서 의도적인 것과 비의도적인 것을 모두 포함한다는 점에서 수업보다 포괄적이다. 교사와 학생 간의 인격적 상호작용을 전제하고 있다는 점에서 그러한 전제를 하지 않는 수업보다 포괄적이다.
- 교수는 다른 사람과의 의사교환(대화)이 포함되어 있다. 이런 면에서 교수는 수업의 핵심적인 부분이다.

일반적으로 교수는 학습자가 특정 조건하에서 특정한 행동의 변화를 일으키도록 계획적으로 환경을 조작하는 과정(Gagné & Briggs, 1974)이고, 학습이 일어나도록 인간의 내적 과정에 맞추어 인간의 외적 상황과 조건을 설계, 개발, 관리하는 과정(Corey, 1967)으로 학습자의 내적 학습과정을 뒷받침하기 위해 마련되는 외적 환경의 처치를 말한다. 따라서 교사에게 있어서 교수활동은 학생의 학습을 안내하는 역할뿐만 아니라 자기 자신이 갖고 있는 교수의 개념으로 자신의 교육 행동을 안내하는 역할을 하기 때문에 중요하다. 그러나 일반적 의미에서 교수는 학습을 이끌어 내기 위한 의도되고, 계획된 행위체제이며 의도적인 성격으로 볼 때 교수는 학급경영과 관련된 활동보다는 학습이라는 목표에 초점을 두게 된다(Hyman, 1974). 따라서 가르침이라는 교수의 의미는 가르치고자 하는 그 무엇과 그 가르침을 받는 대상이 전제되어야 한다는 점에서 교사와 아동 간의 상호작용을 통해 학습자의 학습목표 달성에 영향을 주려는 교사의 교수활동은 교육의 핵심활동인 것이다.

이러한 교사의 교수활동은 학교에서의 다양한 상황과 가르치고자 하는 내용의 성격 그리고 학습자 측면의 특성에 많은 영향을 받기 때문에 교사의 성공적인 교수활동 시 고려해야 하는 하위 변수들은 다음과 같이 다양하다.

① **학습과제 변수**

- 행동: 인지적, 정의적, 운동적 등
- 내용: 용어, 사실, 절차, 법칙, 이론 등

② **학습자 변수**

- 내적 투입행동: 학습적성, 일반지능, 선수학습 정도, 학습양식 등
- 정의적 투입행동: 학습동기, 학습흥미, 학업자아개념 등

③ **수업 변수**

- 수업활동 변수: 교사주도, 학생주도 등
- 수업매체 변수: 교과서, 컴퓨터, 프로젝터 등
- 수업조직 변수: 대집단, 중집단, 소집단, 능력별 집단
- 교사조직 변수: 학급담임, 교과담임, 팀티칭

2) 학습(learning)의 개념

가르치는 행위인 교수와 대비되는 용어인 학습은 주어진 어떤 사태에 대한 개체의 행동이 그 사태 속에서 반복되는 경험으로 인해 변화되는 것을 의미한다. 즉, 학습은 경험이나 연습의 결과로 발생되는 비교적 지속적인 행동 변화이다(Hilgard, 1962; Morgan et al., 1979). Gagné(1977) 역시 학습은 상당 기간 지속되는 성장과정에 그 원인을 돌릴 수 없는 인간 특성 또는 능력의 변화라고 본다. 따라서 학습은 일정한 경험과 훈련에 의해서 행동이나 일정 능력이 주어진 생활공간 내에서 변화되고 변용되어 적절하게 반응하여 보다 향상·진보된 행동을 지니면서 경험을 재구성해 가는 부단한 과정이다(이병진, 1999).

이러한 학습은 하나의 행동경향성의 비교적 영속적인 변화이고 강화를 받은 연습의 결과이며 변화, 연습, 자기조절, 지속성이라는 특징을 가지고 있다(Kimble & Garmezy, 1963). 또한 Mednick(1962)은 학습의 특징을 다음과 같이 제시하고 있다.

- 학습은 그 결과로서 행동의 변화를 일으킨다.
- 학습은 연습이나 훈련의 결과로 일어난다. 따라서 성숙을 통하여 자연적으로 일어나는 행동 변화는 제외된다.
- 환경의 영향이라도 질병이나 피로 또는 약물에 의하여 일어나는 일시적인 행동상의 변화는 학습이라고 하지 않는다.
- 학습은 직접 관찰할 수 없다. 학습은 수행(performance)과 구별된다. 학습은 수행의 배후에 있는 행동경향성의 변화이다.

따라서 학습은 인간 행동의 변화를 모두 수반하는 것은 아니며, 다음과 같이 자연적으로 변화된 행동이나 생득적 반응경향 혹은 성숙에 의한 변화를 의미하는 것이 아니다.

L (학습) = A − (B + C + D)

A : 개체에 일어나는 행동 변화
B : 생득적 반응 경향
C : 성숙에 의한 변화
D : 시간적 변화

이러한 점에서 교육은 의도적, 계획적, 가치추구의 목적성을 지닌 활동인 데 반하여 학습은 의도성과 목적성이 없이도 가능한 인간의 모든 생활 또는 행동에 적용되는 개념이다. 따라서 학교교육 맥락에서 교사의 교수활동 과정은 아동 개개인마다 다를 수 있고 교수 여건에 따라서도 학습의 정도는 차이가 날 수 있다. 결국 교사는 자신의 교수활동을 통해 학생들의 학습을 의미 있게 이끌어 내야 한다.

3) 교수와 학습의 관계

교수와 학습의 가장 이상적인 관계는 교수활동과 학습활동이 일치하는 것일 것이다. 그러나 교수−학습 관계에서 가르치는 행동과 배우는 행동의 주체가 다르다는 점에서 교수의 주체는 교사를 의미하고 학습의 주체는 학습자를 의미한다. 이는 현실적으로 학교 현장에서 일어나는 교수활동과 학습활동은 항상 일치하는 것이 아니라는 것이다. 즉 교사의 의도적이고 계획적인 교수 행위와 아동에게 일어난 학습이 많은 부분 겹치도록 하는 것이 바람직하지만 많은 변수가 존재하는 교실 상황은 그렇지 못하다. 학습의 결과는 교사의 교수활동 자체의 문제일 수도 있지만 학습자의 학습 태도 및 학습능력, 그리고 학습자의 주변 환경 등에 따라 다를 수 있다.

이러한 점에서 학습은 반드시 교사의 교수활동만으로 발생하는 것이 아니다. 따라서 교사의 교수활동은 학습의 주체인 학습자를 반드시 전제해야 하지만, 학습은 교수의 주체인 교사를 반드시 전제하는 것은 아니다. 예를 들어 교육 상황에서 흔히 학생이 혼자 학습하는 자율학습이라는 말은 있을 수 있지만, 교사 혼자서 교수활동(수업)을 할 수는 없기 때문이다. 이처럼 교사의 교수활동은 사전 계획된 목표를 달성하려는 의도적 성격이 전제되어야 한다는 점에서 학습자의 학습활동이 이루어지도록 교수활동의 계획과 교수활동의 전 과정이 중시되어야 한다. 자칫 학습자의 학습결과만을 중요시하게 되면 교사의 교수활동은 매우 협소한 활동이 될 수 있다.

교사의 교수활동에 있어서 학습자의 학습결과만큼이나 교사와 아동 간의 관계는 중요하기 때문에 단순히 학생들의 학업성취 결과가 높게 나왔다는 것만으로 교사의 교수활동이 좋다거나 바람직하다고 판단할 수 없다. 즉 높은 수준의 학업성취를 보장한다고 하더라도 교사의 교수활동 모두가 바람직한 교수활동이라고 보지 않는다. 왜냐하면 교사의 바람직하지 않은 교수활동으로도 학생들의 학업성취가 높게 나올 수도 있기 때문이다. 따라서 교사의 교수활동은 학습활동에서의 학생 존중을 전제로 교육방법이나 과정에 대한 정당성이 확보될 수 있으며, 바람직하지 않거나 비교육적인 교사 행위는 교사의 교수활동으로 간주될 수 없다.

나. 교수와 학습의 기본 원리

교수이론과 학습이론에 대해 Bruner(1966)는 교수이론은 학습이론을 교육 실제에 적용하는 데 그 의의를 두기 때문에 처방적 성격을 가지고 있으며 교수방법에 초점을 맞추고 교수자가 행하는 것에 관심을 갖지만, 학습이론은 학습의 과정에 초점을 맞추고 학습자에게 일어나는 것에 관심이 있다고 한다.

1) 교수의 기본 원리

교수의 기본 원리는 다음과 같다.

- 처방적이다.
- 규범적이다. 매우 높은 일반성을 지닌 준거를 설정하고 이에 해당하는 조건을 기술한다.
- 학습이론이나 발달이론들과 일치된 견해를 가져야 한다.
- 학습자가 갖게 될 경험과 교육과정의 내용을 성취하기 위해 필요한 경험들을 구체화할 수 있어야 한다.
- 지식의 구조화를 지향하고 학습자가 이를 쉽게 포착하도록 도와주어야 한다.
- 가장 효율적인 수업의 계열이 세분화되도록 해야 한다.
- 수업과정에서의 강화의 역할이 구체화되어야 한다.

한편 교수이론에서 사용되는 용어는 보다 세밀하고 명확해야 하며 이론이 적용되는 대상, 상황, 조건 등도 가급적 명백히 기술되어야 한다. 또한 교수이론은 관련된 경험적 증거의 효율적이고도 충분한 분석을 그 기초로 하고 있어야 하며, 지나치게 부분적이고 편협적인 것은 피해야 한다. 특히 Carroll(1963)은 교육의 과정을 구성하는 모든 요소를 포괄하는 모형을 제시하면서 수업의 질을 제고하기 위한 조건을 다음과 같이 제시하고 있다.

- 교사는 학습자들이 무엇을 학습하게 될 것인지, 또 그것을 어떻게 학습해야 하는지를 학습자들이 이해할 수 있는 말로 제시해 주어야 한다.
- 교사는 학습자가 학습해야 할 자료와 적절한 감각적 접촉을 유지할 수 있도록 해주어야 한다.
- 학습과제의 각 단계가 분명한 계열이 이루어져서 한 단계의 학습이 다음 단계 학습의 충분한 준비가 될 수 있도록 자세하게 그리고 적절한 순서로 제시해 주어야 한다.
- 수업의 전 과정이 학습자 개개인의 특수한 필요와 성격에 알맞도록 조절되어야 한다.

2) 학습의 기본 원리

- **효과의 원리** : 만족할 만한 학습효과는 적극적이고 능동적인 학습활동을 가져온다.
- **준비성의 원리** : 학습에 대한 심신의 태세가 갖추어져야 학습효과가 나타난다.
- **접근의 원리** : 선행학습과 후행학습이 시간적·공간적·표상적으로 접근 또는 유사성을 띠어야 효과적이다.
- **빈도의 원리** : 연습의 원리 또는 사용의 원리라고도 하며 학습 자료의 제시 횟수 또는 학습 행위의 수가 많아야만 학습효과가 나타난다.
- **개별성의 원리** : 학습자의 개별적인 능력이나 성향에 따라 학습효과가 상이하다는 원리로, 학습자가 지니고 있는 각자의 요구와 능력에 알맞은 학습활동의 기회를 마련해 주어야 한다.
- **자발성의 원리** : 학생이 학습활동에 높은 동기를 가지고 적극적으로 참여해야 하며 내발적인 동기유발과 학습의 지속력을 유지해야 한다.
- **직관의 원리** : 단순히 도해나 교구 등에 의한 직관뿐만 아니라 실제의 경험을 강조하는 직접 경험의 원리로도 확대될 수 있으며, 구체적인 사물을 직접 제시하거나 경험함으로써 큰 효과를 볼 수 있다.

- **사회화의 원리** : 학교와 학교 밖에서의 협동적 경험이 중시되어야 한다는 원리로서 학교를 사회의 축소판으로 보고 교육의 사회적 측면을 강조한다.
- **목적의 원리**(초점화의 원리) : 교수목표가 분명할 때 학습자의 입장에서 적극적인 학습활동이 이루어지고 교사의 입장에서는 그 목표를 달성시킬 수 있는 제반 교수활동이 이루어진다.
- **통합의 원리**(동시학습의 원리) : 교재의 통합, 교육과정의 통합, 지도방법의 통합, 지도 방향(목적)의 통합 등이 포함되며 지·덕·체와 같은 학생 행동의 전인적 발달을 도모한다.
- **발달의 원리** : 발달 단계와 학습 수준의 상관관계를 고려해서 가르쳐야 한다.

2. 교수-학습 설계와 수업 모형

가. 수업설계의 기초

1) 수업설계의 의미

수업설계란 어떤 수업목표를 학습자들에게 효율적으로 성취시키기 위하여 수행되어야 할 제반 활동과 요소를 계획하는 활동으로 교사들은 수업을 계획할 때 교육과정과 교과서를 기본으로 하여 준비하며, 아동이나 지역의 특성을 고려하여 상황에 맞게 재구성하는 것이 필요하다. 또한 수업목표를 달성하는 데 적절한 수업모형을 선정하고 그에 준하여 실제 수업의 전개 계획을 구체적으로 세우며 전반적인 수업 평가 계획도 수립해야 한다. 따라서 교사는 수업을 설계하는 과정에 최종 수업목표의 설정, 학습과제 분석, 출발점 행동의 진단, 수업전략의 결정, 수업매체의 선정, 수업설계의 평가 등 전반적인 사항을 계획해야 한다.

이병진(1999)은 수업설계의 과정을 교재를 재구성하고, 수업 모형을 선정한 후 이를 계획하고 평가하는 일련의 과정으로 제시한다.

그림 5-1 수업설계의 과정

① 교재의 재구성

교사는 교육과정에 명시된 교육목표를 확인하고 그와 관련된 교과서의 내용을 검토한 후 수업을 통해 특별히 강조하여 실천하려는 것이 무엇인지 정하게 된다. 이 단계에서 교사는 수업의 전개를 위한 자신의 역할을 분명히 정하고 수업의 대상인 아동에 대하여 명확하게 인식해야 하며, 교육과정을 재구성할 때에는 실천이 가능하고 실제적인 것인지를 고려해야 한다.

② 수업 모형의 선정

교사는 교사의 능력, 교과의 지식과 흥미, 아동의 능력에 적합한 수업 모형을 결정해야 한다. 또한 의도하고 있는 교수 형태에 맞는 것, 가르치고자 하는 지식, 기술, 가치에 적합한 것으로 수업 모형을 선정해야 한다. 시간과 장소, 교과, 아동 수를 고려해야 하며 무엇보다 그 수업 모형이 교사와 아동 간의 긴밀한 상호작용을 가능하게 하는 것이 좋다.

③ 수업의 전개 계획

교사는 수업의 전개 계획을 수립할 때 우선적으로 수업목표를 설정하고 수업활동의 기본적인 특성을 결정해야 한다. 구체적인 활동 하나하나에 관한 것이기보다는 수업의 과정에서 어떤 종류의 활동을 전개할 것인지에 관하여 활동의 준거를 밝히는 것이 중요하다. 그 다음으로 수업을 전체적으로 어떻게 조직할 것인지에 대하여 결정한다.

④ 수업의 평가 계획

수업을 평가하기 위한 계획을 수립할 때에는 크게 수업 계획 단계의 평가, 수업 계획 수정 단계의 평가, 수업 계획 실천 단계의 평가로 구분한다. 먼저 수업목표, 자료, 시간 배당 등의 계획과 수업 모형 선정의 적합성을 평가하는데, 이 단계의 평가는 같은 학년 선생님들과의 공동 작업으로 이루어지는 것이 바람직하다. 최종적 수업 평가 결과는 그 수업을 한 교사 본인에게 다른 수업을 위한 반성의 기회가 될 수 있고 다른 교사들에게는 같은 차시 내용의 수업 시 그 수업 계획의 좋은 점들을 적용할 수 있는 자료로 활용될 수 있기에 수업에 대한 평가는 중요한 과정이다.

2) 수업설계의 전제조건

- 수업설계는 개인차를 최대한 고려해야 한다.
- 수업설계는 단기적인 것과 장기적인 것을 함께 고려해야 한다.
- 수업을 설계하는 일과 수업하는 일은 밀접한 관계는 있지만 서로 분리하여 수행할 때 보다 효과적일 수 있다.
- 모든 수업설계는 항상 '인간은 어떻게 학습하게 되는가?'라는 전제하에서 이루어져야 한다.
- 수업설계를 하는 과정에서는 경제성의 원칙을 고려해야 한다.
- 현재까지 밝혀진 교육공학을 최대한 이용해야 한다.

3) 수업설계의 일반 모형

수업설계는 수업이 진행되는 과정을 하나의 전체적인 체제로 마련해야 하며 수업의 각 단계가 다음 단계의 활동을 계속적으로 고려하도록 해야 한다. 특히 수업설계에서 고려해야 할 점은 수업계열의 결정(학습 요소별 시간 계획), 수업활동의 결정, 교수–학습 조직 등이다.

Jackson(1968)은 수업 설계의 일반 모형을 수업을 통한 상호작용 단계를 중심으로 수업 사전 활동과 사후 활동으로 구분하고 교수활동을 사전 활동–상호작용–사후 활동의 3단계로 제시하고 있다.

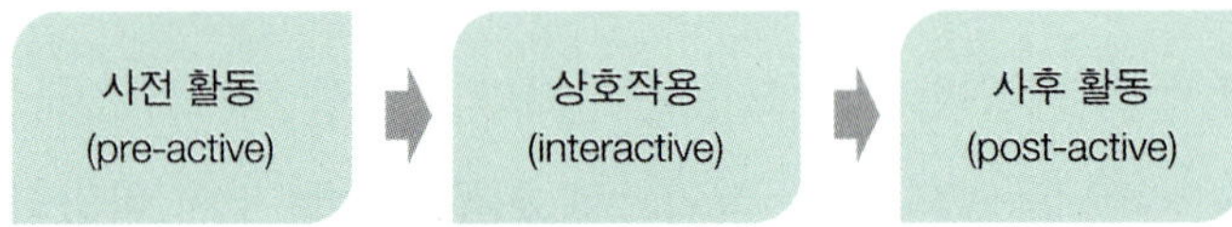

그림 5-2 **수업 설계의 일반 모형**

교수활동을 위한 사전 활동으로 교사는 교수–학습과정안을 준비하고 학습 집단에 맞게 교실 구조를 배치하며 수업에 활용할 자료를 준비한다. 이후 내용의 진술과 설명, 아동들의 대답에 반응하기와 같이 아동들이 참여하는 활동을 포함하여 교수활동을 전개한다. 마지막 사후 활동에서 교사는 아동들에게 과제를 부과하고 학습 상황을 평가하며 교수활동 중 일어난 결과들에 대해 생각해 보는 활동을 수행하게 된다.

또한 한국교육개발원에서 제시한 수업 모형은 Glaser의 4단계(수업목표 설정 – 출발점 행동 진단 – 수업절차 통제 – 학습결과 평가) 수업 모형을 기초로 하여 개발하였으며, 학년이나 교과목에 제한을 받지 않고 학습과제의 특성에 따라 적절히 활용될 수 있는 모형이다. 이 중 세 번째 '지도 단계'가 학습과제에 대한 본 수업 진행 단계에 해당한다(이병진, 1999).

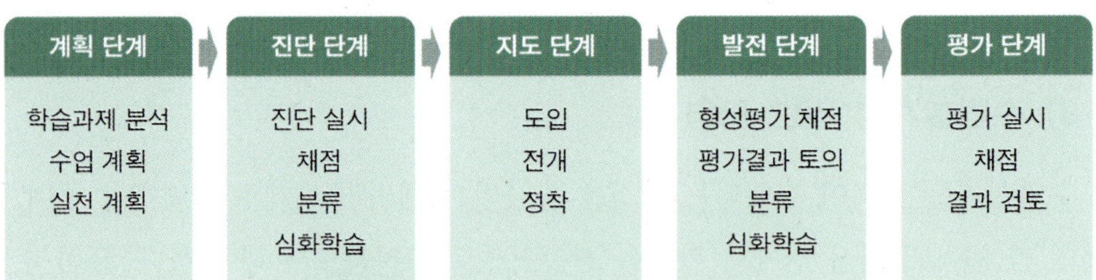

그림 5-3 **한국교육개발원의 수업 모형**

교사는 수업을 계획할 때 학습과제를 분석하고 수업을 준비하며 아동들의 선수학습 정도를 진단하여 본 차시 수업 준비에 참고한다. 지도 단계는 실제 수업의 단위시간 동안 이루어지는 활동으로 도입－전개－정착의 단계에 따라 수업을 진행한다. 발전 단계에서는 차시 수업 상황을 형성평가를 통해 점검하고 보충, 심화 지도하며 마지막으로 평가 단계를 통해 수업에 대한 결과를 검토하게 된다.

나. 다양한 수업방법

교사는 사전에 계획된 수업설계에 따라 다양한 수업방법을 결정할 수 있다. 수업방법은 수업의 목표, 내용과 평가방식에 따라 그 효과가 다를 수 있으며, 교사의 능력뿐만 아니라 학습자의 능력이나 학습 집단의 크기에 따라 다양하게 접근할 수 있다.

1) 강의법

교사가 주로 언어적 방법에 의한 설명을 통하여 학생을 이해시키는 방법으로 가장 오래된 전통적인 방법이며 현재에도 널리 활용되고 있다.

① 장점

- 다량의 지식을 체계적으로 전달할 수 있다.
- 다수의 학생을 동시에, 짧은 시간에 지도할 수 있어 경제적이다.
- 강의내용의 수준 및 분량을 적절하게 조정할 수 있다.
- 보조 자료를 적절히 활용하여 효과를 높일 수 있다.
- 전체적·종합적인 시각을 제시할 수 있다.

② 단점

- 교사가 중심이 되어 학생들은 수동적이다.
- 문제해결력, 발표력 등의 고등정신 기능을 함양하기 어렵다.
- 획일적인 학습지도로 학생의 개인차를 고려하기 어렵다.
- 교재 위주의 교육내용은 현실생활과 유리된 지식이 되기 쉽다.
- 저학년이나 지능이 낮은 아동에게는 부적당하다.

2) 문답법

질문과 응답에 의하여 학습지도를 전개하는 형태로서 교사와 학생의 상호작용에 의해 수업을 전개한다.

① 장점

- 학생이 수업에 직접 참여하게 되어 적극적인 흥미와 동기를 유발한다.
- 학생의 준비성이나 학습상의 문제점을 수시로 파악할 수 있다.
- 학습내용과 문제점을 분명하게 밝혀준다.
- 비판적 사고력과 표현력 등의 고등정신 기능을 배양할 수 있다.
- 학습내용의 정리와 정착에 효과적이다.

② 단점

- 사고의 연속성을 저해할 가능성이 있다.
- 사고의 영역이 한정되기 쉽다.
- 우수아 또는 교사 중심으로 운영되기 쉽다.
- 학습 속도가 지연된다.

3) 토의법

집단학습의 한 가지 형태로서, 학급조직을 고정시키지 않고 여러 가지 형태의 토의집단을 구성해서, 자유로운 토론에 의한 집단사고과정을 거쳐 학습하는 사회화된 학습형태이다.

① 장점

- 집단사고 즉 자유로운 토의를 통하여 서로 다른 의견을 종합하고 새로운 결론을 이끌어 낸다.
- 타인의 의견을 존중하고 결정된 의견에 따르는 민주적 태도와 가치관을 육성한다.

- 종합적 사고력 및 발표력을 배양한다.
- 동질적인 집단보다 이질적인 집단이 토의의 목표 달성에 더 효과적이다.

② 단점

- 형식적 토의에 그치기 쉽다.
- 충분한 사전 준비가 필요하다.
- 시간이 많이 들고 참가인원이 제한된다.

4) 문제해결법

실제 생활 장면에서 당면하는 여러 가지 문제를 해결해 나가는 과정에서 지식, 기능, 태도 등을 종합적으로 습득하도록 하는 학습지도의 형태이다.

① 장점

- 학습자의 자발적 학습이 이루어진다.
- 통합된 활동을 통하여 지식, 기능, 태도 등의 종합적인 학습이 이루어진다.
- 비판적 사고력, 창의력, 평가력 등의 고등정신 기능을 배양한다.
- 협동적 학습과정으로 민주적 생활태도를 배양한다.

② 단점

- 충실하게 기초학력을 기르기 어렵다.
- 교과의 계통적 학습이 불가능하다.
- 학습의 방향성을 상실하기 쉽다.
- 학습에 투입되는 노력에 대한 성취도 즉 학습효율이 낮다.
- 급속하게 발전하는 학문에 적응하기 어렵다.

5) 구안법(project method)

마음속의 구상을 구체적으로 실현하고 형상화하기 위하여 스스로 계획을 세워 수행하도록 하는 학습지도 형태로 문제의 발생에서부터 출발하나 그 문제 자체가 현실적이며 구체적인 문제여야 한다. 그 해결방법은 사고활동보다는 어떤 작업을 계획하고 수행하는 해결의 과정이 중시된다.

① 장점

- 학생의 흥미와 능력에 기초하므로 학습동기가 유발된다.
- 학습과제를 스스로 선정하여 계획하고 수행하므로 자주성과 책임감이 훈련된다.
- 창의성과 구성적 태도를 배양한다.
- 집단적 구안학습은 협동정신, 지도성 등의 사회적 태도를 함양한다.
- 실제적인 과제의 해결로 학교학습과 실생활을 연결할 수 있다.
- 자발적이고 능동적인 학습활동을 촉구할 수 있다.

② 단점

- 능력이 부족한 학생에게는 시간과 노력의 낭비에 그치기 쉽다.
- 집단적 구안학습의 경우 우수한 학생이 학습을 독점한다.
- 많은 양의 구체적인 자료가 필요하다.
- 교재의 논리적 체계가 무시되고, 학생활동의 자유에 따른 무질서가 심하다.
- 실제적·기술적 내용에 편중되기 쉽다.

6) 발견학습

교사의 지시를 최소한으로 제한하거나 또는 지시 없이 학생이 자율적으로 수업목표를 성취하도록 하는 학습지도 형태로 학습자의 자발적인 노력에 의한 지식의 재발견 과정을 통하여 학습이 이루어지도록 하는 것이다.

① 장점

- 기본 개념 및 원리를 의미 있게 이해한다.
- 탐구적 사고 및 기능을 체득할 수 있다.
- 학습내용의 전이효과와 파지력이 크다.
- 자아발견과 자아실현에 도움이 된다.
- 문제해결력의 획득이 가능하다.
- 학습동기의 형성이 용이하다.

② 단점

- 교재상의 제한점
  - 주로 수학교과와 과학교과에서 사용한다.
  - 발견해야 할 대상의 법칙성이 명확해야 한다.
  - 생활 경험과 밀접한 관련이 있어야 한다.
  - 재생적 과정을 용이하게 밟을 수 있어야 한다.
- 학습자의 제한점
  - 선행학습이나 지식이 풍부해야 한다.
  - 탄력적인 사고를 지녀야 한다.
- 교사의 권위가 인정되지 않는다.

7) 팀티칭(team teaching)

팀티칭이란 2명 이상의 교사가 동일한 집단의 학습지도 전부 또는 중요 부분을 협동적으로 계획하고 지도해 나가는 형태로, 교수 인원의 재조직을 통해서 교수의 효과를 올리려는 시도이다.

① 장점

- 우수 교사의 혜택을 많은 학생에게 제공한다.
- 우수 교사의 근무 조건을 개선한다.
- 우수 교사 각자의 독특한 능력을 인정하고 적절히 활용한다.
- 무학년제 교수 이론을 촉진한다.
- 교사는 수업에만 전념할 수 있다.
- 교사 상호 간의 협동적 학습체제를 유지하고 강화한다.
- 교사 각자의 책임의식을 고취할 수 있다.

② 단점

- 기존 학년별, 교과별 편제를 무너뜨리는 데서 오는 혼란이 있다.
- 기존 행정체제에 팀의 구성, 시설 마련, 시간표 편성 등의 새로운 기능이 부가된다.
- 융통성 있는 수업집단을 편성하는 데 어려움이 있으며 과목 수가 많을 경우 시간표 작성이 어렵다.
- 팀을 이끌 수 있는 팀 리더 및 팀 안에서 협동적으로 일할 수 있는 교직원을 구하기 어렵다.
- 개개의 교사들을 팀에 소속시킴으로써 교사 개인의 자율성이 제한된다.
- 팀에 속하지 못한 교사의 사기가 저하될 수 있다.

8) 온라인 병행학습

온라인 병행학습이란 대면과 비대면의 수업이 혼합된 교육 방식으로 온라인과 오프라인 교육의 장점을 결합하여 학습효과를 높이려는 시도이다. 대면 교육을 중심으로 비대면 교육을 통해 보완하는 형태와 대면과 비대면 수업을 돌아가면서 진행하는 형태 등이 있다.

① **장점**

- 시·공간의 제약이 적다.
- 교육과정의 유연한 운영이 가능하다.
- 다양한 형태의 교수-학습이 가능하다.
- 학습자의 수준과 관심에 맞는 맞춤형 교육이 가능하다.
- 학교 밖 자원의 활용이 비교적 용이하다.

② **단점**

- 주도적이지 못한 학습자의 경우 학습 성취가 떨어질 수 있다.
- 저학년의 경우, 비대면 수업 참여에 어려움이 있다.
- 스마트 기기 등의 교육 장비, 온라인 수업 플랫폼 및 인터넷 망 구축과 같은 온라인 수업 환경 조성에 필요한 예산과 기술이 필요하다.
- 각 수업방식에 적합한 교육 기획, 온라인 학습효과 증진을 위한 개별 학생 지도와 피드백 등 교사의 부담이 높다.

3. 초등학교 수업의 성격

가. 교실 수업 상황의 특징

교사의 수업활동은 교육적 활동 중 가장 핵심적인 활동이자, 교실에서 아동들과 철저히 의도적으로 상호작용하는 계획적이고 체계적인 활동이다. 따라서 교사의 수업은 철저한 사전 준비와 계획을 전제하며, 아동 개개인으로 하여금 명시된 성취기준을 달성하도록 아동의 환경을 의도적으로 조작하는 아동과의 상호작용 과정이다.

이러한 학교 수업에는 2가지 본질적인 요소가 내포되어 있는데, 하나는 수업을 사전에 철저히 준비해야 한다는 점과 다른 하나는 아동과 지속적으로 상호작용해야 한다는 점이다. 따라서 교사의 수업 효과성은 교사 차원의 준비도와 아동 차원의 준비도가 전제되어야 가능하기 때문에 아동이 성취기준에 도달하지 못한다는 것은 교사 차원의 문제이기도 하지만 아동 차원의 문제이기도 하다.

교실의 상황은 카오스(chaos)와 같이 복잡함을 특징으로 하고 있지만, 보이지 않는 질서와 원리가 있다. 교실 수업 상황에서 교사의 역할을 복잡하게 만드는 기본적인 요소들은 다음과 같다(Doyle, 1986).

① **다차원성**(multidimensionality)

수업 시 교사는 아동을 진단하고 계획된 수업을 진행하며 돌발적 상황에 대응해야 한다. 또한 진도를 파악하고 평가하며 다음의 수업을 계획하는 다양한 영역의 수업 관련 행위를 한다. 또한 교사는 아동들이 갖고 있는 다양한 배경, 동기, 필요, 능력, 학습양식 등을 적절히 고려하며 수업활동을 계획하고 수업에 반영해야 한다.

② **동시성**(simultaneity)

수업활동은 단계적으로 일어나는 것이 아니라 동시에 이루어진다. 교사는 수업활동을 통하여 여러 가지 교육적 활동이나 문제 사태에 대하여 동시에 처리할 수 있는 능력이 필요하며, 다양한 사태에서 무엇이 아동들에게 유익하고 도움이 될 것인가를 고려하여 수업을 해야 한다.

③ **즉시성**(immediacy)

교실 상황에서의 교사의 수업활동은 바로 처리해야 하는 즉시성의 특성을 갖고 있다. 교실 수업에서의 여러 문제나 활동은 대개 아동들과의 상호작용을 통하여 바로 지금 교실에서 해결해야 할 것들이 많다. 따라서 교사는 교실 수업을 문제 사태에 따라 즉각적으로 변경할 수 있어야 하며, 경우에 따라서는 바로 취소할 수 있는 융통성이 필요하다.

④ **비예측성**(unpredictability)

교사의 수업은 예측 가능한 일련의 과정으로 진행되는 것이 아니라, 아동의 행동 변화와 학습과정에 따라 맞춰가야 하므로 비예측성의 특징을 갖는다. 결국 교사는 예측할 수 없는 아동의 학습 행동에 따라 끊임없이 변화 가능해야 하며, 수업의 과정을 보다 예측 가능한 수준으로 이끌어 낼 수 있도록 많은 수업의 경험이 필요하다.

⑤ **공개성**(publicness)

교사는 모든 아동이 자세히 관찰할 수 있는 교실 장면에서 수업을 하게 된다. 따라서 수업 시 교사의 모든 행동은 아동들에게 관찰 대상이 되며 비공개적으로 수업을 할 수 없다. 또한 교사의 개인적인 사소한 행동 역시 아동의 시야에서 벗어날 수 없다. 결국 수업 상황이 아니더라도 교실에서 교사는 아동들에게 직·간접적으로 영향을 줄 수 있기 때문에 자신의 행동 하나하나에 대한 세심한 주의가 필요하다.

⑥ **역사성**(historicity)

교실 장면에서 교사가 아동들과 하루하루 상호작용하며 보내는 많은 경험은 적어도 1년 동안 아동들과 함께 하는 교실 문화의 원천이 된다. 이러한 축적된 교실 문화는 다른 학급과는 다른 독특한 특성을 갖기도 하며, 다른 학급에서의 수업 양태와 다른 문화를 창출하기도 한다. 따라서 아동들과 한 차시의 수업이라 하더라도 교사는 보다 긍정적인 학급 문화를 만들어 간다는 관점에서 보다 적극적으로 수업에 임해야 한다.

나. 초등학교 수업의 기본 성격

초등학교에서의 교사와 학생의 인간관계는 다른 인간관계와 구별되는 특질이 있다(이병진, 1999). 교사와 학생은 세대적 질서의 관계맺음을 통한 원조적인 관계에 있으며, 이들의 결합은 자체발생적인 것이 아니라 우연적이고 일시적인 것이다. 또한 교사와 학생은 개인 대 개인의 관계이기도 하지만 개인과 집단의 관계라는 이중성을 가지고 있고, 교사는 학생의 신뢰와 존경을 전제로 교육애와 이성적 권위를 발휘한다. 이러한 교사와 학생 간의 관계를 바탕으로 초등학교에서 이루어지는 교사의 수업활동은 수업목표 달성을 위한 아동과의 상호작용을 통하여 아동의 학습활동이 일어나게 하는 행위를 의미한다. 이러한 초등학교 수업은 몇 가지 독특한 성격을 가지고 있다(Cashdan & Overall, 1998; Jarolimek & Foster, 1985; Riner, 2000).

첫째, 초등학교 교육은 학년별 아동 발달에 따라 수업의 접근이 다르다. 중등학교의 경우 기본적인 수업 형태는 학년에 따라 차이 없이 동일하나, 초등학교는 저학년과 고학년의 수업 형태가 다르다. 수업 형태의 차이는 초등학령기 아동들의 발달상에 기인한다. 따라서 초등학교 수업의 경우 어떤 특정의 수업 모형이나 기법만으로는 수업의 효과를 높일 수 없으며 가르치고자 하는 아동의 특성에 맞게 접근해야 한다.

둘째, 초등학교 교육은 아동의 기초학습능력 향상에 초점을 둔다. 초등학교 수업을 통해 아동들이 습득해야 하는 교육내용과 활동은 다양하다. 다양한 교육적 경험은 아동들의 기초학습능력 구비에 초점이 맞춰져 있다. 물론 특정 교과의 내용을 배우지만 이는 이후 학습의 원동력이 되며 지속적인 앎의 밑거름이 된다. 따라서 초등학교 수업은 아동의 기초학습력의 토대를 마련하는 방향으로 집중되어야 하고 자기주도학습 능력의 신장에 중점을 두어야 한다(Jarolimek & Foster, 1985).

셋째, 초등학교 교육은 다양한 교육적 경험의 통합화를 지향한다. 초등학교의 경우, 아동들에게 제공되는 교과는 외형적으로는 저학년의 경우 통합교과 중심이며 고학년의 경우 분과 형태로 되어 있다. 하지만 초등학교 교육은 학년에 관계없이 담임을 중심으로 모든 아동에게 통합적 교육 경험이 제공되는 것이 바람직하다. 고학년의 수업이 분과형 교과중심으로 편성되어 있다 하더라도 담임교사는 교실 수업을 통해 통합된 교육적 경험을 아동들에게 제공해야 한다. 또한 초등학교

수업은 아동들의 발달심리 측면에서 아동들의 흥미와 필요에 적합한 교육을 실시할 수 있어야 하며, 교과 간의 내용 중복을 피하여 아동들에게 학습 부담을 덜어 주어야 한다.

넷째, 초등학교 교육은 교사의 훈육(규칙과 절차) 전략과 함께 병행해야 한다. 교사의 수업활동은 특별한 교육적 목표들을 직접적으로 학생들이 성취하도록 촉진하는 활동이며, 훈육활동은 교수활동이 효과적이고 효율적으로 일어날 수 있는 상황을 유지하고 만드는 활동이기 때문에 효과적인 훈육은 효과적인 수업활동의 필수적인 요건이다(Harris, 1999). 특히 초등학교의 경우 학급 내에서 교사가 하는 교육적 활동 중 훈육활동이 학생들의 행동 통제를 위한 수업관리의 약 40% 이상을 차지하고 있다는 점에서 성공적인 수업은 이러한 두 요소의 병행 없이 일어날 수 없다. 결국 훈육은 수업의 필수 전제가 된다는 점에서 훈육 기술은 교사가 구비해야 할 필수능력 중 하나이다.

다섯째, 초등학교 교육에서의 교사의 사소한 행동은 아동에게 큰 영향을 줄 수 있다. Lorenz(1963)의 「초기 조건에 대한 민감한 의존성」의 '나비효과(Butterfly Effect)'로도 설명될 수 있듯이, 아마존에서 파닥거리는 한 마리의 나비의 날갯짓이 결국 텍사스에서 토네이도(tornado)의 경로를 변경시킬 수 있다. 교실 수업 사태에서 아무리 작고 사소한 교사의 행동이라도 시간이 경과함에 따라 아동에게 건잡을 수 없는 큰 영향을 줄 수 있다. 특히 초등학교 저학년의 수업은 더욱 그렇다. 이와 관련하여 자성적 예언인 '피그말리온 효과(Pygmalion Effect)'는 초등학교 수업에서 교사의 언어적·비언어적 행동 하나 하나가 의식적·무의식적으로 중요한 영향을 미칠 수 있음을 시사한다.

여섯째, 초등학교 교육의 성패는 교사가 아닌 아동에게 달려 있다. 가장 이상적인 수업은 가르친 것을 모두 학습하는 것이지만, 실제로 학습자가 학습한 것은 수업의 일부분이다. 즉 교사는 수업을 했지만 아동의 학습이 이루어지지 않을 수 있다는 의미이다. 따라서 엄밀하게 말하면, 아동의 학습이 없으면 수업이 일어났다고 말할 수 없다(Shuell & Lee, 1976). Dewey(1933)는 수업과 학습의 관계를 사는 것과 파는 것 간의 관계와 같다고 하며, “우리는 상인이 팔아야 할 상품을 하나도 팔지 못했으면서도 많이 팔았다고 말하면 그 상인을 비웃는다. 그런데 학생이 학습한 것과는 관계없이 하루의 수업을 잘 해냈다고 생각하는 교사들이 있을 수 있다”고 하였다. 따라서 초등학교 교육은 철저히 아동들의 학습에 기초하여 이루어져야 한다.

다. 초등학교 수업 시 아동 고려의 중요성

학습에 있어서 출발점은 아동이다(Harnett, 2008). 초등학교에서의 교사의 수업은 아동을 고려하는 것에서부터 시작한다. Sotto(1994)에 의하면 교사는 학습자의 입장에서 교수방법 이론에 접근해야 하고, 교수방법은 먼저 교과를 충분히 숙지해야 하며 그 다음으로 다른 사람에게 전달하는 능력이 필요하다. 즉 교사는 교과 지식, 깊은 이해와 통찰, 가르치는 방법에 대한 교수방법 등을 꼭 갖추어야 하지만, 무엇보다도 학습자를 고려하는 것이 교수활동의 첫 출발이라는 점을 강조하는 것이다. 이와 관련하여 Hyman(1974)은 9가지 교수방법의 선정 기준을 다음과 같이 제시하며 교수활동 계획 시 아동 고려의 중요성을 강조하고 있다.

- 교사의 능력, 교과목에 대한 지식, 관심에 적합해야 한다.
- 아동의 능력, 즉 언어적 능력과 심동적 능력에 적합해야 한다.
- 방법 가르치기(기능지향), 내용 가르치기(지식지향) 또는 행위 가르치기(가치지향) 등의 교수목적 유형에 적합해야 한다.
- 시간 및 장소와 같은 교수 상황에 적합해야 한다.
- 현재 가르칠 교과목에 적합해야 한다.
- 가르칠 아동 수에 적합해야 한다.
- 아동의 흥미와 경험에 적합해야 한다.
- 아동과 교과목의 관계에 적합해야 한다.

- 교사와 아동 간의 관계에 적합해야 한다.

따라서 초등학교 교사는 교수활동을 계획하고자 할 때 주어진 상황에 어떤 교수방법이 적절할지 결정하는 과정에서 아동의 능력, 흥미, 학습 준비도 등을 고려해야 한다.

먼저 저학년의 경우, 아동은 교사의 수업 행위보다는 수업 이외의 행위에 영향을 크게 받는다. 교사는 수업 시 아동들보다 말을 더 많이 해야 하며, 단순히 수업 진도에 맞는 수업을 진행하는 것이 아닌 아동들의 관심을 이끌 수 있는 이야기를 하면서 수업을 진행해야 한다. 특히 저학년의 경우 교육 이전에 따뜻한 관계 형성을 통해 교실 수업에 대한 저항을 없애주어야 하며 가장 기초적인 학습 습관을 습득하도록 하는 것이 우선이다.

중학년은 교사의 수업 행위의 영향이 크기 때문에 교사의 수업능력은 아동의 학업성취에 결정적이며 기초학습력 향상이 본격적으로 이루어지는 시기이기도 하다. 중학년의 활동은 보다 적극적이기 때문에 교사는 수업 시 보다 많은 활동을 통해 아동의 참여를 유도해야 한다. 따라서 일반 강의식 수업만으로는 충분하지 않으며 다양한 수업활동을 전개해야 한다.

고학년의 경우 교사의 수업능력은 배우려는 의지가 강한 아동들에게 보다 많은 영향을 주는 경향이 있다. 이는 고학년 아동들은 이미 자기 자신이 갖고 있는 학업적 자아개념으로 인해 수업에 참여할지 하지 않을지를 스스로 결정할 수 있으며, 참여하고자 하는 아동들만이 실제적으로 교사의 수업에 집중할 수 있다. 따라서 교사의 수업시간에 동참하려는 아동 본인의 필요와 동참하도록 하는 교사의 리더십이 중요하다. 교사는 수업 시 전문가적 카리스마를 발휘해야 하며, 아동으로 하여금 왜 공부를 해야 하는지에 대한 명확한 이유를 느끼게 해줘야 한다. 이는 교사 수업 시 참여해야겠다는 아동 자신의 명분을 갖게 해주며, 더 나아가 자신감을 갖고 이후 학업에 긍정적인 태도를 갖게 해 줄 수 있다. 특히 고학년의 학습력 향상은 교사의 의지만으로는 힘들고 아동의 적극적인 의지가 동반되어야 가능하다. 교사는 아동이 초등학교를 졸업하기 전에 부정적인 자기 이해를 하지 않도록 하고, 학습 실패에 대한 부정적 귀인으로부터 벗어나게 하는 것이 무엇보다도 중요하다.

이와 같이 초등학교 교사는 어느 방법이 특정 수업에 적합한지를 결정함에 있어 교수 상황의 맥락, 아동 수, 아동의 능력, 흥미, 아동의 사전 경험, 교과목 수, 교사의 능력 및 강조하고자 하는 내용과 같은 다양한 교수활동 상황과 맥락을 고려해야 한다.

4. 초등학교 수업의 실제

초등학교 수업은 40분을 단위로 하고 10분간의 쉬는 시간이 주어진다. 80분 단위의 블록 수업을 운영하기도 하지만 일반적으로 40분 단위가 1차시이다. 1차시의 수업은 다시 도입－전개－정리의 단계를 통해 구분되며 다음과 같이 나타날 수 있다.

가. 수업 계획

초등학교 교사는 하루도 빠짐없이 수업을 준비하고 실제 수업에 임한다. 교사는 먼저 교육과정에 명시된 성취기준에 준하여 수업목표를 설정, 확인하고 교과서 내용을 참고하여 수업활동을 선정한다. 이때 수업목표와 내용에 적절한 수업 모형을 적용하고 동기유발을 위한 아이디어를 떠올린다. 교과별 교사용 지도서에는 각 교과에 적용하기 적절하다고 생각되는 특정 수업 모형을 강조하여 제시하고 있는 경우도 있다. 그러나 수업 모형은 대표적인 수업 모형을 모든 교과에 적용할 수도 있고, 교과별로 정해진 절차에 변형을 가해도 문제가 되지 않는다. 담임교사가 학급 아동들의 상황, 차시별 교과내용에 맞게 수업을 계획할 수 있다.

나. 동기유발 및 분위기 조성

모든 수업의 시작은 동기유발로부터 이루어진다. 동기유발이란 동기가 발생한 상태, 즉 무엇인가를 충족시키거나 달성하고자 하는 목표지향적 요구나 행동이 발생된 상태를 의미한다(박은종, 2010). 어떤 일이든 그 일에 대해 관심을 가지고 참여할 때 그 성과가 좋듯이 수업 역시 효과적인 동기유발이 필수적이다. 아동들에게 어떻게 학습동기를 유발시켜서 수업에 참여하게 할 것인가는 교사에게 중요한 일이며, 동기유발 방법은 수업의 내용, 아동 개인의 특성, 학습 여건 등에 따라 다르게 적용될 수 있다. 구체적인 방법 제시는 어렵지만 교사들 사이에 자주 활용되는 동기유발 방법의 예는 다음과 같다.

- 수업내용과 관련되거나 수업내용을 떠올릴 수 있는 생활 속 모습이 담긴 사진이나 동영상 자료 활용
- 학급 아동이 참여하여 제작한 인터뷰 형식의 동영상 자료 활용
- 구체물이나 실물 자료 활용
- 이야기하기(storytelling)와 노래 활용

효과적인 동기유발을 통해 수업을 시작했다면, 그 다음으로 학교교실 속 수업의 실제에서 중요한 부분은 분위기 조성이다. 이는 수업의 도입 단계에서 이루어지는 것으로 동기유발과 함께 수업 내용에 집중하게 하는데, 주로 학습해야 할 문제나 과제를 확인 또는 제시함으로써 진행된다. 이때 교사가 전적으로 학습문제를 제시하기보다는 교과서 도입 부분이나 동기유발 자료를 통해 본 수업에서 배울 내용을 추측하게 할 수도 있고 전시학습과의 연계를 통해 학습할 학습 문제를 예측하게 할 수도 있다.

다. 학습 문제의 진술

매 수업시간마다 교사는 모든 아동이 차시 수업의 내용에서 무엇을 공부하게 될지 눈으로 확인할 수 있도록 단원명과 학습 문제를 칠판에 기술해 주어야 한다. 수업 분위기 조성에서 아동들과 함께 학습 문제를 예측해 보고 이야기하여 정리했다면, 그 내용을 간명하게 판서한다.

교사의 판서는 아동들에게 구조적이면서도 필요한 내용에 대해 명확하게 표현되어야 하고 교실 맨 뒤의 아동들도 볼 수 있을 정도의 크기로 가능한 한 정자체로 써야 한다. 학습 문제는 수업시간 내내 아동들의 학습을 안내할 나침반과도 같은 것이다.

이전까지는 '학습 문제'보다는 '학습 목표'라고 표현하였고 문장 기술 시 '~할 수 있다'라고 써 왔으나 요즘은 국가 수준 교육과정 속 성취기준처럼 '설득하거나 주장하는 말의 타당성을 판단하며 듣는다'는 식의 구체적이고 분명한 명시적 표현을 사용한다. 또는 학습 문제라는 표현에 걸맞게 '설득하거나 주장하는 말의 타당성 판단하며 듣기'라고 기술하기도 한다.

라. 수업 전개

동기유발, 학습 문제의 진술까지를 수업과정 중 도입 단계라고 구분한다면 수업의 전개 단계에서는 실제 수업 자료를 활용하여 학습 문제를 해결하게 된다.

40분이라는 물리적으로 쪼개진 단위시간 동안 배운 내용을 이전 혹은 이후 학습과 연결하지 못하면 아동들에게 각 수업의 내용은 하나하나의 조각들로 인식되어 전체적인 학습의 윤곽을 확인하지 못한 채 단편적 지식 습득에 그칠 우려가 있다. 이는 아동들에게 학습의 흥미를 잃게 할 수도 있고, 배운 내용을 다른 학습으로 전이시킬 수 있는 능력을 길러주는 데도 어려움이 있다. 따라서 교사는 매

수업시간마다 하나의 단원학습 속에서 본 차시 수업내용이 전 차시 혹은 후속 차시와 어떻게 연결지어져 있는지 확인해 주는 것이 필요하다. 이때 학습내용을 다른 교과와도 연결하여 이해할 수 있다면 그 내용과 통합해서 가르치는 것이 효과적이다.

초등학교에서의 학습은 단편적 지식의 습득보다는 앎의 즐거움을 알게 해주고, 단편적 이해가 아니라 배운 내용을 큰 흐름 속에서 이해할 수 있는 능력을 길러주는 것이 중요하다. 이때 실생활과 연계하여 학습하는 것은 배움의 즐거움을 일깨우는 좋은 방법이다.

마. 수업 정리

교사가 수업의 마무리 단계에서 매 시간 형식을 갖춘 형성평가를 실시하기에는 어려움이 따른다. 단위시간 교과내용을 살펴보고 학습하는 데도 시간이 여유롭지 못할 때가 많기 때문이다. 그렇다고 수업시간에 아동들이 제대로 학습했는지 확인하지 않고 오랜 시간이 경과한 후 확인한다면 아동들의 학습 상황에 대한 파악이 안 될 수 있고 차시 수업에 대한 평가, 반성을 할 수가 없다.

따라서 수업을 정리하며 본 차시 시간에 아동들이 학습 목표에 도달했는지 확인하는 과정을 밟아야 한다. 이는 그 다음 차시 수업을 계획하고 진행하는 데에도 꼭 필요한 과정이다. 교사들은 일반적으로 단위 수업시간 중 3~5분 정도의 시간을 정리시간으로 할애한다. 이때 수업을 정리하는 방법으로 많이 사용될 수 있는 것으로는 다음의 방법들이 있다.

- 필수적인 학습내용에 대한 간단한 퀴즈를 만들어 활용하기
- 아동들이 문제를 해결하는 과정을 순시하며 아동들의 학습 정도를 관찰하고 파악하기

- 간단한 문제들을 지면에 준비하여 지필평가하기
- 개별 공책에 수업시간에 배운 내용 개조식으로 표현하기

우리나라에서는 국가 수준 교육과정을 통해 각 교과별 성취기준을 제시하고 있다. 이는 모든 초등학령기 아동들이 학습해야 할 기본적인 사항들에 대한 최소 기준으로 교사는 아동들이 이런 성취기준에 도달할 수 있는 내용과 방법으로 교수-학습을 준비하고 계획해야 한다. 좋은 수업이란 모든 아동들이 교수-학습을 통해 무언가를 배우고 익히며 즐겁게 참여할 수 있는 활동이어야 한다. 가장 중요한 것은 하나하나의 활동이 아동에 대한 고려를 통해 준비되고 진행되어야 한다는 점이다.

CHAPTER

06

초등교육평가

1. 교육평가의 이해
2. 교육평가의 유형과 절차
3. 초등학교 학생 평가의 성격
4. 초등학교 평가의 실제

1. 교육평가의 이해

가. 측정과 평가의 의미

측정(measurement)은 20cm, 30kg 등과 같이 객관적인 사실을 정확히 양으로 나타내는 활동으로 어떤 대상의 특성을 수 또는 양으로 나타내는 것을 말한다. 즉 물리적 대상을 측정할 때와 마찬가지로 인간의 지적인 능력이나 정의적 영역의 특성을 적절한 도구를 사용하여 수 또는 양으로 나타내는 것을 측정이라고 한다. 흔히 측정을 '검사'와 동일시하는 경향이 있는데, 검사는 하나의 측정도구로 측정에 필요한 도구로는 검사 이외에도 질문지, 관찰, 면접과 같이 다양한 측정도구가 사용된다(강승호 외, 1996). 이러한 측정은 연령이나 학년 등 일정한 준거집단에 비추어 보아 개인의 위치를 수량적으로 표시할 수 있으며 객관적 시험의 점수로 쓰이고 통계적인 방법으로 표준화 점수를 계산해 내는 데 사용된다(Miller et al., 2009). 또한 측정에 의한 정보는 주로 취직이나 입학시험 등 선발에 이용된다. 특히 측정은 신뢰성에 관련되는 개념이다.

반면 평가(evaluation)는 측정에서 얻은 자료를 기초하여 설정된 교육목표에 비추어 가치 유무를 따져보는 일로, 교육의 목표가 얼마나 달성되었느냐를 종합적으로 검토하고 그 가치 유무를 판단하는 활동이다. 또한 학업성취도와 함께 교육의 질적 개선을 위해 사용된다(Miller, Linn & Gronlund, 2009). 한마디로 평가는 가치를 판단하는 행위이다(강승호 외, 1996). 특히 평가는 측정과 달리 여러 가지 자료를 종합적으로 사용하며 타당성에 관련되는 개념이다.

측정과 평가의 개념적 성격에서 알 수 있듯이 측정은 객관적인 사실을 정확히 양으로 나타내는 활동이며 평가는 측정에서 얻은 자료를 기초하여 설정된 교육목표에 비추어 가치 유무를 따져보는 일이다(황정규, 1987). 이러한 점에서 보면 측정이라는 말이 평가보다 먼저 생긴 개념이지만 평가가 측정보다 더 포괄적이다.

나. 교육평가의 제 관점

교육에서의 측정과 평가는 교육의 거의 모든 영역에서 이루어지고 있다. 그러나 측정과 평가는 교육에 대한 본질적 관점의 차이에 따라 측정관, 평가관 그리고 총평관으로 다르게 접근되며, 교육의 다양한 영역에서 그 활용의 경우가 다르다(황정규, 1987). 측정관, 평가관, 총평관의 기본 성격은 다음과 같다(김석우, 김대현, 2001; McMillan, 2007; Miller, Linn & Gronlund, 2009).

1) 측정관

측정관은 표준 자극, 표준 과제, 표준 문제 등 집단을 토대로 만들어진 규준 자료에 비추어 그 의미를 해석하는 것으로 점수의 신뢰성, 객관성이 유지되느냐에 관심이 집중된다. 따라서 인간의 행동 특성은 항상성이 있어 안정된 것으로 보고 환경적인 요인을 무시하는 경향이 있다. 이러한 측정관에서는 측정의 결과를 주로 선발, 분류, 예언, 실험에 이용한다.

2) 평가관

평가관은 인간의 행동 특성은 안정성이 없고 언제나 변화한다는 관점하에 학생의 행동 변화에 그 주된 관심을 두지만 동시에 이 변화를 위해 투입된 교육과정, 교과목, 교사, 교수방법, 교수 재료 등의 효과를 평가하는 것도 그 목적으로 한다. 따라서 평가관은 평가 도구의 내용타당도에 관심을 둔다. 평가관에서는 교육목적 달성에 관한 증거에 관심을 두며, 평가 결과에서 나타나는 오류나 실패의 원인 등을 규명하고 평점, 자격 수여, 배치, 진급 등을 위해 개인을 분류하고 판단한다. 또한 검사의 영향 그 자체가 학생의 행동 변화를 일으키는 중요한 요인으로 보고 그것을 이용한다.

3) 총평관

총평관은 개인과 환경의 상호작용에 관심을 가지며 객관화된 검사 이외에 자기보고법, 관찰, 장면검사, 역할 연출, 자유연상법 등 개인에 관한 정보의 수집은 양적·물적으로 다양한 형태가 된다. 즉 개인의 행동 특성을 환경, 과업, 준거 상황과 관련시켜 의사결정을 하려는 행위라고 볼 수 있으며 개인과 학습 상황 및 과제 간에 일어나는 역동적인 관계를 중요시한다. 따라서 총평관에서는 분석방법도 개인이 달성해야 할 준거의 분석과 개인이 생활하고 학습하는 환경의 분석으로부터 출발하며, 수집하는 개인의 정보도 양적 또는 질적으로 다양한 접근을 하게 된다.

교육에 있어서 평가는 학생에게 일어난 가치 있는 변화를 재는 데 관심이 있는 데 반하여, 이 변화를 기술하고 검사하는 보다 능률적이고 정확한 방법은 측정에 의존한다. 또한 한 개인이 주어진 어떤 상황에서 능률적으로 잘 적응할 수 있는가의 적합도를 판단할 때 총평의 방법을 활용한다(Gronlund, 2006).

교육 실제에 있어서는 교육평가의 관점에 따라 활용의 방향이 상이하므로, 위의 세 관점이 상호 보완적인 관계를 유지하며 사용되어야 한다.

다. 교육평가의 의미와 기능

1) 교육평가의 의미

학교 현장에서 교육목표를 세우고 이 목표 실현을 위해 필요한 학습내용을 선정·조직한 후 최적의 교수방법을 투입하여 교수－학습 활동을 전개했다면 그 결과 아동들이 최종적으로 목표 달성에 도달했는지의 여부와 교사의 의도되고 계획된 교수활동이 잘 진행되었는지, 올바른 계획이었는지에 대한 반성의 과정이 필요하다. 이러한 전반적인 과정이 교육평가이다.

어떤 대상에 대하여 가치판단을 내리는 것이라는 평가에 대한 이해를 바탕으로,

교육평가에 대한 의미를 살펴보면 Tyler(1949)는 본질적으로 교육과정 및 수업의 프로그램에 의해서 교육목표가 실제로 어느 정도 실현되었는지를 밝히는 과정으로, Stufflebeam(1971)은 의사결정 대안들을 판단하는 데 유용한 정보를 기술, 획득, 제공하는 과정으로 접근하고 있으며, 황정규(1987)는 교육의 목표가 얼마나 잘 달성되었는지를 검토하는 일로, 교육목표의 달성도, 즉 교육의 결과로 학습자에게 나타나는 행동의 변화를 측정하기 위하여 자료를 수집하는 활동으로 보고 있다. 또한 진영은 등(2002)은 교육의 활동과 대상에 대하여 그 성과의 정도를 가치 판단하는 행위로 정의하고 있으며, Stake(1975) 역시 목표 수준이나 성취 수준 지향적인 평가관을 비판하고 어떤 경험이나 활동과정의 가치를 판단하는 데 중점을 두고 있다. 따라서 교육평가는 교육의 과정에서 필요로 하는 학생에 관한 정보를 수집하고 교육과정의 효율성을 판단하며 최종적으로 교육목표 달성도를 밝히는 과정으로 볼 수 있다(Miller, Linn & Gronlund, 2009).

이와 관련하여 실제 교실상황에서 학습에 대한 평가를 위한 10가지 원리를 다음과 같이 제시할 수 있다(Assessment Reform Group, 2002).

- 학습에 대한 평가는 효과적인 계획의 일부이다.
- 학습에 대한 평가는 학생들의 학습방법에 초점을 둔다.
- 학습에 대한 평가는 교실활동의 중심이다.
- 학습에 대한 평가는 교사들의 핵심적·전문적 기술이다.
- 학습에 대한 평가는 민감하고 건설적이다.
- 학습에 대한 평가는 학습자의 의욕을 촉진한다.
- 학습에 대한 평가는 목표와 기준에 대한 이해를 증진시킨다.
- 학습에 대한 평가는 학습을 개선하는 데 도움을 준다.
- 학습에 대한 평가는 학생들의 자기평가능력을 발달시킨다.
- 학습에 대한 평가를 통해 모든 교육 성과를 인식할 수 있다.

이상을 바탕으로 교육평가에 대한 의미를 종합하면, 교육평가란 각 학교별 교육목표의 설정, 그에 따른 교육과정 구성 및 운영, 교육활동 결과에 따른 아동들의 학습 상황을 점검하고 개선하기 위해서 다양한 방법으로 교육활동에 대한 자료를 수집하는 교육적 활동으로 이해할 수 있다. 여기에는 다음의 3가지 요소가 포함된다.

- 교육목표 달성도 평가
- 교육의 과정에서 필요로 하는 학생에 관한 정보제공 활동
- 교육의 과정에서의 각 구성요소에 대한 효율성과 적합성의 검증

이와 같이 교육평가는 학생평가만이 아니라 교사평가이기도 하고 문자 그대로 교육 자체의 평가이기도 하다. 이러한 교육평가는 학생의 교육목적 달성도를 파악, 교사의 교육활동에 대한 자기반성 자료의 제시, 교육의 질 향상을 위한 교육 전반(교사의 자질, 학교시설, 학교제도, 교육행정 등)에 관한 자료의 수집과 가치판단 그리고 학생의 진로지도 등 다양한 목적을 가지고 있다(Gronlund, 2006; Popham, 2005). 즉 아동 개개인에 관한 결정, 교사의 교수방법 개선에 관한 결정, 학교의 전반적 교육활동 개선에 관한 결정을 위해 필요한 정보를 수집하고 활용하는 활동이다. 따라서 교육평가는 교육목표 달성의 평가를 통해 그 자체가 교육적이어야 하며 학습 개선과 능률화에 이바지할 수 있어야 한다.

2) 교육평가의 목적과 기능

학교교육은 교육내용, 과정, 방법적 측면을 고려하여 다양한 교육활동을 하는 것이기에 그 활동과정과 결과에 대한 평가가 이루어져야 하고 그 결과는 아동 개인의 향상, 교사의 교수활동에 대한 반성, 학교교육의 효율성을 높이기 위한 참고자료로 활용되어야 한다. 이러한 관점에서 Remmers와 Gage(1943)는 평가의 주요 목적은 아동과 교육의 올바름을 결정하여 아동의 학습과 생활지도를 바람직하게

할 수 있는 자료를 제공하는 것으로 보고, 평가의 대상은 이러한 목적을 달성할 만한 기초가 되면 무엇이든지 유용하다고 보고 있다.

이러한 교육평가의 일반적 목적과 관련하여 교육평가의 다양한 기능은 다음과 같다.

① 학습동기 강화

교육평가는 우선적으로 아동들의 학습에 대한 태도, 즉 학습동기를 강화하는 데 활용할 수 있다. 수업활동을 통해 아동이 새롭게 배우고 익힌 내용들에 대해 아동에게 배움이 제대로 일어났는지에 대한 평가결과는 아동의 현재 학습과 앞으로의 학습을 위한 외적 동기를 유발시키는 데 활용할 수 있다.

② 부모, 상급학교, 지역사회의 필요 충족

평가결과는 부모들에게 자녀의 학습 정도에 대한 안내 자료로 제시되고, 이는 가정에서의 아동 학습 상황에 대한 이해를 높이며 학습결과에 대한 보충 내지 심화학습의 근거자료가 된다. 이러한 결과는 상급학교의 아동 선발에 중요한 참고자료로 활용되고 있으며, 교육내용 내지 교육방법적 측면에 있어서 지역사회의 요구를 반영하는 데 활용할 수 있다.

③ 교수-학습 과정의 개선

교육평가는 교사가 계획한 수업활동에 아동들이 성실히 참여한 결과 아동 개인의 배움과 학급 전체의 학습 정도를 파악하는 기준으로 활용할 수 있다. 평가결과는 교사에게 학급 아동을 위한 교수-학습 과정의 피드백을 제공해 준다.

④ 교육정치 기능 수행

정치(placement, 定置)란 개인을 어떤 위치에 선별, 배치하는 것으로 교육평가는 학생들이 자신의 보다 나은 적응과 성장 또는 문제해결을 위해서 다음 단계에서 무엇을 어떻게 할 것인가를 선택하고 결정하도록 돕고, 그 결정에 잘 적응하도록 도와주는 활동에 필요한 다양한 정보를 제공해 준다. 예를 들면 학생들의 능력별 반 배치, 상급학교와 직업 선택을 하는 과정에서 중요한 정보를 제공하고 돕는 활동 등을 들 수 있다.

⑤ 선발의 기능

교육평가는 상급학교 진학 시 학생 선발의 자료로 활용되기에 평가의 실시에 있어 신뢰도와 타당도가 확보되어야 하고 자료 기록에 신중을 기해야 한다.

⑥ 생활지도의 기초자료 제공

교육평가는 담임교사에게 해당 아동의 생활지도를 위한 기초자료를 제공해 주기도 한다. 교육평가의 영역이 교과학습내용에 대한 지식적 측면 이외에도 학생의 생활태도, 건강 등에 관한 것이 포함되기에 아동의 생활지도를 위한 자료로 활용할 수 있다.

⑦ 학교교육의 수준 유지 기능

학교 현장에서 이루어지는 교육평가의 형태는 다양하고 학교마다 학부모, 아동, 교사 의견을 반영하여 그 시기와 횟수를 정하기에 상이한 측면이 있다. 그러나 학기말에 이루어지는 총합평가인 기말고사는 많은 학교에서 실시하고 있다. 이런 총합평가의 경우 설정된 교수목표의 달성 정도를 알아보기 위한 것이기에 교육성과의 장기적 질 관리 차원에서 활용할 수 있다.

⑧ 교육 계획의 개선 유지

학교 등의 교육기관에서는 당해 연도 교육평가 결과를 통해 교육 계획과 실행에 대해 돌아보고 그 결과를 반영하여 다음의 교육 계획을 수정, 보완한다. 교육평가는 아동과 가정에는 교육활동에 대한 정보를 제공하고, 학교와 교육 관련 기관에는 교육 계획의 타당성을 평가할 수 있는 자료를 제공해 준다.

2. 교육평가의 유형과 절차

가. 교육평가의 유형

교육평가의 유형은 평가 기준, 수업과정의 단계 그리고 문항의 성격에 따라 다양하게 유형화할 수 있으며 그 특징이나 장단점이 다르기 때문에 평가의 목적에 맞게 적절한 방식을 선택하여 사용해야 한다(김석우, 김대현, 2001; Miller et al., 2009; Popham, 2005).

1) 평가 기준에 따른 분류

가) 임의평가

평가의 기준이 교수 개인의 주관적 판단에 의하여 좌우되며 교사에 따라 상이한 평가 형태를 말한다. 따라서 임의 평가는 평가자 간에 평가결과가 상이할 수 있으며, 객관적이고 체계적인 평가기준이 모호할 수 있다.

나) 상대평가

규준지향적 평가라고도 하는데, 이것은 한 학생의 학업성취도를 그가 속해 있는 집단의 결과에 비추어 상대적으로 나타내는 평가방법이다. 측정에서 얻은 원점수를 어떤 일정한 가정과 법칙에 의한 통계적 절차를 거쳐 다른 성질의 척도로 옮겨 놓은 것이다(Kubiszyn & Borich, 1993).

이러한 상대평가의 특징과 장단점은 다음과 같다(강승호 외, 1996; 박도순, 1995).

① 특징

- 선별적 관점에서 시도
- 비교적 보수적인 평가

- 선발, 경쟁시험에 적합한 평가방법
- 타당도와 신뢰도에 초점
- 획일적인 교수방법 수반

② 장점

- 개인차 변별에 적합
- 경쟁을 통한 외발적 동기유발에 적합
- 일반적으로 이해가 용이
- 정상분포를 전제하고 통계적으로 건전
- 개인의 집단 내에서의 상대적 위치가 명확
- 검사도구의 신뢰도 강조

③ 단점

- 지적 계급의식(귀족주의)을 고취
- 경쟁심을 조장
- 성적이 집단 결과에 의해 좌우
- 진정한 학습효과의 비교가 불가능
- 교육의 질적 저하 초래
- 선발과 분류의 강조로 경직된 분위기 조성
- 동일한 평가를 실시하지 않은 타집단과의 비교가 불가능
- 교육목표의 달성도에 대한 평가 불가능

다) 절대평가

준거지향적 평가 또는 절대기준 평가라고도 부르는데, 이것은 한 학생의 성적이 그가 속해 있는 집단의 결과와는 상관없이 주어진 교수목표를 어느 정도 달성하였느냐 하는 교수목표 달성도에 의하여 성적을 표현하는 평가방법이다. 이러한 절대

기준은 교과 영역에 대한 체계적인 분석을 통하여 학생 개개인에게 성취시키려고 하는 목표 수준의 형태로 설정, 진술되어야 한다(Kubiszyn & Borich, 1993).

특히 절대평가 방법이 우선적으로 강조되어야 할 영역으로는 학습의 위계성이 뚜렷한 수학이나 과학 등의 평가, 모든 학습의 기초가 형성되는 초등학교 저학년에서의 평가 등이 있다. 그 밖에 사회·윤리적 입장에서 인간의 생명과 관계되는 자격증 수여를 위한 평가(의사, 비행사, 운전면허 등)도 있다.

절대평가의 특징과 장단점은 다음과 같다(강승호 외, 1996; 박도순, 1995).

① 특징

- 타당도에 역점을 두는 평가
- 모든 학생이 목표에 도달할 수 있다는 가능성 제시
- 교육효과에 대한 적극적 신념하에 실시
- 평가하기 전에 반드시 절대기준 선정이 필요
- 발달적 관점에서 실시하는 평가
- 자격시험, 학교학습 등

② 장점

- 지적 성취의 평등성 강조, 협동학습 중시
- 학습이론에 부합
- 목표 달성에 의한 진정한 학습효과 측정
- 학생들의 정신위생 도움
- 학생들의 학습결손에 대한 정보 제공
- 검사의 타당도를 강조
- 교육성과의 연도별 종적 비교 가능
- 학업성적의 부적 편포 기대

③ 단점

- 개인차 변별, 학습의 외적 동기유발 미흡
- 평가기준(절대기준의 수준) 설정 문제
- 평가결과에 대한 통계 결과 처리 문제
- 편포곡선으로 인한 통계 처리 문제

상대평가와 절대평가는 기본 입장과 목적 및 용도가 다르지만 서로 보완적인 위치에 있다(Kubiszyn & Borich, 1993). 즉, 학생을 선발하고 분류·판정하는 것도 학교교육의 중요한 기능이라고 한다면, 상대평가는 이러한 기능에 잘 어울리는 평가방법이다. 반면 수업에 관련된 평가활동에서 학생들의 교육목표 달성도를 평가하고, 교육의 효과를 확인함으로써 교육활동 자체의 개선을 목적으로 하는 평가 장면에서는 절대평가를 적용해야 한다.

2) 수업과정에 따른 분류

가) 진단평가

수업활동에서 교사가 학생들을 효과적으로 지도하기 위해서는 학습자의 출발점 행동을 정확히 파악해야 한다. 진단평가는 바로 교수활동이 시작되는 초기 상태에서 교수전략을 위한 기초자료를 얻고 어떠한 교수방법, 학습방법이 적절한 것인가를 결정하기 위하여 학생의 기초능력 전반을 진단하는 평가이다(McMillan, 2007). 진단평가의 목적은 크게 3가지이다.

- 현재 학습하고자 하는 학습과제와 관련하여 선행학습의 결손을 진단하고 이에 대한 교정을 위한 평가이다.
- 현재 학습하고자 하는 학습과제를 학습자가 얼마나 미리 달성하고 있는가를 알기 위한 평가이다.
- 학습자의 흥미, 성격, 학업성취, 적성 등에 따라 교수처방을 내리기 위한 평가

이다.

이와 같이 진단평가는 수업이 시작되기 전에 학습자의 출발점 행동을 진단하고 확인하기 위해서 실시하며, 수업과는 직접적인 관련이 없더라도 계속적인 학습실패의 원인이 되고 있는 학습장애의 여러 요인을 밝히기 위해 실시할 수 있다(Kubiszyn & Borich, 1993). 또한 출발점 행동의 진단에 따라 학습전략이 가장 극대화될 수 있도록 학생을 적절히 배치하기 위해 실시한다.

나) 형성평가

형성평가는 수업활동이 진행되는 도중에 학생들에게 피드백을 제공하고 교수-학습 방법을 개선하여 학생들의 학습을 증진시키기 위해 실시되는 평가이다(황정규, 1987; McMillan, 2007). 형성평가의 목적은 다음과 같다.

- 학생들의 학습 진전 상황을 파악하여 개별적으로 알려주고 스스로 학습 보조를 맞추어 나갈 수 있도록 한다.
- 교수-학습 과정의 각 단계에서 학생들에게 교정학습이나 보충학습의 기회를 제공한다.
- 학생들의 학습동기를 촉진하고 교수-학습 방법의 개선을 가져올 수 있다.

이러한 형성평가는 교수-학습이 아직 진행되고 있는 도중에 교과, 교수방법, 학습방법에 어떤 변화를 가져오게 하기 위하여 실시하는 평가로, 교수-학습 과정을 일차적으로 이끌어 나가고 개선해 가야 할 교사에 의해 제작되는 평가이다.

다) 총합평가

총합평가는 학교교육의 장면에서 일정 기간 동안 전개된 수업활동이 모두 끝난 시점에서 학기말 고사나 학년말 고사를 통해 원래의 교육목표가 어느 정도 실현되었는지를 최종적으로 확인하는 평가활동이다(Bloom et al., 1971, 김호권 공역, 1992).

총합평가의 목적은 다음과 같다.

- 여러 교과에 걸쳐 수업 활동이 모두 끝난 다음, 사전에 설정된 교수목표에 대한 학생의 성취도 수준을 종합적으로 판정하기 위해 실시된다.
- 집단 간의 결과를 비교할 수 있는 정보를 제공한다. 총합평가는 준거지향적 관점이나 규준지향적 관점에서 모두 집단 간의 결과를 비교하는 데 활용한다.
- 총합평가 결과는 교육의 장기적인 질적 관리를 위해 적절히 활용될 수 있다.

이와 같이 총합평가는 전체 과목이나 학습내용에 대한 교수의 효과가 어느 정도인지를 판단하고 그 결과에 의해 성적을 내고 평점을 주며 서열을 결정하는 평가로, 평가의 빈도는 적지만 범위는 넓은 평가이며 학생을 판정하여 등급을 정하고 자격을 부여하며 분류하는 데 목적을 둔 평가이다(Kubiszyn & Borich, 1993). 즉 다음 학습에의 성공적인 예언과 교수방법 개선 및 집단 간의 학습효과를 비교하기 위한 평가이다.

3) 문항 유형에 따른 분류

교육평가는 문항 유형에 따라 선택형(진위형, 배합형, 선다형)과 서답형(단답형, 완성형, 논술형)으로 구분되기도 한다. 또한 교육평가는 채점자의 주관성 개입에 따라 주관식 평가와 객관식 평가로도 구분된다. 주관식 평가는 피험자가 스스로 알맞은 답을 구성하여 쓰도록 하는 서답형 평가이며 단답형과 완성형, 논술형이 포함된다. 객관식 평가는 피험자가 주어진 답지 중에서 정답을 선택하거나 변별하도록 하는 선택형 평가이며 진위형, 배합형, 선다형이 포함된다. 문항 유형에 따른 선택형 문항과 서답형 문항의 장단점은 다음과 같다(강승호 외, 1996; Ebel, 1979).

표 6-1 선택형 문항과 서답형 문항 비교

	선택형	서답형
장점	• 채점이 간편하고 객관성과 신뢰성이 높다. • 광범위한 내용을 출제할 수 있다. • 결과의 통계적 분석이 용이하다. • 문항의 내용타당도가 유지된다.	• 문항 작성이 용이하다. • 반응이 자유롭다. • 비판력, 사고력, 평가력 등 고등정신 기능을 측정할 수 있다. • 성격 진단의 자료를 얻을 수 있다. • 학습자의 학습태도를 개선하여 준다.
단점	• 고등정신기능을 측정하기 어렵다. • 자기표현과 창의력을 나타낼 기회가 제한된다. • 추측 요인의 제거가 곤란하다. • 문항 제작에 많은 시간과 노력 등이 필요하다.	• 채점에 있어 객관성이 약하다. • 문항의 포괄성이 제약된다. • 채점에 많은 시간이 소요되고 통계적 처리가 어렵다.

흔히 선택형 문항과 서답형 문항은 객관식 문항과 주관식 문항으로도 구분하는데, 객관식 문항과 주관식 문항의 특징은 다음과 같다(강승호 외, 1996; Ebel, 1979).

가) 객관식 문항

- 제시된 여러 개의 답지에 대하여 학생들이 선택적으로 반응한다.
- 문항 수가 많으면서 비교적 간단한 반응을 요구한다.
- 답안 작성보다는 읽고 생각하는 데 많은 시간을 소비한다.
- 검사의 질적 수준은 검사 제작에 의하여 결정된다.
- 반응과 채점에 있어서 자유가 제한되며 신뢰도가 높다.
- 출제과정에 많은 주의 및 노력이 요구되나 채점이 비교적 용이하다.
- 정답을 모를 경우 추측 요인이 많이 작용한다.
- 채점자의 임의성이 개재될 수 없다.

나) 주관식 문항

- 학생들 자신이 답안을 계획하여 답한다.
- 문항 수가 적으면서 광범위한 반응을 요구한다.
- 답을 생각하는 시간보다 작성하는 데 많은 시간을 소모한다.
- 검사의 질적 수준은 반응자와 채점자에 의하여 결정된다.
- 반응과 채점에 자유가 주어지며 측정치의 신뢰도가 낮다.
- 문항 제작이 용이한 반면 채점에 많은 시간과 노력이 요구된다.
- 추측 요인을 완전히 배제하기 어렵고 문항 반응에 변조와 변용이 가능하다.
- 채점자의 임의성이 개재될 수 있다.

나. 교육평가의 절차

교육평가의 일반적인 절차를 살펴보면 평가목표의 확인, 평가 유형의 선정, 평가도구의 제작 및 선정, 평가 실시 및 결과 처리, 평가결과의 해석 및 활용의 단계로 이루어진다.

1) 평가목표의 확인

교육평가의 첫 단계인 평가목표의 확인은 무엇을 평가할 것이냐를 확인하는 단계이다. 평가하고자 하는 목적은 평가내용의 선정, 평가방법의 결정, 평가결과의 해석 등 모든 단계의 과정에 영향을 주기 때문에 평가의 목표를 어떻게 설정할 것인가에 따라 평가의 전체적인 모습이 달라진다. 목표의 설정을 구체적이고 행동적인 용어로 표현해야 하므로 일반적 목표를 행동 면과 내용 면으로 분류한 이원분류표를 사용하게 된다. 따라서 목표에는 학습 경험이 발휘될 수 있는 원천으로 학습 경험 속에 포함된 내용과 그 내용을 통해서 얻게 되는 행동상의 결과가 포함되어 있다.

예를 들어 '두 자릿수의 덧셈을 계산할 수 있다'라는 목표는 '두 자릿수의 덧셈'이라는 내용과 '계산할 수 있다'라는 행동의 결과가 포함되어 있다.

이와 같이 목표상의 내용과 행동상의 평가목표를 확인하고 평가가 이루어지는 장면을 마련해야 한다.

2) 평가 유형의 선정

평가 유형의 선정은 목표를 측정하기 위한 평가 유형, 즉 검사 상태의 적절성을 결정하는 단계로 평가목표를 달성하기에 가장 적절한 평가 유형을 선정해야 한다. 평가 유형으로는 일반적으로 지필검사, 질문지, 각종 표준화 검사, 면접, 투사적 방법, 평정척도, 관찰 등이 있다. 특히 평가를 위한 자료를 수집하기 위하여 어떤 평가방식을 이용할 것인가를 결정하는 단계로 평가하려는 내용이 가장 잘 반영될 수 있는 방법으로 결정한다.

3) 평가 도구의 제작 또는 선정

평가 유형이 결정되고 나면 실제로 행동의 증거를 수집할 평가 도구를 제작 혹은 선정해야 하는데, 구체적으로 평가에 사용되는 평가 도구를 선정하거나 개발해야 한다. 평가 도구는 기존에 개발된 도구를 사용할 수도 있고 교사 자신이 직접 개발하여 사용할 수도 있다. 이때 중요한 것은 합목적성이다. 따라서 평가의 타당도, 신뢰도, 객관도, 실용도 등을 고려하여 도구를 마련해야 한다.

4) 평가의 실시 및 결과 처리

실제로 평가를 실시하는 단계로 이때는 시기, 횟수, 방법, 대상을 고려해서 실시한다. 또한 실시한 결과를 어떻게 처리하느냐의 단계로 결과 처리는 수집된 행동 증거를 통계적 방법에 의해 수량화시키고 종합, 정리하는 단계이다.

5) 평가결과의 해석 및 활용

평가의 마지막 단계는 평가결과를 해석하고 활용하는 것으로 평가결과는 활용을 목적으로 하므로 객관성 있고 타당성 있는 해석을 위해서는 평가자로서의 교육적 소양이 필요하다. 또한 평가결과는 다음 교육목표의 설정을 포함하는 전반적인 교육의 과정에 활용되어야 한다.

3. 초등학교 학생 평가의 성격

초등학교에서의 아동교육은 아동이 원하는 대로 해주는 것이 아니라, 아동들의 다양성을 인정하고 개인별로 최선을 다하도록 안내하는 교육이다. 따라서 평가를 통해 학생을 채점한다는 시각으로 접근한다면 교사뿐만 아니라 아동 측면에서도 많은 것을 잃을 수 있다. 따라서 초등학교에서의 평가는 학습자를 존중하는 관점에서 아동을 평가함과 동시에 교사의 수업 개선을 위한 기회로 접근할 필요가 있다.

가. 초등학교 학생 평가의 패러다임 변화

첫째, 초등학교 학생 평가는 본질적으로 인간의 능력을 상대적으로 평가하는 상대평가보다는 절대평가가 보다 적절할 수 있다. 왜냐하면 상대평가는 개인이 획득한 점수의 상대적 서열에 의하여 평가하는 방법으로서 상대적 우열의 파악이 용이하나 교수-학습 이론에 적합하지 않은 문제점을 지니고 있기 때문이다. 그러나 두 평가방식 모두 평가 대상인 개인 또는 개인의 특성을 개인과 개인 간의 상대적 우수성 혹은 별도의 준거에 근거한 평가방식이라는 점에서는 아동 개개인의 내적 성장의 변화에 대해 충분히 고려하지 못한다.

둘째, 초등학교 학생 평가는 이러한 상대평가와 절대평가가 지니는 공통적 제한점을 해결하기 위하여, 인간은 각기 서로 다른 특성을 가지고 태어났고 개개인이 독특한 개체로 인정받을 수 있는 성장참조평가(growth-referenced evaluation)를 강조하고 있다. 성장참조평가란 교육의 진행과정을 통하여 얼마나 성장하였느냐에 관심을 두는 평가로서 최종적으로 달성한 성취 수준보다는 어떻게 얼마만큼의 성장·변화를 가져왔느냐에 관심을 둔다.

같은 맥락에서 인간은 각기 다른 영역에서 다른 수준의 능력을 지니고 있기에 이를 고려하여 평가하는 것이 보다 인간적이고 교육적이라는 아이디어에서 출발한 이론이 능력참조평가(ability-referenced evaluation)이다. 이는 개인이 지니고 있는 능력에 비추어 최대한의 수행(maximum performance)을 하였는가에 주안점을 두는 평가로서 '능력을 최대한 발휘하였는가'와 '충분한 시간이 부여되었을 때 더 잘할 수 있었는가'를 고려한다. 따라서 능력참조평가와 성장참조평가는 본인 그 자체로서 개인을 존중하는 평가방법이라 할 수 있다.

셋째, 초등학교 학생 평가는 선다형 검사에서 수행평가로 전환되고 있다. 종전의 선택형 중심의 평가는 정답 여부만을 확인하는 방법으로 문제해결과정을 측정할 수 없을뿐더러 개인들이 지닌 복합적 정신 기능과 능력을 종합적으로 평가할 수 없는 문제점을 지니고 있다. 이러한 문제점을 극복하기 위하여 수행평가가 강조되었으며 이는 학생들이 지니고 있는 고유한 문제해결 방법과 고등정신능력을 발휘하게 하고 실제 생활에 적응하는 능력을 배양시키는 역할을 하고 있다. 특히 개인의 능력을 평가하는 방법은 평가 내용의 특성, 평가 상황과 평가 결과의 영향에 따라 달라지기 때문에 인위적 상황에서의 수행평가보다는 실제 생활에서 실시하고 있는 내용을 평가하는 참평가(authentic assessment)를 실시함으로써 교육의 본질과 평가의 기능을 최대화하려는 노력이 필요하다.

넷째, 초등학교 학생 평가는 일회적 평가에서 지속적 평가로 전환되고 있다. 교육이 인간의 행동 변화를 일으키는 행위라 할 때 인간의 행동 변화는 한순간에 이루어지기 어렵기 때문에 평가는 종합적이고 지속적이어야 한다. 또한 개인에 대하여 표식을 다는 행위(labeling)에 유의해야 한다. 개인의 노력이나 교수-학습 환경에 의하여 개인은 수도 없이 변화되고 새로운 문제에 직면할 수 있으며 다양한 변화를 가져올 수 있다. 따라서 평가방법을 체계화하고 평가의 주기를 정례화하여 지속적으로 평가함으로써 개인의 변화 정도와 경향 등에 대한 과학적 분석을 실시하는 것이 바람직하다. 즉 일회적인 평가활동이 아니라 교사에 의한 평가 문항의 개발, 수시 평가, 결과의 기록, 그에 따른 상시적인 피드백 등의 활동이 강조되어야 한다. 이를 통해 개인뿐 아니라 교육과 관련된 모든 것, 즉 교육 프로그램이나 시설, 예산 등에 대해서도 지속적 평가를 실시할 때 교육 평가체제의 발전을 기대할 수 있다.

나. 초등학교 학생 평가의 전제

초등학교 수업의 개선은 평가방법의 혁신이 뒷받침될 때 완결될 수 있다. 왜냐하면 초등학교 수업 현장에 적합하게 수많은 교수-학습 모델을 적용하여 수업이 활성화된다 하더라도, 제대로 된 평가로 이를 피드백하지 않으면 보다 질 높은 교육을 보장하지 못하기 때문이다. 따라서 초등학교 학생 평가는 보다 신뢰로우면서 의미 있는 방법으로 평가하려는 접근이 요구된다.

첫째, 초등학교 학생 평가는 선발보다는 아동 성장의 관점에서 접근해야 한다. 구성주의와 탈실증주의적 관점이 크게 부각되면서 선발적 교육관으로부터 발달적 교육관 혹은 인본주의적 교육관으로의 평가 관점이 강조되고 있다. 선발적 교육관은 교육을 통해 달성하고자 하는 어떤 교육목적이나 일정한 교육 수준에 도달할 수 있는 사람은 어느 교육방법을 동원하든지 간에 다수 중의 일부나 소수에 지나지 않는다고 보는 교육관으로 소수의 우수자 선발과 개인차 변별에 중점을 둔다. 반면 발달적 교육관은 모든 학습자에게 각각 적절한 교수-학습 방법이 전략적으로 제시될 수만 있다면 누구나 의도하는 바의 주어진 교육목표를 달성할 수 있다는 교육관이다. 따라서 초등학교 학생 평가는 발달적 교육의 관점에서 고려되어야 한다.

둘째, 초등학교 학생 평가는 구성주의적 관점에서 접근해야 한다. 최근 구성주의(constructivism)가 교수－학습에 영향을 미치면서 평가는 학생들의 지식이나 기술의 수준뿐만 아니라 그들의 학습과정도 이해할 수 있어야 하며, 이에 따른 교육도 획일적일 수 없다는 관점이 강조되고 있다. 기존의 선택형 검사는 분리된 지식이나 기술들의 수준을 측정할 수는 있으나 학생들의 학습과정이 포함되는 개념적 지식, 문제해결력, 고등정신능력을 측정하는 데는 부적합하다는 것이다. 따라서 행동적 교수목표에 근거하여 검사가 제작되는 기존의 선택형 검사 위주의 평가만으로는 교실 수업 중에 발생하는 교수－학습 활동을 이해하기 어려우며, 선택형 검사에 의존한 기존 평가체제에 대한 대안으로서 개방형(open-ended form) 과제를 사용하는 대안평가(alternative assessment)가 강조되고 있다.

셋째, 초등학교 학생 평가는 결과보다는 과정으로 접근해야 한다. 기존의 전통적 평가는 학습한 결과 학생들이 '얼마나 알고 있는가' 또는 '얼마나 성취하였는가'에 관심을 갖는 결과중심의 평가였다면 이제는 학생이 '어떻게 학습하였는가', '어떤 과정을 통해 학습하였는가'에 더 관심을 갖는 과정 평가를 강조해야 한다. 아동들이 검사 문항에서 정답을 하였는가 오답을 하였는가보다는 문항이 제시한 과제를 해결하기 위하여 어떠한 사고과정을 겪었는지 또는 어떠한 문제해결방법을 사용하였는지에 더 관심이 있는 것이다. 또한 결과로서의 학업성취도뿐만 아니라 학생이 기울인 노력의 정도나 성장 정도에 대해서도 관심을 가지는 것이다.

넷째, 초등학교 학생 평가는 지적 영역과 정의적 영역의 균형된 평가가 전제되어야 한다. 즉 아동들이 학습의 결과로 성취하게 되는 지적 영역과 정의적 영역에 대한 평가가 종합적으로 이루어져야 한다. 학습의 결과로 얻게 되는 단순 지식뿐만 아니라 분석력, 종합력 등 고등정신능력, 교과에 대한 흥미, 가치 등의 정의적 영역을 포함한 '자기 생각 만들기'에 대한 평가가 포괄적으로 이루어져야 한다. 따라서 수업을 통해 아동들은 자신의 생각을 만들어 낼 수 있어야 하고, 수업의 과정 속에 아동이 증진시킬 수 있는 역량이 내포되어야 한다. 이를 위해 교사는 교수-학습 문화를 변화시키는 노력과 더불어 다양한 평가방법을 활용하여 아동의 지적·정의적 영역을 종합적으로 평가할 수 있는 안목과 기본 자질을 구비해야 한다.

다섯째, 초등학교 학생 평가는 전통적인 측정 중심의 평가에 대한 한계를 극복해야 한다. 현대사회가 요구하는 개인의 능력은 다양하고 보다 종합적인 특성들이어야 하므로, 개인에 대한 평가방법은 단순한 측정이나 검사에서 탈피하여 종합적 평가체제인 총평의 관점에서 접근되어야 한다. 또한 평가가 수업을 좌우하는 문제를 바로 잡아야 한다. 평가를 위한 수업은 초등학교 수업의 본질에 역행하는 것으로 '수업을 위한 평가'의 관점으로 접근해야 한다.

이와 같이 초등학교 학생 평가는 학습자 중심의 평가로 접근되어야 하며, 학습을 돕기 위한 조력 차원의 평가체제로 전환되어야 한다. 특히 아동들을 변별해 내기 위한 상대적 점수 중심의 학력관에서 성취 도달중심의 학력관으로 변화가 요구된다. 이를 위해 학습 주제와 관련된 지식이나 사고력에 있어서 학습자 개개인의 수준을 파악하고, 각 개인이 수업과정에서 배울 수 있는 기회를 제공 받은 후 수행능력이 얼마나 향상되었는가를 확인해야 한다. 또한 학습자가 자신이 지니고 있는 능력 수준에 비추어 볼 때 얼마나 성실하게 최선을 다했는가를 평가하고, 아울러 각 아동들이 다른 학생들과 상호작용하고 협동하여 함께 일할 수 있는 능력과 팀의 구성원으로서 효과적으로 기능할 수 있는가를 평가해야 한다. 이는 학생에 대한 평가뿐 아니라 학습자 개개인의 학습만족도를 파악하기 위한 평가이기도 하다.

4. 초등학교 평가의 실제

가. 수행평가의 이해

1) 수행평가의 의미

지식은 사람이 새로운 정보나 사전 지식을 활용하여 개인적 의미를 창안해 냄으로써 형성된다. 즉 학교는 학습자들로 하여금 학교에서 학습한 지식과 기능을 학교 외의 현실세계에서 응용되는 것과 동일한 방법으로 응용해 보도록 해야 한다. 이러한 관점에서 보면 학습자는 세계를 능동적으로 해석하고 의미를 부여하는 구성자이다. 학습은 인간 자신의 다양한 인지전략이 복합적으로 활용되는 통합적이고 종합적인 성격을 띠게 된다. 따라서 평가는 학습자들에게 가치롭고 중요하며 유의미한 과제에 대하여 수행될 때 참다운 평가가 된다. 결국 수행평가를 요구하게 된 이유 중 하나는 평가와 교수-학습 과정에 대한 관점의 변화에서 찾을 수 있다.

수행평가는 학습자들이 스스로의 지식이나 기능을 발휘하여 특정 산출물을 만들어 내거나 구체적인 활동을 수행하게 함으로써 자신들의 지식과 기능 등을 직접 나타내 보일 수 있는 능력이 어느 정도인지를 평가하기 위해 설계된 평가방안으로 그 수행과정 및 결과를 직접 관찰해서 전문적으로 판단하는 평가방식이다. Haertel(1992) 역시 수행평가를 피평가자들이 특정의 산출물을 만들어 내거나 구체적인 활동을 수행하게 함으로써 자신들의 능력을 직접적으로 나타내 보일 것을 강조하는 평가방식으로 정의하고 있다. 따라서 수행평가는 주어진 답지에서 정답을 골라내는 '간접적인' 평가가 아니라 피평가자들이 직접 무엇을 만들어 내거나 활동하게 하여 평가하는 '직접적인' 평가이다.

2) 수행평가의 목적

수행평가는 구성주의 인식론을 바탕으로 하는 학습관에 기초하고 있는데, 구성주의에서 학습자는 자신의 경험을 구성하고 자신에게 의미 있는 지식의 정보를 적극적으로 학습하는 능동적 인식 주체이다. 수행평가의 궁극적인 목적은 교육의 질을 관리하기 위함이다(김재춘 외, 1998). 교사는 성취 기준을 정할 때, 수업 전략을 설계할 때, 학습동기를 부여할 때, 진단적 피드백을 제공할 때, 학습자의 진보를 평가하고 학부모와 같은 다른 사람들에게 평가의 결과를 전달하고자 할 때, 그에 적합한 평가를 다양하게 활용해야 한다(Herman et al., 1992). 수행평가의 목적에 대한 여러 학자의 주장을 종합하여 정리하면 다음과 같다.

- 학생이 인지적으로 아는 것도 중요하지만 그들이 아는 것을 실제로 적용할 수 있는지 여부를 파악하는 것도 중요하기 때문에 학생들의 적용능력을 평가하고자 하는 목적이다(Baron & Boschee, 1995).
- 여러 측면의 지식이나 능력을 지속적으로 평가할 수 있는 장점이 있기 때문에 지식과 능력의 활용능력을 평가하고자 하는 목적이다(Herman et al., 1992).
- 교육평가의 과정이 학생의 학습과 이해력을 직접적으로 조장할 수 있도록 하기 위함이다(Wiggins, 1989).

3) 수행평가의 특징

학습자의 단편적인 지적 성취만을 강조해 온 지금까지의 양적 평가보다는 학습자의 창의성, 문제해결력 등 고등사고기능을 기르기 위해 사용되는 질적 평가인 수행평가의 특징은 다음과 같다(백순근, 1997).

- 수행평가는 통제되거나 강요된 상황이 아닌 실제 상황에서 수행되는 평가이다. 수행평가는 개방적이고 자연스러운 상황에서 학습자의 학습과정과 결과를 평가한다.

- 수행평가는 학습자가 스스로 학습한 결과를 작성하거나 행동하는 것에 대한 평가이다. 수행평가에서는 무엇에 대해 알고 있는가(know what)뿐만 아니라 어떻게 하는지 아는 것(know how)을 파악하는 것도 중요하다. 즉 학습자 스스로 학습하는 능력을 통해 학습자의 인지적 사고와 문제해결능력을 파악한다.
- 수행평가는 단편적인 영역에 대한 일회적인 평가가 아닌 학습자의 개인별 변화나 발달과정을 관찰하거나 면담하는 등 다양한 평가방법을 통해 종합적이고 지속적으로 실시하는 평가이다.
- 수행평가는 개인 평가 못지않게 집단 평가를 강조하는 평가로, 객관적인 평가기준에 의하여 집단 중심의 성취 기준을 평가한다. 이때 수행평가는 학습자 간 상호 의존적인 활동을 유도해야 된다.
- 수행평가는 선발, 분류, 배치를 위한 목적으로 사용될 수도 있지만 학습자의 지적 수준을 진단하고 이해 수준을 높이며 개별 학습을 함양하는 데 활용되어야 한다.
- 수행평가는 학습자의 전인적 발달과 성장을 중요시하는 평가이다. 수행평가는 학습자의 인지적 영역뿐 아니라 정의적 영역, 심동적 영역에 대해 종합적으로 평가한다.

4) 수행평가의 기본 전제

- 교사는 학생을 제대로 알고 있어야 한다. 특히 개별 학생의 소질이나 특성을 제대로 파악하고 있어야 한다.
- 학생 개인의 처지와 상황을 고려해야 한다. 즉 개별 학생의 소질이나 특성, 처지나 상황을 고려하여 개인차를 최대한 존중해야 한다.
- 교사와 학생 사이의 인간적인 신뢰와 사랑이 있어야 한다. 교사가 학생을 사랑하고 그 발전 가능성을 믿을 때 학생의 성장·발전이 가능하며 학생 역시 교사를 신뢰하고 따를 때 교사의 충고를 받아들일 수 있다.

- 실제 상황에 근거하여 자연스러운 상태에서 이루어져야 한다. 교사가 학생을 평가할 때는 강요된 상황이나 통제된 상황이 아닌 학생이 실제로 처한 자연스러운 상태에서 수행해야 한다.
- 교사는 학생의 전인적인 측면을 고려해야 한다. 부분적이고 단편적인 측면에 대한 평가가 아니라, 학생 개인의 인지적인 측면과 행동 발달 상황, 흥미·태도 등의 정의적인 측면, 체격이나 체력 등 신체적인 측면을 종합적이면서도 전인적으로 고려해야 한다.

수행평가는 단편적인 영역에 대해 일회적으로 평가하지 않고 학생 개개인의 변화와 발달 과정을 전체적으로 파악하기 위해 종합적이면서도 지속적으로 평가하는 것이며, 궁극적으로는 교수-학습 과정을 개선하기 위한 것이다. 통제되거나 강요된 상황이 아니라 자연스러운 상황하에서 자기 나름대로 수행하는 것(말하기, 쓰기, 듣기, 그리기, 만들기, 행동하기 등)을 중심으로 하여 평가하기 때문에 학생의 개성이나 창의성을 충분히 고려하여 평가할 수 있다.

나. 초등학교 수행평가의 실제

초등학교에서 수립하는 학교 교육과정 운영 계획에는 학생의 평가에 관한 사항이 포함되어 있다. 여기에는 평가의 목적, 평가의 기본 방침, 평가의 종류와 방법, 평가 결과의 활용 등이 기재되어 있는데, 수행평가를 통해 과정중심 평가, 성장중심 평가가 이루어지도록 함을 주 내용으로 하는 경우가 많다. 수행평가 기준안은 교육과정 성취기준과 교과별 하위 영역을 분석하여 학년 초에 작성한다. 다음은 수행평가 중심으로 학생평가를 실시하고자 하는 초등학교 평가 추진 계획 예시이다.

○○초등학교 학생평가 추진 계획

1. 목적

수행평가 위주의 과정중심 평가 운영으로 학생의 배움과 성장에 기여하고, 학생의 평가에 대한 교사의 자율성과 책무성을 강화한다.

2. 방침

가. 평가는 학년의 계획하에 실시하되, 수행평가 등을 통해 다양한 방법으로 과정중심 평가를 시행한다.
나. 학생의 인지적, 정의적 능력에 대한 평가가 균형 있게 이루어지도록 한다.
다. 교수·학습과 평가가 분리되지 않도록 수업과 평가의 연계를 고려한다.
라. 학생의 활동상 특징, 진보 정도 등을 누가하여 기록한다.

3. 평가 종류 및 방법

종류	시기	대상	방법 및 내용
진단평가	3월	2~6	• 2학년: 국어, 수학 • 3학년: 읽기, 쓰기, 셈하기 • 4~6학년: 국어, 수학, 영어
과정중심 평가	수시	1~6	• 전 교과 • 지필, 실기, 관찰, 실험, 포트폴리오, 토의·토론 등 • 성취기준 중심 평가
정의적 영역 평가	수시	1~6	• 교과 및 학년 특성을 반영 • 협동, 책임, 흥미, 동기 등

4. 활용

가. 평가 결과는 성취기준에 도달하기까지의 과정 전반을 판단하는 데 활용한다.
나. 교과, 창의적 체험활동, 학교생활에 대한 누적적인 기록을 가정과 공유하면서 학생의 바람직한 성장을 촉진한다.
다. 교사는 평가 결과를 수업 개선 자료나 교재 개발에 활용한다.

초등학교 수행평가는 각 교과 영역을 골고루 반영하기 위해 교과서 단원의 주요 내용을 추출하는 경우가 많다. 그리고 평가 방법에서도 수행평가는 기존 지필평가 위주의 평가에서 벗어나 다양한 평가 방법을 활용한다. 수행평가 계획은 안내장 형태로 학생과 학부모에게 사전에 안내되며 학교·학급 홈페이지에 탑재된다. 평가 결과는 학교에서 자체 제작한 양식에 담임교사가 자유로이 기술하여 가정에 전달된다. 수행평가 결과를 확인하는 과정을 통해 학생은 자신의 생활을 되돌아볼 수 있고 학부모는 자녀의 학교생활을 상세히 파악할 수 있는 계기가 된다.

초등학교 수행평가는 학생의 변화와 성장을 돕는 데 주안점이 있으므로 평가 횟수를 한 번으로 국한하지 않고 여러 차례 실시할 수 있다. 그러므로 평가 계획수립 시 평가 기간을 넉넉하게 구성하여 최종적인 학생의 학습 상태와 결과를 기록에 반영할 필요가 있다. 그리고 평가 방법에서도 한 영역에 한 가지 평가 방법만을 사용하는 것에서 나아가 두 가지 이상의 평가 방법을 골고루 활용함으로써 평가 결과의 신뢰도를 높일 수 있다. 마지막으로, 수행평가는 학년 단위로 교육과정이 운영되는 초등학교 운영방식의 특성상 동학년 동료 교사와 함께 계획을 수립하는 것이 바람직하나, 학급별로 추진하는 프로젝트 주제가 다를 경우 학급 차원에서 수행평가 계획을 수립할 수도 있다. 다음은 초등학교 교과 및 창의적 체험활동 평가 계획 안내장과 평가 결과 알림장 예시이다.

〈○○초등학교 2021학년도 3학년 2학기 평가 계획 안내〉

학부모님 안녕하십니까? 자녀의 올바른 성장과 학교 발전을 위해 항상 관심을 가지고 협조해 주셔서 감사드립니다. ○○초등학교 2021학년도 3학년 2학기 평가 계획을 아래와 같이 안내하오니 자녀의 교육에 참고하시기 바랍니다.

교과	영역	성취기준	단원	평가내용	평가방법	평가 시기
국어	쓰기	[4국03-02] 시간의	3. 자신의 경험	자신이 경험한 것 중	서술형	10월

교과	영역	성취기준	단원	평가내용	평가방법	평가 시기
		흐름에 따라 사건이나 행동이 드러나게 글을 쓴다.	을 글로 써요	인상 깊은 일을 글로 쓰기		
	문학	[4국05-05] 재미나 감동을 느끼며 작품을 즐겨 감상하는 태도를 지닌다.	4. 감동을 나타내요	시를 읽고 감동적인 부분 찾아보기	구술형	10월
도덕	자연·초월과의 관계	[4도04-01] 생명의 소중함을 이해하고 환경 문제에 관심을 가지며 자연을 보호하려는 태도를 가진다.	6. 생명을 존중하는 우리	생명 존중을 위한 방법 찾아 생활 속에서 실천하기 (정의적 영역 포함)	자기 평가 (체크리스트)	11월
과학	파동	[4과08-03] 여러 가지 물체를 통하여 소리가 전달되거나 반사됨을 관찰하고 소음을 줄이는 방법을 토의할 수 있다.	5. 소리의 성질	우리 주변에서 생기는 소음을 찾고 소음을 줄이는 방법 토의하기	토의 토론	11월
체육	건강	[4체 01-02] 다양한 운동 수행을 통해 체력의 향상과 건강한 생활을 경험한다.	1. 건강 (2. 다양한 운동을 해요)	건강한 생활을 위해 규칙적인 운동이 필요하다는 것을 알고 실천하기(정의적 영역 포함)	실기 평가, 관찰 평가	9월
미술	표현	[4미02-05] 조형 요소의 특징을 탐색하고, 표현 의도에 적합하게 적용할 수 있다.	8. 쓸모 있고 아름답게	찰흙으로 그릇 만들기	실기 평가, 관찰 평가	9월
창의적 체험 활동	자율	학교 및 학급 행사의 의미를 알고, 활동에 적극적으로 참여할 수 있다.		학교 및 학급 행사 활동에 적극적으로 참여하기	자기 평가, 관찰 평가	수시
	동아리	지구 환경 지킴이 활동 방법을 알고, 바른 태도로 지구 사랑 실천에 참여할 수 있다.		지구 지킴이 활동에 참여하기	자기 평가, 동료 평가	수시

(경기도 S 초등학교 2021학년도 2학기 평가 계획 참고)

ㅇㅇ초등학교 배움 성장 알림장

( )학년 ( )반 ( )번 성명: 담임: (인)

배움 성장 기록(2021학년도 3~4월)				
	과목	단원	학습 내용	평가 결과
재구성(프로젝트) 주제 1				
재구성(프로젝트) 주제 2				
선생님 의견				
부모님 의견				
나의 다짐과 계획				

초등교육평가는 아동 간 비교를 위한 것이 아니라 아동이 특정 부분에 대해서 어느 정도 성장, 발전했는지 알아보는 성장참조평가적 성격을 지닌다. 또한 아동의 수행정도를 지속적으로 평가하는 방향으로 이루어져야 하기에 상대평가가 아닌 절대평가의 관점에서 평가가 이루어져야 한다. 즉 초등학교에서의 평가는 아동 성장의 측면에서 성장 과정을 지적·정의적 관점에서 그 진행 과정을 평가하는 방향으로 이루어져야 한다. 최근에는 학교현장에서 객관식, 주관식의 총합평가 이외에 수행평가, 서술형 평가 방식을 통해 아동들이 자신이 새롭게 알게 된 내용에 대해 이해한 정도를 다양한 방법으로 기술하고 표현하는 방식으로 평가가 이루어지고 있다.

CHAPTER

07

초등학교 아동

1. 아동 발달의 기본 이해
2. 발달이론의 제 접근
3. 인간 발달의 제 영역

1. 아동 발달의 기본 이해

가. 발달의 개념과 주요 쟁점

1) 발달의 개념

발달의 광의의 개념은 생명체의 출생 이후 사망까지의 계속적인 일체의 변화과정이며, 협의의 개념은 퇴보적인 변화과정을 제외하고 진보적인 변화과정으로 보는 것이다. 또한 '발달'이라는 개념은 동물이 아닌 인간 유기체에 적용되는 것으로 한정되며(Blyth, 1984), 유기체와 환경과의 끊임없는 상호작용의 결과로 나타나는 과정이다.

하지만 발달은 학자에 따라 다양하게 정의된다. Warren(1943)은 개체가 발생하면서부터 성숙으로 옮겨가는 과정에서 일어나는 구조나 형태의 변화라 보고 있으며, Koffka(1925)는 유기체의 양적 증대, 구조의 정밀화, 기능의 유능화로 보고 있다(민영순, 1984 재인용). 특히 Spranger(1928)는 긍정적인 목표를 지향하여 변화할 때는 발달이라고 하지만, 쇠퇴·퇴화처럼 반대 방향으로의 변화는 발달과 구별된다고 하였다.

Hurlock(1985)은 발달은 순서가 있고 전후 맥락을 가진 한 패턴을 이루어 진행되는 점진적인 계열의 과정이라 전제하며, 다음과 같이 설명하고 있다.

① 크기의 변화

신체적 성장뿐만 아니라, 지적·정신적 발달에서도 증가 현상을 보인다. 신장, 체중, 흉위 등의 증대, 심장, 폐, 위, 내장 등 기관의 구조 변화, 사고력, 추리력 등이 증가한다.

② 비율의 변화

신생아와 성인의 신장, 체중, 흉위(가슴둘레), 머리의 비율이 성장함에 따라 변화하여 차이를 나타내는 것으로, 수태에서 출생까지는 머리부분이 가장 빠른 속도로 성장하여 생후 1년간은 몸통이 가장 빠른 성장을 보인다.

③ 새로운 특징의 획득

신체적·정신적 발달에 의하여 영아기에는 보행의 시작, 유아기에는 언어 발달, 아동기에는 신체 성장, 청년기에는 성적 발달이 나타나는 것으로, 영구치(永久齒), 예술, 취미, 흥미 등이 있다.

④ 낡은 특징의 소멸

신체가 성장 발달함에 따라 여러 가지 신체적·정신적인 면의 특징이 없어진다. 예를 들면, 신생아의 유치, 여러 가지 반사 작용이 없어지는 것을 들 수 있다. 또한 송과선(두뇌 하단부), 흉선(가슴 부근), 아기의 옹알이, 어린 아동의 생각보다 행동이 앞서는 경향성 등이 해당된다.

종합하여 정리하면, 발달이란 일반적으로 인간의 생명이 시작되는 수정의 순간에서부터 죽음에 이르기까지의 전 생애를 통해 이루어지는 모든 변화의 양상과 과정을 의미한다. 즉 성숙한 남녀의 만남을 통해서 잉태된 한 인간이 임신에서부터 죽기 전까지 전 생애에 걸쳐 일어나는 점진적이며 연속적인 적응의 변화 과정을 총칭하는 말로, 변화의 모든 특성적 영역을 포함하고, 긍정적 변화와 부정적 변화 모두를 발달로 본다. 긍정적 변화는 양적으로 증가하고 기능이 상승하며, 구조가 더욱 복잡해지는 것으로 주로 아동기와 청년기가 해당되고, 부정적 변화는 양적으로 감소되고 기능이 저하되며 구조가 쇠퇴하는 변화로 주로 장년기와 노년기가 해당된다.

한편 인간 발달에는 성장에 의한 발달과 학습에 의한 발달의 2가지 형태가 있다. 즉 자라나는 변화 속에는 선천적인 소질이 연령과 더불어 점차로 증대되는 것이 있으며, 후천적인 조건, 특히 연습에 의한 변화도 있다. 성숙은 성장의 어느 수준에 이르는 발달이고, 학습은 어떤 특정 자극의 특별 조건에 의존하는 행동의 변화이다. 먼저 성장에 의한 발달에는 신체, 체중, 흉위, 골격, 신경조직 등의 신체적·생리적인 변화가 있는데, 그 변화가 양적으로 증대하여 구조와 기능이 복잡화되어 간다 하여도 환경 조건과 학습 등에 의하여 크게 좌우되지는 않는다. 즉 성장은 대체로 신체적인 면이 변화하여 자라는 것을 말하며, 시간의 경과와 더불어 비교적 외적 조건, 즉 환경이 영향을 받지 않는 발달 변화를 말한다. 학습은 경험의 산물로서 연습이나 훈련에 의해 이루어지는 발달적 변화이다. 개인차가 있기는 하지만 학습에 의하여 변화를 가져올 수 있다.

성숙과 학습은 다 같이 유기체의 발달을 돕는 데 필요한 조건이고, 보다 중요한 것은 학습할 수 있는 성숙의 시기를 찾는 것이다. 예를 들어, 유아가 말하기 시작하는 것은 12개월 전후인데, 6개월 때부터 특별한 자극을 준다 해도 말을 할 수는 없다. 즉 어떤 기능의 숙련이나 능력을 획득하려면 그 학습에 적절한 뇌척추 신경계의 성장이 선행되어야 하며, 학습이 가능한 시기가 전제되어야 한다.

2) 발달의 주요 쟁점

발달심리학에 관한 이론들 가운데 인간에 대해 서로 다른 가정들을 하고 있는 경우가 있는데, 주요 쟁점은 다음과 같다.

① 천성 대 양육 이슈

아동의 발달에 있어서 '유전이 중요한가? 환경이 중요한가?' 다시 말해, 인간 발달이 주로 천성(유전)의 결과인가 아니면 양육(환경)의 결과인가에 관한 논쟁이다. 이에 대해 유전론자는 인간의 행동은 유전적 요소, 생물학적 성숙 및 신경학적 기능에 의하여 결정된다고 보고, 환경론자는 발달에 미치는 물리적·사회적 환경의 영향을 강조한다. 유전을 지지하는 사람들은 임산부에게 좋은 영양을 섭취할 것을 권장하며 환경론자들은 취학 전 교육프로그램에 관심을 가지게 된다. 현대 연구자들은 복잡한 인간 속성들은 생물학적 성향과 환경적 힘이 오랜 기간 동안 상호작용한 결과임을 강조한다.

② 능동 대 수동 이슈

아동이 경험을 능동적으로 추구하고 창조하는 존재냐 아니면 수동적으로 받아들이는 존재냐 하는 것이다. 이는 교사나 부모 등의 양육자들이 아동을 다루는 방식을 결정할 때 아동이 결정하느냐 양육자가 결정하느냐의 문제로, 전자는 아동을 능동적인 존재로, 후자는 수동적인 존재로 본다. 능동적인 입장은 개방적 학습자 중심 교육을 강조하며, 수동적인 입장은 지시적이고 구조화된 교수법을 선호한다.

③ 연속성 대 비연속성 이슈

발달적 변화는 점진적으로 일어나는가 아니면 새로운 형태의 행동을 보이는 큰 단계로 일어나는가 하는 것이다. 즉 우리가 경험한 발달적 변화가 매우 점진적으로 일어난다고 생각하는가? 아니면 이러한 변화들이 오히려 급진적이라고 말하겠는가?의 문제이다.

아동을 수동적이라고 여겨 환경의 영향을 강조하는 이론가들은 발달적 변화를 연속적이며 점진적인 것으로 보는 반면, 발달을 몇 개의 단계로 나누고 각 단계마다 아동의 능력과 행동이 질적으로 다르다고 보는 이론가들도 있다.

④ 아동 발달의 안정성에 관한 문제

조기에 형성된 행동이나 개인의 특성에 의거하여 이후의 행동을 예측할 수 있을지의 문제로, '짜증을 잘 내는 영아는 커서도 짜증을 잘 낼까?'와 같은 문제이다. 이러한 질문에 확고한 대답을 하기는 어려우나 일반적으로 행동이나 능력, 성향 등은 나이가 들수록 안정성이 커진다고 한다. 예를 들어 2세 때 측정한 지능지수로 성인이 되었을 때의 지능을 예측하는 것보다 초등학교 때 측정한 지능지수로 예측하는 것이 더 정확하다.

⑤ 일관성에 관한 문제

집에서 공격적인 아동이 학교에서도 공격적일까?와 같은 문제로, 이에 대하여 환경론자들은 일관성 없다는 입장을 취하고 있으며 생물학적 특성을 강조하는 이론가들은 일관성 있다고 주장한다.

나. 발달의 기본 원리

발달은 유기체와 환경의 계속적인 상호작용의 과정으로 분화와 통합의 과정을 통해 이루어진다. 또한 그 속도와 시기에는 개인차가 있지만 일반적인 원리가 있다.

발달의 일반적인 원리에는 발달은 성숙과 학습의 상호작용 결과이며 분화와 통합의 과정이라는 점, 발달에는 일정한 방향과 순서가 있다는 점, 장기적 발달은 계속적이지만, 단기의 성장은 불규칙적이며 발달의 속도에는 개인차가 있기 때문에 발달경향의 예언은 연령 증가에 따라 점점 어려워진다는 점, 그리고 발달에는 주기성이 있으며, 발달 초기 단계는 일생에서 가장 중요한 결정적 시기라는 점이 있다. 인간발달의 기본 원리를 종합하면 다음과 같은 성격들이 있다(Jersild, 1960; Shaffer, 2000).

- **적기성** : 모든 발달은 각 단계에 맞는 과업이 있다.
- **기초성** : 유아 경험의 기초성이 중요하다. 지적·정의적·사회적·도덕적 발달을 위한 문화적 자극의 부족은 그것이 어릴 때와 관계되는 것일수록 발달에 주는 장애가 크다.
- **누적성** : 인간 발달은 연속적이고 누적적인 과정이다. 변화는 계속되며 생의 각 중요한 단계마다 발생하는 변화는 미래에 대해 중요한 시사점을 가질 수 있다. 앞 단계에서 잘못되면 다음 단계에서는 더욱 잘못되고, 앞 단계에서 잘 되면 다음 단계에서는 더 잘 된다는 기제이다. 이는 발달 단계가 계열적으로 연결되어 있

기 때문에 나타나는 현상이다.

- **총체적 과정** : 발달이란 부분적인 것이 아니라 총체적인 것이다. 인간은 신체적·인지적·사회적 존재이다. 발달의 각 요소들은 부분적으로 서로 다른 발달 영역에서 발생하는 변화에 의존한다.
- **가소성** : 긍정적이거나 부정적인 삶의 경험에 대한 반응 안에서의 변화를 위한 역량이다. 가소성은 정상적인 발달이 바람직한 환경적 경험에 의해 촉진되는 과정과 바람직하지 못한 환경으로 인해 발달이 위축되고 억제된 상태로부터 환경이 정상화되면 정상적으로 회복되는 과정을 모두 포함한다.
- **불가역성** : 전 단계에서 잘한 것이나 잘못한 것이 다음 단계에 영향을 끼치기는 하나, 역으로 후 단계의 잘잘못이 전 단계에 영향을 주거나 교정, 보충하는 데는 한계가 있다. 빈곤한 영양 환경과 문화 환경에서 기초와 적기를 놓쳤을 때, 다음에 풍부한 영양과 문화 자극을 준다 해도 빈약해진 체격과 지능은 크게 회복되지 못한다.
- **역사적·문화적 맥락** : 각각의 문화, 사회계급은 특별한 신념, 가치, 관습, 기술을 젊은 세대에게 전한다. 이 문화적 사회화의 내용은 개인이 보여주는 속성과 능력에 강한 영향을 미친다. 발달은 또한 사회적 변화에 의해서 영향을 받는다.

다. 아동기 발달원리의 시사점

첫째, 아동 발달에는 순서가 있으며, 이 순서는 일정하다. 아동의 발달을 살펴보면, 신체의 발달은 머리에서 다리 혹은 위에서 아래의 방향으로 이루어지며 신경은 중추에서 말초로 발달한다. 또한 아동은 수정을 거쳐 태어나서 앉을 수 있게 되고 걸을 수 있게 되며 뛸 수 있게 된다. 아동에게 너무 쉬운 내용은 흥미를 상실시키고, 아동에게 너무 어려운 내용은 좌절, 흥미 상실, 무조건적 암기를 유도하게 한다. 따라서 초등학교 교육은 아동 발달의 단계에 적절한 교육과정을 마련하여야 한다.

둘째, 발달은 연속적인 과정이나, 발달의 속도는 항상 일정하지 않다. 아동의 발달은 속도는 일정하지 않지만 지속적으로 진행된다. 예를 들어, 신체의 발달은 아동기와 사춘기에 급격한 증가를 나타내지만 다른 시기에는 발달의 속도가 느려진다. 따라서 교사는 아동의 발달 수준을 파악하고 활성적인 교실을 마련해 주어야 한다. 아동의 발달 수준을 파악할 수 있는 방법으로, 언어, 구체물, 지필평가, 관찰을 통한 방법 등이 있으며 이를 통해 교실 환경 조성, 교사의 역할, 학교의 일정표 등에 반영할 수 있다.

셋째, 발달은 성숙과 학습에 의존한다. 발달은 유전적 요인과 환경의 상호작용의 결과로 이루어진다. 물론 발달과정에 있어 유전과 환경 중 어느 것이 더 중요한가에 대한 명확한 연구결과를 도출하지는 못했지만, 두 요인은 발달의 필수적인 요인이며 각각의 작용보다는 상호작용의 효과가 더 높은 것으로 받아들여지고 있다. 그러나 교육적 행위의 성격상 자연적 성숙보다는 의도적 학습의 결과에 주의를 기울여야 한다. 따라서 수업이 아동의 학습을 위한 조직적 활동으로서 교육내용 선정과 제시방법을 포함하는 것으로 아동 주변의 환경적 경험을 제공하는 것을 의미한다는 점에서, 초등교육은 아동의 활동적 조작을 강조함으로써 아동이 주변 환경에 대해 적극적이고, 능동적이고, 자기주도적인 지식의 구성자가 되도록 조장해야 한다.

넷째, 발달은 공통적인 변화의 과정을 따르지만, 개인차가 있다. 모든 사람이 보편적인 성장과정을 거치지만, 개개인을 살펴보면 분명 뚜렷한 개인차가 있다는 것을 이해해야 한다. 조급한 교육은 오히려 아동 성장과 발달에 방해가 된다. 학습은 '성숙 후에 경험 제공'이 되어야 하기 때문에 조급하게 경험을 제공하는 것은 의미가 없고 자신감 상실, 학습 혐오, 필요한 능력을 공고히 할 기회 상실 등의 결과를 초래하여 성장에 오히려 방해가 된다. 이는 Lorentz(1963)의 결정적 시기(critical period)와 같은 개념으로, 발달적 입장에서 본 동기 관점이고, 인지 발달의 가속화는 전체로서의 발달을 저해한다. 따라서 초등학교에서의 교육은 아동의 발달 수준에 맞게 이루어져야 한다.

다섯째, 발달의 각 측면은 서로 밀접히 연관되어 있다. 예를 들어 신체적 발달과 지적 발달, 성격 발달은 독립적으로 이루어지는 것으로 생각할 수는 없다. 따라서 초등학교 교육과정은 발달적으로 구성되어야 한다. 발달에 대한 지식은 교육과정을 분석하는 훌륭한 도구이다. 발달의 입장에서 본 교육과정의 구조적 문제와 발달의 입장에서 본 각 교과의 문제 사례를 이해하여야 하고, 교사의 역할은 학교 교육과정, 발달적 교육과정, 개인적 교육과정의 조화와 일치를 꾀하는 것이다.

2. 발달이론의 제 접근

가. 신경생물학적 접근(neurological approach)

인간은 고등동물이라는 전제하에 인간의 신경계, 염색체, 호르몬, 해부학적 구조, 뇌, 유전을 연구하는 심리학의 접근방법이다. 예를 들어, 공격행동을 신경생물학적으로 연구하는 심리학자는 공격적인 사람과 그렇지 않은 사람의 호르몬 분비 유형을 연구하고, 우울한 사람이 자살을 시도하려고 할 때는 뇌의 중추에 미세한 자극을 주어 우울감을 감소시키는 접근방법을 연구한다. 신경생물학적 접근은 동물을 대상으로 연구한 결과를 인간의 심리, 행동연구에 적용하여 접근방법의 한계를 극복하고자 한다.

나. 학습이론적 접근(learning approah)

학습은 경험에 의한 비교적 지속적인 행동의 변화라고 정의할 수 있다. 이는 환경결정론(environmental determinism)적 입장으로, 아동의 발달과정에 선천적인 기질이나 개인차를 인정하지 않는다.

1) 행동주의적 접근

인간의 심리보다는 눈으로 볼 수 있고, 측정할 수 있는 '행동'을 연구 대상으로 하고, 환경 자극에 의해 인간의 행동이 결정된다는 환경결정론적 입장을 취하는 접근방법으로, 인간의 내적 과정에는 관심이 없고, 인간의 인지과정을 암흑 상자(black box)에 비유하여 환경 자극에 수동적으로 반응하는 반응체로 본다. 관찰과 측정이 가능한 유기체의 외적 활동을 강조하고, 인간의 의식적 경험을 고려하지 않는다. 대표적인 학자와 학설로, Thorndike의 시행착오설(연합설, 결합설, 효과설), Pavlov의 조건반사설(고전적 조건화설), Skinner의 도구적(작동적) 조건반사설 등이 있다. 이는 심리학자들이 측정의 필요성과 객관성을 지각하는 데 기여하였고, 이 접근은 환경 자극을 통제하고, 결과에 따른 보상과 처벌을 통제함으로써 인간의 행동을 수정하고 치료하는 것이 가능하다는 시사점을 준다.

2) 사회학습이론적 접근

Bandura의 관찰학습, 대리적 강화는 사회적 학습이 행동과 성격의 발달에 주요한 역할을 한다는 것을 주장한 것으로, 인간의 행동은 주변 사람들의 행동을 관찰하고 모방하는 관찰학습을 통해 형성되는 것이다. 따라서 사회학습이론가들은 관찰학습을 강조한다. 모방(imitation)은 다른 사람의 행동을 그대로 따라하거나 베끼는 것이고, 모델링(modeling)은 모방뿐만 아니라 모델의 행동을 관찰하거나 다양한 강화를 통해 그들의 행동과 특성을 파악하는 것까지 포함한다.

다. 인지론적 접근(cognitive approach)

인간을 외부 환경의 수동적 반응체로 보지 않고, 세상을 받아들이는 자료를 적극적으로 처리해서 정보를 만들고, 그 정보를 가공하는(새로운 형태와 범주로 전환) 능동적인 존재로 보는 심리학의 접근방법이다. 예를 들어 행동적 접근은 로봇의 외형적인 행동과 하드웨어에만 관심이 있지만, 인지적 접근은 로봇이 외부 현실의 문제를 풀 때 로봇의 소프트웨어가 어떻게 작동되고 처리되는지에 관심을 갖고 그 과정을 알고자 한다. 인간의 심리와 심리과정을 정보처리 체계에 비유하고, 인간을 환경에 능동적으로 적응하며 지식을 구성해 나가는 적극적인 존재로 본다.

인지론적 접근은, 인간 지능의 내적 정신과정에 대해 객관적·과학적인 방법으로 연구하는 것으로, 인지란 감각기관을 여러 가지 방법으로 변형하고 부호화하고 기억 속에 저장한 다음 그것을 다시 사용할 경우 인출하는 정신과정이다.

라. 정신분석학적 접근(psychoanalytic approach)

정신분석은 인간의 무의식적인 과정을 설명하고, 인간의 정신을 분석하는 접근방법으로, 기본적으로 거의 모든 인간 행동이 무의식적 과정(unconscious process)에 의해 지배된다고 가정한다. 무의식은 주로 충동, 사고, 공포, 원망, 공격성, 성욕과 같은 원초적 본능들로, 인간의 심리와 행동을 지배하는 무의식은 정신세계의 밑바닥에 잠겨 있으며, 인간의 의식 세계는 빙산의 일각에 불과하다. 그런 무의식이 인간의 심리와 행동 전반을 지배한다고 보며, 이런 정신분석학적 접근에는 인간 행동의 원천인 무의식을 분석하는 꿈의 해석과 자유연상법이 있다.

정신분석학적 접근에는 Freud의 심리성적 이론과 그의 영향을 받은 Erikson의 심리사회적 접근이 대표적이다. Freud는 원초아(id), 자아(ego), 초자아(superego)의 구조와 기능의 변화과정으로 성격형성을 분석하고 성격 발달적 특징을 원초아의 리비도가 표출되는 양상의 변화에 따라 구강기, 항문기, 남근기, 잠복기, 성기기의 5단계로 나눈다. Erikson은 전 생애에 걸친 발달과정을 이론적으로 체계화한 최초의 학자로, 위기는 긍정적 경험과 부정적 경험이라는 양극적인 형태를 취할 수 있는데 이 위기를 어떻게 극복하고 통합하느냐에 따라 성격 발달이 결정된다고 본다. Erikson, Jung, Adler와 같은 신프로이트학파는 사회·문화적인 영향을 강조하며, 특히 사회적인 대인관계를 중시하여 인간 행동의 동기를 미래지향적인 관점에서 목적과 관련시켜 파악한다.

마. 인본주의(인간주의)적 접근(humanistic approach)

전통 심리학(행동주의)과 정신분석학을 비판하면서 새로이 등장한 제3의 심리학으로서 실존주의에 바탕을 둔다. 인간주의 심리학은 건강한 인간을 대상으로 하는 성격심리학으로부터 도출되었다. 1940년대 Kierkegaard, Sartre 등의 실존주의 철학에 영향을 받아 인본주의적 접근, 현상학적 접근이라고도 한다. 이러한 접근은 사람이 세상을 보고, 경험하고 있는 지금－여기서의 사상들이나 현상을 이해하려고 하며, 그런 현상을 이해하기 위해 어떤 이론이나 선입관, 과학적 방법론도 무시한다. 특히 인본주의적 접근은 인간을 스스로 자신을 통제할 수 있는 자유로운 행위자로 보며, 자유의지를 갖고 있는 존재이므로 자기 인생을 스스로 책임지고 창조해 나갈 수 있다고 본다. 또한 경험하는 인간에 관심을 집중시키고 인간 연구에 있어서 일차적 현상으로서 경험에 초점을 둔다.

바. 생태학적 접근(ecological approach)

생태학적 접근은 개인이 몸담고 있는 실생활의 맥락에서 아동을 이해하고자 하는 접근으로서 '실험실에서 삶으로'(Datan et al., 1987)의 전환을 촉구한다. 가족, 지역사회, 문화 등 인간의 생태환경을 체계적으로 구조화하고, 개인과 환경과의 관계로 인간 발달을 이해하려는 시도로서 각 문화권 특유의 발달양상을 찾으려 한다. 대표적 학자인 Bronfenbrenner(1994)는 생태환경을 가까운 것에서 먼 것으로 4

개 층으로 구분하고 있다.

- **미시체계**(microsystem) : 가정, 학교, 또래처럼 아동 발달에 직접적 영향을 미치는 환경으로, 아동이 성숙함에 따라 발달에 미치는 영향력과 비중이 달라진다.
- **중간체계**(mesosystem) : 아동이 적극적으로 참여하는 미시체제 맥락들 간의 상호관계로, 학교와 또래집단의 특성은 상호관계를 가지며 중간체계를 형성한다.
- **외체계**(exosystem) : 아동 발달에 영향을 미치지만 직접적이지는 않은 환경으로서 부모의 직장, 이웃, 교회 등이다.
- **거시체계**(macrosystem) : 중간체계와 외체계를 포괄하는 체계로서 각 문화권 특유의 가치, 태도, 신념, 이데올로기 등이다.

3. 인간 발달의 제 영역

아동기의 신체발달 및 운동기능의 발달은 중요한 의미를 갖는다. 신체기관이 양적으로 커지고 구조가 정밀해지고 기능이 능률적으로 되어가는 과정과 함께 인간은 환경을 조절하면서 삶을 영위해 간다. 또한 새로운 행동의 형성이라는 의미에서 신체발달은 운동능력에 영향을 주며, 운동능력은 인간 행동 및 사회적 적응과 깊은 관련을 갖는다.

가. 신체 및 운동 발달

1) 신체 발달

가) 신체 발달의 기본 원리

신체 발달은 일정한 순서와 방향이 있다. 상부에서 하부로 발달하는데 태아의 머리, 뇌, 눈은 다른 하부보다 먼저 발달한다. 또한 신체의 중심 가까운 데서 먼 곳으로 발달하는데 머리와 몸체, 팔다리, 손가락, 발가락을 들 수 있다. 그리고 전체 활동에서 특수 활동(mass-to-specific), 즉 전체 근육에서 특수 근육으로 발달하며, 보행 시 전체 근육의 사용에서 점차 필요한 특수 근육만을 사용한다. 발달의 이전 단계는 다음 단계의 기초가 되며, 한 단계에서 다음 단계로의 이행은 보다 높은 차원의 발달이 이루어짐을 의미한다. 또한 신체 발달은 연속성 및 적기성이 있는데 전 단계를 기초로 해서 다음 단계로 변화하는 개체의 내적 충동에 의한 연속적 과정으로 이루어진다. 그러나 신체 각 부위의 발달 단계에 따른 속도는 일정하지 않다. 그러므로 특정한 시기에 적절한 여건을 조성해 주지 않으면 정상적인 발달에 장애가 있을 수 있다. 다음으로 개인차 및 상호 관련성을 들 수 있다. 신체 발달은 보편적인 공통성이 있지만, 발달 속도와 발달 유형에는 개인차가 있으며 남녀 간의 성차도 있다. 이러한 개인차는 훈련방법, 동기유발, 학습 기회, 연습량, 신체 변화 등에 의한 요인일 수 있다. 발달의 제 영역은 서로 유기적인 상호작용을 하면서 통합적인 인격체로 발전하게 된다.

나) 신체 발달의 특징

아동기는 초등학령기로 생활 경험의 폭이 다양화됨으로써 신체적·정신적으로 많은 변화와 성장을 가져오는 시기이다. 학교생활에서의 일정한 규칙과 규범으로 인해 이전의 자유스런 행동을 할 수 있었던 환경과는 다른 환경을 접한다.

① 신체 발달 시기 및 속도

신체 발달은 일반적으로 유아기에 가장 빠르고, 다음으로는 청년 전기 즉 사춘기에 빠르다. 아동기에 들어서는 그 성장이 완만해지고 안정되며 청년 말기에 이르러 거의 정지된다. 아동기는 영유아기에 비해 신체적 변화가 확연하게 보이지는 않지만, 운동기술 및 지적인 면의 발달에 극적인 진보가 가능해지는 시기이다. 신체의 각 기관은 일률적으로 발달하는 것이 아니라, 체중이 증가하는 충실기와 신장이 발달하는 신장기가 주기적으로 반복된다. 신체비율이 거의 성인과 비슷해지고, 다리의 성장과 더불어 유아기 지방이 빠져 날씬해 보인다. 학령기에 들어서면서 유치가 빠지고 영구치가 나오기 때문에 얼굴 모습이 변하여 귀여운 아기 모습이 사라진다.

학령기의 아동들은 매년 약 5~7cm씩 키가 크고 몸무게는 매년 평균 약 2~3kg씩 증가한다. 운동 기능의 발달은 뚜렷한 변화를 보이며 유아 시기보다 유연하고 협응된 활동을 할 수 있다(Tanner, 1970). 근육의 성숙과 힘의 증가로 아동은 점차 빨라지고, 강해지고, 민첩해지고 춤, 놀이, 운동 등의 활동을 통하여 유연성, 균형, 협응능력 등이 발달한다.

② 신체 발달의 성차와 개인차

발달의 시기 및 속도에는 성차와 개인차가 있으며 유전적 요인뿐만 아니라 환경적 요인의 영향도 작용한다. 여자는 신장에 있어서 10~12세, 체중에 있어서 11~13세 사이에 남자보다 앞서나 그 외의 시기에는 남자가 일반적으로 앞선다. 11세경부터 여아가 더 우세하여 초등학교 5~6학년이 되면 여아가 남아보다 성장 속도가 빨라지는 경향이 있다. 이는 급격한 성장률을 수반하는 사춘기의 변화가 남아보다 약 2년 정도 먼저 시작하기 때문이다. 아동기는 일생 동안 유일하게 여자가 남자보다 더 큰 시기이지만, 12~13세경에 남아는 성장급등을 시작하여 이러한 경향은 역전된다(Tanner, 1990).

체중의 경우도 10~12세경에는 여아가 남아보다 더 나간다. 그러나 아동기 체중의 증가는 지방보다는 근육에 집중되고, 남아가 여아에 비해 근육세포가 많기 때문에 아동기 말부터 청년기에는 남아가 힘이 더 강해진다(Michael, 1990). 사춘기가 되면 남아는 근육질이 되어 힘과 속도가 우세한 반면, 여아는 체지방이 많아지기 때문에 곡선미가 나타난다.

③ 신체 발육 상황

신체 발육 상황은 사회경제적으로 상류층일수록 발달이 좋으며, 지능이 좋은 아동들이 일반적으로 성장이 양호하다. 아동의 신체 발달과 지적인 발달은 불가분의 관계이다. 신체적 특징과 인성과의 관계에 있어서 신체적 결함이 있거나 건강하지 못한 아동은 정상적인 정신 발달이 어려울 수 있으며, 반대로 지적·정신적 발달이 신체의 발육에도 영향을 미칠 수 있다. 예를 들어, 신체가 빈약한 아동은 소심하고 겁이 많으며 대체로 걱정이 많으며, 상대적으로 크고 튼튼하며 힘이 센 아동은 쾌활하고 창조적이며 자기를 표현하는 데 적극적이다(Mussen, 1979). 다른 예로 뇌하수체의 결핍이라고 생각했던 아동을 성장호르몬을 주입하지 않고 병원에 입원만 시켰는데 성장이 가속화된 사례도 있었는데 이는 아동이 가정에서 심한 스트레스를 받고 있기 때문이었다(Powell et al., 1967). 이처럼 신체적 특징은 아동 자신의 태도와 관심뿐만 아니라 다른 사람들의 아동에 대한 기대와 태도에도 영향을 주기 때문에 아동의 사회적 성격의 발달에 서로 영향을 준다.

2) 운동 발달

가) 운동 발달의 기본 원리

특수한 운동은 전체 운동에서 분화하며, 신체의 상부에서 하부로 향하여 진행한다. 운동 발달의 기본 원리는 다음과 같다.

① 신경 및 근육의 성숙에 의존한다.

아동의 운동 발달은 신경계의 발달과 병행한다. 예를 들어 소뇌의 발달은 아동이 신체의 균형을 잡게 되는 근거가 되고, 대뇌의 발달은 기술적 운동을 조절하는 것과 관련이 깊다. 또한 근육조정 능력과 관련된 수의근의 발달이 이루어져야 신체 조정이 가능하다.

② 성숙 이후 기술 습득이 가능하다.

아동에게 어떤 특정한 기술을 가르치는 일은 그에 필요한 신경계통과 근육이 충분히 발달한 후에야 가능하다. 예를 들어 대소변 가리기, 걷기, 계단 오르기 등이다.

③ 일정한 순서로 진행한다.

운동 발달의 순서는 두미 발달의 원칙, 근원 발달의 원칙, 세분화 발달의 원칙이 있다. 즉 머리에서 발 방향으로, 중심에서 말초로, 대근육 운동에서 소근육 운동으로 발달한다.

④ 발달의 기준이 존재한다.

평균 연령에 기초하여 운동 기능 발달을 예측할 수 있다. 이는 유아 발달의 정상성을 평가하는 데 사용된다.

⑤ 운동 기능 발달에는 개인차가 있다.

아동들의 발달이 비슷한 형을 따르지만 세부적인 측면에서는 개인차가 있다. 예를 들어 어떤 아이는 10개월에 걷는가 하면 어떤 아이는 15개월이 되어야 걷는다.

나) 운동 발달의 특징

운동 형태의 발달과 운동 기능의 발달로 구분할 수 있다. 먼저 운동 형태의 발달(motor pattern)은 걷기, 달리기와 같이 어떤 행위를 수행할 때 형성되는 일련의 기본적인 움직임에 관한 발달이다. 영아기에는 주로 운동 형태만 나타낸다. 운동 기능의 발달(motor skills)은 운동 형태를 보다 정밀하고 정확하게 하는 능력에 관한 발달이다. 유아기, 아동기에 운동 형태와 함께 많은 운동 기능을 획득해 나간다. 운동 기능은 대근육 운동과 소근육 운동 기능으로 구분된다. 운동기능의 발달단계(Gallahue, 1982)는 반사적 동작, 초보적 동작, 기본적 동작, 스포츠와 관련된 동작으로 구분할 수 있다. 반사적 동작으로는 생존을 위한 생존반사와 나중에 사라지는 특수반사가 있다. 초보적 동작으로 반사적 행동이 줄고, 목을 가누고 앉고 걷는 기초 동작이 나타난다. 기본적 동작으로 2~6세까지 유아기에 차기, 던지기, 달리기 등의 동작을 할 수 있다. 스포츠와 관련된 동작은 아동기에서 청년기까지 지속적으로 발달하는 단계이다.

특히 아동기는 근육과 신경계통의 점진적 성숙으로 대근육 및 소근육 운동 기능이 발달(Cratty, 1986)하며, 다양한 스포츠 활동에 참여하기 시작하여 또래 관계와 규칙 등 팀 구성원들과 협동하는 경험을 갖게 된다. 또한 소근육 운동의 발달로 유아기에 할 수 없었던 복잡한 활동이 가능해지며, 신체의 통제를 더 잘할 수 있다. 점차 강해지고, 빨라지고, 민첩해지며 정교해져서 유연성, 균형성, 협응성이 향상되는데, 이는 성숙과 학습의 상호작용에 의하여 이루어진다.

학습에 앞서 성숙이 이루어져야 각종 운동을 할 수 있다. 일단 아동이 신체적으로 준비가 되면 아동의 동기, 학습의 기회, 연습 및 지도에 따라 운동 발달이 다르다. 타고난 호기심으로 주위 환경을 탐색하는 것이 운동기술을 발달시키며, 여러 운동기술을 사용할 학습의 기회가 필요하다. 이 시기에는 당장 필요한 것이 아니라도 기초적인 운동 기능을 익히려고 노력하는 경향이 있고, 능숙하게 할 수 있을 때까지 계속 반복하며, 이러한 반복을 즐기는 영웅심리를 보인다.

아동기 운동의 발달은 운동의 세기, 속도의 발달 2가지 관점에서 고려될 수 있다. 운동의 세기는 연령, 건강 상태, 신장, 체중에 비례하여 증가하며 남아가 여아보다 강하다. 속도의 발달에 있어서는 연령에 따라 규칙적인 성장을 보이는데 7~12세 아동의 경우 남아는 여아보다 더 빨리 달리고 높이 뛰며, 멀리 던지고, 17세 경까지 운동능력이 계속적으로 발달한다. 13세 이후로 성차는 더욱 커지고 남아는 운동능력이 향상되는 반면 여아는 그 상태를 유지하는데 남아는 대근육을 사용하는 운동에서 우세하고, 여아는 소근육을 사용하는 활동에서 우세하다(Cratty, 1986; Lansdown & Walker, 1991).

한편 학령기 아동의 운동 기능에 대한 문화적 영향에 있어서는 과거의 남아와 여아의 기능 숙달에 대한 문화적 압력이 최근에는 약화되고 있다. 또한 학령기의 증가하는 운동 기능은 아동 자신뿐만 아니라 다른 사람에 대한 잠재적인 위험과 결부될 수도 있다.

3) 아동기 신체 발달 및 운동기능 발달의 교육적 시사점

아동기의 신체 발달은 새로운 경험의 촉진으로 다양한 경험을 가능하게 하여 인지적 및 사회적 발달에 직간접적으로 영향을 준다. 또한 신체적 성장과 발달의 정도는 개인의 요구와 필요, 행동과 적응, 경험뿐만 아니라 대인관계에서 다른 사람의 반응에도 영향을 주며, 신체발달은 개인의 행동과 경험, 사회적 반응과 자아개념 형성에 중요한 영향을 준다.

특히 운동기능의 발달은 아동의 자아개념에 영향을 준다. 아동들은 자기 자신에 대한 적절한 개념을 갖는다. 이는 자아개념의 한 측면이 될 수 있다. 아동은 스스로의 운동기술을 다른 아동들의 운동기술과 비교하여 자기평가를 하게 되므로, 자존감 형성에 중요한 역할을 한다(Seidel & Reppucci, 1995). 운동 연습을 해볼 기회를 많이 가지면 자신 있게 운동할 수 있고, 더 나아가서 재미를 가지게 되면 운동기술이 숙달될 수 있다.

그러나 자신의 운동기술이 좋지 못하다고 생각하는 아동은 긍정적인 자아개념을 갖지 못하며, 자신의 부족한 운동기능으로 인해 창피를 당할까봐 운동 활동에 잘 참여하지 않는다. 신체상은 유아기와 아동전기에 형성되기 시작하지만, 아동후기에는 부모에 의한 것이 아니라, 아동 자신이 그의 또래와 직접 비교할 수 있게 되어 견고하게 된다. 학령기 아동은 동료의 평가에 대단히 민감하며, 그에 따라 자신을 평가하는 경향이 있다.

나. 인지 발달

인지란 정보를 여러 가지 방법으로 변형하고 부호화하고 기억 속에 저장한 다음 그것을 사용할 경우 인출하는 정신과정이다. 인지 발달은 감각, 지각, 기억, 사고, 추론, 언어 등을 포함하는 정신활동에서 일어나는 변화들을 포함한다. 인간의 인지 발달은 인간의 지적 능력이 환경과의 상호작용을 통하여 변화하는 과정이라고 볼 수 있다.

1) Piaget의 인지 발달론

Piaget(1969)에 의하면 인지능력의 발달은 아동과 그를 둘러싼 환경 간의 상호작용에 의해 단계적으로 성취되며, 단계를 지나는 시기에 개인차가 있을 수 있으나 발달의 순서는 불변하다. 각 단계는 그 단계의 일반적인 특성을 가질 뿐만 아니라 이전 단계의 능력도 갖는데, 이러한 인지 발달 단계는 모든 문화권에서 보편적이라고 본다. 지적 행위의 일반적 특징은 일생을 통하여 변하지 않는 항상성을 가지며, 동화와 조절의 과정을 통해 새로운 인지능력을 갖게 되며 인지적 평형 상태를 유지하게 된다.

개인과 환경과의 상호작용은 동화(assimilation), 조절(accommodation), 평형(equilibration)이라는 과정을 거친다. 새로운 자극을 만나게 되는 경우 특히 그 자극이 기존의 도식과 일치하지 않을 때, 평형의 상태가 깨지고 비평형의 상태가 유발된다. 비평형의 상태는 인간에게 긴장과 갈등을 유발하여 다시 평형의 상태가 되려는 경향이 있는데, 이것은 동화와 조절을 통해 이루어지는 것이다. 사람은 새로운 경험을 기존의 인지구조로 이해하려고 하다가 해결이 안 되면 기존의 구조를 바꿈으로써 이해하려고 하기 때문에 동화와 조절은 거의 항상 동시에 일어난다. 이러한 점에서 인간이 평형 상태를 유지하고자 하는 것은 인지적 성장을 활성화하는 동기가 된다.

Piaget는 아동이 연령에 따라 다른 방식으로 사고한다고 전제하고 각 단계란 연령에 따라 발생하는 어떤 변화를 의미하지만, 엄밀하게 말하면 단계마다에서 나타나는 인지적 차이를 의미한다고 보았다. 각 단계의 사고과정은 서로 다르며 시간이 경과함에 따라 더욱 복잡하고, 객관적이고, 타인의 관점을 생각하는 방향으로 발전하게 된다고 보았다.

표 7-1 Piaget의 인지 발달 단계

발달 단계	연령	특징
감각운동기	0 ~ 2세	• 대상에 대한 외현적 활동을 통해 세계를 이해 • 감각운동적 도식의 상호 통합에 의한 점진적 발달 • 대상영속성 개념의 획득 • 모든 지적 발달의 기초
전조작기	2 ~ 6세	• 표상이 형성되며 이를 통해 문제해결 가능 • 내재적 사고가 가능하나 자기중심적이고 물활론적 사고 • 개념 형성 이전의 시기 • 비가역적 사고
구체적 조작기	6 ~ 12세	• 가역적 조작의 사고 기능 획득 • 탈중심적 사고 가능 • 보존 개념의 형성 • 조망수용 능력의 획득 • 구체적 대상물을 통한 문제해결 가능
형식적 조작기	12세 ~ 성인	• 여러 형태의 보존 개념이 형성 • 분류와 관계적 추론능력 획득 • 가설연역적 사고 가능 • 가능성과 실제 간의 체계적이며 논리적인 통합 가능

2) Vygotsky의 인지 발달 이론

Piaget는 아동은 스스로 세계를 구조화하고 이해하는 존재라고 생각했으나, Vygotsky(1978)는 아동이 타인과의 관계에서 영향을 받으며 성장하는 사회적 존재임을 강조하여, 인간 이해에 있어서 사회·문화·역사적인 측면을 제시한다. 인간의 정신은 독립적 활동이 아니라 사회학습의 결과이며, 일상생활에서 문제해결은 성인이나 뛰어난 동료와의 대화로부터 영향을 받는다는 것이다. Vygotsky는 상호작용에 필수적 요소인 언어 습득을 아동 발달에 가장 중요한 변인으로 간주한다. 따라서 인간의 지적 기능 또는 사고 패턴은 유전적으로 이루어진 지능이나 정신능력 등에 의해 규정되고 있는 것이 아니라, 개인이 성장한 문화의 사회조직 속에서 획득되는 활동의 소산이라고 보고 있다.

Vygotsky는 개념 형성의 지적 조작은 '주의를 적극적으로 집중하는 수단으로서, 또 어떤 특성을 추상화하고 통합하고 그것을 기호에 의해서 표상하는 수단으로 언어를 사용함으로써 성립되고 있다'고 주장한다(Thomas, 1979, 백운학 역, 1987: 374). 그는 인지 발달이 사회적 상호작용과 언어 발달에 의존한다고 보고, 사고와 문제해결을 지도하고 감시하는 데 있어 아동 자신의 자기지향적 대화의 역할을 설명한다.

특히 Vygotsky(1978)는 주변 상황에서 아동 자신의 사고능력을 적절한 시기에 교사나 또래로부터의 적절한 안내와 지지를 통해 발달시킬 수 있는 비계(Scaffolding)라고 부르는 근접발달영역(ZPD: Zone of Proximal Development)의 개념을 제안하였다. 근접발달영역은 아동이 혼자서 해결할 수는 없지만 성인이나 뛰어난 동료와 함께 학습하면 성공할 수 있는 영역을 의미한다. 따라서 근접발달영역에 위치한 아동에게는 구조화를 형성할 수 있는 단서를 제공하고, 세부사항과 단계를 기억할 수 있도록 조력과 도움이 필요하다.

3) 아동기 인지발달의 교육적 시사점

인지발달은 다른 발달 영역에 많은 영향을 미치고 있다는 점에서 교육적 시사점이 높다. 무엇보다도 아동은 외적 환경에의 수동적 존재가 아닌 환경과의 상호작용을 통해서 스스로 풍부한 지식의 구조들을 형성해가는 학습자임을 전제해야 한다. 또한 환경과의 직접적인 상호작용을 통한 교육프로그램의 중요성 역시 간과해서는 안 된다. 이러한 점에서 진정한 학습은 교사에 의해서 단순히 주어지는 것이라기보다는 아동 자신으로부터 나오는 것이며, 아동 수준에 맞는 학습이어야 한다는 시사점을 얻게 된다.

아동기 인지 발달에 대한 Piaget의 교육적 시사점과 관련하여 초등교육현장에 적용해 보면, 초등학교 저학년 수준에서는 학습과제를 보다 구체화하여 조직하여야 하며, 복잡한 개념을 설명하기 위해서는 먼저 친숙한 예를 사용해야 한다. 또한 아동이 직접적 경험을 통하여 학습할 수 있도록 많은 학습 자료나 학습기회를 마련해 주고, 아동에게 자기의 경험을 설명할 수 있는 다양한 기회를 제공해 주어 사고의 수준을 높일 수 있게 한다. 초등학교 고학년 수준에서는 학생들로 하여금 문제해결에 어떻게 도달하였는지를 설명하게 하거나, 어떻게 하면 보다 더 체계적일 수 있는지를 가르쳐 주어 학습을 촉진시킬 수 있다. 또한 많은 가설적 질문을 탐구할 수 있는 기회를 제공하며, 문제를 해결하고 과학적으로 추론할 기회를 많이 제공해야 한다.

Vygotsky는 모든 지식은 아동이 살고 있는 사회 세계의 오랜 역사를 통해서 누적된 문화적 형태로 존재하고 있는 것으로 본다는 점에서 세대를 거치면서 전수되는 가치관, 신념, 관습, 그리고 사회관계의 기술들을 포함하는 아동이 살고 있는 사회의 문화적·역사적 맥락은 아동의 발달에 있어서 그 어떤 요인보다도 중요하게 작용한다. 또한 학습과정에서 아동의 능동적인 역할을 강조한다는 점에서, 교수방법은 아동의 활동이 중심이 되어야 하며, 교사, 부모 및 또래들을 포함하는 사회적 상호작용을 중요시해야 한다. 특히 아동 주변의 사회적 맥락이 강조된다는 점에서 교육의 과정에서 아동이 속해 있는 사회의 사회문화적으로 의미 있는 활동에 참여할 기회를 만들어 주어야 한다. 또한 아동이 현재 혼자서 할 수 있는 것이 무엇이며, 교사의 도움을 받으면 할 수 있는 것이 무엇인가에 대한 판단이 필요하고, 아동의 학습을 조력하는 성인이나 교사가 조력 수준의 조절 등을 통해서 아동이 보다 도전 의식을 갖고 학습에 참여할 수 있도록 교육의 내용과 방법을 아동 수준에 맞게 조정해야 한다.

다. 언어 발달

언어 발달은 매우 신비한 현상으로 언어 발달이 중요한 이유는 언어가 여러 가지 현상들을 이해하고 개념화하는 중요한 수단이기 때문이다. 언어는 타인의 생각과 의도를 바르게 이해하고, 자신의 생각을 표현할 수 있게 함으로써 대인관계의 기본적인 수단이 되며, 자신의 정서를 표출하거나 통제하는 정서적 창구이자 사고·추리·기억·판단·의사소통의 수단으로 교육의 가장 중요한 도구로서, 자기의 행동을 조절하는 역할을 한다(송명자, 2008).

1) 언어 발달의 영역

언어란 우리가 말하고 듣고 쓰는 데 포함되는 규칙들의 순서체계로 정의할 수 있다(이인섭, 1969). 언어는 음운론, 의미론, 구문론, 화용론으로 나눌 수 있는데, 먼저 음운론은 아동이 기본 소리 형태의 결합에 대한 규칙을 어떻게 배우는가를 연구한다. 각 언어는 인간이 산출할 수 있는 소리들의 일부를 사용하고, 두 언어의 음운론은 동일하지 않다. 다음으로 의미론은 문장과 단어나 형태소의 의미를 지배하는 규칙을 연구한다. 또한 구문론은 문장을 구성하는 단어들의 규칙을 연구하며, 아동은 단어들이 의미를 포함하고 있다는 것을 인식해야 한다. 마지막으로 화용론은 효과적으로 의사소통하기 위해 사용되는 방법에 대한 지식, 사회 언어적 지식을 포함한다. 언어가 발달한다는 것은 이러한 4가지 측면에서의 발달을 의미한다(송명자, 2008).

2) 언어 발달의 기본 특성

아동의 언어는 양적 변화(어휘 수의 증대)와 질적 변화(어휘 사용법의 변화)가 함께 이루어지고, 언어 발달은 환경과 학습에 강한 영향을 받으며, 2, 3세 사이에 급격하게 어휘가 발달한다. 언어는 아동의 지적 사고, 개념의 형성 학습뿐만 아니라 자기의 행동을 조절하는 역할을 하는데, 5세 이후가 되면 거의 모든 학습에 언어가 동원되고 자기 행동의 대부분을 언어로 통제하고 조절하게 된다. 기초적인 언어 발달은 일반적으로 초등학교 입학 이전에 끝나는 것으로 보고 있다. 언어 발달의 영역을 중심으로 언어 발달의 특성을 살펴보면 다음과 같다.

가) 음성적 발달(phonological development)

자음과 모음을 구별하고, 그 발성적 특징을 이해하는 것이다. 자국어 음소(phonemes)의 발음과 억양을 정확하게 구사하는 능력을 획득하게 된다. 일반적으로 '아빠가회사에가따'와 같은 일상의 빠르고 긴 대화의 흐름 속에서 낱말이 연결되어 문장을 구성하는 음성학적 규칙을 터득함으로써 개개 낱말을 정확하게 분리해 내는 능력을 발달시켜 나간다.

나) 의미적 발달(semantic development)

유아들은 자신을 둘러싸고 있는 세계의 수많은 대상과 현상이 각기 독특한 낱말로 지칭된다는 것을 이해하고 이들 낱말의 의미를 획득한다. 예를 들어, '자다'와 '졸다', '빨갛다'와 '벌겋다' 등 유사한 대상이나 현상을 지칭하는 낱말 간의 미묘한 의미와 차이를 구분하는 능력을 획득한다.

다) 구문적 발달(syntatic development)

유아들은 낱말들을 문법적으로 정확하게 순서지을 수 있어야 한다. 문법적 법칙들을 이해하고 구사하는 것, 즉 단어들이 문장에서 어떻게 조합을 이루는지를 규정하는 문법적 규칙을 이해하는 측면에서의 발달이다. 예를 들어, '잔다'와 같은 행동이 과거에 이루어졌을 때는 '잤다'로 바꿔 사용할 수 있어야 한다. 유아는 이러한 일련의 문법적 법칙들을 이해하고 구사하며 성장하게 된다.

라) 화용적 발달(pragmatic development)

같은 뜻을 가진 낱말이나 문장도 상황에 따라 달리 표현되는 발화 행위(speech acts)를 이해하고 구사하는 것이다. 이는 언어 표현적 의미와 그것이 사용된 맥락 간의 관계로, 같은 표현도 상황이나 맥락에 따라 의미가 다른 것을 알아야 한다. "잘했어"라는 말도 성공을 칭찬할 때와 비난할 때 발화 행위는 다르다. 따라서 화용론적 기능은 사회적 배경에 대한 지식을 필요로 하기 때문에, 어린 아동들에게는 어려운 발달 영역일 수 있다.

한편 효과적인 의사소통자가 되는 과제는 언어의 4가지 측면에 대한 지식을 습득하는 것뿐 아니라, 비언어(얼굴표정, 손짓, 몸짓 등) 및 반언어(억양적 단서 등)적 신호들을 적절하게 이해하고 사용하는 능력을 습득하는 것을 포함한다.

3) 아동기 언어 발달의 교육적 시사점

언어발달은 단순히 타인과의 의사소통을 위한 도구로서의 역할만 있는 것이 아니라, 학교교육을 통해 삶과 앎의 성취를 위한 필수적 도구로서의 역할을 한다. 특히 아동의 언어발달은 지각 및 인지발달과 밀접한 관계가 있으며 언어발달의 결정적 시기를 고려할 때, 영유아기를 거쳐 아동기에 언어발달이 왕성하게 이루어지고, 초등 학령기 시기의 언어 능력 내지 습관은 평생 지속된다. 그러나 언어발달은 연령이 높아질수록 높아지지만, 언어학습의 효과는 연령이 높을수록 상대적으로 낮아진다는 점에서 초등 학령기 시기의 언어 학습을 통한 언어 발달은 중요하다.

사고는 언어를 통해서만 표출된다는 점에서 초등 학령기 시기의 사고력 발달을 위해서 언어의 발달은 필수적이며, 이를 위해 아동들의 말을 흥미롭게 들어주고 적절한 교육 처치를 통해 의도적으로 사고력 발달을 위한 지적 자극을 주어야 한다. 물론 우리나라의 경우, 아동 언어 발달은 초등학령기 전에 이미 많은 부분이 성취되어 있지만, 가정 배경에 따라 개인차가 심할 수 있다는 점에서 교사에게 세심한 지도를 받을 필요가 있다. 따라서 올바른 언어지도를 통해 언어 습득 및 언어 발달과정에서 어린 시기에 개인차를 좁히거나 그 간격을 해소시키는 일은 초등학령기 시기의 중요한 언어 발달인 것이다. 특히 언어발달은 주변인과의 상호작용과 언어 환경(가정, 학교, 대중매체, 지역사회)의 영향이 크다는 점에서 최근에 지나친 대중매체의 유행어, 욕설, 지나친 단어 축약, 비문 등의 아동기 언어 환경 속 언어 사용에 대한 우려가 높다. 아동의 언어 지도에는 교사의 각별한 관심과 주의가 필요하며, 아동의 언어 발달과정에서 개별 아동의 언어적 특성을 살피고 적절한 지도를 해야 한다는 점에서 교사로서 아동의 언어발달을 위해 올바른 언어 사용의 모범이 되어야 한다.

라. 인성 발달

인간의 정의적 특성은 학습자의 지적 요인을 작동하여 학습활동이 가능하도록 하는 심리적 요인으로는 동기, 태도, 자아개념, 인성으로 나눌 수 있다(Bridges et al., 1979). 모든 인간은 경험을 통하여 정의적 특성을 학습하는데, 개인의 많은 경험은 학교교육을 통해서 이루어지기 때문에 학교 경험은 이러한 정의적 특성에 영향을 미치고, 개인의 정의적 특성은 인지적 영역을 포함한 다른 특성과 관련이 있다. 성격발달이론으로는 일반적으로 Freud의 정신분석학 이론과 신프로이트학파의 이론이 있다.

1) Freud의 성격 발달 이론

Freud는 마음을 빙산에 비유하여 물위에 떠 있는 작은 부분이 의식이라면, 수면 아래의 훨씬 더 큰 부분을 무의식으로 보았다. 그는 이 무의식을 찾으려고 시도했으며, 이것이 생명에 대한 하층 구조로서 인간의 사고와 행위를 통제하는 보이지 않는 힘임을 강조했다. 특히 개인의 행동은 본능(id), 자아(ego), 초자아(superego)의 주요 체계가 그 자체의 기능을 가지고서 상호작용한 결과에 지배된다고 보고 있다. Freud에 의하면 생의 초기 몇 년 동안에 부모들이 성적 욕구와 공격적 욕구를 다루는 방식이 아동들의 행동과 성격형성에 중요한 역할을 하는데, 성격은 5, 6세 이전에 기본 구조가 완성되고, 그 후에는 이 기본 구조가 정교화된다. 성격은 유아기, 즉 출생에서 5세까지의 각종 경험에 의해 거의 완성된다.

① **본능**(id) : 본능적 충동(성적 본능)으로서 쾌락원칙에 따라 작용하며, 외부의 상황에 관계없이 고통을 피하고 쾌락을 얻으려 한다. 본능은 본능적 에너지인 리비도를 갖는다. 리비도는 일생을 통해 일정한 순서에 따라 각각 다른 신체 부위에 집중되어 성감대를 형성하며, 이 성감대가 옮겨 가는 연령 변화에 따라 발달 단계가 구분된다.

② **자아**(ego) : 행동을 사회적으로 용납할 수 있도록 통제하는 성격의 부분이다. 현실원리에 따라 본능과 초자아를 조절한다.

③ **초자아**(superego) : 양심과 자아이상을 말하는 것으로 본능의 표출을 금지하고, 현실의 세계를 도덕적 가치에 의해서 판단하는 것으로 이상이나 도덕의 원리에 의해서 지배된다. 자아가 본능의 바람직하지 않는 충동에 대해 사회적으로 수용할 수 있는 배출구를 찾을 것을 강력히 요구한다.

이 3가지 성격 요소는 불가피하게 서로 갈등적이며, 본능은 기본적 요구를 말하고 자아는 이러한 요구가 충족될 수 있는 현실적인 방법을 찾을 때까지 충동적인 본능을 제한하며, 초자아는 자아의 문제해결 책략이 도덕적으로 수용 가능한지 여부를 결정한다. Freud는 성이 가장 중요한 본능이며 이러한 리비도의 이동이 새로운 심리성적 발달 단계를 가져온다고 믿었다. 즉 초기 아동기의 경험과 갈등은 성인기의 흥미와 활동, 성격에 영향을 준다고 주장한다. 각 발달 단계에서 추구하는 만족을 충분히 얻으면 다음 단계로의 발달이 이행되고, 만약 욕구충족이 되지 않는다거나 과잉 충족에 의한 몰두 현상이 생기면 다음 단계로의 발달을 저해하는 고착 현상이 나타나게 된다.

Freud는 인간이 성숙함에 따라 생리적 쾌락을 얻게 되는 주요 신체 부위를 중심으로 성격 발달을 5단계로 나누었다. 각 발달 단계마다 인간은 만족감을 얻어야 하며 이 만족감의 정도 또는 성취 여부에 따라 성격 형성이 변화한다.

① **구강기**(oral stage : 0~1세)

이 시기에는 구강을 통하여 성적 욕구를 충족하며, 신뢰감이 발달하는 시기이다. 즐거움의 근원은 빨기, 물기, 삼키기, 입술을 움직이는 것으로 충동의 즉각적인 만족에 빠진다. 행동은 쾌락주의의 원리에 따라 본능이 지배하며, 구강기 초기에 문제가 있었을 경우 지나치게 의존적이며 수동적 성격을 지니게 되고, 구강기 후기에 문제가 있었을 경우 공격적, 풍자적, 논쟁을 즐기는 성격을 지니게 되며, 구강기를 잘 지냈을 경우 쾌활하고 낙천적 성격이 된다. 한편, 구강기의 잔여물로 껌 씹기, 손톱 깨물기, 흡연, 과식 등이 있고, 구강기의 고착행동으로 심한 흡연이나 음주 등이 있다.

② **항문기**(anal stage : 2~3세)

쾌의 근원이 입에서 항문으로 옮기는 시기로 즉 아동은 배설물을 보유하거나 방출하는 데서 쾌감을 얻는다. 이 시기의 중요한 발달과업은 '대소변 가리기'로, 처음으로 본능적 충동을 외부로부터 통제받는 경험을 하게 되며 이는 성격 형성에 대단히 중요하다. 성 만족의 근원은 배설물을 보유하고 배설하기로, 성기 만지기를 좋아하고 대소변에 흥미를 갖는다. 행동은 본능과 자아가 지배한다. 부모가 엄격하고 억압적 방법을 사용할 경우, 완고하고 인색한 사람의 성격을 가지게 되기도 하며 지나치게 청결하거나 반대로 지저분한 사람이 된다. 부모가 적절히 칭찬해주고 정규적으로 변을 보도록 지도할 경우에는 창의적이고 생산적인 성격의 소유자가 된다.

③ **남근기**(phallic stage : 4~6세)

이 시기에 성적 욕구를 자극하는 부분은 성 기관으로 아동들은 자신의 성기에 대하여 관심을 가지고 출산이나 성에 관한 질문을 많이 하기도 한다. 생식기에 관심을 갖게 되고, 생식기가 욕구 만족의 근원이 된다. 이 시기에 남자와 여자의 성기의 차이를 알게 되면서 성격이 형성된다. 행동은 본능, 자아, 초자아가 함께 지배한다. 남아의 경우 어머니에 대해 이성적 감정을 갖고 아버지를 적수로 생각하여 아버지와의 사이에 갈등을 느끼는 오이디푸스 콤플렉스(Oedipus Complex), 여아의 경우 애정 대상이 어머니에게서 아버지로 바뀌게 되는 엘렉트라 콤플렉스(Electra Complex)가 나타난다. 남아의 경우 아버지를 자신의 적수로 생각하고 거세할지도 모른다는 두려움을 갖게 되는데 이러한 콤플렉스는 남아가 아버지를 동일시하도록 하는 데 도움이 된다. 따라서 남아는 아버지와의 동일시를 통해 어머니에 대한 성적 충동을 만족시키게 되는 것이다. 반면 여아는 애정 대상이 어머니에게서 아버지로 바뀌게 되는데 이것은 자신의 성기가 남아와는 다르다는 것을 발견하고 거기에서 오는 실망감으로부터 느끼게 되는 감정이다. 여아의 남근선망은 자신이 갖고자 하는 성기를 아버지가 갖고 있기 때문에 아버지에게 애정을 갈망하게 되는 것이다.

④ **잠복기**(latency stage : 7~12세)

성만족에 대한 관심이 없어지고, 같은 성의 부모를 동일시한다. 성적 욕망이 억눌러지고 비성적 활동이 싹트는 시기로, 성적 흥미와 관심도가 줄어드는 것은 생리적 현상이다. 지적 호기심, 운동에 대한 흥미, 친구와의 우정 등이 싹트는 시기로 지적 활동에 에너지가 투입되는 단계로서, Piaget의 구체적 조작기에 해당하는 초등학교 시기이다. 행동은 본능, 자아, 초자아가 함께 지배한다.

⑤ **생식기**(genital stage : 12세 이상)

잠복기 이전에는 아동이 자기 자신의 신체에서 성적 쾌감을 추구하는 경향을 보였으나 사춘기가 되면 성적·공격적 충동이 이성에 대한 흥미와 관심으로 나타나게 된다. 그러나 이러한 과정으로의 변화가 갑작스럽게 일어나는 것은 아니다. 초기에는 생리적·생화학적 변화가 일어나다가 성기의 성숙, 내분비선의 호르몬 분비와 같은 제2의 성 특징이 나타나며 병적인 애착과 퇴행을 제외하고 어른의 형태와 같은 성 만족에 관심을 갖게 되며, 이성에 대한 성의식도 갖게 된다. 청소년들은 초기에는 동성의 친구를 좋아하다 점차 이성에로 그 관심이 전환되고, 이성과의 성숙한 사랑을 할 수 있는 단계에 이르러 이성으로부터 성적 만족을 취하게 된다.

Freud는 행동의 무의식적 결정 요인을 강조함으로써 성격 연구의 새로운 측면을 보여주었다. 특히 무의식적 동기 개념으로 초기 경험을 중요시하여 영유아교육에 시사하는 점이 많지만, 그의 이론이 학교교육에 직접적으로 시사하는 점은 상대적으로 적다.

2) Erikson의 사회심리학적 발달 이론

Erikson(1950)은 Freud의 정신분석학에 기초하여 생의 각 단계에서 사람들은 성공적으로 적응하고 발달의 정상 패턴을 보여주기 위해서 사회적 현실을 극복해야 한다고 믿었다. Freud에 비해 Erikson은 성적 욕구를 적게 강조하고 문화적 영향을 더 많이 강조하였으며, Freud는 본능에 중점을 두나 Erikson은 자아에 중점을 두고 있으며, Freud는 인간 발달에 있어서 부정적인 면을 중심으로 다룬 데 반하여 Erikson은 긍정적인 면에 더 중점을 둔다. Erikson에 의하면 성격 발달은 8단계로 변화하는데, 이 변화들은 긍정적인 면과 부정적인 면을 동시에 지니고 있다. 특히 각 단계는 결정적 시기가 있으나 모든 단계가 계획에 따라 성숙될 때 완전한 기능을 발휘하는 성격이 이루어진다고 하였다.

① 신뢰감 대 불신감(0~1세)

아기가 엄마의 태도에서 만족감, 안정감을 얻으면, 엄마를 신뢰하고 자신을 신뢰하는 내적 확신감을 형성한다. 사회를 신뢰하게 하는 역할, 신뢰감 형성은 엄마의 보호, 양육의 질에 의해 결정되는 것이다. 인생 초기의 가장 중요한 단계로, 경험의 일관성, 계속성, 동일성은 신뢰감을 형성하지만, 부적절하고, 일관성이 없고, 부정적인 보살핌은 불신감을 유발한다.

② 자율성 대 수치심(2~3세)

부모와의 관계 속에서 성격이 발달한다. 언어가 발달하며 신경근육의 발달에 따라 환경을 탐색하고 상호작용해 나가는 시기이다. 또한 대소변 가리기, 걷기, 말하기 등의 기본 행동양식이 현저히 발달한다. 자기 자신의 속도와 방법으로 기능을 발휘할 수 있는 기회가 주어질 때 자율성이 나타나며, 보호나 도움이 결핍될 때는 자신과 환경을 통제하는 능력에 대한 의혹이 생기게 된다.

③ 주도성 대 죄책감(4~5세)

가정에서의 관계 속에서 성격이 발달한다. 적극적 탐색, 새로운 과제나 기술의 습득을 통해 자신이 생산적임을 인정받고자 하는 시기이다. 경쟁적 활동을 하게 되고 도덕의식이 발달한다. 활동에 참여할 수 있는 자유를 주고 질문에 대해 부모가 대답을 충실히 해 주면 주도성이 나타난다. 언어 발달과 근육의 발달은 아동이 스스로 과제를 계획하고 수행하고 처리하는 능력을 갖게 하여 주도성을 형성한다. 활동을 제한하고, 질문을 귀찮은 것으로 여기면 죄책감이 생기게 된다.

④ 근면성 대 열등감(6~11세)

이웃, 학교에서의 관계에서 성격이 발달한다. 사회에서 유용한 각종 기술을 배우는 시기이며 초등학교에 다니는 시기로서 또래와 어울리게 된다. 자아성장이 결정되는 시기이고, 3R's 같은 인지능력과 기술을 습득한다. 일을 하고 물건을 만들도록 허락하고, 일의 성취에 대해서 칭찬을 해주면 근면성이 나타난다. 활동을 제한하고 일의 결과에 대해 비판만 한다면 열등감이 생기게 된다.

⑤ 자아정체감 대 역할혼미(12~18세)

아이도 아니며 성인도 아닌 시기로, 청소년이 되어 여러 신체적 변화를 직면하는 이들은 사회적 역할을 굳히려는 노력을 하게 된다. 동료집단과의 관계에서 지도력 있는 모델은 서로 다른 상황이나 서로 다른 사람들에 대한 반응에 있어서도 자기의 성격이 동일성과 계속성을 인정받음으로써 정체감이 생긴다. 반면 성역할과 직업 선택에서 안정성을 확립할 수 없으면 역할혼미에 빠지기 쉽다.

⑥ 친밀감 대 고립감

배우자와의 관계가 중요한 시기이다. 우정, 섹스, 경쟁 등과 같은 친밀감을 발달시키는 시기로, 직업을 선택하고 가족을 형성한다. 자신에 대한 친밀감은 결혼에 필수적이며, 진정한 의미의 친밀감은 개인이 확고한 개인적 정체감을 갖지 않으면 이루어지기 어렵다.

⑦ 생산성 대 침체감

직장생활에서의 관계가 중요한 시기이다. 성인이 되어 자녀양육, 자녀의 성취와 관련하여 생산성과 충만감을 느끼게 되는 때이다. 이러한 사람들은 단순히 부모로서뿐만 아니라 나아가 다음 세대를 이끌어 갈 젊은이들에 대하여 관심을 가지게 된다. 그러나 부모의 역할을 느끼지 못하거나 타인에 대한 보호, 관심의 감정을 가지지 못한 사람은 침체감이 생기게 된다.

⑧ 통합성 대 좌절감(노년기)

가족과 업적을 즐김, 의존성, 홀아비, 과부, 건강, 생의 음미 등이 이에 해당한다. 통합감이란 한 개인이 자신의 생활을 되돌아보면서 겸허하게 만족스러움을 느낄 때 형성되는 감정이다. 후손을 통해 자신의 존재가 지속되리라 생각하여 죽음이 두렵지 않게 된다.

3) 아동기 인성 발달의 교육적 시사점

아동의 성격 발달에 대한 Freud 이론의 경우, 가정에서의 부와 모의 관계에서의 초기 경험을 중요시했기 때문에, 영유아 시기와 달리 아동에 대한 초등학령기 시기의 교사에 대한 직접적인 시사점은 그리 높지는 않다. 반면 Erikson의 경우, 긍정적 자아의 발달 과정에서의 단계별 교육적 처치에 대한 발달 과제를 제안하고 있다는 점에서 초등학령기 아동에 대한 학교교육에 있어서 교사에 대한 교육적 시사점이 높다.

Erikson에 의하면 성장 과정에서 겪게 되는 각 시기의 위기는 다음 시기의 위기를 만족스럽게 해결하기 위한 준비를 위해서 반드시 성공적으로 해결되어야만 하는 과업으로 성격 발달단계는 청소년기나 성인기 초기에 끝나지 않는다. 특히 초등학교 시기를 자아성장의 가장 결정적인 단계라고 보고 아동들은 중요한 인지적·사회적인 기술들을 습득해야 한다. 따라서 이 시기 아동은 또래 아동과 같이 놀고 일하는 것을 배우게 되며, 아동에게 어떤 일을 열심히 그리고 지속적으로 한 후 과업 수행에 대한 인정을 얻게 하거나 자신감을 경험할 수 있는 기회를 많이 제공해야 한다. 만약 과업이 그 아동의 발달 정도에 비추어 적절하지 않거나 과중할 때, 또는 지나친 경쟁이 뒤따를 때에는 열등감을 느끼고 자신을 잃게 된다. 그러므로 아동의 역량을 충분히 발휘할 수 있도록 교사는 아동과의 관계에서 허용적이며 격려적인 태도를 취해야 한다.

초등학령기 시기의 올바른 성격 형성을 위해 습관을 올바르게 길러주는 것은 초등학교에서의 생활뿐 아니라 학습에 있어서 중요하며, 사물에 대한 사고방식이나 정서생활에 이르기까지 큰 영향을 준다. 따라서 초등학령기 시기에서의 좋은 생활습관 형성은 건전한 성격을 갖추게 하는 데 중요하다. 또한 초등학교를 다니는 시기, 아동의 자기주도적인 활동을 지나치게 간섭해서는 안 되며, 가능하다면 인정하고 포용해야 하며, 학교에서의 성공과 성취가 아동의 근면성을 발달시킨다는 점에서 교사와 또래 친구들의 영향력이 매우 중요하다.

마. 정서 발달

정서는 외적 자극 또는 개체의 내적 조건이 변화할 때 경험하는 심리적 동요, 흥분상태이다. 인간이 최초로 겪어야 할 가장 중요한 욕구는 안정감이며, 이러한 안정감은 정서를 토대로 하고 있다. 긍정적인 정서는 행복, 기쁨 등이고, 부정적인 정서는 분노, 공포 등이 있다. 정서 발달이란, 다양한 정서를 적절하게 경험할 수 있도록 변해 가는 것, 정서를 적절하게 인식하고 조절할 수 있게 되는 것, 정서를 바람직하고 적절하게 표현할 수 있게 되는 것, 다른 사람의 정서를 읽을 줄 알게 되는 것, 그리고 감정이입이 가능하게 된다는 것을 의미한다.

1) 정서 발달의 특징

아동의 일상적인 행동의 기저에는 아동 자신의 정서에 대한 조절 능력이 있다. 이러한 정서 조절 능력은 외현적 행동으로 나타나기 때문에 아동의 행동을 이해하기 위해서는 정서에 대한 이해가 선행되어야 한다. 아동이 갖는 정서적 문제는 아동기의 문제로 끝나는 것이 아니라 성인이 되었을 때도 부적응 요인으로 확대될 수 있다.

정서는 아동이 태어나면서부터 아동의 행동에 작용하며 일생 동안 행동의 기저를 이루는 매우 중요한 구실을 한다. 영아기 정서의 주요 기능은 생존을 위한 방편이 되며 의사전달의 수단이 된다(Santrock, 2004). 특히 정서는 생물학적인 것인 것이어서 외부로부터의 도움 없이 발달되기도 하지만, 타인과의 관계와 상호작용을 통해 정서를 어떻게 사용해야 하는지를 배우게 된다. 그러나 정서는 절대적인 것은 아니며, 어디까지나 역동적인 상황이나 장면의 성질에 따라 분류할 수 있다. 따라서 어떤 경우에 어떤 형태로 정서가 표현되는가 하는 것은 그때의 개체 내적 조건과 환경적 조건에 의존하는 것이다.

아동기는 정서가 비교적 안정되어 가는 시기이지만, 성인에 비하면 일시적이고 강렬하며 상당한 변화를 보이게 된다. 아동기에는 지성의 발달과 사회성의 발달로 자기 스스로 감정을 통제할 수 있기 때문에 정서표현에 개인적 특성이 잡혀 가게 된다(Hurlock, 1985). 아동기의 정서는 청년기에 비해서는 덜 강력하고 지속성도 짧은 편이다. 아동은 점차 행동의 범위 및 경험이 풍부하게 되어 추상적인 자극에도 정서를 일으키며 정서표현이 간접적이고 정적으로 되며, 그 표현 횟수도 줄어든다.

일반적으로 감정을 잘 조절하고 충동을 억제할 줄 알면서 또래와의 관계를 원만하게 유지하는 아동이 정서·행동문제를 덜 보인다. 이는 아동의 정서조절 능력에 기인하는 것으로 정서조절은 아동 초기의 기본적인 과업 중의 하나이며, 사회적·정서적·인지적·행동적 유능감에 직접적으로 영향을 준다(Thompson, 1994). 정서표출 규칙은 자신의 진실한 정서를 숨기고 다른 정서를 위장하는 규칙이다. 예를 들어, 매를 맞고도 안 아픈 척 태연한 얼굴을 하는 것, 시합에 지고도 아무렇지도 않은 듯 미소를 띠는 것, 마음에 안 드는 선물을 받고도 좋은 척하는 것 등이다. 특히 타인의 의도를 판단하는 능력은 행동의 결과에 크게 영향을 받는 경향이 있으며, 타인에게 해를 끼치는 행동이거나 행동의 결과가 나쁠 때 의도적 행동으로 판단하는 경향이 있다.

2) 정서지능(Emotional Intelligence)

자신과 타인의 정서를 정확하게 지각·평가·표현하는 능력, 자신과 타인의 정서를 효과적으로 조절하는 능력, 그리고 자신의 삶을 계획하고 성취하기 위해 정서를 활용하는 능력(정서지능, 감성지능, 감정지능 등으로 혼용)으로, 정서지능의 하위 요소는 정서인식, 정서표현, 감정이입, 정서조절, 정서활용 등이다.

① 정서인식

자신의 감정을 정확히 인식하고 표현하는 능력으로, 정서지능의 요체이다. 자신의 내부에서 느끼는 감정과 기분을 정확하게 인식하며 자신의 정서를 왜곡하지 않고 적절한 방식으로 표현하는 능력이다. 느낌이 없는 사람은 어떤 일이나 사람에 대해 긍정적·부정적 감정을 느끼지 못한다.

② 정서표현

다른 사람의 마음을 알고 이러한 감정을 더욱 구체화하는 방법으로 행동하는 능력으로, 이것을 기초로 인간관계 기술이 발전한다. 타인과의 상호작용에서 상대방의 권리를 침해하거나 상대방을 불쾌하게 하지 않는 범위 안에서 자신의 욕구나 느낌, 생각 등을 나타내는 것이다.

③ 감정이입

다른 사람의 정서를 이해하고 그 정서를 다시 경험하는 능력으로, 정서지능에서 말하는 감정이입은 타인의 관점을 이해하고 타인의 정서를 정확하게 파악하며 타인과 같은 정서나 적절한 정서를 경험해 보고 마지막으로 이 내적 경험에 따라 의사소통하고 행동하는 능력이다. 감정이입은 감정이 서로 조화되는 현상이며, 자기인식의 토대가 될 뿐만 아니라 이타주의의 근원인 도덕적 판단과 행위의 기초가 된다.

④ 정서조절

자신의 정서를 다루는 능력은 곧 자제능력이다. 자제능력은 감정 폭풍을 진정시키고 견디어 내는 능력으로, 정서지능에서 정서조절 능력이라는 구성 요소는 자신과 타인의 정서를 조절하는 것과 관련된 능력이다.

⑤ 정서활용

문제의 성격에 따라 자신의 정서와 기분을 적응시킬 수 있는 능력으로, 정서가 어떤 종류의 문제해결에 있어서 보다 적응적이고 적절한 정신 상태를 창출한다는 전제에서의 능력이다.

3) 아동기 정서발달의 교육적 시사점

아동기는 정서가 비교적 안정되어 가는 시기로 아동은 성인에 비하면 일시적이고 강렬하지만 상당한 변화를 보이게 된다. 그러나 아동은 신체적 발달정도가 미숙할수록 정신작용 면에 있어서도 미분화되어 있기 때문에, 청년기에 비해 정서가 강렬하고, 정서반응이 자주 일어나며, 정서의 기복이 순간적이다. 따라서 초등학령기 시기에 정서순화, 정서강화, 정서조절 등의 다양한 교육적 경험을 통한 정서 발달이 이루어지도록 해야 한다.

먼저 감정을 신체적으로나 정신적으로 조절함으로써 정서의 균형을 유지하고 나아가 건전한 인성형성 및 사회적 적응을 도모하기 위하여, 신체적 순화, 정서순화를 위한 신체적 활동은 정서의 정화작용에 도움을 주는데, 아동에게 가장 일반적이고 효과적인 활동으로 운동, 웃음, 울음 등이 있다. 또한 정서적인 인내가 필요한 아동은 경험이 아직 부족하기 때문에 외부의 도움 없이는 문제를 해결하기 어려우며, 놀이친구가 없고 지나치게 내성적이거나 비사회적인 아동들 혹은 신체적인 결함이 있거나 과보호적인 부모 밑에서 자란 아동은 정서를 발산할 기회를 갖지 못하는 경우가 많다는 점에서 특히 관심을 기울여야 한다.

초등학령기 시기 계속적인 긴장, 과도한 일, 지나친 흥분의 경험 등과 계속되는 말다툼과 싸움으로 인한 긴장, 권위적인 훈육 등 지나친 구속, 교사의 지나친 요구나 아동의 능력에 맞지 않는 학급 임무 등 권위적인 학교 분위기 등은 바람직하지 않은 정서강화의 경험을 겪게 한다는 점에서 감정의 조절을 잘 하고 충동을 억제할 줄 알면서 또래와의 관계를 원만하게 유지하도록 아동의 정서조절 능력을 높여주어야 한다. 초등학령기에 아동의 정서 발달과 관련하여 교사는 아동이 자연 그대로 정서적 행동을 하며 감정을 바로 행동으로 나타낸다는 것을 인지해야 하며,

아동이 자신의 역할을 잘하도록 하기 위해서 올바른 정서 표현 방법을 배울 필요가 있다. 또한 초등학교에서 아동에게 정서적 안정의 제공 책임은 교사에게 있다는 점에서 정신적 건강과 정서적 안정을 가능하게 하는 교실 분위기를 만들어야 하며, 교사는 학생들에게 적절한 롤 모델이 되어야 한다. 특히 초등학교에서의 아동의 정서 경험이 가정에서 연속성이 유지될 수 있도록 교사는 아동의 복지를 위해 학부모와 함께 협력하며 학부모의 조언을 받아야 한다.

바. 사회성 발달

사회성이란 미완성의 개인이 사회적 존재로 발달하면서 사회적 성원으로서 필요한 인성적 특성으로 타인과 더불어 공동생활을 하려는 성향(sociability)을 의미한다. 이러한 사회성은 타인과의 관계 속에서 나타나는 특성이라는 점에서 일반적인 성격 특성과는 구별되는데, 사회성은 자신과 타인과의 상호작용적 양태로서 인간 삶의 중요한 부분으로, 자신에 대한 이해, 타인에 대한 이해(공감, 타인 이해하기 등), 자신과 타인의 관계형성(우정, 또래집단 형성) 등으로 구성되어 있다.

1) 사회적 행동

가) 개인의 사회적 행동

① 대인지각

다른 사람과의 상호작용을 통해서 상대방의 성격, 감정, 생각과 같은 내적 상태의 지각에 관심을 갖게 된다. 상대방의 외모를 비롯해서, 내면적인 상태 등을 파악하는 인상형성과 타인의 행동의 원인을 밝혀내는 귀인이 여기에 포함된다.

② 태도와 태도 변화

어떤 사람, 사건, 사물에 대해서 특정한 양식으로 반응하는 광범위한 일반적 성향을 태도라고 한다. 태도는 일반적으로 대상과의 직접적인 접촉이나 경험에 의해서 형성된다. 태도는 직접적으로 형성되었든 간접적으로 형성되었든 간에 차이 없이 모두 강하게 작용한다. 태도의 변화는 대개가 설득을 통해서 이루어진다.

③ 친사회적 행동과 반사회적 행동

일반적으로 다른 사람을 도와주는 행동은 사회에서 수용되고 권장된다. 이러한 행동을 친사회적 행동이라고 한다. 반면에 다른 사람을 괴롭히고 피해를 주는 행동은 사회적으로 바람직하게 받아들여지지 않고 있다. 이러한 행동을 반사회적 행동이라고 부른다. 친사회적 행동의 대표적인 예는 도움 행동과 이타성을 들 수 있으며, 반사회적인 행동으로는 공격성과 이기주의를 들 수 있다.

나) 개인의 집단지향성

개인이 집단 구성원들에게 적용되는 규칙을 따르려는 성향을 말한다. 집단 구성원들 사이에 특정한 상황에서 어떻게 행동하는 것이 적절한지에 대해서 수용되고 합의되는 내용이 있는데, 이를 집단규범이라고 한다. 만일 집단에서 일탈하게 되면 집단규범을 따르거나 집단을 떠나도록 압력을 받게 된다. 집단 내에서의 개인은 집단의 규범에 동조하거나 집단에서 일탈하거나 또는 집단을 개혁할 수 있다.

2) 아동기 사회성 특징

사회성은 친사회적 행동 혹은 비사회적 행동으로 외부로 나타나는데, 친사회적 행동이란 타인의 행복에 대해 관심을 갖고 배려하고자 하는 이타성(altruism)이 행동으로 나타난 것으로서 나누기, 돕기, 위로하기, 보살피기, 협조하기 등이 그 예이다. 반면 비사회적 행동이란 공격적 행동, 훔치는 행동, 고립되는 행동 등이 있다. 특히 사회성은 사회 가치에 타당한 행동 양식을 배워 가는 지속적인 과정인 사회화를 통해 발달하는데, 사회화의 조건으로는 첫째, 인간은 이미 존재하고 있는 세계 속에서 태어나기 때문에 이미 진행되고 있는 그 세계 속으로 사회화되어야 한다는 점, 둘째, 사회화 기능을 수행할 수 있는 필수적인 유전 자질을 갖추고 있어야 한다는 점, 그리고 셋째, 사람들과 정서적 관계를 확립할 수 있고 사랑, 동정, 창피, 시기, 두려움 등과 같은 감정을 경험할 수 있는 능력이 있어야 한다는 점이다. 따라서 사회성은 사회에 공통한 인간행동양식의 일반성의 방향에 나타나는 개인의 사회적 적응을 총칭하는 말로, 사회인으로서의 생활을 익혀 가는 과정으로서의 사회화의 과정을 통하여 사회성이 발달하는 것이다.

아동기 사회적 행동은 점차 빠르게 증가하는데, 새로운 학교생활의 적응은 아동의 사회성 발달에 많은 변화를 준다. 친구와의 교우관계가 중요한 변수가 될 수 있으며, 집단 놀이가 왕성해지고, 집단 성원으로서의 소속감과 안정감을 원하게 된다. 특히 도당(gang age)에서 출발한 사회적 규준이 아동의 정신생활과 성격형성에 영향을 준다. 또한 아동기 사회성은 성적인 성숙과 행동의 발달로 여아와 남아가 따로 노는 경향이 있으며, 여러 면에서 여아가 남아보다 더 사회성이 앞선다. 초등학령기 후기에는 판단기준이 부모와 교사로부터 동료집단으로 그 방향이 바뀌게 된다.

아동의 사회성 정도는 다음과 같이 3가지 관점에서 살펴볼 수 있다.

- 사회적 행동 즉, 타인 혹은 집단, 습관(제도), 공공의 사물과의 관계 속에서 이루어지는 행동이 사회화되어 있는 정도로, 아동 행동의 많은 부분이 사회적으로 인정되는 것일 때는 사회성이 발달되어 있다고 하고, 그렇지 못할 경우에는 사회성이 그다지 발달되어 있지 않다고 한다.
- 사회적 참여의 정도로, 아동이 교실 한쪽에 앉아서 놀이만을 주로 하거나 다른 아이들이 노는 것을 보고만 있다면 사회적 참여의 정도가 낮은 것이며, 사회성 발달이 늦다고 말할 수 있다. 반면에 다른 아이들에게 인기가 있거나, 다른 아이와의 접촉에 흥미를 보이며 잘 놀고 집단활동에 관심을 가지고 있는 아동은 사회성이 발달되어 있다고 말할 수 있다.

• 인성적 특성으로, 주변 상황이 변해도 계속 남들 앞에 나타나려 하지 않으며 발언을 하지 않는 아동은 사회성 발달이 늦은 것이다.

아동의 사회성은 유능한 사회 구성원으로 살아가는 데 필요한 적응능력으로서 주변 환경과의 상호작용을 통해 자기와 타인에 대한 정체감을 확립하고 유지하며 자신의 목적을 효과적으로 획득하는 능력이다.

3) 아동기 사회성 발달의 교육적 시사점

초등학령기 시기의 사회성 발달은 먼저 타인 혹은 집단, 습관(제도), 공공의 사물과의 관계 속에서 이루어지는 사회적 행동이 발달되어야 한다. 아동의 사회성 발달은 기술, 가치, 태도의 습득을 통해 사회적 기능과 건강한 관계 형성의 능력이 강화된다. 아동은 사회화와 적응 과정을 통해 사회의 역할을 배우며, 사회성 발달은 가정, 학교, 또래 집단, 미디어 등 수많은 매체에 의해 형성된다. 특히 이 시기 가정에서 벗어나 새로운 학교생활의 적응은 아동의 사회성 발달에 많은 변화를 주며, 교사 혹은 또래 아동들과의 관계로 인해 아동의 사회적 행동이 점차 빠르게 발달한다.

초등학령기 아동은 하루 일과의 상당한 시간을 학교에서 보내고 있다는 점에서 아동의 발달과 성장의 증진은 많은 측면에서 학교의 몫이다. 초등학령기 사회성 발달에 있어서 또래와의 교우관계는 중요한 변수가 될 수 있으며, 또래 집단에서 출발한 사회적 규준이 아동의 정신생활과 성격형성에도 영향을 준다. 따라서 아동이 어릴 때 가정은 아이에게 가장 중요한 영향력을 행사하지만, 아동이 학교에 입학하면 또래 집단이 아동의 태도와 행동에 더 중요한 영향력을 행사하게 된다. 특히 초등학령기 초기에는 아동들은 쉽게 싸우고 일시적인 친구 관계를 유지하며, 사회적 이해 과정에서 지식이나 인식이 제한적이지만, 초등학령기 후기에는 급속한 사회적 발달을 경험하게 되는데, 사회관계가 확대되고 사회적 지식과 기술이 향상되며, 의미 있는 교육관계가 형성된다는 점에서 진정한 도당시기를 겪게 된다. 또한 초등학교는 학교가 제공하는 분위기, 교육과정과 교과 외 체험활동, 정서적 지원의 다양한 활동 등을 통하여 아동의 사회적 행동에 영향을 미치기 때문에 사회적으로 올바른 행동을 형성하도록 구성하여야 한다.

사. 도덕성 발달

도덕이란 사회생활의 규범이며 인간행위의 준칙이고, 도덕성은 인성 혹은 행동양식을 사회가 정하는 행동기준 또는 가치체계에서 평가한 것이다. 도덕적 행동은 일반적인 사회 경험에 의해서 발현되는 부산물이다. 도덕은 언제나 사회를 배경으로 성립되므로 도덕성의 발달은 사회성의 발달과 밀접한 관련을 가지고 있다.

1) 도덕성 발달의 유형과 일반적 경향

도덕성은 무도덕과 부도덕과 비교하여 설명하는데, 무도덕(nonmorality)은 고의로 저지른 행위가 아니라 사회적 도덕규준에 무지로 인해 일으켜진 행위이고, 부도덕(immorality)은 사회적 행동규준에 따르지 않는 것이다. 도덕성발달의 유형은 도덕적 행동의 발달과 도덕적 개념(지식)의 발달로 나누어 살펴볼 수 있다.

① 도덕적 행동의 발달

직접적인 교수(direct teaching), 동일시(identification), 시행착오(trial and error)로 발달한다.

② 도덕적 개념의 발달

옳고 그른 것에 대한 추상적인 원칙의 학습이 가능하려면 한 상황을 다른 상황으로 일반화할 수 있는 능력이 필요하다. 도덕적 가치의 발달은 인지발달과 일치하는 이성적인 과정이다. 즉 도덕성 발달은 지적발달과 상당한 관련을 가지고 있다. 8~9세가 되면 아동의 도덕개념은 더욱 일반화되고 사춘기에 이르면 일반적인 도덕개념이 완성된다.

도덕적 행동과 추론능력이 일치하지 않는 이유로는 자신이 어떤 행동을 하도록 기대되고 있는가에 대한 판단의 혼란과, 특히 분노와 같은 감정적인 요인, 그리고 남의 주의를 끌고 싶어 하는 충동 같은 자극적 요인들이 있다.

도덕성 발달의 일반적 경향은 다음과 같다.

① 0~2세(무도덕기)

의식적인 행동을 하기는 하나 행동에 도덕적인 판단은 전혀 없으며, 양심의 작용도 가치관도 없다. 자기와 남의 구별이 가능한 시기부터는 쾌·불쾌의 정서적 체험과 선악의식을 결부시킬 수 있는 자질을 함양해 주어야 한다.

② 3~6세(유아기)

성인의 권위에 의하여 행동이 규정되는 시기이다. 선악의 구별을 성인의 칭찬과 질책에 따라 하며, 상벌제도를 통하여 문화적으로 용인된 선과 악을 배워 나간다. 아직 죄의식과 후회하는 태도가 발달되어 있지 않아 건전한 도덕성 발달을 위하여 바람직한 환경의 조성이 필요하다.

③ 7~12세(아동기)

친구들과의 약속이 행동을 규정하는 시기이다. 가정에서보다 집 밖에서 친구들과 노는 시간이 많아진다. 부모로부터의 질책보다 오히려 친구들의 조소를 두려워한다. 타율적인 면에서 자율적인 면으로 이행하는 과도기로 교우관계가 아동의 도덕성 발달에 많은 영향을 준다. 아동기 도덕성 지도의 중점으로 좋은 친구들과 사귀도록 교우지도에 관심을 갖고, 각종 동아리활동을 통한 봉사의 기회를 장려하며, 가정과 학교의 유대를 긴밀히 하고 서로 간의 지도방침을 일치시키는 것들이 있다. 또한 스포츠에 열중하는 시기이므로 정당한 경기를 통해 준법정신을 고취할 수 있다.

④ 12~15세(사춘기)

추상적 도덕을 이해하는 시기이다. 자기 부모나 주위 사람들을 자기와 동일시하고 그들의 가치관을 따르며, 준칙을 어겼을 경우 죄악감을 느끼고 괴로워한다. 자기가 가지는 도덕관념에 의해 타인의 행동을 비판하기도 한다. 아동기의 자기중심성에서 탈피하여 도덕에 관한 추상적 개념이 확립되고 일반화된다.

2) 도덕성 발달 이론

가) Piaget의 도덕성 발달 이론

도덕성 발달이란 인지 발달의 한 양상으로서, 도덕성이란 도덕적 특성이 관여되는 사태에서 옳고 그름을 판단하는 인지적 능력이며, 전조작기 및 조작적 단계와 거의 일치한다. 따라서 인지적 능력을 가지고 있을 때 도덕적 행동이 가능하고, 인지적 발달이 질적 변화를 겪으므로 도덕성 발달도 질적 변화를 겪는다. 또한 사람들은 서로 다른 시기에 이러한 도덕성의 발달 단계를 경험하지만, 그 순서는 항상 동일하다.

Piaget(1932)는 아동들의 놀이를 관찰하고 아동들이 도덕적 규칙을 인식하고 수행하는 양상을 찾아냈다. 그리고 도덕적 사태에 대한 이야기를 들려주고 이야기 속에 등장하는 인물 중 누가 더 나쁘며, 왜 그런지에 대하여 물음으로써 아동의 도덕성 발달의 특성을 2단계로 제시하였다.

A : 아버지의 잉크병이 비어 있다는 것을 알고 잉크를 채워서 아버지를 돕기로 결심하였다. 그러나 병을 여는 순간 잉크를 엎질러서 책상에 커다란 얼룩이 생겼다.
B : 아버지의 잉크병을 가지고 놀다가 책상에 작은 얼룩이 생겼다.

어느 아동이 더 나쁜가?

위 상황에서 타율적인 도덕성 단계의 아동은 'A'를 더 나쁘다고 판단하며, 자율적인 도덕성 단계의 아동은 'B'를 더 나쁘다고 판단한다. 자기중심적인 도덕적 판단은 한 가지 측면, 즉 잘못의 규모에 초점을 맞추지만, 성숙한 판단은 그 의도를 고려한다. 따라서 도덕성 발달 단계는 기본적으로 타율적 도덕성에서 자율적 도덕성으로의 발달을 의미한다.

① 타율적 도덕성(강제적인 도덕성)

고정적이고 단순한 판단을 하며 자아중심적이기 때문에, 어떤 도덕적 문제에 대해 한 가지 이상의 방법으로 생각할 수 없다. 규칙이란 불변적이고, 행동은 옳은 것이거나 또는 그릇된 것이며, 아무리 사소한 것일지라도 모든 위반은 엄격한 처벌을 받아야 한다고 생각한다.

② 자율적 도덕성(협동적인 도덕성)

7~8세경에 시작하여 그 이후에 계속되는 것으로서 행동의 이면에 놓인 행위자의 의도를 고려하여 선악을 판단하며, 공정 개념을 변화시킨다.

이러한 기본적인 도덕성 발달 단계를 토대로 Piaget(1932)가 제시한 구체적인 도덕성 발달 단계는 다음과 같다.

① 규칙이나 질서에 대하여 도덕적 인식이 거의 없는 단계(2~4세 사이)
② 도덕적 실재론 또는 타율적 도덕성 단계(5~7세 사이)
③ 도덕적 상대론 또는 자율적 도덕성 단계(8~11세 사이)
④ 보편적 윤리로서의 도덕성 단계(11세 이후)

이상과 같이 Piaget는 도덕률은 불변적이고 절대적인 한 가지 도덕적 규준이 있는 것이 아니며, 자신을 포함한 사람들은 스스로 기준을 만들고 변경할 수 있다고 보고 있다. 자율적 도덕성은 자신의 도덕적 규칙을 만들어 가는 단계이고, 스스로 만들어 가는 도덕적 기준은 보편타당한 일반적인 도덕적 기준하에 결정된다는 전제하에 가능하다는 것이다.

나) Kohlberg의 도덕성 발달 이론

Piaget의 이론에 근거하여 Kohlberg(1958)는 인지 발달이 불변적인 순서로 어느 한 단계도 생략됨 없이 진행하는 것처럼, 도덕성 발달도 불변적인 순서로 진행하고 그 순서도 인지 발달 단계와 병행된다고 보고 도덕적 갈등 상황에서 어떻게 판단하는가에 따라 도덕성 발달 수준을 6단계로 나누었다.

① 인습 전 수준(전도덕기)

- **제1단계 :** 벌과 복종에 의한 도덕성 주관화의 단계로, 단순한 신체적·물리적 힘이 복종이나 도덕 판단의 기준이다. 도덕적 규칙이나 선악의 개념을 알고는 있으나, 행위의 결과가 어떤 의미 또는 가치를 가지는가 하는 것은 문제가 되지 않는다.
- **제2단계 :** 욕구충족을 위한 수단으로서의 도덕성 상대화의 단계로, 도구적 쾌락주의로서 개인의 물질, 실용적 욕구충족이 가치판단의 기준이 된다. 잘못된 일도 처벌을 피할 수 있다면 정당한 것이 된다.

② 인습 수준(타율적 도덕기)

- **제3단계 :** 대인관계의 조화를 위한 도덕성 객체화의 단계로, 가치의 표준을 다수의 의견이나 사회의 인습에 둔다. 자기 자신의 내적인 동기는 아직 나타나지 않고, 사회의 고정된 인습을 엄격하게 따른다.
- **제4단계 :** 법과 질서를 준수하는 도덕성 사회화의 단계로, 보편적인 사회질서인 '법'이 보다 안전한 행위의 표준을 제시하여 준다.

③ 인습 후 수준(자율적 도덕기)

- **제5단계 :** 사회계약정신으로서의 도덕성 일반화의 단계로, 사회정의에 대한

이상적인 사회계약정신에 따른다. 공리주의적 바탕에서 사회질서나 법을 이해하고 사회적 유용성에 대한 합리적 고려를 하게 된다.

- **제6단계** : 보편적 도덕원리에 대한 확인으로서의 도덕성 궁극화의 단계로, 인간 존재의 존엄성, 정의, 평등 등과 같은 보편적 도덕원리에 기준을 둔다. 스스로 선택한 도덕원리에 따른 양심의 결단을 중시한다.

3) 아동기 도덕성 발달의 교육적 시사점

아동기 도덕성 발달과 관련하여 Piaget나 Kohlberg에 의하면 도덕성의 발달이 한꺼번에 발달하는 것은 아니며, 아동의 도덕적 행동을 실천하도록 하는 데에는 성인의 권위에 의존하는 바가 크다. 특히 아동이 건전한 도덕성을 충분히 형성하는 데에는 이에 상응하는 인지 발달이 필요하다는 점에서, 초등학교 저학년 시기 아동의 도덕개념은 더욱 일반화되고 사춘기에 이르면 일반적인 도덕개념이 완성된다는 점에서 초등학령기에 아동의 도덕성 발달은 의미 있는 질적 변화를 겪는다.

아동이 초등학교에 입학하면서 도덕성 발달을 위한 교육은 학교의 중요한 역할이며 책임이 된다. 따라서 학교에서 혹은 교사에의 많은 경험들은 아동의 도덕적 태도와 가치에 중요한 영향을 미치는데, 학교에서 아동은 많은 방식으로 할 일을 맡게 되며, 수준이나 정도 차이는 있지만 학교에서 아동들이 해야 하는 일들은 어른의 것과 유사하다는 점에서 아동들은 스스로 책임감을 가지게 되며 자연스럽게 또래들과 함께 하는 법을 배우게 된다. 또한 초등학령기에 아동은 성공 경험뿐 아니라 실패 경험을 통해 어떻게 반응하는지를 배우고 다시 도전하고 여러 활동에의 참여와 책임을 공유하면서 도덕적 판단 능력과 행위 능력이 점차 발달해 간다. 특히 초등학령기 시기의 아동의 도덕적 판단 능력의 발달과 관련하여 저학년 시기에서의 도덕적 기초성이 중요하다는 점에서 초등학령기에 궁극적인 도덕성 발달을 위해서는 저학년 단계에서의 도덕성 발달의 경험을 전제해야 한다. 이를 통해 저학년 시기부터 이루어진 도덕적 인식 수준의 발달이 고학년 시기로 갈수록 좀 더 심화되고 다양한 형태로 발달해 간다.

아동의 발달은 각 영역들이 서로 밀접한 관련을 가지고 일어나는 복잡한 과정이다. 따라서 하나의 어떤 이론이 아동발달의 복잡하고 다양한 측면을 모두 설명할 수 없으며, 각 이론들은 아동의 발달과정 이해에서 기여하는 바가 각각 다르다. 즉 각 이론들은 배타적이기보다는 오히려 상호보완적인 역할을 함으로써 아동발달의 복잡하고 다양한 현상을 좀 더 잘 이해할 수 있도록 돕는다. 초등학교 아동을 이해하는 데 있어서도 여러 이론들을 통해 초등학교 아동 발달의 제 영역을 이해할 수 있어야 할 것이다.

CHAPTER

08

초등생활지도

1. 생활지도의 이해
2. 생활지도의 원리와 활동
3. 초등학교 생활지도의 성격
4. 초등학교 생활지도의 실제

1. 생활지도의 이해

가. 생활지도의 의미

생활지도는 영어의 'guidence'를 우리말로 옮긴 것으로 '이끌어 준다, 안내한다'의 의미를 가지고 있다. 생활지도는 학생 각자에게 자기가 지니고 있는 능력, 흥미, 성격 등 인격적 특성을 이해시켜 이를 최대한으로 발전시켜 나가고, 이를 자신의 생활목표와 결부시켜서 바람직한 민주시민으로서 원만하고 성숙한 자기지도를 이루도록 하는 과정(Traxler & North, 1966)으로 선택과 적응을 위해 주어지는 조력(Jones, 1970)이다. 즉 개인에게 선택을 해주거나 문제를 해결시켜 주는 것이 아니라, 다른 사람의 도움 없이 여러 결정능력을 점진적이고 자주적으로 발달시켜 나가도록 자극하고 촉진하는 가운데 독자적인 선택을 할 수 있도록 도와주는 것이다. 따라서 일반적으로 생활지도는 모든 학생이 일상생활에서 당면하는 여러 가지 문제를 자력으로 해결함으로써 건전하게 성장 발달하도록 돕는 조직적 활동을 의미한다.

- 하나의 과정이며, 의도적인 지도활동이다.
- 조력활동이다.
- 개인에 관심을 갖는다.
- 자기 자신과 외계 환경의 이해를 돕는다.

흔히 생활지도를 문제아의 지도방법으로 생각하거나 도의교육의 방법으로 생각하는 경향이 있으며, 규칙이나 규율을 지키도록 지도하고 지도의 방법도 권위적인 체벌에 의존하고 있어 생활지도를 훈육적 지도로 이해하기도 한다. 또한 학교에서 학생들이 어떤 사건을 일으켰을 때 그것을 처리하는 것으로만 생각하는 경우가 있는데, 이러한 관점들은 생활지도에 대한 올바른 이해가 아니다.

한편 생활지도와 관련하여 상담과 심리치료가 같이 언급되는데 어떤 문제를 다루고 있느냐에 따라 그 관계가 설정될 수 있다. 인간의 문제를 정보 및 의사결정을 요하는 문제, 행동양식 및 태도의 변화를 요하는 문제, 사고의 심리적 갈등의 문제, 성격 기능 장애 등으로 나누어 보면 상담, 생활지도, 심리치료의 영역은 다음과 같다(이장호, 1986).

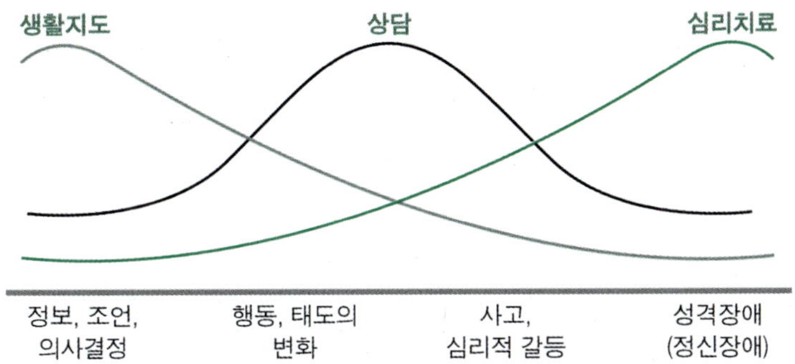

그림 8-1 상담, 생활지도, 심리치료의 관계

생활지도, 상담 그리고 심리치료의 세 영역은 분명하게 구분되는 성질의 것이 아니라 서로 중첩되는 부분들이 있다. 결국 생활지도, 상담, 그리고 심리치료는 전혀 별개의 것이라기보다는 성격과 정도가 조금씩 다른 다양한 문제 내에서 서로 중첩되는 그러나 다소 다른 활동으로 볼 수 있다.

나. 생활지도의 목표

생활지도의 목표는 학생의 행동에 직결된 직접적 목표와 학교와 교사에 대한 봉사로서의 간접적 목표로 구분할 수 있다. 즉 생활지도의 대상이 학생이기 때문에 학생에게 도움을 주는 것은 생활지도의 직접적 목표이다. 또 생활지도는 일반교사나 학교행정가에게도 간접적으로 도움을 줄 수 있기 때문에 간접적인 목표를 갖는다.

1) 직접 목표

학생 개인의 성장과 발달을 돕는 생활지도의 직접적 목표는 다음과 같다(Humphreys & Traxler, 1954).

- 학생 각 개인이 자기 자신을 정확하게 이해하도록 돕는다.
- 학생 각 개인이 자기가 지닌 성장 가능성으로서의 능력과 흥미와 기타 여러 자질을 발견하고 그것을 최대한 발전시키도록 돕는다.
- 학생 각 개인이 수시로 당면하는 자신의 문제를 정확히 파악하고 자기 힘으로 해결할 수 있도록 돕는다.
- 다양하고 복잡한 생활환경 속에서 학생 각 개인이 현명한 선택과 적응을 할 수 있도록 돕는다.
- 학생 각 개인이 신체적·지적·정서적·사회적 모든 면을 포함하여 잘 조화되고 통합된 인생을 즐길 수 있도록 돕는다.
- 학생 각 개인이 자기가 속한 사회를 위하여 공헌할 수 있도록 돕는다.
- 학생 각 개인이 앞으로의 성장과 생활을 위하여 보다 건전하고 성숙된 적응을 할 수 있는 영구적인 기초를 닦을 수 있도록 돕는다.

2) 간접 목표

간접적 목표는 교사나 학교행정가가 생활지도 활동을 원활하게 수립할 수 있도록 함으로써 생활지도의 직접적인 목표를 달성하는 데 도움을 준다. 생활지도는 일반 교사나 학교행정가에게 다음과 같은 도움을 줄 수 있다(Froehlich, 1950).

- 교사들이 학생들을 보다 정확하게 이해하도록 돕는다.
- 교사들이 여러 가지 형태의 현직 교육활동을 통하여 생활지도에 임하는 바람직한 태도와 기술을 갖추도록 돕는다.
- 학생들이 제시하는 문제가 교사의 지도 한계를 벗어나는 경우에는 그 분야의

전문가에게 위탁하도록 격려한다.

- 모든 학생에게 공통적으로 나타나는 문제에 대해서는 학교행정가에게 보고하여 학교의 전체적인 교육 계획 수립에 반영한다.
- 학교의 생활지도 활동은 교사나 학교 자체의 연구활동을 돕는다.

2. 생활지도의 원리와 활동

가. 생활지도의 원리와 성격

생활지도를 효과적으로 실천하기 위해서는 생활지도의 원리에 대한 이해가 선행되어야 한다. 생활지도의 원리는 크게 기본 원리와 실천 원리로 나누어 볼 수 있다(오만록, 2002). 기본 원리는 생활지도를 하는 데 있어서 기본적으로 유의해야 할 원리이고, 실천 원리는 생활지도 활동을 구체적으로 실천해 나가는 데 있어서 준수해야 할 원리이다.

1) 생활지도의 기본 원리

생활지도는 모든 학생을 대상으로 하며 인간으로서의 존엄과 가치를 인정하고 궁극적으로는 개개인의 자아실현에 기반을 둔다. 생활지도의 기본 원리는 다음과 같다.

① 학생의 존엄성 인정과 수용의 원리

생활지도에서는 학생 개인의 존엄성이 인정되어야 하며, 학생이 어떤 상태나 상황에 처해 있든 긍정적으로 수용하고 이해하여야 한다. 여기서 수용이란 학생을 인간적인 존재로 인정하고, 그 가치를 소중히 여겨 학생에게 일반적인 지시, 압력, 명령을 해서는 안 된다는 것을 의미한다.

② 자율성 존중의 원리

학생이 자신의 문제를 파악하고 적극적으로 해결할 수 있도록 도와주어야 한다. 그러기 위해서는 학생 스스로 문제의 핵심을 파악하고 가능한 해결방안을 탐색하여 최종적인 결정을 내리도록 하는 것이 중요하다. 따라서 학생 자신의 자율적인 판단과 자발적인 활동이 강조되어야 한다.

③ 적응의 원리

생활지도는 학생들로 하여금 전반적인 생활에 잘 적응하도록 도와주는 활동이므로 현실에 순응하게 하는 소극적 적응보다는 개인의 능력과 특성을 되살려 적극적으로 자신을 이끌어가게 하는 능동적인 적응이 강조되어야 한다.

④ 인간관계의 원리

생활지도에서는 학생들의 생활태도와 가치관의 변화나 인성적 감화와 같은 정의적인 학습이 강조되는데, 이러한 학습은 교사와 학생 사이에 참다운 인간관계, 즉 감성이 교류하는 관계가 성립될 때 가능하다.

⑤ 자아실현의 원리

생활지도의 궁극적 목적은 모든 개인이 자아실현을 하도록 하는 데 있다. 그러므로 개인적인 문제의 해결, 새로운 장래의 설계, 학교생활에 대한 건전한 적응 등을 통하여 모든 학생으로 하여금 자기 나름의 완성을 기하도록 조력하는 것이 되어야 한다.

2) 생활지도의 실천 원리

생활지도의 직접적·간접적 목표를 달성하기 위해서는 그 실천과정에서 따라야 할 원리들이 있다.

① 계속적 과정의 원리

생활지도는 한 번으로 끝나는 것이 아니라 계속적인 활동으로 이루어져야 한다. 그러기 위해서 생활지도는 진급·진학이나 취업에 대한 정치활동뿐만 아니라 추수활동으로까지 연결되어야 한다.

② 전인의 원리

생활지도에서는 개인의 특수한 영역이나 기능의 일부만을 다루는 것이 아니며, 전체적인 면을 통합적으로 지도하여야 한다. 그리하여 모든 학생이 조화로운 인간성을 갖추도록 해야 한다.

③ 균등의 원리

생활지도는 모든 학생을 대상으로 이루어져야 한다. 생활지도는 문제아나 부적응아들의 문제만을 지도하고 해결하는 것이 아니라, 전체 학생들의 잠재력을 최대한으로 계발시키는 것에 중점을 두어야 한다.

④ 과학적 기초의 원리

생활지도는 학생들에 대한 올바른 이해와 지도를 위해 구체적이고 객관적인 자료와 과학적인 이론을 토대로 실천되어야 한다.

⑤ 적극성의 원리

생활지도에서는 학생들의 문제행동에 대한 치료도 중요하지만, 그보다는 적극적인 예방지도에 더 주력해야 한다. 즉 생활지도는 이미 나타난 문제해결이나 그 치료보다는 문제가 근본적으로 일어나지 않도록 하는 예방적인 지도에 중점을 두어야 한다. 또한 생활지도에서는 처벌보다는 사전지도가 앞서야 한다. 과거의 생활지도는 처벌 위주였지만, 현대의 생활지도는 처벌보다는 예방에 중점을 두는 방향으로 바뀌고 있다.

⑥ 협동성의 원리

생활지도는 담임교사나 상담교사만의 업무가 아니고, 학교의 전체 교사, 가정의 부모, 지역사회 인사 및 전문가의 협력활동에 의하여 실천되는 활동이어야 한다.

3) 생활지도의 성격

이상의 생활지도의 기본 원리와 실천 원리를 중심으로 생활지도의 성격은 다음과 같이 다양한 관점에서 이해될 수 있다.

- **모든 학생의 바람직한 성장**: 생활지도란 궁극적으로는 학생의 바람직한 성장을 돕기 위해서 그 발달 단계에 따라 체계적이고 종합적으로 제공되는 교육활동이다.
- **자신과 세계에 대한 이해**: 학생의 바람직한 성장을 돕기 위해서는 먼저 개개인 자신의 특성 및 잠재력과 자신이 살아가고 있는 세계에 대한 바른 이해가 필요하므로 생활지도는 이를 돕는다.
- **특성과 잠재력의 계발**: 개개인이 지닌 인지적·정서적·신체적 특성과 잠재력을 최대한 계발해 자아실현을 할 수 있도록 돕는다.
- **발달상의 모든 문제를 대상**: 생활지도는 아동이 발달과정에서 가질 수 있는 여러 가지 문제, 즉 가정적·사회적·신체적·정서적·교육적 문제들을 대상으로 한다.
- **아동의 자율성 존중**: 생활지도는 아동이 부딪히게 되는 여러 가지 문제를 자력으로 해결할 수 있도록 돕는다.
- **치료보다 예방**: 생활지도는 문제가 발생하고 난 다음 이를 치료하는 데 주력하는 소극적 활동이 아니라 부적응 사태로 인해 문제가 발생하기 전에 이를 예방하고자 하는 적극적 활동이다.
- **처벌보다 지도**: 생활지도는 학생의 건전한 성장을 돕고자 하는 것이므로 문제가 발생했을 경우 처벌보다는 지도를 우선한다.

나. 생활지도의 영역과 활동

1) 생활지도의 영역

생활지도의 주요 영역은 다음과 같은 8가지가 있다(오만록, 2002; 장혁표, 1983).

① 학업지도

학업지도는 학업에 관한 지도로서 특히 학생들이 자신의 개성, 흥미, 능력 등에 부합하는 학습활동을 전개하는 데 필요한 정보나 자료를 제공함으로써 학생 개인의 가능성을 최대한으로 계발하도록 돕는 활동이다. 학교 선택의 문제, 학과나 과정의 선택 문제, 학교생활 적응의 문제, 학문 연구 문제, 특별활동의 선택, 학업부진, 학습방법 등에 대한 지도가 포함된다.

② 진로지도

직업 준비와 선택, 적응 등 장래의 진로와 관계되는 영역에 대하여 지도하는 영역이다. 자기의 적성에 알맞고 흥미와 의욕을 가지고 전진할 수 있도록 각종 직업에 관한 정보를 수집하여 제공하고 학생들로 하여금 직업 준비를 하도록 지도한다.

③ 인성지도

인성지도의 목표는 아동이나 학생 개개인이 자기의 성격을 올바르게 인식하고 원만한 인격의 소질을 육성하도록 조언하는 것이다. 건전한 인성형성에 대한 지도뿐 아니라 문제가 되는 인성 특성, 즉 지나친 내·외향성이나 우월감·열등감, 정서적 불안, 욕구불만, 신경과민, 불건전한 습관과 태도 등 모든 개인적·심리적 부적응 문제에 관한 지도가 포함된다.

④ 사회성지도

학생들이 유능한 사회인으로서 충실한 생활을 영위할 수 있는 사회적 생활태도와 기능을 습득하고 시민으로서의 자질을 배양하도록 하는 조력 작용이다. 여기에서는 시민으로서의 준법정신, 책임과 의무를 수행하는 정신의 함양, 대인관계의 유지 및 증진, 예의범절의 준수, 친구의 선택과 교제, 사회적·도덕적 협동정신의 함양, 타인의 존중, 봉사정신의 발휘 등에 관심을 갖는다.

⑤ 건강지도

개인의 신체적 발달의 유지와 증진을 위한 조력을 뜻한다. 가정생활에 있어서는 식사문제, 수면·청결문제, 의복 등에 대한 좋은 습관과 위생관념에 대한 지도와 조언이 있어야 한다. 학교생활에 있어서는 보건에 대한 일반적 지식과 방법의 습득, 간단한 치료법, 감염병의 예방법, 건강에 적당한 운동 및 올바른 습관 형성 등에 대한 지도가 있어야 한다. 사회생활에 있어서는 공중위생에 대한 관념과 사회 전반에 대한 인식을 지도함으로써 건강하게 사회활동에 적응할 수 있도록 도와주어야 한다.

⑥ 여가지도

개인이 여가를 가치 있게 활용할 수 있도록 조력하는 것을 뜻한다. 스포츠, 독서, 오락, 사회활동 등 개인에게 알맞은 여가활동을 선택하고 이러한 활동을 통해서 건전한 취미와 심신의 조화로운 발달이 이루어지도록 하는 지도이다.

⑦ 가정생활지도

학생들이 가족 구성원으로서 원만한 가정생활을 영위해 나갈 수 있도록 지도하는 것을 뜻한다. 가정에서 자신의 중요성을 인식하게 하고 가족구성원, 특히 부모와의 관계에 있어서 원만성을 유지하도록 지도한다. 가정적인 문제로 고민하거나 가정생활에서의 갈등으로 부적응 상태에 있는 학생에게는 가정생활에 적응할 수 있도록 특별한 상담과 지도를 해야 한다.

⑧ 성에 대한 지도

동성 및 이성 간의 육체적·심리적 관계를 건전하게 하기 위한 지도를 뜻한다.

자기 몸과 성에 대한 올바른 인식과 태도를 갖고, 남녀 간의 올바른 인간관계를 확립하고, 성장과정에서 직면하게 되는 제반 성문제에 대해 올바르게 대처하도록 해야 한다.

2) 생활지도의 주요 활동

생활지도가 효율적이고 체계적으로 이루어지기 위해서는 학생을 이해하기 위한 학생조사활동, 학생이 필요로 하는 정보를 제공하는 정보제공활동, 가장 중핵적인 문제해결의 상담활동, 학생의 적성과 능력에 따라 다음 단계로 옮겨가는 데 필요한 조력을 제공하는 정치활동, 그리고 생활지도활동 이후에도 지속되는 추수활동 등이 있다(주영흠 외, 2003).

가) 학생조사활동

학생조사활동은 학생이해활동이라고도 하며, 생활지도의 기초적인 단계로서 학생들을 개별적으로 이해하는 데 필요한 자료들을 수집·분석하는 활동이다. 학생조사활동 시 고려사항으로서 수집 자료는 객관적이고 신뢰도가 높은 것이어야 하며 학생들의 문제해결을 위해 꼭 필요한 사실과 자료를 포함해야 한다. 또한 다양한 방법과 기술을 활용해 충분한 정보를 수집해야 하며, 얻어진 정보는 정확하게 기록하고 보관, 활용해야 한다. 학생조사활동의 대상은 가정환경, 교과성취도, 교외활동, 교우관계, 지능, 흥미, 성격, 건강, 장래희망 등으로 다양하다.

나) 정보제공활동

정보제공활동은 이전 단계인 학생조사활동에서 확인된 학생의 문제행동을 해결하는 데 필요한 각종 정보 및 자료를 제공하여 개인적 성장·발달과 사회적 적응을 돕는 활동이다. 이러한 정보제공활동에는 정보자료실이나 게시판, 각종 동아리 활동 그리고 정보활동을 위한 학교 행사를 통해 정보를 제공하는 방법들이 있다.

정보제공활동을 통하여 학생들에게는 교육정보, 직업정보, 개인적·사회적 정보 등이 제공될 수 있으며, 정보활동은 학생들이 진학문제, 성격문제 등과 같은 당면한 중요한 문제를 생각하는 데 필요한 지식을 제공하고 학생들의 자율성을 신장시키는 데 중요한 역할을 하며, 학생들의 발달과 관련된 문제를 탐색해서 인식하도록 하는 데 필수적이다(Shertzer & Stone, 1981).

다) 상담활동

상담활동은 생활지도의 중핵적 활동으로 지도를 하는 사람과 지도를 받는 사람 사이에 행해지는 극히 개별적인 문제해결 과정이며, 상담활동의 궁극적인 목표는 학생으로 하여금 학생 자신과 자신의 문제를 이해하고 그것을 해결할 수 있는 능력을 배양하며 최대한의 자율적 성장을 할 수 있도록 돕는 데 있다. 생활지도의 활동으로서 상담의 일반적인 목표는 학생이 가진 불만을 해소하고 적극적인 감정을 증진시켜 부적응의 상태를 해소하며, 사회적 학습(고차적 적응능력)을 증진시키는 데 있다.

라) 정치(定置)활동

상담활동을 통하여 학생이 직면한 문제가 원만하게 해결되었으면, 생활지도활동은 종반부로 접어들게 된다. 여기서 생활지도활동의 끝맺음이 잘 되기 위해서는 학생들이 자신의 위치나 진로를 현명하게 결정하고 후속되는 상황이나 사태에 잘 적응할 수 있도록 돕는 활동이 제공되어야 한다. 이러한 정치활동은 학생으로 하여금 개인적 발달과 적응과정에 있어서 다음 단계를 취하도록 계획된 교육적 활동이다. 즉 학생으로 하여금 현 사태에서의 적응을 돕고 나아가서는 직업세계에서 자기 위치를 차지하도록 돕는 것이다. 정치활동으로는 반배치, 좌석 지정, 학과목이나 특별활동 선택, 클럽활동 선택, 학교 및 학과 선택, 직업 선택 등의 지원이 포함된다.

마) 추수(追隨)활동

추수활동은 정치활동을 통하여 적재적소에 배치된 학생들의 추수 적응 상태를 확인하여 부적응 상태에 대해서는 계속적으로 적절한 조치를 취하고, 아울러 지금까지의 전체 생활지도활동의 평가 및 개선을 위한 정보를 수집하여 보다 효과적이고 질 높은 후속적인 생활지도를 하기 위한 활동이다. 또한 추수활동을 통하여 전체 생활지도 프로그램 개선을 위한 가치 있는 자료를 얻을 수 있다. 추수활동은 주로 전화, 면접, 관찰, 질문지, 편지 등을 통하여 이루어진다.

3. 초등학교 생활지도의 성격

교육의 본질은 기본적으로 한 개인이 지니고 있는 잠재력을 최대한 발휘시켜 자아실현을 돕는 과정이다. 학교는 교육적 활동을 통해 아동의 잠재력을 계발시켜 앞으로의 앎과 삶의 과정에서 스스로 대처해 생활할 수 있는 능력을 길러주어야 하는 책무성을 가지고 있다. 따라서 초등학교 생활지도를 통하여 교사는 아동이 잘삶과 잘앎의 과정에서 자신의 역량을 최대한 발휘하도록 해야 한다.

특히 초등학령기는 아동의 생활이 가정 중심에서 학교로 점차 옮겨지는 시기로, 학교의 공동생활을 통해 타인을 이해하고 부모의 직접적인 영향권에서 벗어나 또래집단들 간의 관계를 통한 인정에 민감한 반응을 보이는 시기로 다양한 생활지도상의 문제가 발생하게 된다.

이러한 생활지도상의 문제는 초등학령기 아동들로 하여금 또래와의 관계를 통하여 사회생활을 경험하고자 하는 과정에서, 학교교육의 다양한 교육적 활동을 통하여 사회적 가치와 행동양식을 획득하는 과정에서, 그리고 정규 수업인 교과교육뿐만 아니라 교과 외 교육활동을 통해서 많은 부정적인 영향을 주게 된다. 이러한 관점에서 초등학교에서의 생활지도는 다음과 같은 성격으로 이해할 수 있다.

첫째, 초등학교 생활지도는 교과지도와 분리될 수 없으며, 교과지도와 상호 밀접한 관련을 갖는다. 초등학교에서 아동에 대한 교사의 가르침의 행위 중 생활지도는 교사의 수업활동 못지않게 중요한 활동이다. 따라서 생활지도는 교육과정 또는 학습지도와 독립된 별개의 영역이라기보다는 상호 밀접한 관련을 가지고 있는 교사의 종합적 활동과정이다.

둘째, 초등학교 생활지도는 모든 학생의 바람직한 성장을 전제로 아동의 발달단계에 따라 체계적이고 종합적으로 제공되는 교육활동이다. 따라서 전체 아동에 대한 생활지도 접근보다는 아동 개개인의 특성을 고려하여 개별 아동에 대한 생활지도 접근을 해야 한다. 이를 위해 아동 개개인 자신의 특성 및 잠재력, 자신이 살아가고 있는 세계에 대한 아동의 이해 정도 등을 잘 파악해야 한다.

셋째, 초등학교 생활지도는 특정 영역의 문제가 아닌 전인적 발달상의 문제를 대상으로 접근해야 한다. 즉 초등학교 생활지도는 발달 단계상의 아동들의 요구에 근거해야 한다. 생활지도는 아동의 전인적 발달을 전제로 개개인이 지닌 인지적·정서적·신체적 특성과 잠재력을 최대한 계발해 자아실현을 할 수 있도록 돕는 활동이며, 특히 초등학교 생활지도는 아동이 생활 세계에서 겪는 경험에서 가질 수 있는 다양한 문제, 즉 가정적·사회적·신체적·정서적·교육적 문제 등을 대상으로 이루어져야 한다.

넷째, 초등학교 생활지도는 아동이 경험하는 여러 가지 문제를 자력으로 해결할 수 있도록 조력하는 활동이지만, 아동의 문제행동 치료나 처벌 등의 소극적인 활동이 아닌 문제해결을 요청하기 전에 보다 적극적으로 접근하는 활동이다.

다섯째, 초등학교 생활지도는 학부모의 자녀에 대한 교육권을 보장하는 관점에서 자녀 생활지도에 대한 학부모의 다양한 요구에 부응할 필요가 있다. 이를 위해 초등학교 교사는 학부모의 요구, 가치관, 다양성을 존중하여야 하며, 아동에 대한 생활지도의 과정에서 학부모와의 상담과 참여의 기회를 제공해야 한다. 이는 학부모와 아동이 교사의 교육활동에 신뢰를 갖도록 한다.

여섯째, 초등학교 생활지도는 학교 안전교육과 병행하여 실시해야 한다. 즉 초등학교에서 아동이 안전한 학교생활을 영위할 수 있도록 보장해 주는 일은 생활지도 이상의 중요한 의미를 지닌다. 따라서 교사는 아동들에게 안전한 환경을 제공해야 한다(Click & Parker, 2002). 초등학교에서 아동들이 교육적 활동이나 개인 활동에 있어서 즐거운 삶을 영위할 수 있는 제반 여건이 마련되어 있지 않으면 진정한 생활지도는 보장하지 못하며, 더 나아가 초등학교의 기본적인 기능으로서의 역할을 수행하지도 못한다.

4. 초등학교 생활지도의 실제

가. 기본생활습관 지도

기본생활습관이란 인간이 살아가는 데 기본이 되는 생활 전반의 지식과 기술 등을 포함한 행동양식을 익혀서 습관화하는 것을 의미한다. 올바른 기본생활습관은 아동의 성격 형성이나 성장과 더불어 계속되는 사회화에 많은 영향을 미치므로, 아동 초기부터 잘 형성되도록 지도해야 한다. 기본생활습관의 지도내용으로는 식사지도, 청결지도, 예절지도, 안전지도 등이 있다.

1) 급식지도의 실제

급식지도를 할 때는 원칙을 세우고, 이를 단호하고 꾸준히 지키도록 해야 한다.

① 줄서기

- 급식시간이 되면 줄서기 경쟁이 생기므로, 급식 받는 순서를 사전에 정해 다툼을 예방하고 질서 있고 차분하게 줄을 서도록 한다. 줄의 순서는 공정

하고 공평하게 기회가 돌아갈 수 있도록 한다.

② 배식과 식사

- 식품 알레르기는 학기 초 사전조사를 통해 영양교사와 정보를 공유한다.
- 음식을 받을 때는 먹을 양만큼 적절히 받도록 한다.
- 싫어하는 음식은 조금 받는 것을 허용해 주고, 고른 영양 섭취가 가능하도록 낯선 음식에 대한 거부감을 줄여 적응력을 향상시키도록 돕는다.
- 좋아하는 음식이 있더라도 밥과 국, 반찬을 골고루 먹도록 하여 특정 음식만 먹지 않도록 지도한다.

③ 편식 습관이 있거나 느리게 먹는 아이

- 체크리스트를 활용하면 도움이 된다. 개별적인 체크가 효과적인데, 초등학교는 교사와의 일대일 관계 속에 있기 때문에 동기화가 쉽고 정서적 안정감도 줄 수 있다.

2) 안전지도의 실제

① 안전 규칙 정하기

- 학년 초에 안전과 관련된 규칙을 만든다.
- 위험한 행동을 해서 자신이나 다른 학생에게 위험한 일이 발생하면 그 일에 대한 책임을 묻겠다는 의지를 정확히 전달한다.
- 위험한 행동이 무엇인지 학생들이 명확히 알도록 한다.

> "학교생활에서 어떤 행동이 위험한 행동일까?"라는 질문을 학생들에게 던져서 나오는 답을 모두 칠판에 적는다. 빠진 행동 유형이 없는지 확인한 후, 친구가 이런 행동을 할 경우 즉시 교사에게 알리도록 한다. 안전에 관한 것을 교사에게 알리는 행동은 고자질이 아니며 안전이 최고임을 반드시 알려 준다. 위험한 행동을 하면 교사가 강하게 제재할 것이며, 이는 학생을 보호하기 위해서라는 것을 주지시킨다.

② 안전에 관한 것을 매일 상기시키기

- 알림장에 매일 안전과 관련된 내용을 하나씩 적어 준다. '안전규칙 지키기'와 같은 포괄적인 내용보다는 '담벼락에 올라가지 않기', '눈길에 주머니에 손 넣고 다니지 않기', '휴대폰 통화하면서 등하교하지 않기' 등과 같이 구체적인 내용을 제시한다.
- 하굣길 인사말로 안전과 관련된 내용을 모두가 외쳐보도록 하는 방법도 있다(예: 차 조심, 낯선 사람 조심! 선생님 안녕히 계세요!).

③ 안전사고 발생 시

- 평소에 안전교육을 실시하여 안전사고 발생 시에 당황하지 않고 융통성 있게 대처할 수 있도록 한다.
- 안전사고의 종류는 매우 다양하다. 따라서 일괄적이고 형식적인 사고 대처요령이 아니라 각 상황별 사고 대처요령을 구체적으로 알려주어야 한다. 또한 지식적인 측면에 머물 것이 아니라 상황 발생 시 바로 행동이 나올 수 있도록 실제 시연을 해 보는 것이 필요하다.

예 : 유괴 및 납치 안전사고를 지도할 경우 다음 상황별로 실제 역할극을 해보도록 한다.

<낯선 사람이 다가와서 길을 물어보는 경우>

낯선 사람 : ○○슈퍼가 어디에 있니?
학　　생 : 이쪽으로 쭉 가서 두 번째 보이는 갈림길에서 오른쪽으로 꺾어 가시면 돼요.
낯선 사람 : 이 동네가 처음이라 잘 모르겠는데 갈림길까지 같이 가줄래?
학　　생 : 죄송해요. 부모님이랑 만나기로 해서 갈 수가 없어요.
(바로 사람들이 있는 쪽으로 간다.)

<집안에 혼자 있을 때 택배아저씨가 문을 열어달라고 하는 경우>

택배아저씨 : 택배입니다. 문 좀 열어주세요.
학　　생 : 지금 집 안에 어른이 안 계셔서 경비실에 맡겨주세요.
(문 앞에 놓고 가세요).

<차에 타고 있는 사람이 와 보라고 할 때>

차에 탄 사람 : 학생, 잠깐 이리 와서 여기가 어딘지 알려줄래?
(약도를 손에 쥐고 있음)

학 생 : (그 사람이 팔을 뻗어도 닿지 않을 만큼 떨어져서 말한다.)
저는 길을 잘 모르니, 어른들께 여쭤보세요.

3) 개인 청결지도의 실제

특정 학생에게만 초점을 맞추어 청결지도를 하면 교사의 의도가 왜곡되어 이해될 수 있다. 따라서 전체 학생을 대상으로 청결지도를 하는 것이 좋다.

① 구체적인 방법 안내하기

교과시간이나 창의적 체험활동시간을 이용하여 샤워하는 법, 머리 감는 법, 손톱과 발톱 깎는 법, 칫솔질 하는 법, 손 씻는 법 등을 자세히 알려준다.

② 실천하기

- **가정에서 실천하기** : 주로 가정에서 실천할 수 있는 샤워나 머리 감기 등의 항목은 다음의 절차를 따르면 지속적으로 청결을 관리할 수 있다.
  - 절차를 배운 날 가정에서 해 보고 일기 쓰기
  - 체크리스트를 사용하도록 하고 교사가 체크리스트를 주기적으로 점검하기

표 8-1 깨끗한 생활 실천하기

항목 \ 날짜										
샤워										
머리 감기										
아침 이 닦기										
저녁 이 닦기										

* 실천한 항목에 대해서 동그라미를 쳐 봅시다.

– 손톱 깎기와 같은 항목은 2주에 한 번씩 정기적으로 검사하되, 검사를 할 때는 학생들이 모욕감을 느끼지 않도록 주의가 필요하다. 처음에는 정기적으로 검사하다가 어느 정도 자리가 잡히고 나면 간헐적으로 검사하도록 한다.

• **학교에서 실천하기**

학교에서 실천할 수 있는 항목에 대해서는 따로 시간을 주거나 요건을 마련해 주어 실천하도록 하면 시간이 지날수록 기본 습관으로 수월하게 자리 잡아 간다.

– **손 씻기** : 식사 시간 전에 시간을 할애하여 순서를 정해서 손을 씻고 오도록 한다.

– **이 닦기** : 식사 시간이 차이가 나므로 시간을 정하기보다는 식후에 닦도록 하되, 체크리스트를 활용하도록 한다.

4) 인성 및 사회성 지도의 실제

인성 및 사회성은 교과시간이나 창의적 체험활동시간을 통해 지도할 수 있고, 학교 행사와 연계하여 지도할 수도 있다. 학생들의 인성과 사회성을 길러주기 위해서는 감정과 생각을 적절하게 표현하는 자기 표현능력과 다른 사람의 처지를 이해하는 공감적 이해 능력을 지도해야 한다.

① 자기 표현능력 지도하기

• **나 전달법(I-Message) 익히기**

– '나'를 주어로 하여 상대방에 대한 내 감정과 생각을 표현하는 대화법이다.

– "네가 000을 해서(행동), 나는 000하게 느껴(감정)."와 같이 말하도록 연습시킨다.

• **Do 언어법 익히기**

– 상대방의 문제가 되는 행동을 구체적으로 가리켜 표현하는 대화법이다.

– 약속 시간을 자주 어기는 친구에게 "너 왜 이렇게 게으르니?"라고 하기

보다 "너 자주 늦는구나"와 같이 말하도록 연습시킨다.

② 공감적 이해 능력 지도하기

표정 짓기, 눈 마주치기, 고개 끄덕이기, 손뼉치기, 어깨 토닥이기, 편안한 자세 취하기 등 비언어적 기술 방법을 익힐 기회를 제공한다.

③ 학교 행사와 연계하기

초등학교에서는 학생의 인성 및 사회성을 기르기 위한 다양한 행사 활동이 전개된다. 언어문화 개선 행사, 효 실천 행사, 또래 상담 활동, 다문화 이해 행사 등 다양한 학교 행사에 학생들을 참여시킴으로써 인성과 사회성을 기르도록 할 수 있다.

5) 학교폭력예방 지도의 실제

학교폭력은 사안이 발생했을 때 초기에 적절히 대응하는 것이 중요하다. 하지만 학교폭력이 발생하지 않도록 사전 대비를 철저히 하는 것이 더욱 중요하다. 이를 위해 교사는 학교폭력의 개념과 종류, 사안 발생 시 절차를 제대로 알고 있어야 한다.

① 학교폭력의 개념 이해시키기

- 신체적 폭력, 언어적 폭력뿐 아니라 사이버 공간에서의 따돌림, 명예훼손, 강요하기 등도 학교폭력에 해당함을 평소에 학생들에게 분명하게 인식시킨다.
- 사소한 괴롭힘이나 장난이 학교폭력의 시작이 될 수 있음을 이해시키고, 말과 행동을 항상 조심하도록 안내한다.

② 학교폭력 징후 파악하기

- 담임교사는 학생들의 수업시간 모습, 수업 외 시간 모습을 평소에 관찰하여 파악해둔다.
- 학교폭력 징후가 발견되면 여러 상황을 종합적으로 고려하여 학교폭력 여부를 판단한다.

③ **학교폭력에 적절히 대처하기**

- 피해 학생과 초기 상담 시 관련 사안을 바로 말하기보다 학교생활이나 친구 관계 등을 먼저 물어본다. 피해 상황을 확인하였으면 학생에게 적절한 위로와 지지를 보낸다. 그리고 학교폭력 관련 조치의 진행 과정, 보호 조치 등을 설명해준다.
- 가해학생과 상담 시 폭력은 잘못된 것임을 알려주고 피해 학생의 충격과 상처를 이해시킨다. 사과를 원할 경우 진심 어리게 사과해야 함을 알려준다. 가해 행동 재발 시 어떤 조처가 내려지는지도 안내한다.
- 관련 학생의 학부모와 상담 시 사실만을 전달하거나 확인한다. 또한 교사는 흥분한 학부모의 태도에 동요하지 말고 침착하게 대처한다. 학생 및 학부모의 상황과 심정에 대한 공감을 표현한다.

6) 진로지도의 실제

초등학교에서 진로지도는 다양한 직업 세계의 탐색, 자기 지역에서 일하고 있는 여러 직업인과의 만남, 자신의 흥미와 적성 파악 등의 형태로 진행된다.

① **직업 탐색 기회 제공하기**

- 커리어넷 직업정보(www.career.go.kr) 사이트 등을 소개하여 학생이 관심 있는 분야의 직업을 찾거나 미래 유망직업을 찾아보는 데 도움을 준다.
- 부모님이나 주변 어른들이 어떤 일을 하고 계시는지 탐색할 수 있는 과정을 안내한다.
- 직업에 대한 고정관념이 생기지 않도록 다양한 사례를 제시한다.
- 보람과 긍지를 가지는 직업이 진정한 직업임을 알려주어 학생의 올바른 직업관 형성을 돕는다.

② **흥미와 적성 파악 돕기**

- 성격유형 검사, 강점 발견 검사 등 학생이 다양한 형태의 자아 이해 검사에 참여할 수 있도록 기회를 마련해준다.
- 장래 희망을 위한 단기적 목표와 장기적 목표 수립에 도움을 주고 그러한 학생의 노력을 지지해준다.

표 8-2 초등학생 성격 유형과 관련 직업

유형	직업
예술형	헤어디자이너, 재봉사, 플로리스트, 화가, 공예원, 배우, 요리사, 피아니스트, 가수, 영화제작자, 건축설계사 등
탐구형	미생물연구원, 화학연구원, 로봇연구원, 반도체연구원, 환경연구원, 태양발전연구원, 통계사무원, 증권분석사, 음료식품연구원, 화장품연구원, 의사 등
관습형	회사원, 공무원, 은행원, 우체국 직원, 회계사, 자재관리 사무원, 공항보안 검색원, 컴퓨터 프로그래머 등
기업형	외교관, 대통령, 아나운서, 판사, 방송기자, 통역사, 경찰, 쇼핑호스트 등
실재형	어부, 농부, 축산업자, 자동차 정비사, 운전사, 용접원, 건물도장공, 소방관, 군인, 비행기 조종사, 축구선수 등
사회형	의류판매원, 보육교사, 간호사, 비서, 음식점 접객원, 방문객 안내원, 콜센터 상담원, 항공기 승무원, 교사, 운동 코치 등

출처: 조봉환 외(2018)

나. 학습지도

학습지도는 학생이 자율적이고 능동적으로 학습을 할 수 있도록 돕는다.

1) 숙제 및 준비물 지도의 실제

① 학생이 알림장 내용에 체크하도록 하고 검사하기

- 숙제를 하거나 챙긴 것은 동그라미 표시를 하거나 밑줄을 그어 스스로 체크하도록 한다.

1. 사절지 2장 (미술 20~21쪽)	2. 우리 동네에 있는 병원의 종류 조사하기 (사회 31~32쪽)

교과서에 나와 있는 준비물은 과목명과 쪽수를 제시하고, 사이즈나 색깔이 있는 경우 구체적으로 제시한다. 처음에는 체크를 하는지 매일 확인을 하다가 어느 정도 습관화가 되면 간헐적으로 검사한다. 저학년은 매일 확인해 준다.

② 모둠별로 준비물을 가져오는 경우에는 비용과 부피 면에서 서로 비슷하게 가져오도록 지도한다. 준비물을 잘 안 가져오는 아이가 모둠에 있으면 가급적 그 아이가 가장 가져오기 쉬운 준비물로 가져오도록 지도한다.

③ 준비할 시간이 필요한 숙제나 준비물은 여유를 두고 미리 알려준다(재활용품 가져오기 : 작은 박스, 병뚜껑, 페트병(미술 25쪽, 다음주 수요일)).

④ 자주 쓰는 준비물은 사물함에 넣어 두도록 한다(가위, 풀, 색연필, 사인펜 등).

⑤ 숙제나 준비물은 반드시 검사한다. 내용 확인은 교사가 하고, 체크는 조별 역할 분담이나 학습부와 같은 부서가 하도록 하여 시간을 절약한다.

⑥ 재미있고 수준에 맞는 숙제를 낸다. 재미있는 숙제는 숙제에 대한 거부감이 생기지 않도록 하고, 학생 수준에 맞는 숙제는 숙제가 어려워서 못하던 아이에게 성취감을 준다.

⑦ 되도록 숙제는 내지 않는다. 굳이 집에서 하지 않아도 되는 것은 가급적 학교 교과시간 내에 하도록 한다(사회 자료 조사 : 컴퓨터 시간에 하기).

⑧ 숙제는 학부모와 교사의 도움 없이 수행 가능한 것으로 낸다. 그리고 학생이 과제를 주체적으로 선택할 수 있도록 여러 개를 제시한다.

⑨ 숙제를 낼 때는 학생의 건강 상태나 학사일정 등을 고려한다. 아픈 학생에게 숙제를 주어서는 안 되며, 공휴일이나 방학에도 숙제를 내는 것은 가급적 지양해야 한다.

2) 모둠활동 지도의 실제

① 모둠 구성원의 수는 6인보다는 4인으로 구성한다. 각각의 역할을 다하지 않으면 곧바로 표시가 나기 때문에 주도성을 발휘하여 활동하게 된다.

② 모둠활동은 다음 2가지 구조를 만족시키도록 구성한다(Slavin, 1988).

- **과제 구조**: 모든 아동이 역할을 맡도록 한다.
- **보상 구조**: 개인 보상을 기본으로 삼고, 모둠 보상은 인센티브로 활용한다. 모둠활동을 할 때마다 역할 수행 기록표를 적도록 하고, 교사는 반드시 이 표를 확인하고 그 내용을 모든 구성원이 알도록 하며 적절히 즉각적인 보상을 한다.

표 8-3 모둠 역할 수행 기록표 〈조상들이 사용한 생활 도구 조사·발표하기〉

번호	이름	역할	수행 정도		
			아주 잘했음	잘했음	노력하고 있음
1	○○○	"씨아" 정리하기			
2	○○○	"물레" 정리하기			
3	○○○	"연자방아" 정리하기			
4	○○○	정리내용 확인, 발표하기			

③ 활동방법을 자세히 안내하고 궁금한 것은 바로 질문하는 습관을 들이도록 한다. 이를 통해 내용을 몰라서 모둠활동에 참여하지 못하는 일이 없도록 한다.

3) 독서지도의 실제

초등학생 독서지도에 있어 유의할 점은 학생이 올바른 독서 습관을 형성하도록 꾸준히 지도하는 것이다. 그리고 독서 편향이 발생하지 않도록 여러 종류의 도서를 추천한다. 명서나 양서를 고르는 법을 안내하는 것도 필요하다.

① 개별 읽기 지도하기

- 머리말, 차례 등을 우선 읽도록 하여 전반적인 내용이나 강조점을 찾아보도록 한다.
- 책이 여러 장으로 나뉘어 있는 경우 부분별로 내용을 요약·이해하며 읽도록 지도한다.
- 등장인물이 처한 상황과 그 속에서의 심정을 상상하며 읽도록 지도한다.
- 글쓴이의 의도를 찾아내고 비판하며 읽는 방법을 알려준다.
- 표지 따라 그리기, 인상 깊은 장면 만화로 그리기, 주인공에게 편지쓰기 등 다양한 활동을 병행한다.

예: 인상 깊은 장면 만화로 그리기 활동지

- 책 제목 :
- 지은이 :
- 출판사 :
- 책에서 인상 깊은 장면을 네 문장으로 써봅시다.
  ①
  ②
  ③
  ④
- 인상 깊은 장면을 네 컷 만화로 표현해 봅시다.

② 함께 읽기 지도하기

- 책 일부를 함께 읽은 후 교사가 만든 질문에 짝끼리 또는 모둠별로 함께 답을 찾아내게 한다.
- 학급 지정 도서를 읽은 후 '독서 골든벨'을 진행할 수도 있다.
- 책의 뒷이야기를 상상하며 한 명씩 이어 말한다. 맥락에서 지나치게 벗어나거나 교훈적이지 않다면 교사의 적절한 피드백과 개입이 이루어질 수 있다.

4) 온라인 학습지도의 실제

온라인 학습은 비대면으로 진행되는 만큼 새로운 차원의 학습지도가 필요하다. 교사는 학생에게 학습기기 및 학습 프로그램 사용법을 안내하는 등 학생의 온라인 학습 참여에 무리가 없도록 일련의 노력을 기울여야 한다.

① 학습 전용 장소 마련하도록 안내하기

학생이 온라인 학습에 참여할 수 있는 장소를 마련할 것을 학부모에게 요청한다. 방해 요소가 없는 환경에서 온라인 학습에 참여해야 학생이 집중력을 유지하기 때문이다.

② 학생의 수업 준비 확인하기

- 수업 시작 10분 전 온라인 학습 프로그램에 일찍 접속하여 학생의 수업 준비와 입장을 돕는다.
- 학생이 사용하는 기기의 마이크, 카메라, Wi-Fi 상태를 확인하고, 학생의 프로그램 기능 사용 권한 부여 여부도 점검한다.

③ 온라인 학습 시 지켜야 할 규칙 안내하기

- 교사나 다른 학생이 말을 할 때 끼어들지 않기, 채팅은 꼭 필요할 때 어법을 지켜 사용하기 등을 안내한다.

- 교사와 다른 학생의 모습을 함부로 저장하지 않도록 주의시킨다.
- 카메라를 켜는 것은 학생의 선택 사항으로 둔다. 주거 상황 노출, 다수의 시선에 대한 부담 등 다양한 원인이 있을 수 있기 때문이다.

④ 온라인 수업을 재미있게 만들기

- 동영상이나 게임 자료 등을 충분히 활용하여 학생들이 즐겁게 온라인 수업 활동에 참여하도록 한다.
- 휴식 시간을 충분히 주고, 자율학습을 시킨 후 일정 시간이 지나 다시 모이는 방법을 사용한다.

생활지도는 학생의 어느 한 측면이 아니라 인지적·정의적·신체적 측면의 제 영역의 문제를 대상으로 하며, 문제 발생 이후에 관여하는 소극적 활동뿐 아니라 문제 발생 이전에 예방의 역할을 하는 적극적인 활동까지 의미하는 것으로 교육적 의미가 매우 큰 활동이다. 따라서 초등학교 교사는 학생 생활의 제 측면에서 학생을 이해하고 정보를 제공하며 상담하는 등의 체계적이고 종합적인 노력이 필요하다.

CHAPTER

09

초등학교 훈육

1. 학교 훈육의 이해
2. 교사의 훈육 유형과 전략
3. 초등학교 훈육의 성격
4. 초등학교 훈육의 실제

1. 학교 훈육의 이해

가. 훈육의 다양한 관점

일반적으로 훈육이라고 하면 학생이 학교생활을 영위하는 데 필요한 각종 규칙의 준수와 바른 행동만을 행위하도록 지도하는 타율적인 교육적 행위로 이해하는 경향이 있다. 또한 보통 훈육으로 번역되는 'discipline'은 학급경영, 생활지도 등으로 함께 번역되며 다양한 의미로 사용되고 이해된다. 즉 훈육의 개념은 훈육을 어떤 관점으로 보는가에 따라 달라진다.

첫째, 훈육을 규칙에 복종시키는 것으로 해석하는 견해로, 훈육이라는 말에는 규칙이나 명령에 복종한다는 의미가 들어 있다. 여기서 규칙이란 도덕적인 규칙과 같이 학습의 방법에 관한 것, 조용히 한다거나 자세를 바르게 하는 데 필요한 것도 해당된다. 이런 규칙이나 명령이 학생들의 정신 상태나 태도에 모종의 영향을 준다는 관점에서, 훈육은 규칙의 준수와 관련된 매우 일반적인 개념이다(Peters, 1966).

둘째, 훈육을 행동교정의 수단으로 해석하는 견해로, 훈육은 규칙을 따르도록 교육하는 행위 즉 외적·내적 통제를 발휘함으로써 행동을 교정하는 것을 의미한다. 이때 외적 통제란 교사나 부모와 같은 타인의 염려와 욕구에 의해 학생이 선택하지 않은 규칙에 따르도록 조정되는 것을 말한다. 내적 통제에 의한 훈육은 자기훈육(self-discipline)이라고도 하며 외부의 압력 없이 자기 자신에 대한 규칙을 정하고 그에 따르는 것이다(Wayson & Pinnel, 1994).

셋째, 훈육을 발달을 조장시켜 주는 것으로 해석하는 견해로, 훈육이란 성장과 발달을 조장시켜 주는 학습과 훈련의 과정이다. 이때 교사는 지도자이고 학생은 유용하고 만족스러운 방향으로 이끌어 주는 삶의 방식을 지도자에게 배우는 제자이다. 또한 건전한 훈육이란 아동에게 세상에 질서 있는 방법으로 적응해야 함을 가르치는 것이며, 자기통제(self-control)를 하고 자기훈육(self-discipline)을 하도록 도와주는 것이다. 즉 훈육이란 여러 사람에 의해 이미 인정된 도덕적인 행위와 도덕적인 관념들을 학생에게 가르치는 사회생활의 방식이며, 학습과 훈련을 의미하는 말로 학생에 대한 교육자의 의식적인 사회화 과정을 말한다(Hurlock, 1985).

넷째, 훈육을 자기통제를 통해 질서를 유지시키는 것으로 보는 견해로, 이 관점에서 교실은 아동을 그 사회의 가치에 일치하도록 사회화하고 조형화시키는 실험실 같은 곳이다. 좀 더 바람직한 훈육의 형태는 자기 자신에 대한 통제에 초점을 두어 훌륭한 인격, 효율적인 학습 습관, 적절한 태도, 타인에 대한 배려, 정리된 생활, 충동과 감정의 통제능력을 육성한다. 즉 이러한 훈육을 위해서 학습자는 독립성이 있어야 하고, 그러한 독립성을 경험하는 과정에 교사의 안내가 필요하다(Jarolimek & Foster, 1985).

다섯째, 문제행동을 예방·지도하는 것으로 훈육을 보는 견해로, 훈육이란 바람직한 방향으로 학생의 문제행동을 예방·지도하여 학교 또는 학급 내 교육적 질서를 유지하기 위한 행위이다(Clarke & Dawson, 1998). 이러한 관점은 교사의 역할을 강조하는 것으로 훈육이란 아동으로 하여금 적절한 행동에 몰두하게 하며, 혼란을 극소화하기 위한 교사의 일련의 행동과 활동이며, 바람직한 훈육이란 아동에게 한계를 제시하고 부적절한 행동이 발생하는 기회를 줄여주는 것이다(Emmer, 1987).

결론적으로, 훈육이란 인간을 바람직한 행동을 하도록 올바른 습관을 형성시켜 주는 교육적 활동을 의미한다. 상과 벌에 의한 훈육보다는 대화나 상담을 통한 심리적 교육의 절차나 원리를 적용하려는 노력이 필요하다. 일반적으로 훈육과 생활지도는 상호 교환적으로 사용되지만, 훈육은 아동들과 함께 하는 것이고 상호작용적이며, 성인이 아동들에게 강제로 하라고 하는 것은 아니다. 따라서 훈육이란 바람직한 사회적 행동을 계발하기 위하여 성장과 발달을 조장시켜 주는 학습의 한 과정으로, 학급 질서 유지를 위한 규율을 자기통제를 통해 지킬 수 있도록 하고, 바람직한 방향으로 문제행동을 예방·지도하는 것이다.

나. 훈육의 의미

전통적으로 훈육은 힘을 사용하여 학생을 통제하는 것에 그 목적을 두었으나, 근래에는 그 목적이 자신을 통제할 수 있도록 학생을 도와주는 것으로 변화되어 가고 있다. 따라서 훈육은 성장과 발달을 조장시켜 주는 학습과 훈련의 과정으로, 자기통제(self-control)를 하고 자기규율(self-discipline)을 하도록 도와주는 것이다(Hurlock, 1985).

훈육(discipline)의 어원에 대한 해석은 두 가지 관점이 있다(박병량, 2001; Morrison, 1998). 먼저 라틴어 'disciple'을 훈육의 어원으로 보는 견해이다. 'disciple'은 '추종자, 복종, 가르치다'라는 뜻을 의미하는 것으로 훈육은 권위 있는 사람에게 복종하는 것을 가르치는 것, 즉 훈육은 복종과 외부 규제를 주 내용으로 삼는다. 이는 훈육에 대한 전통적·권위적 접근으로, 훈육이라고 하면 체벌, 통제 등을 연상하게 되는 것은 이러한 접근에 근거한 것이며 훈육의 부정적인 측면을 강조한 것이다.

둘째, 라틴어 'disco'를 훈육의 어원으로 보는 견해이다. 'disco'는 '나는 배운다'라는 뜻을 의미하는 것으로, 이때 훈육은 우리가 학교에서 배워야 할 모종의 규칙을 배우는 과정을 일컫는 것으로 훈육의 긍정적인 면을 강조하는 견해이다. 따라서 이러한 관점은 교육 발달적 접근이라 한다.

Morrison(1998)은 훈육의 어원에 있어서의 강조점은 아동들에게 자기 자신의 행동에 대해 책임감 있게 행동하는 방법을 가르치는 것이라고 본다. 가르치는 관점에서 훈육은 아동들이 긍정적인 행동을 하도록 돕는 과정이다. 이러한 관점에서 훈육은 모든 아동이 자기 자신의 행동을 조절하고 지시하는 법을 배우고 자주적이고 자기신뢰적이 되도록 하는 과정인, 행동 안내(behavior guidance)인 것이다.

이러한 행동 안내로서의 훈육은 아동들이 삶을 통해 유용한 기술을 발달시키도록 돕는 과정이다. 따라서 효과적인 교사는 아동들이 자기 행동에 대한 조절을 할 수 있도록 돕고, 아동들이 이러한 통제력을 성취할 수 있도록 훈육을 통하여 아동들이 마음대로 하려는 시도와 그들에 대한 외적 통제의 필요성 사이의 미묘한 균형을 유지해야 한다.

다. 훈육의 목적과 성격

1) 훈육의 목적

훈육의 목적은 훈육을 정의하는 관점에 따라 다르게 이해되어 왔다. 적절한 자기훈련과 자기통제가 필요하다는 관점에서, 훈육이란 자유를 없애는 것이 아니라 다룰 수 있는 한도 내에서 보다 큰 자유를 주려는 목적으로 학생에게 자신의 기대와 욕구를 억제하는 것을 가르쳐 주는 것이다(Jersild, 1960). 즉 자유의 개념에 책임감 있는 행동이 암시되어 있으며, 학생은 사회의 한 부분이 됨을 이해하지 못한 채 학교 밖으로 내보내져서는 안 된다고 하면서, 공동체 안에서 책임 있게 행동하는 사람을 길러내고자 한다(Nyquist, 1976). 자기통제 능력을 길러 그들이 행해야 할 것과 행하지 말아야 할 것을 알고 스스로 다른 사람을 배려할 줄 아는 개인이 되도록 도와주는 것으로, 자기통제와 자기지도를 장려하는 훈육의 인본주의적 목적을 강조하게 되었다(Tanner, 1978).

또한 좋은 훈육이란 학생이 비생산적인 활동에 시간을 소모하는 대신 교사가 가르치는 것을 배우고자 최선을 다하게 이끄는 것(Gnagey, 1981)으로 훈육의 목적은 문제행동 대신 학문적인 목적에 매진하도록 학생을 동기화하는 것에 있다. 따라서 훈육의 목적은 규정된 교육과정의 목적을 수행할 수 있도록 문제를 빠르고 효율적으로 다루는 데 있다(Hoover & Kindsvatter, 1997). 이러한 관점에서 훈육의 목적은 학문적인 목적을 성취하기 위해 문제를 최소화하는 것이다.

이상과 같이 훈육의 목적은 자기통제력을 길러 공동체 안에서 책임감 있게 행동하는 사람을 기르는 것으로, 개인은 자신의 문제를 능동적으로 해결할 수 있게 되고 건전한 인격을 형성하게 되며, 이러한 인격을 바탕으로 바람직한 사회생활을 할 수 있게 된다. 결국 훈육의 목적은 아동들이 자기훈육(self-discipline)을 성취하도록 돕는 데 있으며, 이러한 목적은 아동이 자기 스스로를 조절할 수 있는 발달적인 능력을 기를 때 성취될 수 있다.

2) 훈육의 성격

학교교육에서의 가르침은 교수활동과 훈육활동으로 구성된다. 교수활동은 특별한 교육적 목표들을 직접적으로 학생들이 성취하도록 촉진하는 활동이며, 훈육활동은 교수활동이 효과적이고 효율적으로 일어날 수 있는 상황을 유지하고 만드는 활동이다. 따라서 효과적인 훈육은 효과적인 교수활동의 필수적인 요건으로 성공적인 수업은 이러한 두 요소 없이 일어날 수 없다. 훈육활동은 학급 내에서 교사의 수업관리 중 약 40%를 차지하고 있다. 이는 수업의 원활한 진행을 위해 교사가 얼마나 훈육활동에 많은 시간과 노력을 하고 있는가를 알 수 있게 한다.

일반적으로 훈육을 단순히 규율 혹은 규칙을 가르치는 것으로 혹은 훈육의 방법을 체벌로서 이해하는 경향이 있다. 그러나 규율 혹은 규칙은 훈육을 통해 습득해야 할 것 중의 하나이며, 규율과 규칙은 벌이라는 행위 개념과는 구분되는 것으로 체벌은 훈육의 한 방법이다. 훈육은 체벌의 의미로 생각되는 경향이 있어 일반적으로 부정적인 단어로 여겨지지만 훈육과 체벌은 구별되어야 하며, 다음과 같은 차이점이 있다(Gordon & Browne, 1989).

표 9-1 훈육과 체벌

훈육(discipline)	체벌(punishment)
• 해야 하는 일을 강조한다. • 계속적인 과정이다. • 본보기가 뒤따르도록 설정한다. • 자기통제(self-control)를 이끈다. • 긍정적이다. • 아동의 요구를 인정한다. • 아동 스스로 사고하는 능력을 촉진한다. • 자부심을 길러준다. • 행동을 형성한다.	• 하지 말아야 하는 일을 강조한다. • 일회적인 행위이다. • 복종을 강요한다. • 독립심을 저해한다. • 부정적이다. • 아동이 행동하도록 만든다. • 교사가 아동을 위해 생각한다. • 자부심을 해친다. • 나쁜 행동을 나무란다.

훈육을 통한 학급관리를 부정적인 것보다는 긍정적인 것으로 인식할 필요가 있으며, 교사는 부정적인 훈육보다는 긍정적인 훈육을 통하여 적절한 행동을 이끌도록 해야 한다.

라. 훈육문제의 이해

1) 훈육문제의 의미

훈육문제의 개념을 이해하기 위해, 우선 이와 관련된 유사 용어인 비행과 부적응 행동에 대해 살펴볼 필요가 있다. 비행은 주로 형사적인 처벌 대상이 되는 범법행위와 직접적 또는 간접적으로 관련된 행위를 말한다(박병량, 2001). 훈육문제와 이를 관련지어 보면, 훈육문제가 심각하게 진행될 경우 비행으로 나아갈 수는 있지만, 보통 훈육문제는 형사처벌 대상이 아니므로 비행과는 다른 것이다. 부적응 행동은 사회적 또는 교육적 재적응이 필요한 특별한 교육적 처치가 요구되는 심리적 또는 정서적 불안 상태를 말한다(박병량, 2001). 이러한 부적응 행동은 훈육문제의 원인이 될 수 있는 하나의 요인이므로 문제행동과는 다르다. 따라서 훈육문제는 비행이나 부적응 행동보다 포괄적인 개념으로 특별한 처치보다는 학교·학급경영상 일상적인 처치가 요구되는 행동을 말한다(성병창, 2004).

훈육문제는 학자들에 따라서도 다양한 정의를 내리고 있는데, 크게 다음 3가지로 구분된다(박병량, 2001).

- 훈육문제를 교수−학습 활동을 방해하는 행위로 보는 입장
- 훈육문제를 교수−학습 활동을 방해하는 행위와 더불어 심리적·물리적으로 불안전한 행동으로 규정하는 입장
- 훈육문제를 사회집단의 규범을 어기는 행동으로 규정하는 것으로 훈육문제를 가장 포괄적으로 보는 입장

이와 관련하여 Charles와 Senter(1995)는 훈육문제가 교육적 과제로 중요한 이유를 다음과 같이 제시하고 있다.

- 훈육문제는 문제를 일으키는 학생 자신은 물론이고 다른 학생의 학습까지 방해한다.
- 훈육문제는 교사의 기본 권리인 교육권을 침해하게 되고, 이것은 또한 학생들의 학습에 부정적인 영향을 미친다.
- 교사가 학급의 훈육을 다루는 데 신경을 쓰다 보면 수업에 할애해야 할 많은 시간을 낭비하게 된다.
- 훈육문제 행동은 좋지 못한 학습태도와 연결되고, 그러한 학습태도가 형성되면 점차 학습동기를 잃게 되고 나아가 행동 발달에 부정적 영향을 미치게 된다.
- 훈육문제는 학생과 교사 모두를 지치게 하고, 심각한 경우 학생들이 교실에서 경험할 수 있는 학습의 즐거움과 의욕을 잃게 된다.
- 훈육문제는 학생과 교사 모두에게 공포 분위기를 조성할 수 있다. 물리적·언어적 폭력, 규칙과 절차의 무시, 비도덕적 행동, 권위에 대한 도전, 수업 방해, 무례 등은 신체적·심리적 안전을 위협한다.
- 훈육문제는 교사와 학생 간의 신뢰감을 사라지게 하고, 이로 인해 교사와 학생 사이에는 바람직한 협력관계가 발달하기 어려워진다.

현실적으로 훈육문제란 무엇인가에 대한 관점과 달리, 어떤 행동을 훈육문제로 볼 것인가를 구분하는 것은 쉬운 일이 아니다. 왜냐하면 학교 장면에서 교사 개인마다 훈육문제 행동을 보는 관점이 다르고 문제행동마다 그 행동이 발생한 상황과 배경이 다르기 때문이다. 성병창(2004)은 훈육문제의 행동을 상황, 심각성, 그리고 구성원의 인식에 따라 구분하고 있으며, Tulley와 Chiu(1995)는 학급 훈육문제행동을 방해 행동, 도전 행동, 부주의 행동, 공격 행동, 그리고 기타 잡다한 행동으로 나누어 제시하고 있다.

- **방해 행동**: 옆 친구와 이야기하거나 수업을 고의적으로 멈추게 하는 행동으로, 혼잣말로 중얼중얼거리거나, 자꾸 킬킬거리는 행동, 큰 소리로 말하거나 고함을 지르거나, 옆 친구와 떠들거나 수업시간에 뒤돌아보고 이야기하는 행위 등의 언어적 방해 행동과 책상 밑으로 발로 차거나, 의자로 흔들거린다든지, 의자를 돌린다든지, 책이나 필기도구 등으로 장난을 치는 것 등의 비언어적 방해 행동
- **도전 행동**: 불손한 행동 또는 불복종의 행동으로 교사가 지시하는 행동을 거부하거나 침묵으로 일관하는 등의 소극적인 도전 행동과, 일반적으로 지켜야 할 사회규범이나 질서를 무시하거나 교사가 금지한 것을 의도적으로 하는 적극적인 도전 행동
- **부주의 행동**: 과업에 집중하지 않는 행동, 자리를 떠나는 행동 또는 태만한 행동 등으로 주로 학습에의 흥미 결여에서 출발하는 경우가 많음
- **공격 행동**: 주로 상대방을 놀리거나 비난하는 것, 또는 욕설하는 행동으로, 언어적인 공격 행동은 비언어적 공격 행동을 유발하는 계기가 되기도 하며, 처음의 사소한 말다툼이 밀치거나 싸우는 등의 신체적인 행동으로 발전되기도 함
- **잡다한 행동**: 울기, 거짓말하기, 지각하기, 시험 중 부정행위하기, 훔치기, 껌 씹기 등

이상과 같이 훈육문제를 구성하는 행동은 매우 주관적일 수 있으며, 훈육문제에 부딪힌 사람에 따라 그 문제를 훈육문제로 인식할 수도 있고 그렇지 않을 수도 있다. 따라서 훈육문제 행동 여부는 훈육문제를 인식하는 사람의 관점에 따라 달라질 수 있기 때문에 신중한 접근이 요구된다.

2) 훈육문제의 원인

훈육문제 행동의 원인은 훈육문제 행동의 종류만큼 다양하다. 그러나 훈육문제

의 원인을 아는 것은 훈육방법을 제시하는 기초가 되기 때문에 중요한 의미를 가진다. 학생을 교육하는 학교의 입장에서 가정이나 사회에서의 잘못된 학습으로 기인된 학생의 행동 성향을 잠재적 원인으로, 학교 요인을 발생 또는 촉발 원인으로 보는 것이 학교 훈육문제에 접근하는 최근의 경향이다(박병량, 2001). 이와 관련하여 Edwards(2000)는 훈육문제의 원인을 크게 가정, 사회, 학교의 세 영역으로 나누어 설명하고 있다.

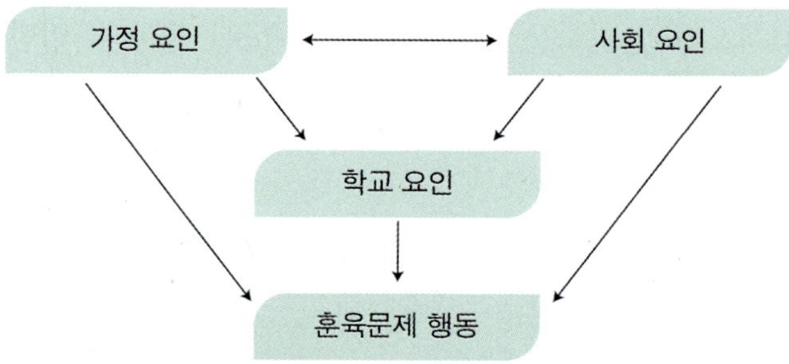

그림 9-1 훈육문제의 원인

첫째, 다양한 가정 경험은 학생들의 행동에 영향을 미친다. 가정의 장애 요인으로는 자아개념의 손상, 주의 산만, 애정 결핍, 그리고 강한 통제 등을 들 수 있다.

둘째, 사회는 학교 훈육문제를 일으키는 중요한 역할을 한다. 이러한 역할은 때때로 가정보다 더 큰 영향을 미친다. 사회적 영향에는 폭력활동과 마약, 또래들의 압력, 인종 또는 계층 간의 갈등 등이 있다.

셋째, 학교 요인으로는 맥락 없는 교사의 수업, 사고 기술을 가르치지 못하는 교사의 수업, 교사의 학생 비수용, 경쟁적인 성적 체제, 과도한 강요 정책, 체벌이 있다.

Edwards(2000)는 학교 요인을 직접적으로 훈육문제를 촉진하는 요인으로 설정하고, 서로 밀접하게 관련되어 있는 가정 요인과 사회 요인이 학교로 들어와서 문제를 일으킬 수 있는 요인이라고 강조하고 있다.

2. 교사의 훈육 유형과 전략

가. 교사의 훈육 유형

교사의 훈육 유형은 매우 다양하다. 교사의 훈육 유형은 훈육 관점이나 목적에 따라 그리고 문제행동의 유형, 학급의 상황 등에 따라서도 달라질 수 있다. 따라서 효과적인 훈육을 위해서는 보다 상황과 맥락에 맞는 적절한 훈육방식의 선택이 중요하다.

Canter & Canter(1992)는 학생에 대한 교사의 반응에 따라 훈육 유형을 적대적인 유형, 단호하지 못한 유형, 단호한 유형으로 구분하고 있다(김선혜, 2004 재인용).

- **적대적인 유형** : 적대적인 유형의 교사는 학생을 적대적으로 보고 엄격한 표정과 큰 소리로 명령을 하고 예외 없는 규칙으로 절대적인 지배를 해야 잘 가르칠 수 있고 질서가 유지된다고 전제한다. 그러나 학생 대부분은 적대적인 교사가 요구하는 것을 하기는 하지만, 이는 단지 교사에 대한 두려움 때문이다.
- **단호하지 못한 유형** : 단호하지 못한 교사는 학생의 생활지도에 소극적이다. 이러한 교사는 "제발 그것 좀 그만하지 않을래?"라는 식의 말만 하면서 수업을 계속하지만, 학생들은 교사가 말할 때만 주목하고 문제행동을 다시 반복적으로 계속한다. 이러한 유형의 교사는 분명한 행동 기준을 제시하지 않고 일관성 없는 훈육을 하며 학생들이 하는 것을 체념하며 받아들이는 경향이 있다.
- **단호한 유형** : 단호한 교사는 훈육에 확신 있는 태도로, 분명하고 진지하게 학급에서의 행동기준을 제시한다. 학생과 신뢰를 형성하며, 학생에게 학습을 진전시킬 수 있는 행동방법을 가르친다. 이러한 교사는 학생들에게 허용되는 것과 허용되지 않는 것을 확실히 이해시키고, 행동에 따르는 분명한 결과를 보여준다.

또한 Purvis(1994)는 교사의 훈육 유형을 위협형, 원칙형, 대화형, 관대형, 방임형으로 구분하고 있다.

- **위협형** : 자신의 지위에 따른 권위에 의하여 학생들을 지배한다. 학생들의 자율성이 인정되지 않기 때문에 학생들의 활동은 교사의 지시에 의해 이루어진다. 교사 자신이 세운 학급의 목표 달성을 위해 필요한 것 외에는 어떤 행동도 용납하지 않으며, 위협, 처벌, 협박 등을 흔히 사용한다.
- **원칙형** : 학급을 운영하는 과정에서 학생 행동이 교사에 의해 통제되는 유형을 말한다. 교사의 주된 목표는 학생들의 행동을 통제하는 데 있다. 교사가 최고의 것을 알기 때문에 교사는 학생의 행위를 통제할 책임을 가지고 있다고 생각한다. 규칙의 수립과 강화, 명령, 지시, 주문, 단념, 접근, 격리와 배제 등을 주로 사용한다.
- **대화형** : 학생들의 참여에 의해 모든 방침을 결정하며, 활동과정에서 지시보다 여러 대안을 주어 선택하는 방법을 택한다. 또한 구성원들 간의 상호 이해를 위한 자유로운 의사소통 관계와 친밀한 인간관계를 확립한다. 이들은 처벌 대신 의사소통, 민주적 과정, 학생의 긍정적 자기 개념, 학급에서의 개인적 상호작용에 역점을 둔 전략을 사용한다.
- **관대형** : 학생들에게 언제 어디서나 그들이 원하는 모든 것을 하도록 허락한다. 교사의 역할은 학생의 자유를 증진시키는 것이고 자발적인 발전을 북돋아 주는 것이다. 본질적으로 교사는 가능한 한 최소로 간섭한다.
- **방임형** : 학생들이 스스로 문제를 해결할 수 있는 능력을 가지고 있으며, 교사의 관여는 오히려 학생들의 성장을 제한한다는 신념을 전제로 학급활동을 지도하는 유형이다. 교사는 학생들의 목표를 평가하거나 규정하지 않으며, 학생들이 행동 내용이나 방법을 결정하는 데 완전한 자유를 준다.

한편 Tomal(1998)은 교사의 훈육 유형이 규칙에 대한 강요 정도와 학생들에 대한 지원 정도에 따라 결정된다고 보며 다음과 같이 강요과 지원의 조합에 근거하여 교사 훈육의 유형을 강요형, 포기형, 타협형, 지원형, 교섭형 등으로 구분하고 있다.

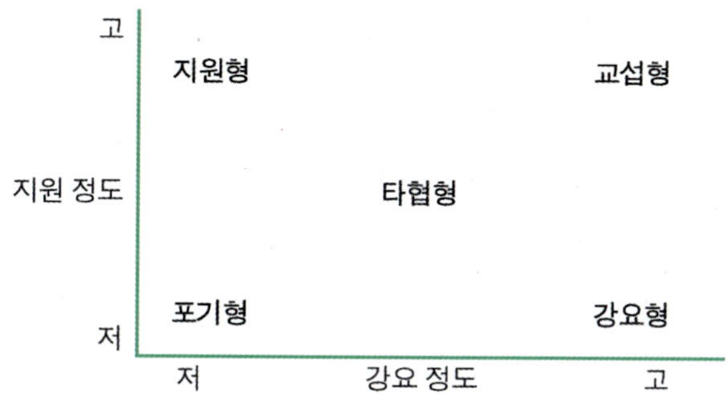

그림 9-2 교사의 훈육 유형

- **강요형**: 강요는 많이 하고 지원은 낮게 하며 학생에게 교사의 규칙에 복종할 것을 요구한다. 그리고 매우 지시적이고 독단적이다. 학생들과 타협하지 않고 학생들에게 활동의 여지를 거의 주지 않는다. 또한 강요형은 엄격한 규칙을 부과하고 제한적이며 통제적인 학급 풍토를 만들고자 한다.
- **포기형**: 지원과 강요를 모두 낮게 하는 특징을 갖고 있다. 포기형은 훈육문제를 다루는 것에 대해 무관심하고 학생들에게 거의 관심이 없기 때문에 학급에서의 많은 문제행동을 허용하는 경향이 있다.
- **타협형**: 적당한 정도의 강요와 지원을 특징으로 한다. 학생을 훈육할 때 대부분 공평한 조건으로의 타협을 약속하는 경향이 있다. 타협형은 학생의 지위와 자신의 권위를 대상으로 타협한다. 따라서 훈육방침을 강요하는 데 있어 다소 일관적이지 못하다.
- **지원형**: 높은 지원, 낮은 강요라는 특징을 나타낸다. 그들은 훈육문제에 관해 학생들과 대화하고자 노력하고, 관리할 훈육 행위에 대해 많은 허용을 한다. 학생에 대해 공감을 잘 하고 배려를 하며 단호함은 거의 보이지 않는다. 지원형은 훈

육문제를 다룸에 있어 달래는 방법을 취한다.

- **교섭형** : 높은 정도의 강요와 지원을 한다. 교섭형은 학생 훈육에 있어 교사와 학생 모두에게 유익한 방법을 모색한다. 학생에게는 정서적인 공감과 함께 단호함을 보여준다. 또한 훈육을 하기에 앞서 훈육 상황을 먼저 살핀다. 이러한 교사들은 통제를 유지하는 데 단호한 가치를 두면서도 학생을 존중한다.

나. 긍정적인 훈육과 부정적인 훈육

1) 긍정적인 훈육

긍정적인 훈육은 아동의 인격을 존중하는 훈육방식인데, 성인이 원하는 것이 아니라, 아동이 필요로 하는 것에 초점을 두는 아동중심적인 훈육방식이다. 긍정적인 훈육은 처벌보다는 가르치는 것에 중점을 두며, 아동이 적절한 행동을 연습하고 배우는 데 필요한 적절한 정보를 아동에게 충분히 제공하는 방법이다. 따라서 아동에게 도움이 되며, 인간관계에 대한 긍정적인 훈련을 가르친다.

긍정적인 훈육방법의 예는 다음과 같다.

① 적절히 규제하기
② 아동에게 성인의 기대치를 분명하게 말해주기
③ 규칙과 제한에 대한 이유를 설명해 주기
④ 타인과 상황을 바꾸어 생각하기
⑤ 잘못된 행동은 무시하지 않기

이러한 긍정적인 훈육은 아동으로 하여금 다음과 같이 긍정적인 결과를 가져오게 한다.

- 긍정적 훈육은 아동이 안전함과 안정감을 느끼게 한다.
- 긍정적 훈육은 아동을 책임 있게 만든다.

- 긍정적 훈육은 자아통제력을 길러준다.
- 긍정적 훈육은 스스로 사고하게 하고 감정이입을 하게 한다.
- 긍정적 훈육은 자아존중감을 길러준다.
- 긍정적 훈육은 아동을 유능하게 만든다.

2) 부정적인 훈육

부정적인 훈육은 아동에게 상처를 주고 아동을 무시하거나 위협하는 훈육방법이다. 부정적 혹은 도움이 되지 않는 훈육은 아동들에게 적절한 행동을 학습하는데 필요한 충분한 정보나 정확한 정보를 주지 않는다. 대신 강압적으로 아동이 어떤 방식으로 행동하게끔 한다. 부정적 훈육은 성인이 원하거나 필요로 하는 것에 중점을 두고 아동이 필요로 하는 것에는 관심을 두지 않는다.

부정적인 훈육의 예는 다음과 같다.

① 신체적 고통 가하기

- 아동이 친구의 팔을 꼬집자, 마찬가지로 아동을 꼬집으며 "어때? 너도 아프지?"라고 말하며 고통을 주는 경우
- 급하게 차도로 달려가는 아동을 따라가서 두 팔을 잡고 심하게 잡아당기는 경우

신체적 고통을 가하는 교사들은 그들이 아동들을 상하게 할 권리, 강압적으로 힘을 사용할 권리를 가지고 있지 않다는 것을 모른다. 신체적 고통을 가하는 성인들은 실제적 해를 극소화하려는 경향이 있어서, '그 애를 위해서 그런 거야. 다치지 않았어. 아이들은 곧 괜찮아져' 등으로 자신의 행동을 합리화한다.

② 위협

- 아동의 잘못에 대한 대가로 방과후 교실 정리를 하길 원하면서, "방과후 교실 정리를 하고 집에 가라. 그냥 가면 어떻게 되는지 알지?"라고 말하는 경우

아동은 위협이 실제 행동으로 나타난다는 것을 알기 때문에 위협은 아동에게 부정적이고 해롭다.

③ 거짓말

- 아동이 거짓말하는 것을 듣고 "거짓말을 하면 무서운 사람이 잡아 간다"고 말하는 경우
- 싸우는 아동들에게 "그렇게 싸우면 경찰이 잡아 간다"고 말하는 경우

교사가 아동들에게 훈육을 통하여 거짓말을 하면 교사와 아동 사이에 형성된 신뢰감이 무너지고 또한 아동들로 하여금 거짓말을 하도록 만든다.

④ 창피를 주거나 비웃는 행동

- 미술시간에 준비물을 가지고 오지 않은 아동에게 "준비물을 또 챙겨오지 않았구나. 도대체 언제 준비물을 잊지 않고 오겠니?"라고 말하는 경우

⑤ 애정 철회

- 아동이 지각을 하고 교실에 들어왔을 때 아무 말도 하지 않고 쳐다보지도 않음으로써 아동에게 화가 났음을 알리는 경우 또는 아동은 응시한 후 고개를 절레절레 흔들고 아무 말도 하지 않는 경우

애정 철회는 아동의 감정이입을 발달시킬 수 없으며, 교사와 아동 간의 상호작용은 점점 줄어들게 된다.

⑥ 적절한 규제의 기준을 설정하지 않거나 유지하지 않는 경우

- 사전에 안전 지도를 하지 않고 아동이 높은 곳에서 뛰어내리며 노는 것을 보고 소리를 지르는 경우
- 아동들에게 미술활동을 마친 후에 깨끗이 치워야 한다고 말했으나, 책상을 깨끗이 하지 않고 다른 곳으로 갔을 때 아무 말도 하지 않은 경우

아동을 훈육할 때 아이들에게 분명한 정보를 충분히 줌으로써 여러 다른 상황에서 적절히 행동할 수 있도록 도움을 주어야 한다. 또한 규칙을 정함과 동시에 그 규칙을 따르도록 지도해야 한다.

⑦ 대안적인 행동방식을 가르치지 않거나 격려하지 않을 경우

- 다른 아이들을 때리는 버릇이 있는 아동에게 공격적인 행동이 나타날 때마다 의자에 앉게 했지만 때리는 이유를 알려고 하지도 않았을 뿐더러 다른 아이들과의 관계 개선을 위한 노력도 하지 않는 경우
- 아동이 친구들에게 욕하는 것을 듣고 그것을 즉각 멈추도록 하기 위해 소리를 질렀으나 욕하는 것이 왜 용납되지 않는지 말해준 적이 없고 감정을 표현할 다른 방법들을 알려준 적도 없는 경우

교사는 아동들에게 대안적인 직접적 지시를 주지 않고, 해서는 안 되는 것만 제시해서는 아동에게 긍정적인 영향을 미칠 수 없다. 따라서 부정적인 훈육은 아동으로 하여금 다음과 같이 부정적인 결과를 가져오게 한다.

- 부정적인 훈육은 자기통제력을 저해한다.
- 부정적인 훈육은 수용할 수 없는 행동을 막지 못한다.
- 부정적인 훈육을 사용함으로써 부적으로 강화된다.
- 부정적인 훈육은 아동학대로 발전할 수 있다.
- 부정적인 훈육은 아동의 공격성을 조장한다.
- 부정적인 훈육은 아동학대를 아동에게 사회화시킨다.
- 아동들은 거칠게 훈육하는 성인을 피하려 한다.
- 부정적인 훈육은 자아존중감을 손상시킨다.

3. 초등학교 훈육의 성격

초등학령기 아동의 발달적 특징과 초등학교 교육의 본질적 특성을 고려한 초등학교 훈육의 기본 성격은 다음과 같다.

첫째, 초등학교 훈육은 아동 발달의 제 측면에서 아동의 잠재 가능성이 최대로 발휘될 수 있도록 조력하여 자아실현을 할 수 있도록 돕는 활동으로, 이는 근본적으로 생활지도와 불가분의 관계에 있다. 따라서 초등학교에서의 훈육은 담임교사의 생활지도와 분리된 별개의 교육활동이 아니며, 교사의 수업활동을 보장하는 교육활동임과 동시에 생활지도의 중요한 전략이라고 할 수 있다.

이러한 점에서 초등학교에서의 효과적인 훈육은 아동들의 성장과 학습을 지원하는 교육환경의 조성과 그들의 긍정적이고 바람직한 방향으로의 행동 변화에 역점을 두는 담임교사의 지도역량에 좌우된다.

둘째, 초등학교 훈육은 단순히 아동이 당면한 문제를 해결해 주기 위한 활동이 아니라 그들이 당면한 문제를 스스로 해결해 볼 수 있는 기회와 경험을 갖게 하여 장차 성장하면서 자율적으로 문제해결을 할 수 있도록 하는 교육적 활동이다. 따라서 초등학교에서의 훈육의 궁극적인 목적은 처음에는 타율적으로 자신의 행동을 교사의 통제에 의존하던 저학년 아동이 점차 학년이 높아지면서 자율적으로 자기통제를 할 수 있도록 하는 데 있다.

이러한 점에서 담임교사의 훈육은 아동의 발달적 특징을 고려하여 전략을 마련해야 한다. 예를 들어 자기통제능력이 낮은 저학년 아동의 경우, 훈육의 궁극적인 목적을 강조한다는 취지에서 아동의 자기통제의 전략으로 접근하면 자칫 훈육의 성과를 기대하기 어렵다. 마찬가지로 자기통제력이 높은 고학년 아동의 경우, 지나친 교사 통제의 훈육 전략 역시 긍정적인 훈육의 효과를 달성할 수 없다. 따라서 긍정적인 훈육의 전략은 아동의 발달 단계를 고려하여 교사의 안내와 지침이 알맞게 조절되어야 한다.

셋째, 초등학교에서의 훈육문제는 문제 상황에 부딪힌 교사가 누구인가에 따라 달라지는 주관적인 문제로 인식되기 쉽다. 즉 어떤 교사에게는 심각한 문제가 어떤 교사에게는 가벼운 문제로 인식될 수 있다. 따라서 이러한 일관성 없는 훈육은 동 학년 초등학교 아동들에게 혼란스러운 상황이 될 수 있으며, 학년에 따라 다른 훈육의 기준으로 교육받은 아동의 입장에서 보면 비일관된 훈육의 경험을 받은 결과가 된다.

이러한 점에서 초등학교 전체 혹은 적어도 동 학년 교사들은 학급의 규칙을 서로 공유하고 훈육문제 행동뿐만 아니라 훈육문제에 대한 대응 역시 공통적인 최소한의 일관된 훈육의 지침을 마련할 필요가 있다.

넷째, 초등학교에서의 훈육은 절차상의 규칙과 행동상의 규칙이 함께 준비되어야 한다. 전자가 교사의 원활한 수업활동을 위해 필요한 규칙이라면 후자는 아동의 안전과 질서를 위한 생활지도 차원의 규칙이라고 할 수 있다. 일반적으로 절차상의 규칙은 교사의 수업활동을 원활히 이루어지도록 하거나 아동의 안전을 위하여 마련되는 규칙이다. 수업활동을 위한 절차상 규칙으로는 수업 시 아동들에게 유인물을 나눠주거나 집단 수업에서 그룹 수업으로 전환될 때 교사와 아동들 사이에 사전에 마련된 규칙이 있다. 안전을 위한 절차상의 규칙으로는 점심 식사를 위해 급식소로 이동할 때나 전교생이 운동장 단체활동을 마치고 교실로 들어갈 때 사전에 마련되는 규칙이 있다.

이러한 절차상의 규칙과 달리, 행동상의 규칙은 학급 아동들과 함께 마련하면 할수록 아동들이 규칙을 지킬 가능성이 높으며, 학부모에게도 학급의 행동상 규칙을 알려줄 필요가 있다. 아동들과 함께 마련하고 준수하도록 하는 행동상의 규칙은 학급 상황이나 맥락 내에서 마련된 것이기 때문에 다른 학급에서 성공적인 행동상의 규칙이 자신의 학급에서도 효과적인 규칙이라고 할 수는 없다.

다섯째, 초등학교 아동의 훈육문제는 교사가 훈육문제를 어떻게 인식하느냐에 따라 그 원인이 달리 해석될 수 있다. 아동 훈육의 문제를 야기하는 원인은 다양하기 때문에, 아동의 훈육문제의 원인을 단정하여 훈육 전략을 마련할 수 없으며, 문제 원인과 관계없이 정형화된 훈육 전략 역시 마련하기 어렵다.

이러한 점에서 초등학교 교사는 아동의 훈육문제 행동의 원인에 따라, 그리고 훈육문제를 보는 대상에 따라 다양한 대처방안을 마련하려고 노력해야 하며, 무엇보다도 자기 자신의 학급에 있는 개별 아동들을 잘 알고 있어야 한다. 결국 초등학교에서의 교사의 훈육은 아동의 이해에서부터 출발해야 한다.

4. 초등학교 훈육의 실제

학급의 훈육문제는 담임교사의 학급진단관리, 수업지도, 긍정적인 학생과의 인간관계 및 문제행동에 대처하는 기술 등에 의해서 크게 줄어들 수 있다. 따라서 교사는 학급집단을 조직하고 규칙과 절차를 확립하며 학급활동을 점검하는 등 학급관리를 하고, 학생의 학습욕구와 기대를 충족시켜 학생들로 하여금 학업성취감을 갖도록 하는 수업을 전개하며, 상호 존중하고 수용하는 가운데 건설적 인간관계를 수립함으로써 훈육의 문제를 줄여 나가야 한다.

가. 긍정적인 훈육의 요건

1) 행동의 제한을 설정하기

교사들이 허용될 수 없는 행동에 대하여 아동들에게 훈육할 때, 그 행동에 대한 제한을 설정해야 한다. 이러한 제한은 성인이 아동의 행동에 대해 가해지는 절대적 통제인 것이다. 교사들이 일반적으로 행동에 대한 제한을 두는 이유는 다음과 같다.

- 아동들이 자기 자신과 타인을 해하는 것으로부터 보호하기 위하여 아동의 행동을 제한해야 한다.
- 물건, 기기, 혹은 설비의 훼손을 막기 위하여 아동의 행동을 제한해야 한다. 특히 이러한 행동의 제한들이 자신들의 안전을 위해 매우 중요함을 알게 해야 한다.

이러한 행동상 제한을 설정하는 데 있어서 주의할 사항은 다음과 같다.

- 행동의 제한이 그 상황에 적절해야 한다.
- 학생 개개인의 나이, 생활사, 정서적인 상태 등에 맞춰야 한다.
- 모든 교사에 의해 일관성 있게 적용될 필요가 있다.
- 모든 아동과 상황에 일관성 있게 동일한 규칙을 강화한다.
- 명확하고 간단하게 진술해야 한다.
- 학생의 감정을 존중하고 스스로 할 수 있다는 점을 인식한다.
- 권위 있고 자신감 있게 행동한다.
- 훈육이 필요한 상황을 피하지 않는다.
- 행동상 제한을 설정할 때 학생들의 의견을 반영한다.

2) 교사의 역할을 고려하기

교사는 아동들의 행동에 직·간접적으로 영향을 미치며, 행위 모델로서 교사는 훈육에 있어서 중요한 요소가 된다. 아동들로 하여금 좋은 행동을 유지하도록 하는 방안은 다음과 같다.

- 문제점이나 상황을 인식하고 명명하기
- 아동들의 도움을 요청하기
- 위험에 가장 잘 반응할 것 같은 아동들에게 과업을 할당하기

- 항상 이야기해 줄 수 있는 이야기 자료를 준비하기
- 일어날 가능성이 많은 일을 사전에 말하기

3) 훈육 시에 사용하는 언어

① 목소리

일반적으로 훈육이 필요할 경우, 일상적으로 사용하는 목소리와는 다른 목소리로 말하게 된다. 이러한 '교사의 목소리'는 긴급할 경우 거칠고, 큰 소리를 내고, 점차 긴장된 목소리가 된다. 그러나 아동들은 교사의 목소리를 모방할 수 있기 때문에, 교사는 훈육 시 목소리의 고저를 조절하고 좋은 말하기 습관을 가져야 한다. 될 수 있으면 일반적인 목소리로 훈육이 가능할 정도로 학생과의 거리를 가깝게 유지해야 하며, 가끔은 낮은 목소리가 효과적일 수도 있다.

② 단어

훈육이 필요한 경우, 일반적으로 교사는 장황한 설명을 하는 경우가 있다. 이는 좋은 훈육방법이 아니다. 훈육 시에는 보다 적은 단어를 사용하는 것이 바람직하다. 따라서 훈육 시 교사는 간단하고 명확한 단어를 주의 깊게 사용해야 한다.

③ 신체적 표현

훈육 시 교사가 사용하는 신체적인 표현은 어린 아동일수록 더욱 중요하다. 좋은 훈육은 교사와 학생 사이의 애정 있고 주의 깊은 관계를 유지한다. 학생들이 자기 자신의 충동에 대하여 조절할 수 있고 스스로 모니터할 수 있도록 돕기 위하여, 교사는 학생들에게 신뢰를 형성할 필요가 있다. 특히 훈육 시 교사가 사용하는 신체적 표현 중 눈맞춤은 필수적이다. 눈과 얼굴표현을 통하여 교사는 학급 상황의 심각성을 학생들과 의사소통할 수 있다.

나. 훈육문제에 대한 태도

학교에서 발생하는 훈육문제는 본질적으로 교사와 학생 간의 상호작용을 통해 문제를 해결하는 방향으로 접근해야 한다. 따라서 교육과 마찬가지로 훈육 역시 교사와 학생 간의 인간적 관계에서 출발하는 것이다. 학생들이 훈육 상황에서 교사에게 기대하는 행동은 다음과 같다(Denscombe, 1985).

- **확고함**: 유능한 교사는 개별 학생과 학급을 통제할 수 있는 의지와 능력을 가지고 있어야 한다.
- **공정함**: 유능한 교사는 심하다고 생각되는 벌을 가하지 않고, 잘못한 사람에게만 벌을 준다. 또한 유능한 교사는 통제를 목적으로 개인이나 집단을 적대적으로 비교하는 방법은 피한다.
- **존중감**: 유능한 교사는 특히 청년기 학생이 가치를 두고 있는 존엄성을 학생이 유지하도록 한다.
- **우호적 태도**: 유능한 교사는 학생에게 냉담하거나 거리감을 두지 않는다. 교사는 웃을 수 있고 농담할 수 있어야 한다.

박병량(2001)은 교사가 훈육문제에 접근하고 대처하는 방안을 다음과 같이 제시하고 있다.

첫째, 훈육문제에 대해 확고한 태도를 보여야 한다. 교사는 학생에게 기대하는 행동이 무엇인가를 분명히 하고, 자신이 말한 바를 행동으로 옮기며, 학급경영의 책임이 교사 자신에게 있음을 분명히 해야 한다. 학생들에게 이런 방침을 우유부단하고 적대적이며 위협적인 방식으로가 아니라 긍정적이고 단호하며 일관되게 보여주어야 한다.

둘째, 훈육문제의 원인 중 학교 요인에 대해 민감하게 반응해야 한다. 교사들은 일차적으로 자기 자신을 포함하여 어떤 요인이 훈육문제를 발생시키는가를 검토해야 한다.

셋째, 학생을 존중해야 한다. 각 학생에게 규칙적으로 개인적 관심을 보이고, 각 학생이 학습에서 진정으로 성공할 수 있다는 확신을 주며, 학생들에게 성취의 기회를 제공함으로써 학생의 자아개념을 강화시켜야 한다.

넷째, 훈육 전략과 기술을 개발하는 데 노력을 기울여야 한다. 교사가 문제행동에 효과적으로 대응할 수 있는 기술을 가지고 있지 않으면 학생의 훈육문제를 효과적으로 다룰 수 없다. 문제 상황에 따라 대응하더라도 이러한 계획이 무계획적이면 학생들은 교사의 반응이 일관성이 없고 불공평하며 합리적이지 못하다고 생각하게 된다. 따라서 교사는 학급에서 학생들과 직면하기 전에, 문제행동에 대해 교사가 취할 행동, 즉 처치행동을 계획해 두어야 한다.

훈육은 학생이 바람직한 행동을 하도록 올바른 습관을 형성시켜 주기 위한 교육의 일환으로서 체벌과는 다르다. 문제는 교사가 올바른 방법으로 훈육을 할 수 있느냐의 여부이다. 초등학교 교사는 긍정적인 훈육 방법뿐 아니라, 아동의 발달적 특징에 따른 훈육전략을 사용할 수 있어야 한다.

다. 초등학교 학생인권 조례

우리나라에서 학생의 인권은 인간으로서의 존엄성을 유지하고 행복을 추구하기 위하여 반드시 보장되어야 하는 기본적인 권리로서, 각 교육청에서 시행하는 「학생인권 조례」를 통해 보장하고 있다. 「대한민국헌법」, 「교육기본법」 제12조 및 제13조, 「초·중등교육법」 제18조의4 및 「유엔 아동의 권리에 관한 협약」에 근거한 「학생인권 조례」의 목적은 학생의 인권을 보장함으로써 모든 학생이 인간으로서의 존엄과 가치를 실현하며 자유롭고 행복한 삶을 이루어나갈 수 있도록 하는 것이다.

법령에서 규정하고 있는 "학생인권"이란 학생에게 적용될 수 있는 모든 권리로서 서울시 교육청에서 제정한 학생인권은 차별받지 않을 권리, 폭력 및 위험으로부터의 자유, 교육에 관한 권리, 사생활의 비밀과 자유 및 정보의 권리, 양심·종교의 자유 및 표현의 자유, 자치 및 참여의 권리, 복지에 관한 권리, 징계 등 절차에서의 권리, 권리침해로부터 보호받을 권리, 소수자 학생의 권리 보장 등이 있다. 특히 징계 등 절차에서의 권리에 따라 학생에 대한 징계는 징계사유에 대한 사전통지, 공정한 심의기구의 구성, 소명기회의 보장, 대리인 선임권 보장, 재심요청권의 보장 등 인권의 기준에 부합하는 정당한 규정과 적법절차에 따라 이루어져야 하며, 학교의 장 및 교직원은 징계와 그 전후의 절차에서 징계대상 학생의 회복과 복귀를 목표로, 지역사회, 보호자 등과 협력하여야 한다. 특히, 학교의 장 및 교직원은 피징계자를 식별할 수 있는 표현이나 방법을 사용하여 징계내용을 공고하여서는 안 되며, 상벌점제를 포함한 학생에 대한 지도방법의 결정 및 그 집행의 절차에서 학생의 인권을 보호하기 위해 노력하여야 함을 세부적으로 규정하고 있다.

라. 초등학교 학생 생활 규정

학교에서는 학교폭력 이외의 사안을 대상으로 학생의 선도가 필요한 경우에 이에 대한 조치를 위해 학교 규칙으로 생활교육위원회라는 자치 기구를 두고 있다. 생활교육위원회는 인권 친화적 사고를 바탕으로 더욱 바람직한 교육적 대안을 통해 학교규칙 위반 학생의 성찰과 반성을 통한 학교 일상생활 회복을 지원하기 위한 것으로 「초·중등교육법」 제18조의1에 근거하여 단위학교 학교규칙에 따라 규정하여 운영한다. 「학생인권 조례」에서도 학생에 대한 징계 시, 공정한 심의기구를 구성하여 적법절차에 의해 이루어져야 함을 보장하고 있다.

학생 생활 규정은 학교규칙(학교 운영에 관한 사항, 학생 생활에 관한 사항)중 '학생 생활에 관한 사항'에 해당하는 내용으로, 학생 포상 및 징계, 교육 목적상 필요한 지도방법 및 학교 내 교육·연구 활동 보호에 관한 사항 등 학생의 학교생활에 관한 사항, 학생자치활동의 조직 및 운영, 학교규칙 개정 절차 등의 내용을 담고 있다(초·중등교육법 시행령 제9조 제1항). 학생은 학교 규정의 제·개정에 참여할 권리를 가지고, 의견을 제출할 수 있는 참여의 권리를 가지며, 각 학교의 학교생활 규정은 공시정보로서, 전국 학교 정보를 공시하는 학교 알리미(www.schoolinfo.go.kr)에서 언제든지 확인 가능하다.

학교에서는 오랫동안 학생의 행동과 수행정도에 따라 상을 주어 바람직한 행동을 장려하였다. 하지만 그 효과에 대한 부작용도 나타나면서 보상기제에 대한 논란이 일어나기도 하였는데, 이때 교사들이 간과한 몇 가지 중요한 사실들이 발견되었다(Sparks, 2012). 첫째, 학습들은 연령대별로 원하는 보상이 다르다. 둘째, 보상시기는 평가 후보다는 전이 더 효과적이다. 셋째, 평가 후 최대한 빠른 시일 내에 학습자에게 보상을 주어야 효과를 극대화할 수 있다. 넷째, 한 번에 큰 보상만큼 작은 보상의 중요성도 간과해서는 안 된다.

최근에는 칭찬의 역효과에 대한 중요성도 강조하고 있다. 최근 연구들에 의하면, 교사들이 학생의 자신감과 자아존중감을 지켜주기 위해 학습자들이 틀려도 칭찬해주고 자신감을 잃지 않게 하는 말들이 오히려 학습자의 학업성취에는 큰 영향과 효과가 없다고 한다(Chandler, 2012). 특히, '똑똑하다'와 같은 타고난 지적 능력에 대한 칭찬은 학습자들에게 역효과를 불러일으킬 수 있다. 학습자들이 계속 칭찬을 받고 싶거나 똑똑한 이미지를 유지하기 위해서 어려운 과제에 도전하기보다는 쉬운 과제에 도전하여 장기적으로 부정적인 영향을 불러일으킬 수 있기 때문이다. 따라서 칭찬을 할 때에는 보다 정확하게 무엇을 잘했는지 얘기하거나 열심히 했다는 점을 강조할 필요가 있다. 이처럼 학생에게 주어지는 포상과 징계, 훈육은 보다 세심한 접근이 필요하다.

현재 학생 생활 규정에서 제정하고 있는 대표적인 학생 포상 및 징계에 대한 사항을 살펴보면 다음의 예와 같다.

학생포상 및 징계

제○○조(포상)

학교장은 품행이 방정한 자, 학업이 우수한 자, 각종 기능이 우수한 자, 근면성이 뛰어난 자, 선행에 있어 타인의 모범이 되는 자, 또는 공로가 있는 자 등에 대하여 포상할 수 있다.

제○○조(징계)

① 학교장은 교육상 필요하다고 인정할 때에는 학생에게 다음 각 호의 징계를 할 수 있다. 이 경우 학교장은 학생 또는 학부모 등 보호자에게 의견 진술의 기회를 부여하여야 한다.

1. 학교 내의 봉사
2. 사회봉사
3. 특별교육이수
4. 1회 10일 이내, 연간 30일 이내의 출석정지

② 학교장이 제1항의 규정에 의한 징계를 할 때에는 학생의 인격이 존중되는 교육적인 방법으로 하여야 하며, 그 사유의 경중에 따라 징계의 종류를 단계별로 적용하여 학생에게 개전의 기회를 주어야 한다.

CHAPTER

10

초등학교 조직 및 학급경영

1. 학교조직의 이해
2. 학급경영의 이해
3. 좋은 초등학교와 학급경영의 성격
4. 초등학교 조직 및 학급경영의 실제

1. 학교조직의 이해

가. 학교조직의 의미

우리가 살아가는 사회 속에는 여러 집단이 그 목적 달성을 위하여 합리적으로 조직되어 있으며, 사람들은 여러 조직 속에서 일정한 역할을 부여받으며 집단의 사회적 역할에 참여하고, 집단의 조직 속에 들어감으로써 사회 구성원으로 생활해 간다. 즉 조직이란 동일한 목적을 추구하고자 구성된 인위적 집합체로 사회 구성원으로서 살아가는 사람들은 누구나 하나 이상의 조직에 포함되어 있다. 조직은 인간과 자원, 과업이라는 유의미한 요소들이 상호 관련된 유기체적 성격을 갖고 있기 때문에 구성원들 간의 상호 의존관계에서 성립되는 하나의 집합 체제라고 할 수 있다(권동택, 2004a; 2004c).

학교 역시 이러한 사회 조직의 하나로 학교 교육목표하에 구성원 각자의 역할을 충실히 수행하며 운영된다. 특히 현대사회에 있어서 학교조직 역시 공동의 목표를 추구하는 하위 체제를 갖고 각각의 하위 체제는 일련의 상이한 역할을 하고 있다. 이러한 하위 체제들은 교육이 이루어지는 과정에서 내·외적 환경, 투입과 산출의 상호 관계를 유지하는 개방적 체제라고 할 수 있다.

따라서 학교는 학교 자체로 독립적으로 유지되는 것이 아니라 주변 환경으로부터 자극과 지원을 받고 일련의 교육의 과정을 통하여 주변 환경에게 산출의 결과를 제공해 주는 일종의 사회체제인 것이다. 결국 학교조직이란 학교 교육목표의 효율적 달성을 위한 조직 구성원의 분업적 협동체제의 구성을 의미하고, 학교조직은 학교경영의 도구로서 활용되며 책임과 업무 분담 아래 구조적인 협동적 관계를 형성하기에 학교조직 관리는 학교경영의 중요한 영역이다(정태범, 2002).

이러한 학교조직은 사회조직으로서 관료제적 계층 형태를 취할 수밖에 없다. 그러나 학교는 교육조직이라는 특수한 성격을 갖고 있다는 점에서 교육 기능적 조직의 특성을 고려하고 교사의 전문성이 충분히 발휘될 수 있도록 조장함으로써 교육의 목적이 성취되고 교육의 효율성을 극대화할 수 있는 방향으로 접근되어야 한다.

나. 학교조직의 특징

학교는 조직 측면에서 일반 기관과 다른 특성이 있다. 학교는 일반 기업체와는 다르며 일반 행정과는 본질적으로 다른 차이를 지니고 있다. 학교조직의 특징과 관련하여 백현기(1977)는 변화 속도의 완만성, 목표의 애매성, 기관의 전문성, 환경에의 영향성, 하갑수(1979)는 문화적 성숙자와 미성숙자의 인적 구조, 단순한 계층구조, 전문가 집단, 공익집단 등을 제시하고 있다. 강길수 등(1980)은 학교조직의 특징으로 목적 면에서 장기적·무형적인 경우가 많으며, 구성원 면에서 성인의 교사집단과 미성인의 아동집단으로 구성되고 행정구조 면에서는 중층적 구조 속에서 학교경영이 이루어진다고 보았다. 또한 정태범(2002)은 학교조직의 특징을 다음과 같이 제시하고 있다.

① 목적 설정 면

학교조직의 목적은 고도의 체계성, 조직성, 의도성을 가지며 장기적이고 계속적으로 수행되어야 한다. 학교교육은 교육과정의 목표를 설정하고 지도활동을 전개하여 그 결과를 평가하는 일련의 과정을 포함하기 때문이다.

② 인적 구조 면

학교는 세대 차가 분명한 교사집단과 아동집단으로 구성된 종적 조직으로, 구성원 하나 하나의 경제적·사회적 지위 등이 이질적이고 유동적이다. 또한 학교교육의 투입, 과정, 산출의 전 과정이 치밀한 인간관계의 조직망을 통해 이루어진다.

③ 업무 수행 면

학교는 전문성과 자율성이 요구되는 조직이다. 학교경영은 교육목적 달성을 위해 독자적 철학과 방침으로 주체성을 가지고 이루어져야 한다. 왜냐하면 아동을 교육한다는 것은 아무나 할 수 없는 특수한 지식과 기술, 가치관에 입각한 전문직으로서의 자율성이 강조되기 때문이다.

④ 통제방법 면

학교는 다른 사회조직과 다른 독자성을 지니고 있다. 교수와 학습을 최대한 보장하여 지역사회에 대한 책임을 다하기 위하여 학교는 교사가 지배하고 아동이 지배를 받는 엄격한 권력의 상하관계가 형성되어 있다. 이는 자칫 교육조직의 약점이 될 수 있다는 시각도 있다.

특히 학교는 산출하는 결과도 인간을 대상으로 하고 있고, 핵심활동 역시 인간을 계발하는 것이 주된 과업이며 미성년이 주된 대상이라는 점에서 학교조직은 규범적이며 윤리적인 성격 역시 지니고 있다.

이상을 종합하여 학교조직이 지니고 있는 일반적 특징을 제시하면 다음과 같다.

- 학교는 학생들에게 사회의 전통과 가치, 지식을 전승시켜 사회체제의 구성원으로서 활동할 수 있도록 준비하는 역할을 담당한다.
- 학교는 설립 주체(국립, 공립, 사립)에 관계없이 공교육으로서의 공공성이 높다.
- 학교에서 주로 사용되는 기술은 교사와 학생들 간의 상호작용에서 이루어진다.
- 학교의 목표를 달성하기 위해서는 학습자, 교사, 학부모, 지역사회 인사, 교육당국 등의 공동체의 구성원들 간의 상호 협력이 필수적이다.
- 학교의 주요 구성원인 교사들은 수업의 전문성뿐만 아니라 학생 생활지도에 대한 전문성을 소유해야 한다.
- 학교교육의 성과는 오랜 기간에 걸쳐서 발생하며 학생들의 지식, 기술 및 태도의 변화 등은 가시적으로 평가하기가 쉽지 않다.

한편 학교 역시 사회를 구성하는 하나의 조직으로서 사회체제를 유지하고 있다는 점에서 조직 차원의 관료적 특성을 가지고 있다. Bidwell(1965)은 학교조직의 특성을 대규모의 복합조직체로 표현하고 있고, Cohen 등(1971)은 조직화된 무정부 상태(organized anarchy)로, Weick(1976)는 이완결합조직(loosely coupled organization)으로 표현하여 관료적 구조와는 다른 관점에서 접근하였다. 이와 관련하여 권동택(2004a)은 학교조직의 성격으로 다음 3가지를 제시한다.

첫째, 학교조직은 관료제적 성격과 전문적 성격이 혼재된 복합조직이다. 학교조직은 이런 2가지 특성을 동시에 지녔기에 두 특성 간의 잠재적 갈등과 모순이 생길 수 있다.

둘째, 학교조직은 개방체제이지만 상호 이완결합체제의 성격을 지니고 있다. 학교조직은 주변 환경으로부터의 투입뿐만 아니라 주변 환경에 투입 효과를 제공해 주고 있기에 개방체제이다. 또한 학교조직의 하위 체제들이 과업수행상 상호 관련되어 있다고는 하지만 부서별 독자성 때문에 하위 체제들이 상호 느슨하게 결합되어 있기도 하기에 이완결합체제라고 볼 수 있다. 이완결합체제의 성격을 지니는 학교조직의 하위 부서들은 상호 분리되어 독자적으로 과업을 수행할 수 있고, 구성원들의 직무 수행에 대한 명확한 평가기준을 마련하기 어려운 점들을 지니고 있기도 하다.

셋째, 학교조직은 비정형적 카오스(chaos) 조직의 성격을 갖는다. 학교 내 교실 상황은 교사와 아동, 아동들 사이에 상호 역동적인 복잡한 기제를 가지고 있음에도 불구하고, 잘 통제되고 잘 조직화된 획일적 교실 관리를 강조하는 것은 교실 내의 개인과 환경과의 상호 역동성을 약화시키고, 통제된 외적 기준에 의해 아동들이 맞춰지는 결과를 가져올 수 있다. 또한 조직 현상 유지 및 지속적인 발전에서 혼돈이나 무질서의 단계를 겪을 수 있다는 점에서 교실 속 혼돈이나 무질서를 단순히 조직의 발전에 부정적인 요소가 아닌 긍정적으로 고려해야 할 상황임을 인식해야 한다.

이상과 같이 학교조직은 관료적 성격의 조직과 전문성을 발휘하는 조직의 특징을 모두 가지고 있으며, 하위 체제들이 서로 연결은 되어 있으나 각자가 독자성을 유지하면서 활동들이 느슨하게 결합되어 있는 이완결합체제라는 복합적인 상호작용이 강조되는 특수적 성격을 함께 지니고 있다.

다. 학교조직의 구조

조직은 공동의 목표를 달성하기 위해 역할을 분담하고 그에 따라 권위가 부여된 집단이다. 이러한 조직의 일반적 유형이 학교조직에도 어느 정도 통용되지만 학교조직은 나름의 조직 구조를 지니고 있다. 왜냐하면 학교조직은 교육목표 달성을 위한 교육활동을 계획, 수행하는 데 필요한 제반 사항을 고려하기 위한 융통성과 역동성이 필요한 구조이기 때문이다. 학교조직은 크게 교육활동을 전개하는 교육조직과 교육활동이 원활히 이루어지도록 지원하는 운영조직으로 나누어지는데, 모두 관료적 특징과 전문적 특성을 가지고 있으며, 계층적 구조를 가지고 있다.

1) 학교조직의 3계층

Thompson(1967)은 모든 사회체제가 성공적으로 이루어지려면 공식조직에 존재하고 있는 기관적 계층, 실무적 계층, 관리적 계층 등 3계층 간의 상호작용이 중요하며, 그에 따라 조직 발전의 성패가 결정된다고 주장하고 있다.

- **기관적 계층**(institutional level) : 해당 기관을 대표하는 책임자로서 그 기관의 목적, 규정 등을 설정하는 역할을 담당하는데, 학교조직에서는 학교장이 여기에 해당된다.
- **실무적 계층**(technical level) : 학교조직의 평교사나 행정실의 서무직원처럼 항상 반복되는 일상적인 교육 및 사무 처리를 주 임무로 한다.
- **관리적 계층**(managerial level) : 교감이나 부장교사처럼 기관적 계층과 실무적 계층을 연결해 주는 중간 교량 역할을 하는 계층이다.

2) 관료적 구조와 전문적 구조

- **관료적 구조**: 학교조직은 권한과 계층, 분업화, 규칙 및 절차의 활용, 몰인정, 기술적인 능력 존중 등의 요소를 갖는다.
- **전문적 구조**: 학교조직은 교사 개인의 전문성과 창의성, 자율성이 중요하기 때문에 관료적 방식에 의한 통제가 곤란하다. 따라서 학교조직이 갖는 전문적 특성은 교사의 전문적 지식과 기술, 자율성, 윤리성이 전제된다.

3) 학급담임제와 교과전담제

가) 학급담임제

학급담임제는 한 사람의 교사가 한 학급의 전 교과 또는 대부분의 교과를 담당하고 학생의 생활지도를 담당하는 교수조직이다.

① 장점

- 교사는 학생 개개인에 대한 깊은 이해를 바탕으로 생활지도를 할 수 있다.
- 통합된 프로그램의 장점을 충분히 인식하여 교육과정이 요구하는 교과 간의 통합을 구현할 수 있다.
- 학습내용의 성격에 따라 학습시간을 융통성 있게 전개할 수 있다.
- 민주적 학급 분위기와 풍토를 조장함으로써 사회적인 생활의 기회를 제공할 수 있다.
- 부모와의 의사소통이 더욱 촉진되어 가정과 학교의 연결을 긴밀하게 할 수 있어 학교운영상에 복잡한 문제들을 해결할 수 있다.

② 단점

- 교사들이 교과과정의 모든 면을 가르쳐야 하는 어려움이 있다.
- 교사와 특정한 학생 간의 개인적인 충돌이 발생하는 경우 부정적 결과를

초래할 수 있다.

- 교사 자신의 특기에 치우치는 지도를 하고 자신이 없는 교과를 소홀히 다루는 경향이 있다.
- 교사의 능력에 차이가 클 때 교육의 질에도 현저한 차이를 초래한다.
- 한 교사에게 학급의 교육과정을 결정하는 모든 책임이 주어진다.
- 학급당 수용인원이 적을 때만 효과적이다.

③ 학급담임제의 선임방법

- **자유선임식 담임제**: 교직원 조직이나 실정에 따라 특정한 원칙 없이 담임교사를 선임하는 방식
- **희망선임식 담임제**: 학급담임의 배정을 결정하기에 앞서 교사들의 희망을 듣고 난 후 선임하는 방식
- **일정 연한 교체식 담임제**: 한 사람의 학급담임교사가 동일한 학급을 2년 또는 3년간 계속적으로 담임하다가 교체하는 방식
- **학년 고정식 담임제**: 교사별로 담당학년을 미리 고정해 놓고 매년 동일한 학년의 학급을 담임하도록 하는 방식
- **계속적인 담임제**: 한번 학급담임이 배정되면 그 학급을 졸업할 때까지 계속해서 맡는 방식

나) 교과전담제

교과전담제는 한 교과 또는 상호 간에 관련이 깊은 교과 몇 개를 한 교사가 담당하며 학생을 지도하는 교수조직이다.

① 장점

- 학습지도 면에서 한 교사가 하나의 교과를 전문적으로 지도하므로 학습내용을 깊이 다루게 되며 철저하고도 엄밀한 학습이 전개된다.

- 생활지도 면에서는 교과전담제가 학생들로 하여금 여러 교사와의 만남을 통해 자기의 개성을 자각하고 신장할 수 있는 기회를 가질 수 있게 한다.

② 단점

- 통합교육의 중요성이 강조되는 초등학교 교육에서 교과 간의 연결이 불충분해져 학습내용이 통합되기 힘들다.
- 교과의 학습이 위주가 되기 때문에 충분한 생활지도 능력을 발휘하지 못한다.

4) 교무분장조직

교무분장조직은 학교의 효율적 운영을 위해 교육활동 및 운영을 지원하기 위한 관리·사무적인 측면에서 역할분담을 조직화하는 것이다. 학교마다 학교의 규모, 교직 구성원, 지역사회의 특수성에 따라 교무분장조직은 조금씩 다르게 이루어질 수 있다.

교무분장조직은 교장 – 교감 – 기능부장(업무부장) – 업무담당교사(계원)를 기본으로 한다. 「초·중등교육법」 제20조 교직원의 임무에 따르면 교장은 교무를 통할(統轄)하고 소속 교직원을 지도·감독하며 학생을 교육한다. 교감은 교장을 보좌하여 교무를 관리하고 학생을 교육하며 교장이 부득이한 사유로 직무를 수행할 수 없을 때에는 교장의 직무를 대행한다. 다만, 교감이 없는 학교에서는 교장이 미리 지명한 교사가 교장의 직무를 대행한다.

학교의 교무분장조직에서 교장은 관리자 역할을 하고 교감, 부장교사는 중간관리층의 역할을 한다. 부장교사는 크게 학년부장과 기능부장으로 구분하며 학교 규모가 작은 학교에서는 한 명의 교사가 학년부장과 기능부장을 겸하기도 한다.

5) 수석교사제

우리나라는 2012년부터 학교수업의 질을 높이기 위해 수석교사를 선발하여 각급 학교에 배치하고 있다. 「초·중등교육법 시행령」 제36조의 5에 따르면 수석교사는 학급을 담당하지 않는다. 대신 수석교사는 교수법을 개발하고 적용하며 학교 교사들의 수업컨설팅을 담당하는 등 교사들의 수업전문성 향상을 위한 업무를 맡고 있다.

수석교사제의 도입 취지는 관리직 이외에 교사 본연의 가르치는 업무가 존중되고 그 전문성에 상응하는 역할을 부여함으로써 수업전문성을 가진 교사가 우대받는 풍토를 조성하기 위함이다. 또한 수업전문성을 개발할 수 있는 유인체제를 마련하고 교직사회의 학습조직화를 촉진하고자 함이다(진수남, 2012).

「초·중등교육법」 제21조에 따르면 수석교사는 15년 이상의 교육경력을 가지고 교수·연구에 우수한 자질과 능력을 가진 사람 중에서 대통령령으로 정하는 바에 따라 교육부장관이 정하는 연수 이수 결과를 바탕으로 검정·수여하는 자격증을 받은 사람이어야 한다. 동법 제20조 제3항에 의거하여 수석교사는 교사의 교수·연구활동을 지원하며, 학생을 교육하는 것을 임무로 한다.

라. 학교공동체로서의 학교조직

1) 학교공동체의 의미

사회 패러다임의 급격한 변화 속에서 학교는 변화를 감지하고 이해하여 역동적으로 대처해야 한다. 학교는 학생과 교사 그리고 학부모, 지역사회의 모든 구성원의 협력을 통해 조직적으로 학생들의 교육적 발달과 성숙을 도모하는 곳이며, 오늘날 지식기반 사회를 강조하고 있는 시점에서 지식을 창출할 수 있는 능력을 함양하는 공동체적 조직이 되어야 한다.

공동체 의식은 학교교육을 개선한다든가 원활히 하기 위한 목적으로 이를 위한 공동의 노력 및 헌신을 중시한다. 그러나 지금까지 학교조직은 목적에 따라 각 부서로 조직되어 명령과 통제로 유지되어 왔다. 따라서 학교 변화를 위한 학교공동체로서 자유의지에 의해 결합된 사회집단 또는 단위조직으로서 학교 구성원들이 생활과 운명을 같이 하는 공동체적 조직으로 파악되어야 한다.

이러한 '공동체로서의 학교(school as community)'는 가치체계의 공유, 평등한 참여 기회의 보장, 가치 및 신념을 통한 공동체적 의식 강화, 공동활동, 자율과 책임, 헌신과 신뢰, 상호 보살핌과 지원적 인간관계, 헌신적인 과업 수행, 연대를 통한 관리 및 평가, 상호 이해와 존중 등을 특징으로 하고 있다(Sergiovanni, 1994). 따라서 학교는 구성원들 상호 협력을 위한 공동체이어야 하며, 구성원들에게 진정한 권한을 주어야 한다. 학교가 교사에게 이런 성장의 장소가 될 때 교사와 학생 간 그리고 교사들 간의 공동체의식 형성의 장이 될 수 있다. 학교가 교사로서의 삶의 발전에 기여하는 장소가 될 때 교사들의 공동체 참여를 보다 근본적으로 이끌어 낼 수 있다.

2) 공동체의 유형

일반적으로 공동체는 혈연 공동체, 공간 공동체, 신념 공동체로 개념화할 수 있다(Sergiovanni, 1994).

- **혈연 공동체**(community by kinship) : 가족이나 친척과 같이 관계가 매우 밀접하고 끊을 수 없는 필연성을 지닌 공동체이다.
- **공간 공동체**(community of place) : 공동의 공간을 공유함으로써 나타난다. 가령 우리 학급, 우리 학교, 우리 지역, 우리나라와 같은 공동체 의식은 특정한 공간의 공유를 통해 형성된다.
- **신념 공동체**(community of mind) : 목적, 가치, 존재방식을 공유함으로써 나타나게 된다.

혈연 공동체와 공간 공동체가 어느 정도 개인의 의사와 상관없이 형성되는 데 비해 신념 공동체는 개인의 의사가 적극적으로 반영된 공동체의 모습을 띠며 인간 공동체의 독특성을 반영한다. 3가지 공동체의 공통점은 구성원들의 헌신을 기초로 만들어진다. 학교 및 학교교육을 중심으로 관계를 맺고 있는 학교 구성원 즉 교장(감), 교사, 학생, 학부모, 지역사회 인사 등은 모두 직·간접적으로 교육을 다루는 사람들이기 때문에 누구보다도 이들의 공동체에 대한 인식과 공동체의 형성이 중요하다. 이런 점에서 학교공동체란 학교 관련자들이 만들고 형성하는 공동체라고 할 수 있다.

3) 학교공동체의 성공 전제

첫째, 공동체로서 학교에서는 모든 구성원이 배우는 사람이 되는 동시에 가르치는 사람이 된다. 공동체로서의 학교는 교장과 교사, 학생, 학부모들이 공동체의 이상과 가치를 실현하기 위하여 상호 존중하며 신뢰하는 곳이다.

둘째, 공동체로서 학교는 구성원 모두에게 자신들과 관련된 일의 결정에 참여할 기회를 부여해야 한다. 공동체로서 학교에서 추구하는 개인의 성장은 여러 가지 활동에 참여함으로써 비로소 가능하다. 따라서 공동체의 성공적인 정착은 학교 구성원들의 자발적인 참여가 바탕이 되어야 한다.

셋째, 학교공동체 형성을 가능하게 하기 위해서는 학부모와 지역사회의 능동적 역량을 조직적으로 활용해야 한다. 지역사회 속의 학교 개념을 구현하기 위하여 지역사회의 교육 시민단체와 지역의 행정기관들 그리고 전문성을 갖춘 연구소 및 학자들의 역량을 학교의 중요한 자원으로 조직하는 것이 중요하다.

넷째, 학교공동체라는 동일한 울타리 안에서 학교 업무를 수행하는 교원조직과 행정직원조직은 공동의 교육목적 달성을 위한 협조관계에 있으며, 이러한 상호 관계는 서로 다른 성격의 업무 영역을 존중하고 이해하며 수용하는 측면에서 접근하려는 공동체의식을 가져야 학교교육의 효율화를 기할 수 있다. 따라서 행정직원도 교육 공동체로의 적극적인 참여를 통하여 교내 문제에 대하여 함께 고민하고 학교교육 계획을 수립하는 과정에도 적극적으로 참여할 수 있도록 해야 한다.

2. 학급경영의 이해

가. 학급의 의미와 특성

1) 학급의 의미

학교는 교사들의 학급경영 기술의 계발을 지원해야 하며 학급 분위기, 조직적 전략, 교수기술, 평가와 진단, 시간 활용 등의 기술이 체계적으로 발달하도록 조장해야 한다(Farrell, 1999). 이러한 학교교육을 이해하기 위해서는 교사와 학생의 상호작용이 이루어지는 학급을 정확히 이해할 필요가 있다. 마찬가지로 학교조직의 올바른 이해를 위해서는 먼저 학급에 대한 이해가 필요하다.

단위 학교에서의 학급의 목적은 '계획된 학습'을 하는 곳으로 학급은 학교의 공식적인 조직으로서 학교조직의 기본 단위이다. 즉 학급이란 공동의 목적을 달성하기 위하여 교사와 학생 또는 학생 간의 상호작용에 의해서 형성되는 일종의 심리적 사회집단으로서 집단활동을 통해 그가 속한 사회의 규범과 가치 및 행동양식을 학습하고 개인의 자질을 기르는 학교조직의 최소단위이다. 이병진(1999) 역시 학급은 공동의 목적을 달성하기 위하여 교사와 아동 또는 아동 간의 상호작용에 의하여 형성되는 심리적·사회적 집단으로 개인의 자질을 기르는 학교교육조직의 최소단위라고 강조하며, 아동은 학급에서 집단활동을 통해 그가 속한 사회의 규범과 가치 및 행동양식을 학습한다고 보았다.

이러한 학급은 단순히 하나의 공간에서 교사와 학생이 존재하는 물리적 의미보다는 교사와 학생들이 어우러져 학교교육이라는 교육적 활동이 실제로 이루어지는 의미 있는 공간으로 이해될 필요가 있다. 일반적으로, 교실의 분위기가 명랑하고 따뜻하고 민주적이며 학습하는 데 필요한 자료가 풍부할 때 바람직한 학습 환경이라고 할 수 있다(박상호, 1997). 윤형모(1964)는 학급을 교과지도의 능률을 올리기 위해 조직된 학습 집단인 동시에 아동의 계속적인 학습을 위한 집단이라고 정의하고 있으며, 박병량(2003)은 학급을 학교의 목적 수행을 위해서 교육과정을 바탕으로 하여 교사와 학생 그리고 물적 조건으로 구성된 학교의 교수-학습 조직이라고 설명하고 있다. 이처럼 교실이라는 환경은 아동들의 학습을 비롯한 모든 생활이 거의 이루어지는 곳이기 때문에 학급은 아동들의 성장과 발달에 큰 영향을 미칠 수밖에 없다(김선혜, 2004).

학급집단의 구성원은 강제적·우연적·동질적으로 편성된다. 아동은 본인의 의지와는 관계없이 취학의무를 규정한 법률에 의해서 강제적으로 학급집단의 일원이 되고, 학급은 출생지나 거주지와 같은 우발적인 요인에 의해 구성되며, 연령이나 지역과 같은 외적 요인 등이 비교적 동질한 학생들끼리 한 학급을 이루게 된다. 따라서 학생들 상호 간에 공통점이 많은 조직이면서 인위적으로 편성되고 강제적으로 결합되었다는 점에서 일정한 규칙에 따라 움직이고 개성이 존중되면서도 개인의 자유가 제한될 수 있는 조직인 것이다.

2) 학급사회의 특징

학교에서 이루어지는 모든 활동이 학급이라는 단위조직을 통해서 전개된다는 점에서 학급은 중요한 장소이며, 학교조직이 다른 사회조직과 달리 나름의 특성을 지니고 있는 것처럼 학급 역시 학급사회가 갖는 특성을 지니고 있다. 특히 학급에서는 교사를 중심으로 학교교육의 핵심활동인 교수-학습의 대부분이 전개되고, 교사와 학생, 학생 상호 간 인간관계가 형성되며, 이를 통한 행동의 변화가 일어나기도 한다(Evertson & Weinstein, 2006). 이와 관련하여 김영돈(1983)은 학급이 지니는 특징을 다음과 같이 제시하고 있다.

- 학급은 동일 연령의 아동이 모인 사회로, 인위적으로 편성되며 강제적으로 결합되는 사회, 일정한 규칙에 따라 움직이는 사회, 개인의 자유도가 약한 사회이다.

- 학급은 성원 상호 간에 공통 목적을 인식하면 서로 협동하는 사회조직이 되고 이에 따라 학급의식 또는 공동의식이 생기며 지켜야 할 학급윤리가 존재한다.
- 학급 내에서의 학급집단생활을 통해서 다양한 교우관계가 성립한다.
- 학급은 구성원인 아동 개개인의 개성과 성격 차이가 존재하나 학급의 목표와 급훈 및 담임교사의 지도방침은 동일하게 적용된다.
- 아동이 입학해서 중학년, 고학년 시기를 거치면서 다양한 학급 구조를 경험하며, 시간의 추이에 따라 다른 집단생활에 적응하게 된다.

또한 박병량(2003)은 학급의 특징을 다음과 같이 언급하고 있다.

- 학급은 교육이 실제로 이루어지는 곳이기에 학급에서 교육이 어떻게 이루어지느냐에 따라 교육의 성과와 질이 좌우되므로 학급관리는 중요하다.
- 학급은 아동들이 매일 생활하는 장소이다. 아동은 많은 시간을 학급에서 보내면서 교사와 아동 그리고 학급 환경 속에서 배우고 경험하고 느끼고 생각하면서 성장, 발달한다. 학급 교실 내의 경험은 아동들의 하루의 삶 자체이며 학급 경험의 질이 곧 아동의 삶의 질이 된다. 그렇기에 학급에서의 경험은 중요하다.
- 학급경영방식은 아동의 학업성취와 인격 형성에 큰 영향을 미친다.
- 학급에서의 바람직한 변화가 수반되지 않으면 진정한 교육개혁은 이루어질 수 없다. 바람직한 교육개혁을 위해서는 교육이 실제로 이루어지는 학급 내에서의 변화를 이끌어 내야 한다.

나. 학급경영의 성격

1) 학급경영의 의미

학급은 교수–학습이 직접 이루어지는 장이자 학생들의 생활의 장이기도 하며, 또 구성원 상호 간에 복잡한 상호작용을 전개해 가는 하나의 역동적인 사회적 집단이기도 하다. 또한 그것은 소정의 목표를 지향하는 조직으로서 그 목표 달성을 위해 적절히 조정되고 통제되어야 할 경영의 대상이기도 하다.

학급경영은 학교관리의 한 영역으로 학교의 경영방침을 토대로 담임교사의 교육관에 따라 교사와 학생 및 학생 상호 간에 상호작용과 신뢰를 바탕으로 학급 수준에서의 교육의 목표를 달성하기 위한 관리적 활동이다. 학급은 학교의 목적 수행을 위해서 교육과정을 바탕으로 하여 교사와 학생 그리고 물적 조건으로 구성된 학교의 가장 핵심적인 교수-학습 조직으로, 학급경영은 바로 가장 핵심적이고 기본적인 학교조직의 단위인 학급이 원활히 운영될 수 있도록 관리하는 활동인 것이다. 따라서 학급은 교육이 실제로 이루어지는 곳으로 교사와 학생들이 매일 생활하는 장소이기 때문에, 학급경영을 어떻게 하느냐에 따라 학생의 학업성취뿐만 아니라 인격 형성에도 크게 영향을 미친다.

2) 학급경영의 원리

학급경영의 원리는 교육적 학급경영, 민주적 학급경영, 효율적 학급경영 세 측면에서 살펴볼 수 있다. 교육적 학급경영의 원리는 모든 학급경영활동이 교육의 본질과 목적에 부합되도록 운영하는 것이며, 민주적 학급경영의 원리는 민주주의 원칙에 입각하여 학급을 경영하는 것이다. 또한 효율적 학급경영의 원리는 효과적이고 능률적인 학급경영을 의미한다. 즉 학급의 자원을 경제적으로 사용하여 학급의 목표와 더불어 학급 구성원의 개인적 목표를 동시에 달성하는 것을 일컫는다.

이상의 원리를 바탕으로 학급경영자인 교사는 학급을 경영하는 방법, 과정, 절차 및 기술을 이해하고 숙달해야 하며, 다른 사람과 더불어 일을 효과적이고 능률적으로 수행할 수 있는 인간관계 능력을 가져야 한다. 또한 학급경영체제를 다른 상위체제와 관련시키고 학급의 각 활동들의 유기적 상호관련성을 전체적으로 파악하는 능력을 지녀야 한다(장찬익 외, 1999).

3) 학급경영의 영역

① 학급경영관, 경영목표, 경영 계획의 수립

학급경영을 하는 데 있어서 기본 준거와 방침이 될 철학 내지는 관점을 정하고 학급경영을 통해 이루고자 하는 목표를 설정하며, 그것들을 기초로 보다 구체적인 경영 계획을 수립하는 일

② 학생의 개인별 특성 및 학급의 집단 풍토와 학급 기초사항 조사

학급경영의 구체적 계획과 실행을 위해 필요한 사항으로서, 학생 개개인과 학급 집단이 지닌 제반 특성들을 확인하고 파악하는 일

③ 교과지도

교육과정을 구성·계획하고 필요한 교재와 교구를 준비하며 효과적인 교수-학습을 조직하고 전개하는 일

④ 물리적 · 사회적 환경의 구성

시설·설비는 물론 구성원 상호 간의 관계에 의해 형성된 사회심리적 환경까지를 교육적으로 합당한 방향으로 구성하고 조성하는 일

⑤ 창의적 체험활동지도 및 생활지도

학생의 다양한 잠재적 능력을 신장시키고 학생 개개인을 건전하고 조화로운 인간으로 육성하기 위해 교과지도 외의 학생지도를 행하는 일

⑥ 학급의 제반 사무

학급의 운영에 필요한 제반 서류와 장부들을 기록·정리·보관하는 일

⑦ 가정 및 지역사회와의 관계

학생의 가장 강력한 배경 요인이면서 삶의 터전인 가정과 교육적으로 유용한 협력관계를 유지하고, 나아가 학교와 학생들이 속한 지역사회를 이해하며 상호 협조

체제를 조성하는 일

⑧ 학급경영의 과정 및 결과 평가

학급경영의 과정과 결과가 처음의 의도와 부합하는지 확인하고 그로부터 다음 경영활동의 참고자료를 추출해 내는 일

3. 좋은 초등학교와 학급경영의 성격

가. 좋은 초등학교의 성격

초등학교 경영은 교육목적 달성을 위해 필요한 조건을 정비·확립하고 심적·물리적 봉사를 한다는 데 그 의의가 있다(이병진, 1999). 따라서 수단적이며 조장적인 성격을 갖는다. Caswell과 Foshay(1950)는 바람직한 초등학교의 특징을 다음과 같이 제시하고 있다.

첫째, 바람직한 초등학교는 자체적으로 학교 계획이 하나의 전체로서 구성원들에게 이해되고 적용되는 학교이다. 학교의 계획하에 구성원들은 전체로서 협력하고, 다양한 계획이 하나로 통합되어 인식되는 초등학교가 좋은 초등학교이다.

둘째, 바람직한 초등학교는 아동들을 위한 전체 생활 영역의 계획을 마련하는 학교이다. 과거 초등학교는 아동들의 지적인 발달을 담당하는 곳으로 인식되었으나, 현재의 초등학교는 아동의 모든 영역의 발달을 균형 있게 교육해야 하는 곳으로 인식되고 있다. 즉 아동이 균형 있게 성장 발달할 수 있도록 학교에서의 전체 생활 영역이 잘 계획된 초등학교가 좋은 초등학교이다.

셋째, 바람직한 초등학교는 아동들의 학교생활의 활동을 통하여 민주적인 이상이 최대한 실현될 수 있도록 하는 학교이다. 개인과 사회의 문화는 끊임없이 상호

작용하고 이 상호작용에서 교육의 현상이 나타나게 된다. 따라서 한 개인의 전체적인 발달은 그가 태어난 사회의 문화와 무관할 수 없고, 개인과 문화의 상호작용에 기반을 둔 교육의 과정에서는 개인뿐 아니라 문화도 함께 형성해 가며 수정되는 것이다. 결국 초등학교에서의 생활과 계획은 민주적인 가치의 인식과 성취와 이해에 공헌하도록 조직하여 민주적인 과정은 아동들에 의해서 학교생활 방식이 되어야 한다.

넷째, 바람직한 초등학교는 학교 자체 내의 계획이 학교가 가르치는 아동들의 흥미, 필요 그리고 능력의 분석에 기초하고 있는 학교이다. 학습자로서의 아동을 이해한다는 것은 학교 계획의 가장 기본이 되는 원칙으로, 초등학령기 아동의 특징적인 필요를 고려해야 하며, 아동들의 역량과 능력이 서로 다르다는 것을 이해해야 한다. 따라서 학교 계획 시 아동들을 충분히 이해하고 아동들 사이의 개인차가 있다는 본질적인 특징을 학교 전체의 계획에 반영하는 초등학교가 좋은 초등학교이다.

다섯째, 바람직한 초등학교는 아동들에게 모든 생활 영역에 있어서 그들의 발달 정도에 맞게 안내된 경험이 주어지는 학교이다. 인간의 생활은 단순한 경험의 연속 그 이상의 것이다. 마찬가지로 교육은 한 가지 경험에 뒤따라 다른 경험이 이어지는 것 이상의 것이다. 학교에서의 아동들의 경험은 매일의 생활의 문제에 직면하도록 잘 안내되고 선택된 것이어야 한다.

여섯째, 바람직한 초등학교는 학교가 위치하고 있는 지역사회의 필수불가결한 부분이 되는 학교이다. 초등학교는 모든 면에서 아동 생활의 중요한 영역을 지역사회와 직접적인 관계를 맺으면서 계획해야 한다. 이를 통해 초등학교가 지역사회의 더 나은 삶에 공헌할 수 있고 아동들의 경험에 최대한의 의미를 제공함으로써 학교교육의 생생함을 부여할 수 있다.

일곱째, 바람직한 초등학교는 학교 자체 내의 물리적인 설비나 교육 비품들이 아동의 교육적 활동을 조장하는 데 유용한 학교이다. 초등학교 교육 계획 시 최적의 조건을 갖춘 물리적인 설비나 수업 비품들을 갖추고 있는 것이 중요하며, 이때 설비나 비품들은 융통성과 다양성의 구비조건을 충족시키는 것이어야 한다.

여덟째, 바람직한 초등학교는 교직원 전원의 성장과 복지가 조장되는 학교이다. 아무리 훌륭한 물리적 여건이 마련되었다 하더라도 물리적 여건이 훌륭한 교사들의 역할을 대신할 수는 없다. 교사들의 지속적인 성장은 훌륭한 학교교육 계획의 기본 요소가 되어야 한다. 이를 위해서 모든 교사들에게 학교교육 계획을 이행하는 과정뿐만 아니라 계획하는 단계에도 참여할 수 있는 기회가 제공되어야 한다.

아홉째, 바람직한 초등학교는 민주적인 가치를 조장할 수 있도록 학교의 일반적인 생활을 조직하는 학교이다. 학교는 하나의 지역사회이다. 훌륭한 학교는 하나의 사회 기구로서의 역할을 해야 하며, 학교 안에서의 다양한 생활을 잘 조직하고 계획된 목표를 성취할 수 있도록 아동 경험을 잘 제어할 수 있는 학교이다.

나. 좋은 초등학교 학급경영의 성격

학급은 학교교육이 이루어지는 가장 기본적인 단위 체제로서 교육목표가 실제로 구현되는 장소이다. 초등학교 학급은 아동이 공동으로 학습하고 생활하는 교육을 위한 집단이며, 하나의 집단으로서의 교육 기능을 활성화하여 각 아동에게 전인적 발달의 기회를 제공하는 초등학교 교육의 기본 조직이다. Jarolimek과 Foster(1985)는 훌륭하게 경영된 학급에 대해서 다음과 같이 말하고 있다.

- 훌륭한 학급경영은 아동들의 정신적·사회적 발달을 강화한다.
- 훌륭한 학급경영은 아동들의 발달 수준에 적합한 수업목표의 성취를 용이하게 한다.
- 훌륭한 학급경영은 명확한 한계 내에서 지적 및 신체적 자유를 제공한다.
- 훌륭한 학급경영은 자기주도적인 독립심의 기능을 아동들에게 개발하도록 한다.
- 훌륭한 학급경영은 아동들에게 책임을 공유하도록 한다.

- 훌륭한 학급경영은 교사와 아동들 사이가 온화하면서도 엄격한 관계를 유지한다.
- 훌륭한 학급경영은 학습자가 학급에 대해 긍정적인 태도를 갖게 한다.

초등학교 학급경영은 아동들에게 풍부하고 자유스러운 생활 경험을 제공하고 개인의 개성을 살리는 동시에 사회 구성원으로서의 사회성을 길러주는 데 목적이 있다(이병진, 1999). 초등학교의 경우 담임교사가 기본적으로 생활지도를 포함하는 수업활동과 학급운영에 대한 전반적인 활동을 한다는 점에서 중등학교와 차별화될 수 있다.

일반적으로 학급경영의 영역을 수업활동과 경영활동으로 분리하여 수업활동을 제외한 학급활동으로 학급경영의 영역에 접근하는 입장과 수업활동과 경영활동을 구분하지 않고 학급활동의 전체로서 학급경영의 영역에 접근하는 입장이 있다. 초등학교 학급경영의 경우 전자보다는 후자의 입장에서 이해된다는 점에서 중등학교 교사의 학급경영과는 다르다. 왜냐하면 초등학교의 학급경영은 학급담임교사가 담당학급과 관련하여 교과지도 활동을 어느 정도 그리고 어떻게 수행하는가에 따라 달라지기 때문이다.

교과지도 활동을 학급경영 활동의 영역 속에 포함시키는 것이 큰 의미가 없는 교과전담제 형식으로 교수활동이 전개되는 중등학교와는 달리, 초등학교에서의 학급경영은 담임교사가 담당학급의 교과지도를 전담하고 있기 때문에 교수활동을 학급경영 활동에 포함하여 이해해야 한다. 따라서 중등학교에서는 교과 수업활동이 담임교사의 학급경영과 분리될 수 있지만, 초등학교에서의 학급경영은 교과 수업활동도 학급경영의 하나로 포괄적으로 이해되는 것이 타당하다. 결국 초등학교 학급경영은 학급을 잘 경영하는 일과 아동들에게 교과를 잘 가르치는 일이 상호 분리될 수 없다.

4. 초등학교 조직 및 학급경영의 실제

초등학교 교사는 학교의 구성원으로서 학교조직에 속하며, 학교 공동의 목표와 계획 실행을 위해 다른 구성원들과 협력하며 노력해 나가야 한다. 동시에 초등학교 교사는 학급담임제로 운영되는 초등학교 상황에 따라 하나의 학급을 책임지고 관리해야 하는 역할도 담당하게 된다. 즉 조직의 구성원으로서의 역할과 함께 리더로서의 역할도 수행해야 하는 위치에 놓이게 된다. 초등학교 내의 공식적·비공식적 조직을 살펴보면 다음과 같다.

가. 초등학교 조직의 예

1) 교무분장 조직

부장교사(기능부장) 명칭은 단위 학교마다 특색 있게 명명하기도 하지만 대부분의 경우 교무부장, 연구부장, 생활부장, 과학정보부장, 체육부장 등을 포함한다. 이러한 기능부장은 학교 규모에 따라 학년부장과 별도로 임명되기도 하고 병행하기도 한다. 교무분장에 따라 기능부장은 담당 업무에 대한 연간 교육계획을 수립하여 운영하는 구심점이 되며, 각 계원은 이를 협조·지원하는 체제로 조직화된다.

모든 교사는 아동들의 학습지도, 생활지도와 관련되는 학교 업무 중 일부를 배정받는다. 교육관련 기관에서 오는 공문들을 접수하고 그에 대한 답신을 위한 자료를 수집하여 보고하기도 하고, 상위 기관에서 안내되는 내용들을 접수하여 학교 자체 실행을 위해 계획을 수립한 후 학교 구성원들에게 안내하는 일들을 한다. 또한 아동들과 직접 관계를 맺으며 다양한 활동을 하는 업무들도 있다. 예를 들면 스카우트, 아람단, 영재학급, 육상부, 전교어린이회, 합창단 등의 업무가 해당된다. 학부모들과 관계를 맺으며 처리하는 업무들에는 학부모회, 녹색어머니회, 어머니

폴리스회 등이 있다.

교사 본연의 업무는 아동들의 학습지도와 생활지도이며 교무분장으로 맡게 되는 업무는 이를 지원하는 활동이어야 한다. 즉 업무처리로 인해 교육활동에 소홀해서는 안 된다. 따라서 아동들과 직접적으로 관련된 일이 아닌 행정적으로 처리할 수 있는 성격의 일들은 행정처리를 위한 보조원들을 고용하여 처리하도록 하고 있는 추세이다.

표 10-1 초등학교 교무분장 조직 예시

부서	업무명	업무내용
교장		총괄
교감		관리
교무	교무기획	학교규칙 관리, 학사 관리, 행사 관리, 학생 포상, 교권보호, 교육복지
연구	교육과정기획	학생평가, 기초학력 관리, 전문적 학습 공동체, 교원능력개발평가
정보	정보·과학 교육	과학교육 전반, 정보교육 전반, 정보화기기 관리, NEIS 관리, 학교정보공시
생활	생활·안전교육	생활교육, 인권교육, 안전교육, 학교폭력예방교육, 학생자치
체육	체육교육	체육교육 전반, 스포츠클럽, PAPS, 체육시설 점검, 체육교구 관리
보건	보건교육	보건교육 전반, 성교육, 양성평등, 건강기록부, 학생 건강검사
특수	특수교육	특수교육 전반, 특수·통합학급 운영, 특수교육 보조인력 관리
영양	영양교육	식생활관(급식실) 운영 관리, 영양 식생활 교육, 조리종사원 관리

2) 동학년 조직

6학급 이하의 소규모 학교를 제외하면 대부분의 학교는 같은 학년을 의미하는 동학년으로 조직화된다. 학교생활 중 교사들이 처리해야 할 일들은 크게 학교 교육목표 달성을 위한 전교생 대상의 교육활동들에 대한 계획, 안내, 실행, 결과 처리 등의 것들과 교육활동과 관련되거나 교육활동을 위한 활동들, 즉 교무분장에 따른 업무처리로 나눌 수 있다. 이 중에서 교육활동과 관련된 일들은 주로 동학년 조직을 통해 계획, 실행된다. 학교 수준 교육과정에 의해 설정된 목표, 특색사업,

각종 학교행사들은 동학년 교사들의 협의를 통해 학년 교육과정에 반영되기 때문에 교사들이 실제 교육활동을 직접적으로 수행하는 데 서로 도움을 주고받을 수 있는 밀접한 조직이 바로 동학년 조직이다.

동학년 조직은 같은 학년을 담당하는 학급담임교사와 해당 학년을 지도하는 교과전담교사로 구성되며 학년부장을 중심으로 1년의 교육 계획을 실행해 나간다. 학교 여건에 따라 다르지만 동학년 연구실이 마련되어 있는 경우가 많은데 이곳에서 동학년 교사들은 수업에 대한 의견을 나누고, 학년별 학교 행사 추진에 대한 준비 및 실행 등에 대한 협의를 하며, 아동생활지도에 대한 고민을 공유하고 서로 조언을 주고받게 된다.

동학년 조직은 특히 경력이 짧은 초임교사에게 긍정적인 영향을 줄 수 있는 조직이다. 동학년과의 협의시간은 초임교사에게 부장교사를 비롯한 경력교사들과 함께할 수 있는 자리를 자연스럽게 마련해 주고, 실질적인 도움을 받을 수 있는 시간들을 제공해 줄 수 있기 때문이다. 첫 발령부터 경력교사와 동일한 수준의 학습지도, 생활지도, 업무처리를 수행해야 하는 교직의 특성상 초임교사는 어려움을 겪을 수 있으며 이때 동학년 교사는 멘토로서의 역할을 수행해 줄 수 있다.

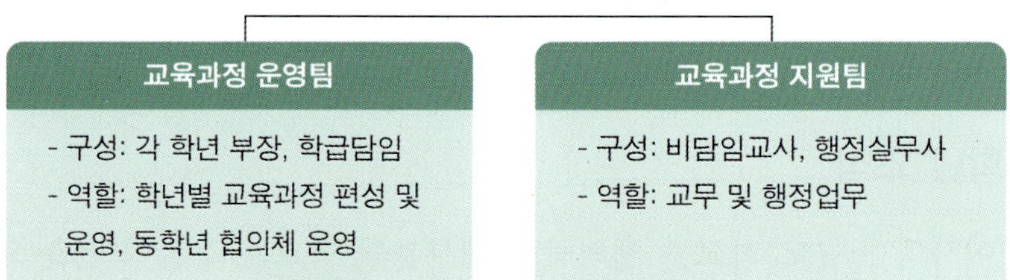

그림 10-1 동학년 중심 조직 구축 예시

3) 위원회 조직

학교에서 이루어지는 모든 일은 교육적 활동에 직접적으로 관련된 일이든, 교육활동을 위한 제반 조건 정비와 관련된 일이든 각종 위원회 협의를 통해 결정된다.

교무분장 조직에 의해 맡게 되는 업무들이 대부분 위원회를 조성해서 사안들을 결정해야 하기에 학교에는 여러 가지 위원회가 조직되어 있다. 교사의 수가 한정되어 있기에 한 명의 교사가 여러 위원회의 구성원이 되는 경우가 있고, 효율적인 업무처리를 위해 학교 현장에서는 성격이 비슷한 위원회를 통합하여 운영하려는 시도를 하고 있다. 이렇듯 위원회 조직이란 학교 구성원들이 위원회 구성원으로서 의사결정에 참여하여 민주적이고 자율적인 결정을 이끌어내기 위한 필수적인 조직으로, 교사에게 경영 참가의 기회를 제공하고 의사결정 과정에 기여하도록 하는 협의 내지 의사결정조직의 성격을 지니고 있다.

각종 위원회 구성은 교원들로만 구성되기도 하고 교원과 학부모 대표로 구성되기도 하며 대표적인 위원회들로는 학교운영위원회, 인사위원회, 교육과정편성위원회, 도서선정위원회, 교재교구선정위원회, 학업성적관리위원회, 학교폭력대책자치위원회, 학생인권위원회 등이 있다.

이 중에서도 학교운영위원회는 각종 운영협의조직에서 결정된 사항들에 관해 최종 심의·의결하는 조직으로 1997년 「교육기본법」, 「초·중등교육법」, 「고등교육법」이 제정·공포되면서 학교운영위원회에 관한 사항이 새롭게 규정되었으며, 아동·학부모의 권리보장 및 학교운영의 자율성을 보장하고자 하는 취지에서 도입되었다.

「초·중등교육법」 제31조에 의하면 학교운영의 자율성을 높이고 지역의 실정과 특성에 맞는 다양하고도 창의적인 교육을 할 수 있도록 초등학교·중학교·고등학교 및 특수학교에 학교운영위원회를 구성·운영하여야 한다. 국립·공립학교에 두는 학교운영위원회는 그 학교의 교원 대표, 학부모 대표 및 지역사회 인사로 구성한다. 학교운영위원회의 위원 수는 5명 이상 15명 이하의 범위에서 학교의 규모 등을 고려하여 대통령령으로 정한다.

학교운영위원회는 학교 운영상의 주요 사항들을 심의, 의결하기 위한 조직이다. 동법 제32조에는 학교운영위원회가 심의하는 사항들에 대해 명시하고 있다.

- 학교헌장과 학칙의 제정 또는 개정
- 학교의 예산안과 결산
- 학교 교육과정의 운영방법
- 교과용 도서와 교육 자료의 선정
- 교복·체육복·졸업앨범 등 학부모 경비 부담 사항
- 정규학습시간 종료 후 또는 방학기간 중의 교육활동 및 수련활동
- 「교육공무원법」 제29조의3 제8항에 따른 공모 교장의 공모방법, 임용, 평가 등
- 「교육공무원법」 제31조 제2항에 따른 초빙교사의 추천
- 학교운영지원비의 조성·운용 및 사용
- 학교급식
- 대학입학 특별전형 중 학교장 추천
- 학교운동부의 구성·운영
- 학교운영에 대한 제안 및 건의사항
- 그 밖에 대통령령이나 시·도의 조례로 정하는 사항

4) 교과협의회, 전문적 학습공동체

교사들은 학교 내 자율장학 규정에 의해 학교장의 허가를 받아 같은 분야에 관심을 가지고 있는 교사들끼리 모여 교과협의회나 전문적 학습공동체 조직을 구성·운영할 수 있다. 공통된 가치와 비전을 가지고 자율적으로 모인 교사들이 수업을 개선하고 학생의 학습을 증진하기 위해 교사 간 협력을 실천함으로써 교사의 전문성을 증진한다는 뚜렷한 목표를 가진 조직이다. 예산에 책정된 금액을 지원받아 연간 계획을 수립하고 활동하여 결과를 보고하는 과정을 통해 연중 운영된다. 학교장이 리더십을 발휘하여 학교 내 풍토를 바람직하게 조성하고 학교 내 교사들의 자기연수, 공동체문화에 대한 관심이 높을 때 더욱 자율적이고 활발하게 이루어질 수 있다. 전문적 학습공동체 운영의 구체적인 실태를 살펴보면 다음과 같다.

표 10-2 초등학교 전문적 학습공동체 운영 예시

구분	관심 주제	구성원
1, 2학년군 전문적 학습공동체	• 한글 해득지도 • 수 익히기 및 기초 셈하기 지도 • 그림책 읽기를 통한 독서교육	1, 2학년 담임 및 참여 희망 교사
3, 4학년군 전문적 학습공동체	• 주제통합 수업 • 팀티칭, 코티칭 등 협업 수업	3, 4학년 담임 및 참여 희망 교사
5, 6학년군 전문적 학습공동체	• 여학생 체육활동 활성화 • 예술 활동을 통한 민주시민성 함양 교육	5, 6학년 담임 및 참여 희망 교사

5) 교사동호회

교사동호회는 교과 전문성 신장, 취미 공유, 자기 계발 등 다양한 목적으로 교사들이 자유롭게 개설·운영하는 모임을 말하며 교사동아리라고도 한다. 교사동호회의 종류는 수없이 많으며, 학교별로 자체적으로 혹은 지역을 기반으로 구성된다. 동호회를 이끄는 운영진들은 동호회의 원활한 운영을 위해 활동 계획서를 시·도 교육청이나 교원단체에 제출하여 지원금을 받기도 하는데, 이 경우 활동 성과를 보고한다. 교사동호회 활동을 통해 교사는 교과 및 학생 지도 정보를 얻거나 동료 교사와의 관계를 통해 교직 생활의 활력을 찾을 수 있다. 대표적인 교사동호회의 종류를 살펴보면 다음과 같다.

표 10-3 교사동호회의 종류

구분	종류
교과교육	수학교육 동호회, 과학교육 동호회, 영어교육 동호회, 역사교육 동호회, 국어교육 동호회, 예술교육 동호회 등
어학	영어 회화 동호회, 중국어 회화 동호회, 일본어 회화 동호회, 스페인어 회화 동호회, 우리말 동호회 등
스포츠	배구 동호회, 배드민턴 동호회, 테니스 동호회, 야구 동호회, 축구 동호회, 요가 동호회, 골프 동호회 등

구분	종류
취미생활	독서토론 동호회, 미술 동호회, 사진 동호회, 기타연주 동호회, 오케스트라 동호회, 댄스 동호회, 등산 동호회 등
자기 계발	상담 동호회, 환경·생태 동호회, 인문학 동호회, 마술 동호회, 자원봉사 동호회, 요리 동호회 등

6) 친목회

친목회는 다른 학교조직들과는 달리 교육활동, 업무와 관련되기보다는 학교 구성원 간의 관계형성을 통해 즐거운 학교문화 만들기를 위한 비공식적, 인간관계적 조직이다. 친목회는 공식적 조직에 포함되지는 않지만 회장, 총무, 감사 등의 직책을 주고 나름의 규약에 준해 운영되는 조직이다. 교사 외에도 학교 구성원이면 누구나 친목회에 속할 수 있고 구성원들의 경조사에 참여하는 등 다양한 행사를 추진한다. 학교 구성원들의 친목을 다지고자 근무시간 이외에 연수활동을 마련하기도 한다.

나. 초등학교 학급경영의 예

1) 학급경영 계획 세우기

초등학교 담임교사는 학년을 배정받은 후 학급경영 계획을 수립한다. 교사는 학교경영 계획 수립 전, 해당 지역과 소속 학교에서 강조하는 교육 중점이 무엇인지 파악하고, 담당 학년 교육과정의 주요 내용을 분석하여 학급 경영계획의 대략적인 틀을 마련한다. 기본적인 학급경영 계획을 수립하면, 학생과 학급 실태를 미리 살펴보면서 수정할 부분이 있는지 확인한다. 담임교사의 경영 철학이 학급경영 계획에 반영되는 경우가 많은데, 주로 어떤 활동을 일 년 동안 중점적으로 다룰 것인지 미리 구상해 두었다가 학급을 운영하면서 학생들과 조율하면서 활동을 안내할 수도 있다. 담임교사가 학교의 중점 활동이나 학급의 실태를 반영하여 학급 경영계획을 수립한 구체적인 예시를 살펴보면 다음과 같다.

표 10-4 월별 중점 활동을 반영한 학급 경영계획 수립의 예시

기간	주제	학급경영 계획
3월	존중	• 특색 있는 자기소개하기 • 학급 규칙 함께 만들기 • 교사와 학생, 학생과 학생 상호 간 존중 서약하기
4~5월	배려	• 상대의 기분을 고려하는 말하기 연습하기 • 일상생활에서 배려 행동 실천하기 • 배려하거나 배려 받은 사례 공유하기
6~7월	협력	• 학급 도서 함께 읽고 독후 활동에 참여하기 • 학급 회의에 참여하여 학급 내 문제 상황을 해결할 방안 마련하기
9~10월	이해	• 자신의 장단점 생각해 보기 • 장점을 살리고 단점을 보완할 방안 모색하기 • 성격, 적성 검사에 참여하기
11~12월	감사	• 1년을 되돌아보며 미안한 마음이 생긴 사람에게 사과 편지쓰기 • 1년을 되돌아보며 감사한 마음이 생긴 사람에게 감사 편지쓰기

표 10-5 학급 실태 분석을 통한 학급 경영계획 수립 과정의 예시

영역	학급 실태	학급경영 계획
신체적	• 여학생 중 사춘기가 시작된 학생들이 있음 • 전체적으로 신체 발달이 양호한 편이나, 비만에 해당하는 학생이 있음 • 특수교육 대상 학생이 있음	• 사춘기 급격한 신체적·정신적 변화를 수용할 수 있도록 지도 • 가정 및 보건교사, 영양교사와 연계하여 비만 학생의 건강실태 꾸준히 모니터링 • 특수교사와 통합학급 운영 의논
인지적	• 수학, 영어 부진 학생이 여러 명 있음 • 수학, 영어 과목에서 학생 간 실력 차가 많이 발생함	• 수학, 영어 부진 학생의 기초학력을 올릴 방안을 연중 강구 • 수학, 영어 과목에 개별화 교육 요소를 반영하여 수업 진행
정서적	• 다문화 학생이 있음 • 조손 가정 학생이 있음	• 정서적 소외 여부 수시로 확인

영역	학급 실태	학급경영 계획
사회적	• 개별 학습은 잘 이루어지나 모둠 활동 경험은 많지 않음 • 대인관계 형성을 어려워하는 학생이 있음	• 모둠 활동 기회를 많이 제공하여 협동심과 배려를 함양하게 함 • 집단 상담 프로그램을 마련하여 바람직한 학급 문화 정착

2) 민주적으로 학급 경영하기

초등학교 학급경영은 학급 관리, 교실 관리, 문서 관리, 교과 지도, 교과 외 활동 지도, 생활지도, 대외관계 관리 등 다양한 하위 요소로 이루어져 있다. 초등 담임교사는 이러한 하위 요소들 운영하면서 구성원의 의사를 적극적으로 반영하고 참여를 촉진할 수 있다. 먼저, 학급 관리는 학사일정과 관련한 학급 일정의 관리로서, 학급 비전 수립, 학급 특색활동 및 학급 행사 운영, 학교 행사 운영 등 학생들과 함께 만들어갈 수 있는 활동도 다수 포함되어 있다. 담임교사는 학급관리 활동 시, 학생의 참여를 높이고 학생의 의견을 적극적으로 반영함으로써 학생의 학급에 대한 소속감과 학교생활 만족을 높일 수 있다.

표 10-6 민주적인 학급경영의 예시(학급 관리)

학급 비전 함께 세우기	① 가치 덕목 카드에 제시된 낱말들을 학생들에게 안내한다. ② 학생들에게 종이를 나누어 주고 가치 덕목 카드 낱말 중에서 우리 반에 필요하다고 생각하는 것 하나를 골라 적도록 한다. ③ 다 적은 학생은 종이를 칠판에 붙인다. ④ 교사는 같은 단어를 한 줄로 연결하여 붙이고 다른 것은 옆에 붙이면서 유목화한다. ⑤ 학생들과 결과를 공유한다. 이때, 선택된 수는 적지만 가치 있다고 생각하는 단어가 있는지 확인한다. ⑥ 선정된 가치를 이용해 각자 문장으로 만들고, 사인펜과 색연필로 예쁘게 꾸며서 게시판에 전시한다. ⑦ 안내장이나 학급 홈페이지를 통해 학부모에게 안내한다.
학급 규칙 및 학급 행사 관련 학급회의 주제	• 1인 1역 정하기 • 청소구역 정하기 • 학급 생일잔치 운영하기 • 현장체험학습 장소 정하기 • 함께 읽을 책, 함께 볼 영화 고르기 • 자리 정하기 • 학급 규칙 수정하기 • 어버이날 이벤트 기획하기 • 학급 생활 마무리 행사 기획하기

초등학교 학급경영 요소 중 교과 외 활동 지도와 생활지도는 학생이 교내외에서 수행하는 전반적인 활동에 주도적으로 참여할 수 있도록 지도하는 것을 말한다. 담임교사는 쉬는 시간을 보장하거나 하교 시간에 학생 동의하에 보충학습을 진행할 수 있다. 그리고 교외 체험학습을 준비할 때 학생 의견을 반영하고 체험학습의 전체 과정을 학생과 함께 진행할 수 있다. 다음은 초등학교 학급경영 중 교과 외 활동 지도와 생활지도 면에서 담임교사가 실천할 수 있는 사례이다.

표 10-7 민주적인 학급경영의 예시(교과 외 활동 지도와 생활지도)

구분		종류
교내	아침 시간	• 입실하는 학생과 인사하고 안부 묻기 • 아침 활동 안내하기 • 학생 건강 상태 확인하기
	쉬는 시간	• 수업 준비하기 • 학생들의 쉬는 모습 관찰하기 • 놀이 시간 보장하기
	점심시간	• 손 씻기 및 이 닦기 촉진 방안 마련하기 • 편식 지도방안 마련하기 • 학생들의 쉬는 모습 관찰하기
	하교 시간	• 학급에서 정한 인사말로 인사 나누기 • 학생과 학부모 동의하에 보충 지도하기 • 상담할 내용이 있으면 학부모에게 연락하기
교외	현장체험학습	• 체험학습 전 학습계획 함께 세우기 • 교통안전 지도하기 • 체험장소에서 안전 및 질서 지도하기 • 체험학습 후 느낌 및 소감 나누기

초등학교 학급경영 중 대외관계 관리 요소는 주로 학부모와의 바람직한 관계 형성을 의미한다. 학부모는 학생의 학교생활을 궁금해하므로, 담임교사는 이러한 학부모의 마음을 고려하여 학생들의 학교생활 모습이 담긴 사진이나 영상을 학급 홈페이지나 학부모와의 소통의 장에 공유할 수 있다. 그리고 담임교사는 학급 공지사항이나 주간학습 계획도 학부모와 공유하면서 학부모와의 상호 소통이 원활할 수 있게 신경 써야 한다.

3) 교실 공간 효과적으로 관리하기

교실은 교사와 학생이 하루 중 많은 시간을 함께 보내는 공간으로, 특히 초등학생은 교실 환경을 통해 심리적 안정을 얻기도 하고 학업성취에 영향을 받기도 한다. 따라서 초등학교 담임교사는 교실을 항상 청결하게 유지하고 물건 정리 정돈에 모범을 보이면서 학생들의 올바른 기초생활 습관 형성을 도와야 한다. 교사는 계절이나 주제에 맞게 교실 환경 구성을 적절히 변화시키는 과정에서 학생의 참여를 유도해 학생에게 자주성과 성취감을 줄 수 있다. 최근 초등학교 교실은 아동의 학습 공간으로서 제한을 넘어 생활공간, 놀이 및 휴식 공간으로서 공간의 의미와 기능이 확대되고 있다. 이러한 점을 고려할 때 교사는 학생의 다양한 활동을 충분히 보장할 수 있도록 교실 환경을 구성하고 관리하여야 한다.

초등학교 교실 환경을 구성·관리할 때 유의할 사항

- 학생의 시선이 주로 향하는 교실 앞면(칠판 쪽)은 단정하고 단순한 게시물을 부착한다. 학생의 수업 집중력을 방해할 수 있기 때문이다.
- 게시물은 학급 비전, 학급 규칙, 학습 결과물, 학교 안내 사항, 읽을거리 위주로 부착하여 학생의 성장과 발달을 돕도록 한다.
- 학급의 개성을 살린 다양한 아이디어로 교실 가구와 비품을 배치할 수 있다. 단, 너무 복잡한 구조를 지양하고 안정성과 균형성을 추구한다.
- 학생들이 쉬는 시간이나 점심시간에 모여 다양한 활동을 할 수 있도록 교실 내 다목적 공간을 별도로 마련한다.
- 사물함과 신발장에는 이름표나 번호표를 붙이고, 학생들이 자주 사용하는 물건이 보관된 곳에는 물건 이름표를 부착하여 물건이 섞이는 것을 방지한다.
- 연고, 밴드, 소독제, 위생용품 등 비상시에 대비한 물건을 교사 자리 주변에 구비해둔다.
- 분리수거함, 휴지통, 우유통 주변은 모두가 수시로 확인하여 항상 청결할 수 있도록 안내한다.
- 환기를 수시로 하여 교실 내 공기 질을 관리하고, 학생의 생활과 학습에 알맞은 온도와 습도를 유지하도록 한다.

CHAPTER

11

초등학교 교사

1. 교사와 교직의 이해
2. 교사의 자질과 리더십
3. 초등교직의 특수성
4. 초등학교 교사의 전문성 제고

1. 교사와 교직의 이해

가. 교사의 이해

단순히 가르치는 관점에서 보면 교사는 인류 역사의 근원으로부터 시작하여 교육의 역사와 더불어 함께했다고 볼 수 있다. 왜냐하면 인간은 태초부터 생활 속에서 교육을 했으며 일련의 과정을 통하여 습득한 경험을 다음 세대에 전달하고자 했기 때문이다.

교육은 다양한 관점으로 이해될 수 있지만 가르치는 자와 배우는 자 그리고 전달하고자 하는 그 어떤 내용, 이것이 교육의 가장 기본적인 요소이다. 이러한 관점에서 보면 가르치는 자가 없는 학습자 스스로의 어떤 행위도 교육이 될 수는 없는 것이며, 이는 학습(learning)이라는 표현이 적절하다. 예를 들어 열린교육에 있어서 교사에게 교육의 주도권이 없다면 그것은 열린교육이 아닌 열린학습인 것이다. 따라서 교육적 행위에 있어서 교사의 존재는 무엇보다도 중요하다고 할 수 있다. 결국 교육을 우리가 어떻게 정의하든 그것은 교사의 역할과 불가분의 관계에 있다.

한편 현대 사회에서 하나의 직업인으로서 교사는 교사자격증을 소지하고 학교에서 학생들을 대상으로 교육활동을 하는 자, 즉 학교에서 교육활동을 전문 직업으로 삼고 있는 자를 통칭해서 부르는 말로, 교육자, 선생님, 스승 등의 단어와 혼용하고 있다. 우리나라에서 교사라는 용어가 언제부터 사용되었는지는 명확하지 않지만, 개화기에 새로운 학제가 도입되어 근대 학교가 설립되면서 가르치는 사람을 일반적으로 교사라고 부르기 시작한 것으로 짐작된다(정우현, 1995).

교사의 법적인 용어는 교원이라고 하며, 그 일을 업으로 하는 직업을 교직이라고 한다. 교원은 법적 용어로 교사와 함께 사용되지만, 교사가 형식적 학교교육에서 가르치는 사람에 대한 개별 호칭이라면 교원은 그러한 교사들에 대한 집단적 호칭으로 구분할 수 있다(김기태, 조평호, 2003). 또한 교사는 학교에서 교장, 교감과는 구별되어 학생들을 직접 교육하는 자를 의미하는 반면, 교원은 교장, 교감, 교사를 포괄하는 의미로 사용된다. 그리고 선생(님)은 일상 용어로 교사보다 존칭의 의미로 사용되며, 또한 지식의 전수를 뛰어넘어 인격적 감화를 주고 한 인간으로 자랄 수 있도록 가르친 자로서 존칭할 때는 스승이라 부르기도 한다.

초·중등교육법 제19조에 명시된 교원의 의미

제19조(교직원의 구분) ① 학교에는 다음 각 호의 교원을 둔다. <개정 2019. 12. 3.>

1. 초등학교·중학교·고등학교·고등공민학교·고등기술학교 및 특수학교에는 교장·교감·수석교사 및 교사를 둔다. 다만, 학생 수가 100명 이하인 학교나 학급 수가 5학급 이하인 학교 중 대통령령으로 정하는 규모 이하의 학교에는 교감을 두지 아니할 수 있다.
2. 각종학교에는 제1호에 준하여 필요한 교원을 둔다.

나. 교직의 의미

교직은 인간을 대상으로 교육을 하는 직업을 의미한다. 가르치는 행위의 역사는 인류의 역사와 그 맥을 같이하지만, 가르치는 것을 하나의 업으로 인식하고 교직이 발달하기 시작한 것은 인류의 역사에서 보면 그리 긴 역사를 갖지 못한다. 그러나 근대에 이르러 민족국가의 성립과 함께 교육의 공영화가 본격적으로 이루어지면서 교직도 크게 발전하였다. 특히 유럽제국과 미국에 있어서 국민교육제도의 일환으로 공교육화가 본격적으로 촉진된 것은 18~19세기 이후로, 공교육화는 국민교육제도의 수립을 통하여 이제까지 일부 특수층에 한정되었던 교육의 기회를 보다 많은 일반 대상에게도 제공함을 의미한다. 이것은 학교교육에 접근할 수 있는 기회의 확충과 균등화를 의미하였으며 학교교육의 양적 성장과 더불어 보다 많은 교사를 필요로 하게 되었고, 자연스럽게 하나의 직업으로서 교직이 발달하게 되었다.

교직은 학교교육의 특성상 다른 일반 직종의 직업과 다른 특수한 성격을 갖고 있다.

- 교직은 인간을 대상으로 하는 직업으로, 특히 미성숙자의 행동 변화에 초점을 둔다. 교사는 미성숙자를 대상으로 하여 훌륭한 인간상을 이상으로 하는 직업인이다.
- 교직은 사회봉사직이다. 따라서 영리나 물리적 보수를 얻는 데에 우선적인 목적을 두는 직업은 아니다.
- 교직은 사회발전에 중대한 역할을 한다. 교직은 국가나 민족의 장래에 대하여 지대한 영향을 미치는 공적 사업과 밀접한 관계를 가지는 전문직인 것이다.
- 교직은 주로 사람의 정신생활을 대상으로 하는 직업이다. 교직에서의 교사는 학생의 신체적 건강과 발달에도 적지 않은 관심을 가지지만 그의 주된 관심사는 역시 정신적 과정과 정신적 생활 면이다.

이러한 특수한 성격 중 교직의 가장 중요한 특징은 인간을 대상으로 하는 직업으로, 특히 미성숙자의 행동 변화에 초점을 두고 있다는 점이다.

다. 교직관의 유형

교직관이란 교직을 보는 관점으로, 이는 직업의 본질을 중심으로 교직을 바라보는 관점이라고 할 수 있다. 따라서 교원 직무 성격을 어떠한 측면에서 볼 것이냐에 따라 다양한 관점에서 논의될 수 있다.

1) 성직으로서의 교직

교직관의 유형 중 가장 오래된 교직관으로 소명으로서의 교직관이라고도 한다. 교직은 인간의 정신과 인격을 다루고 인간을 형성시키는 일과 관련되므로 다른 직업과 달리 높은 숭고한 가치를 지니고 있는 일로 간주하며, 성직자와 같은 자질과 자세가 요구되는 고도의 정신적 봉사활동으로 본다. 따라서 교직을 가치지향적이고 이상지향적인 직업으로 보며, 특히 한없는 사랑과 봉사, 희생과 헌신에 전념하는 직업으로 여긴다. 사도, 사혼, 사표라는 말은 이러한 성직관으로서의 교직관으로부터 비롯된 것이다.

2) 노동직으로서의 교직

생업으로서의 교직관을 의미하는 것으로, 정부나 경영자에 의해 고용되어 학교라는 직장에서 일정한 근무조건에 따라 교육 노동을 제공하고 그 대가로 보수를 받아 생활하는 노동자의 한 유형으로 본다. 따라서 교직은 정신적 노동을 주로 하는 노동직이며, 본질적으로는 다른 직업과 차이가 없다고 본다. 이러한 교직관은 교직이 정신노동을 한다 할지라도 정신적 노동과 물질적 노동을 구분함은 오히려 부당하다는 전제에서 출발하며, 보수는 노동의 대가로 받는 것이고, 보수와 근무조건의 개선을 위해 노동조합을 결성하여야 한다고 본다.

3) 전문직으로서의 교직

현대의 교직관으로 교직을 성직관과 노동직관의 장점을 통합하여 이해하고 있으며, 오늘날 가장 광범위하게 수용되는 교직관이기도 하다. 전문직으로서의 교직관은 교육활동을 전문적인 활동으로 간주하며 전문적 지식과 기능, 자격을 습득한 사람이 미성숙한 사람을 성숙한 사람으로 교육하는 전문 직종으로 본다. 이러한 전문직으로서의 교직에 걸맞게 교사는 장기간의 전문적 공식 교육을 받고 전문가적 정신을 구비하여 고도의 지적·기술적 봉사정신을 발휘해야 하며, 교사의 권위와 자유하에 자율성과 책무성을 갖고 교육활동에 적극적으로 임해야 한다.

2. 교사의 자질과 리더십

가. 교사의 자질과 역할

1) 교사의 자질

교사의 자질은 교사상을 근거로 보다 구체적으로 교사에게 요구되는 사항으로 시대적 그리고 사회적 흐름에 따라 교사의 특성도 다양하게 나타날 수 있다. 김종철(1994)은 시대와 사회가 아무리 변하여도 교사는 학생들을 상대로 교육활동을 수행하는 사람이므로 시공간을 초월하여 보편적으로 항존하는 교사의 특성이 존재함을 강조하면서, 이상적인 교사상의 특성으로 다음과 같은 사항을 열거한다.

- 교사는 가르치는 교과에 대하여 전문 지식을 가지고 있어야 하며 또한 자기가 가르치는 교과를 좋아해야 한다.
- 교사는 학생을 사랑하고 학생 개개인의 개성, 능력, 적성에 대하여 바르게 이해하고 있어야 한다.
- 교사는 자기 스스로 품성과 자질, 능력 계발에 성실해야 한다. 또한 학습지도 면에서나 품성지도 면에서 본보기가 될 수 있도록 늘 솔선수범해야 한다.
- 교사는 교직에 보람과 긍지를 가지고 또한 맡은 바 책임을 완수해야 한다.
- 교사는 교육혁신과 문화 창달을 추진하고, 실천하며, 변화를 촉진해 나가는 자세를 취해야 한다.
- 교사는 세계화 추세에 걸맞은 넓은 시야와 안목을 가짐으로써 자라나는 세대를 이끌 수 있어야 한다.

또한 강기수(2002)는 바람직한 교사가 갖추어야 할 자질을 다음과 같이 제시한다.

- 교사는 아동을 선하고 무한 발전 가능성이 있는 존재로 볼 수 있어야 한다.
- 교사는 긍정적으로 사고하고 가르치는 일을 보람으로 여길 수 있어야 한다.

- 교사는 인간을 좋아하고 사랑하는 사람이어야 한다.
- 교사는 부단히 노력하고 솔선수범하는 사람이어야 한다.
- 교사는 원만한 인간관계의 소유자여야 한다.
- 교사는 해당 교과에 대하여 폭넓은 지식과 안목을 갖추어야 한다.
- 교사는 솔직하고 진실한 사람이어야 한다.
- 교사는 아동을 이해하고 공감하여야 한다.
- 교사는 신체적·정신적으로 건강해야 한다.

이와 같은 교사의 자질은 비교적 영속성 있는 교원이 갖추어야 할 개인 특성과 교직 태도를 의미하는 것으로, 주로 교육자라는 한 개인으로서 갖추어야 할 인간적인 인격자로서의 인성적 특성과 교육을 담당하고 학급을 경영하는 전문 직업인으로서 갖추어야 할 전문적 특성으로 구분할 수 있다.

① 기본 태도

교직으로부터 부름을 받았다는 소명의식을 갖고 비전과 정열, 충성을 다하는 헌신이 요구되며, 내면으로부터 사랑, 겸허, 개방적 자질 등을 갖추어야 한다. 특히 교사가 개방적이어야 한다는 것은 독자적인 비판정신에 투철한 가치의 판단자여야 한다는 뜻이다.

② 인성적 특성

성공적인 교사의 자질로서 요구되는 인성적 특징을 간단히 제시하긴 어려우나, 좋은 교사가 되기 위해서는 일반적으로 인간적인 정이 있어야 하며 정서적으로 안정되어 있어야 한다.

③ 전문적 자질

교사의 교과에 대한 전문적 지식과 학습지도 방법은 학생의 학업성취와 밀접한 관계가 있다. 따라서 교과목에 대한 전문적 지식과 좋은 학습지도 방법은 교사에게 가장 우선적으로 요구되는 조건이다.

2) 교사의 역할

하나의 집단 안에서 사회 구성원들은 나름대로의 지위에 걸맞게 행동하길 기대받는다. 이때 어떤 지위를 차지하고 있는 개개인들에게 기대되는 태도, 혹은 행위를 역할이라고 한다. 교사 역시 학교라는 하나의 조직에 소속된 사람으로서 집단의 공동 목적에 맞는 역할을 기대받는다.

교사의 역할과 관련하여 Heck과 Williams(1984)는 동료교사로서 지원하는 역할, 학부모와 교사가 상호 보완하는 역할, 학생의 이해자로서 양육하는 역할, 학습촉진자로서 상호작용하는 역할, 연구자로서 실험하는 역할, 프로그램 개발자로서 창조하는 역할, 관리자로서 계획하는 역할, 의사결정자로서 문제를 해결하는 역할, 전문지도자로서 도전하는 역할 등을 제시하고 있으며, 정우현(1995)은 일반적 역할, 학교에서의 역할, 학급에서의 역할이라는 3가지 차원으로 구분하고 있고, 김기태와 조평호(2003)는 교사의 역할을 학급에서의 역할, 학교에서의 역할, 사회에서의 역할로 구분하고 있다.

이러한 관점에서 교사의 역할은 기대되는 역할 수준에 따라 인간적 측면에서의 역할뿐만 아니라 사회, 학교, 학급에서의 교사의 역할을 기대 받는 것으로 이해해야 한다. 따라서 교사는 학교라는 특수한 공간 안에서 학교의 모든 환경적 여건을 고려함으로써 학생을 대상으로 최선의 교육을 지향해 갈 수 있는 태도와 능력을 갖추고 다음과 같은 역할을 발휘해야 한다(이병진, 2003).

첫째, 인간으로서의 인격적 역할이 요구된다. 교사는 한 인간으로서의 자아를 성취하고 인간으로서 겪는 많은 시련과 성공의 의미를 이해하며, 자기 자신뿐만 아니라, 학생의 인격적 성숙을 도와주는 삶의 안내자로서의 역할을 수행해야 한다.

둘째, 가르침의 전문가적 역할이 요구된다. 교사는 수업활동뿐 아니라 생활지도를 포괄하는 가르치는 자로서의 전문적 능력을 발휘해야 한다. 수업활동 시 교과

내용에 대한 지식과 교수방법에 대한 능력을 갖고 있어야 하며, 학교생활 전반의 생활지도능력을 구비해야 한다.

셋째, 학습자로서의 상호작용적 역할이 요구된다. 교사 또한 학습자로서 삶 속에서 학습의 의미를 이해하고 촉진할 수 있어야 한다. 즉 교사와 학생의 상호작용을 통하여 학습자로서 상호 발달할 수 있도록 해야 한다.

넷째, 동료로서의 상호 보완적 역할이 요구된다. 동료교사와의 상호 협력을 통하여 교사 전문성을 촉진하는 분위기를 만들고, 학교교육의 본연의 목적을 위하여 학교교육 관련자들과의 협력관계를 유지해야 한다.

다섯째, 연구자로서의 창조적 역할이 요구된다. 교사는 부단한 연구로 실력을 갖추어야 한다. 교실은 연구자의 연구실이 될 수 있으며, 다각적인 접근방법을 통하여 학생에 대한 중요한 자료를 수집해야 한다. 또한 학생에 맞는 교육 프로그램을 마련하고, 한 학급의 연구자로서 개인차에 따른 다양한 지도로 교육의 효과성을 발휘할 수 있도록 해야 한다.

여섯째, 문제해결자로서의 관리적 역할이 요구된다. 교실은 끊임없이 변화해 가는 복잡한 곳이다. 교사는 계속적인 문제해결 상황에서 가장 적절한 판단을 해야 하며, 교실을 효과적으로 관리해야 한다. 효과적인 학급관리와 민주적 의사결정을 통하여 많은 문제 상황을 해결해야 한다.

일곱째, 리더로서의 지도자적 역할이 요구된다. 학급조직의 지도자로서 학급 내 갈등을 해소하고, 조직 내 다양성과 다원성을 존중하여 개개인의 교육 효과성을 높여 그들의 미래를 밝게 열어주어야 한다.

나. 교사의 권한과 리더십

1) 교사 권한의 원천

어떤 개인 혹은 집단에서 지도자가 리더십을 발휘하며 구성원들을 이끌어 나갈 수 있는 영향력에는 여러 가지 원천이 있다. 학급 내에서 교사와 학생의 관계하에서의 교사 권한에도 그 원천이 있다.

교사의 권한은 영향력의 원천에 따라 달라질 수 있다. 학생들에 대한 교사의 영향력(influence)은 권력(power) 혹은 권위(authority)와 유사하게 사용되지만 다소 의미상 차이가 있는데, 권력이나 권한은 리더십을 반드시 전제하지는 않는다(이병진, 2003; French, 1993).

① **합법적 권력**(legitimate power)

합법적 권력은 조직의 위계상 리더의 지위 혹은 역할에 부여되어 있는 권력을 말한다. 합법적 권력의 바탕은 리더가 부하에게 영향력을 미치는 권리를 상호 간에 수용하는 데 있다. 학교조직에서 교사는 법적으로 보장된 직무를 통하여 학급에서 교육활동을 수행할 수 있는 것이다.

② **보상적 권력**(reward power)

리더들은 하급자들을 보상해 주기 위해 조직에서 보상적 권력을 항상 가지고 있다. 권력의 강도는 리더가 보상하는 양에 따라 다르고, 보상에 대한 하급자의 욕구도 강도에 따라 다르다. 교육활동에서 보상적 권력의 예는 칭찬과 상 등이 있다.

③ **강제적 권력**(coercive power)

강제적 권력은 보상적 권력과는 상대적이다. 리더의 지시에 불응하는 하급자에게 벌을 주고 통제하는 리더의 능력을 말한다. 교실에서 강압적 권력의 예에는 벌, 청소 부과, 경고 등이 있다.

④ **전문적 권력**(expert power)

전문적 권력은 집단이 리더에게 필요로 하는 특수한 능력과 지식에 바탕을 두고 있다. 리더는 집단에게 주어진 과업을 분석, 실행, 통제할 수 있는 것처럼 보인다. 전문적 권력은 교육, 훈련, 경험에 달려 있으며, 현대 교육조직의 복잡한 것들을 처리하는 데 있어 중요한 권력 유형이다.

⑤ **준거적 권력**(reference power)

준거적 권력은 하급자들이 그 자신의 성격을 계발시키도록 하는 리더의 독특한 능력이다. 어떤 의미에서 이것은 리더를 존경하고 리더에게 매혹되도록 하는 카리스마의 한 형태이다. 준거적 권력은 한 사람의 지위나 조직의 위계에 있는 다른 막강한 개인과의 연대로부터 발생될 수도 있다.

2) 초등학교 교사의 리더십 발휘

학교조직에서 가장 핵심적인 활동인 교수-학습을 담당하는 담임교사 혹은 교과전담교사들의 리더십은 학교조직의 궁극적 목적을 달성하는 데 중요한 역할을 한다. 따라서 교사 차원의 교육 지도자에게는 교수－학습 과정에 있어서 실질적이며 직접적인 교육 리더십이 요구된다.

첫째, 교사들은 학생들과의 교수－학습 활동에 있어서 전문적 수업 리더십을 발휘해야 한다. 교육조직의 목적을 달성하기 위하여 교사들은 교육 전문가로서 리더십을 발휘해야 한다. 따라서 수업의 계획단계에서부터 최종 평가단계에 이르는 교육의 전반적 과정에서 수업 리더십이 발휘되어야 한다.

둘째, 교사들은 학급관리 리더십을 발휘해야 한다. 학급은 교사와 학생들이 대면적으로 활동하는 가장 최소의 단위이다. 따라서 교사들은 교수－학습이 원활히 이루어지고, 학급 내 학생들의 소속감, 협동 및 응집성을 높일 수 있는 학급 분위기를 마련해야 한다. 또한 교사들은 단순한 교과지도에 국한하는 것이 아닌, 생활지도 차원의 훈육(discipline)을 통하여 학생 개개인의 성장, 발달을 도와야 한다.

셋째, 교사들은 교사 상호간의 협동을 통하여 리더십을 발휘해야 한다. 교사들은 교수－학습 과정이나 학급관리에 있어서 교사들 상호간에 많은 정보를 교환할 필요가 있다. 따라서 교사들은 상호 우호적이고 협동적인 동료문화를 마련해야 하며, 교육활동에 대한 다양한 정보를 공유해야 한다.

넷째, 교사들은 교육조직에 영향을 줄 수 있는 다양한 외적 관련자들의 의견을 모니터해야 한다. 교육조직과 관련된 다양한 외적 조직들이 있다. 현실적으로 최고 관리자가 다양한 외적 조직의 의견, 특히 학부모들의 의견을 충분히 수렴하는 데에는 한계가 있다. 교사들은 다양한 외적 조직들의 의견을 지속적으로 조사하여 수집하고, 최고 관리자가 교육적 판단을 하는 데 중요한 정보를 제공해야 하며, 외적 관련자들이 교육조직에 적극적으로 참여하도록 유도해야 한다.

3) 교사 리더십의 영향

교사의 가장 기본적인 역할은 학생을 가르치는 일이다. 그러나 교사는 학생과의 관계에서만 그 역할이 한정되는 것은 아니다. 기본적인 교사의 역할에서 보다 확대되어 광범위한 영향력을 발휘하는 것이 교사의 리더십이다. 따라서 학생에게만 교사의 영향력을 발휘하는 교사는 진정한 리더십을 발휘하는 것으로 볼 수 없다. 학생에게 더 좋은 환경과 여건을 조성해 주고 교육과정을 제공하기 위하여 학부모, 동료교사, 학교행정가, 지역사회에까지 영향력을 확대해 나가려는 노력이 필요하다.

교사의 리더십은 학생의 삶과 앎의 교육을 위해 특정한 자질과 능력을 지닌 교사가 학생, 학부모, 동료교사, 학교행정가, 지역사회를 대상으로 발휘하는 영향력으로 다음과 같은 의미를 갖고 있다(이병진, 2003).

가) 학생에 대한 교사의 영향력

교사 리더십의 주요 대상은 당연히 학생이다. 교사가 학교 전반적인 의사결정에 참여하고 교사들의 협동적 분위기를 조성하는 것도 중요하지만, 대상으로서 학생을 결코 소홀히 해서는 안 된다. 교사 영향력의 발휘를 통해 학생을 조력할 수 있어야 하며 학생에 관한 책임과 의무를 다하면서 다른 지도성 활동을 전개해야 한다.

나) 학부모에 대한 교사의 영향력

교사는 학부모의 학교 참여에 도움을 줌으로써 간접적으로도 학교경영에 참여시킬 수 있다. 교육에서도 수요자 중심의 논리가 확대되면서 학부모의 학교교육참여가 점차 많아지고 있다. 교사는 학부모와 여러 형태의 교류를 통하여 학부모의 학교교육참여를 올바른 방향으로 이끌 수 있으며, 이러한 참여와 지원은 학생의 학업성취에 긍정적인 효과를 가져온다. 따라서 학부모들과 정기적으로 의사소통하며 학교의 계획이나 교육활동 모습을 학부모에게 알리고, 여러 형태의 프로그램을 통하여 학부모와 교류를 증진시키려는 리더십이 필요하다. 이처럼 학부모를 대상으로 발휘되는 교사의 리더십은 신뢰를 바탕으로 하며, 자녀인 학생들을 선하게 이끌 수 있다는 확신 속에서 가능하다.

다) 동료교사에 대한 교사의 영향력

전문적 학교공동체인 학교조직을 개선해 나가기 위해서 교사들 상호 간에 지적 자극을 제공하고 협동학습자로서의 영향력을 발휘해야 한다. 특히 관료적 성격을 갖고 있는 학교조직에서는 상급자보다는 동료교사의 교직관과 학교교육에 대한 의식을 변화시킬 수 있고, 동료교사에게 실질적인 도움을 줄 수 있는 영향력 발휘가 필요하다. 따라서 교사는 학생을 변화시키는 강력한 힘을 발휘할 수 있는 사람이자 동시에 동료교사를 변화시킬 수 있는 영향력을 발휘하는 사람이다.

라) 학교장에 대한 교사의 영향력

교사는 학교장을 대상으로 영향력을 발휘함으로써 학교의 의사결정에 참여할 수 있다. 전통적인 리더십의 관점에서 보면 하급자가 상급자에게 리더십의 영향력을 발휘한다는 것은 있을 수 없는 일이다. 그러나 최근의 관점에서 볼 때 영향력은 직위가 높고 낮음에 관계없이 주고받을 수 있는 하나의 역량으로 이해되고 있다. 따라서 학교장은 교사를, 교사는 학생을 주 대상으로 영향력을 주로 행사하지만,

학생이 교사와의 상호작용에서 교사의 교수행위에 영향을 주듯이, 교사들 역시 학교장에게 다양한 형태의 의견과 정보를 제공함으로써 영향력을 발휘할 수 있다.

마) 지역사회에 대한 교사의 영향력

교육은 학교와 가정 그리고 지역사회와의 유기적 관계 속에서 이루어진다. 즉 학교교육을 위해서는 가정, 학교, 지역사회 간의 공동체적인 교육 협력관계가 필요하다. 지역사회로 하여금 학교교육에 참여할 기회를 제공하고, 지역사회로부터 지원과 협조를 구하는 일은 학교의 임무이자 교사의 책무이다. 따라서 학교교육에 대한 지역주민의 인식을 모니터하고, 지역사회에서 학교가 중심적인 교육문화 형성의 장소가 될 수 있도록 보다 적극적인 지도자로서 역량을 발휘해야 한다.

교사는 학교공동체에 하나의 구성원으로서 단순히 참여한다는 의미보다 학교교육의 주체임을 자각해야 하며, 학교교육 전반에 걸쳐 영향력을 확대하면서 자신이 맡은 역할을 잘 수행하는 것이 중요하다.

다. 교원임용제도의 이해

1) 교원임용의 의미

교원교육은 교원양성을 위한 직전교육(pre-service education)과 교원 재교육을 위한 현직교육(in-service education)으로 구분되는데, 임용은 직전교육과 현직교육의 중간과정으로 직전교육에서 우수한 예비교사가 교육현직으로 가기 위한 필수과정이다. 교원인사행정에 있어서 교육공무원법 제2조 5항에 규정된 '임용'이라는 용어는 '신규채용, 승진, 승급, 전직, 전보, 겸임, 강임, 휴직, 직위해제, 복직, 면직 및 파면' 등이 포함되는 매우 포괄적인 개념이다. 하지만 일반적으로 임용은 좁은 의미로서 조직의 결원을 보충하는 활동이라 이해할 수 있다. 이런 경우 임용은 크게 '외부로부터의 임용'과 '내부로부터의 임용'의 두 가지로 대별해 볼 수 있는데, 외부로부터의 임용을 신규채용(채용)이라고 한다(오석홍, 1983). 이러한 교사 신규채용은 교육조직의 결원을 외부로부터 충원한다는 것으로서, 임용후보자 선정경쟁시험은 해당 시·도의 임용권자가 신규 교사를 선발하기 위해 실시하는 소정의 전형과정이다.

이러한 교원 신규채용이 교원 투입 요인의 측면에서 교직의 전문성을 향상시키고 교육의 효과를 증대시키려는 노력과 깊은 관련을 맺게 된다는 것은 당연하다(권동택, 2010). 특히 교사 신규채용은 교육조직에서 부족한 교사를 교육조직 외부로부터 일정한 절차를 거쳐서 보충하는 활동이라고 정의할 수 있다. 결국 자질과 능력을 갖춘 교사를 어떠한 방법과 절차를 통하여 필요한 수만큼 확보할 수 있는가 하는 문제는 교사를 대상으로 한 인사행정의 가장 중요한 요소라 할 수 있다(Darling-Hammond & Sclan, 1996).

2) 교원임용제도의 기능

교사의 질과 전문성은 직전교육에서 완성되는 것이 아닌 교원양성체제에서부터 교원의 자격증제도, 임용을 통한 교원의 신규채용 및 계속적인 현직교육 등의 유기적인 교원정책을 통하여 계속적으로 형성되어 간다(권동택, 2010).

교원양성체제에서부터 교사 전문성 신장을 위한 현직연수에 이르기까지 총체적으로 하나의 톱니바퀴가 다른 톱니바퀴를 돌리듯 계속적인 과정을 통해 교사의 질은 보장될 수 있을 것이다. 교원양성이 교사로서의 기본적 자질을 갖추도록 하는 것이라면 교원임용은 양성된 예비교원 중에서 교직에 필요한 자질과 능력을 갖춘 자를 선발하는 기능을 수행한다.

교원임용제도의 기능을 정리해 보면 다음과 같다(이윤식, 1992).

첫째, 교사적격자를 선발하는 기능이다. 바람직한 교사로서의 능력, 태도, 자질을 갖추고 있을 뿐만 아니라 교육 현장의 요구와 필요에 합당한 교사를 선발해 내는 기능이다. 소정의 교사양성과정을 이수한 사람에 대하여 교단에 설 수 있는 기본적인 자격을 인정하는 교사자격부여제도가 소극적인 기능을 갖고 있는 반면, 신규채용제도는 교사자격증 소지자 중에서 바람직한 교원으로서의 능력, 태도, 자질을 갖추고 있을 뿐만 아니라 교육 현장의 요구와 필요에 보다 합당한 교사를 선발해 내는 적극적인 기능을 갖는다.

둘째, 교육 현장에 필요한 인원을 적시에 적절하게 공급할 수 있도록 교원을 선발하고 충원하는 기능이다. 이 기능은 교사적격자 선발 기능의 한 조건적 기능이며, 교원의 양성 및 수급정책과도 관련된다. 즉 교사 적격자를 선발하여 교육 현장에서 교사의 수요가 발생할 때 신속하게 적절한 인원을 충원하는 것을 말하며, 이는 교육활동의 원활한 전개를 위해 중요하다.

셋째, 교사 양성기관에서의 교육내용과 교육방법에 긍정적인 또는 부정적인 방향으로 영향을 미치는 기능이다. 이는 교사신규채용제도가 어떤 기준으로 어떻게 운영되느냐에 따라 양성기관에서의 교육내용과 방법이 바뀌게 될 가능성이 높기 때문에 바람직한 교사상에 대한 분석을 기초로 다양하고 종합적인 평가방법을 활용해야 된다. 이를 바탕으로 한 신규채용제도는 교사양성교육을 바람직한 방향으로 이끌어 내는 순기능을 갖게 될 것이다.

넷째, 사회 일반인들의 교직관 형성에 영향을 미치는 기능이다. 교사 신규채용제도는 그 구조와 운용상의 전문성, 엄격성, 공정성 등이 어떠한가에 따라 사회 일반인들의 교사와 교직계에 대한 인식과 평가에 영향을 미친다. 교사 신규채용제도의 구체적인 절차와 방법 및 내용 등에서 전문성과 공정성이 미흡하거나, 채용과정이 바람직한 교사상의 평가에 근거하지 못하고 있다는 인상을 줄 경우, 사회 일반인들은 교원임용뿐만 아니라 교직계 전체에 대해 부정적인 시각을 갖게 될 것이다.

이와 같이 공개경쟁에 의한 교원임용제도는 교원자격증 소지자에 대한 균등한 교원임용의 기회를 제공하고, 경쟁시험을 통해 우수한 교원을 선발하며 교원양성기관을 질적으로 제고하는 등 보다 공정하고 객관적인 절차와 방법을 통해 신규교원을 임용하는 제도로서 그 의의가 있다.

3. 초등교직의 특수성

가. 초등학교 교사의 기본 특징

초등학교 교사 역시 일반 교사의 자질과 기대되는 역할을 원활히 수행할 기본적인 능력과 태도를 갖추고 있어야 한다. 그러나 초등학교 교사는 6년간의 발달상 차이가 나타나는 초등학교 1학년부터 6학년까지 담당한다는 점에서 중등학교 교사와는 다른 특징을 가지고 있다. 초등학교교육의 본질을 전제로 초등학교 교사의 전문성은 다음과 같은 특징을 가지고 있다.

첫째, 초등학교 교사의 전문성은 'specialist'가 아닌 'generalist'로서의 성격을 가지고 있다. 초등학교 교사는 마치 전문의(專門醫, specialist)가 아닌 일반의(一般醫, generalist)와 같다. 이는 특정 교과의 전문가적 교사가 아닌 모든 교과의 지식을 골고루 알고 있는 교사이어야 한다는 의미로 아동의 특정 능력을 심화 발전시키기보다는 아동의 전인적 영역을 균형 있게 발전시키려는 노력이 필요하다. 왜냐하면 초등학교 아동에 대한 교육은 장차 특정 직업에 한정되는 전이가가 낮은 교육을 받는 것이 아닌 모든 직업에 적용될 수 있는 전이가가 높은 교육이어야 하기 때문이다. 따라서 초등학교 교사는 학부모에게 "철수는 피아노를 잘 쳐요. 앞으로 더욱 열심히 가르치시면 훌륭한 사람이 될 겁니다."라고 말하는 것보다는 "철수는 피아노는 잘 치지만 수학은 어려워해요, 수학에 관심을 갖도록 해줘야 할 것 같습니다."라고 말할 수 있는 안목을 갖고 있어야 진정한 초등학교 교사의 전문성이 발휘되는 것이다.

둘째, 초등학교 교사의 전문성은 교과 이해의 전문가 이전에 아동 이해의 전문가로서의 성격을 가지고 있다. 물론 초등학교 교사는 교과 내용의 지식이나 수업 기술 역시 중요한 전문적 자질을 가지고 있어야 하지만, 보다 중요한 것은 아동의 행동 특성에 대한 이해이다. 학교급별이 높아질수록 교사의 전문성은 교과 내용 측면에서 크게 좌우되지만, 학교급별이 낮아질수록 교사의 전문성은 교과 내용 이외의 측면에서 좌우되는 경우가 많으며, 중·고등학교 학생들의 행동을 예측하기보다는 초등학교 아동의 행동을 예측하기는 상대적으로 쉽다. 이는 초등학교교육은 단순히 교과 내용과 교수법의 기술만으로는 한계가 있을 수 있다는 의미로, 이러한 두 가지 성격으로 인해 초등학교 교사의 전문성은 아동의 행동 특성을 얼마나 잘 예측하고 행동하는가에 의해 결정된다.

셋째, 초등학교 교사의 전문성은 교수-학습 전문가 이전에 기본 생활 훈육자로서의 성격을 가지고 있다. 초등학교 교사의 전문성은 수업 이전에 학교생활 속에서의 아동들과의 상호작용에서부터 발휘된다. 초등학교의 경우 기본 학업성취는 기본 생활 태도와 깊은 관련이 있으며, 초등학교에서의 기본 생활 습관을 통한 학습태도와 학습습관은 이후 학교급별에서의 학습에 있어서도 긍정적인 영향을 미친다. 따라서 수업의 전문성을 발휘하기 전에 교사는 학급에서의 규칙과 절차에 대한 전문성을 먼저 발휘해야 한다. 왜냐하면 학급에서의 기본적인 규칙과 절차를 전제하지 않고서는 초등학교에서의 교육은 그 효과를 얻기 힘들기 때문이다.

이러한 초등학교 교사의 전문성은 하루아침에 습득되거나 교원양성대학에서 미리 습득하고 신규로 임용되는 것이 아니기 때문에, 초등학교 교사의 전문성은 사실 신규교사에게는 매우 힘든 일일 수 있다. 왜냐하면 초등학교 교사의 전문성은 아동들과 끊임없이 상호작용하는 경험 속에서 축적되는 것이며, 아동을 전제하지 않고서는 초등학교 교사의 전문성을 논의하기가 어렵기 때문이다.

나. 초등학교 교사의 '돌봄'의 역할

학교란 학습자의 배움만이 이루어지는 장소가 아니라 교사, 아동, 교직원, 학부모, 지역 사회가 서로를 보살피면서 함께 삶을 영위하는 공간으로 여기는 모형이다. 초등학교교육의 최근 관심사 중 하나는, 모든 아동의 삶이 학교, 가정, 사회에서 경험하는 돌봄의 수준에 의해 나아지도록 보장하는 데 관심을 둔다는 것이다(Logan & Sachs, 1997). 또한 부모들은 학교를 기초적인 교육을 하는 곳뿐만 아니라 아동을 돌봐주는 곳으로 인식한다(Kosnik, 1999).

초등학교 아동은 교사로부터 돌봄을 받고 싶어하고 또한 받을 권리가 있다. 아동 자신이 타인에게 이해되고, 수용되며, 존중받고, 인정받을 필요가 있다는 의미에서 초등학교에서의 아동의 삶은 거의 모든 교육의 과정에서 교사로부터의 돌봄을 받아야 한다.

이와 관련하여 Noddings(1989)는 학교가 돌봄의 위기에 직면해 있다고 주장한다. 아동들은 교사들을 자신들에게 돌봄을 제공하는 사람으로 여기지 않으며, 교사들 또한 돌봄의 제공자로서의 역할을 잘 수행하지 못하고 있다는 것이다. 따라서 학교교육의 목적은 합리적 사고의 습득을 강조하는 것에서 돌봄의 능력을 높이는 것으로 전환되어야 하며, 이를 위해서는 학교 자체가 돌봄을 실천할 수 있는 돌봄의 공동체가 되어야 하며, 초등학교 교사는 무엇보다도 돌봄의 역할이 우선되어야 한다.

4. 초등학교 교사의 전문성 제고

가. 초등학교 교사의 전문성 방향

초등학교 교사에게는 초등교육학의 배경을 토대로 통합적인 안목을 갖고 초등교육을 담당할 수 있는 전문성이 요구된다. 즉 초등학교의 모든 교과를 통합적으로 다룰 수 있는 전문적인 소양과 지도능력을 겸비한 교사이어야 한다는 것이다. 이러한 초등교사의 전문성은 장기간에 걸친 각 교과에 관한 연구와 실천을 통해서 가능한 일이며, 그러한 노력의 결과로서 갖추게 된 초등교육의 전문성은 초등 교직의 전문성을 확보하는 가장 핵심적인 기준이 된다(권동택, 2013).

또한 초등학교 교육은 기본적으로 학급담임제라고 하는 교수조직 아래 학급 담임교사와 아동들의 상호작용에 의해 교육활동이 이루어진다. 따라서 초등학교 교사는 학급담임으로서 교과 전반에 걸친 기본적인 지식 및 이를 효율적으로 가르칠 수 있는 능력을 갖추어야 한다. 특히 초등교사는 아동의 성장 발달에 관한 전문적인 이론을 습득하고 이를 기초로 각 교과를 지도할 수 있는 전문적인 능력을 갖추어야 한다(권동택, 2013). 이는 초등교육의 성격에 부합하는 것으로 초등교육이 인간형성, 특히 전인적 인간의 양성에 그 목적이 있으므로 각 교과교육은 통합적인 지도로 이루어져야 하며, 이와 같은 맥락에서 초등교사의 전문성이 요구되는 것이다.

초등학교 교육의 본질에 따른 교사 전문성의 기본 전제를 통하여 초등학교 교사의 전문성은 다음과 같은 방향으로 추구되어야 한다(권동택, 2013).

첫째, 아동의 전인적 발달을 위한 전문성 발휘의 방향이어야 한다. 초등학교에서의 궁극적인 목적은 전인적 관점에서 균형된 발달을 유도하고 기초학습능력(자기주도적 능력)을 배양하는 데 있다. 초등학교 교사의 전문성은 특정 교과만의 수업 모형이나 전략으로 해결되거나 교과별로 서로 다른 접근의 전문성으로 발휘되는 것이 아니다. 오히려 교과별로 상호 공통적인 요인을 찾으려는 종합적인 접근으로 교과 전체의 균형된 전문성 발휘가 필요하다. 이러한 점 때문에 교사의 수업 전략이 개별 교과별로 아동들에게 처치될 경우, 학습자의 입장에서 보면 교과별로 서로 다른 수업 처치를 받는 결과가 된다. 과연 초등학교 아동이 교과별로 처치되는 개별 지도전략을 구분하여 자신의 통합된 학습전략으로 전환할 수 있을 것인지, 아니면 또 하나의 학업 스트레스의 요인으로 작용할지 의문이다. 특히 한 교사가 대부분의 교과를 가르쳐야 하는 초등학교 현장의 여건을 고려할 때 교수자 측면에서의 또 다른 문제가 야기될 수 있다. 초등학교 교사의 전문성은 담임교사가 아동을 전인적으로 통합하여 지도할 수 있는 접근방식으로 발휘되어야 한다.

둘째, 초등학교 교사의 전문성은 학업우수아 지도보다는 학업부진아 지도의 방향으로 발휘되어야 한다. 그렇다고 학업우수아 지도가 중요하지 않다는 것이 아니다. 아동의 수월성을 극대화하는 것 역시 중요하다. 그러나 초등학교 교육은 아동을 최소 성취기준에 도달하게 하는 것이 기본 목적이기 때문에, 초등학교 교육의 본질상 기본 성취 수준에 미달되는 아동의 학습력을 제고할 수 있는 교사의 전문성이 더 요구된다는 의미이다. 이는 일반아 대상의 수월성 교육과는 대비되는 것으로 앎의 과정에서 최소한으로 중요한 필수적인 내용을 구비하게 하는 교육이 초등학교 교육에서는 우선되어야 한다는 의미이다. 즉 초등학교 교사의 전문성은 학업우수아 지도를 위한 전문성이기 이전에 학업부진아 지도를 위한 전문성을 먼저 구비해야 한다는 것이다.

셋째, 초등학교 교사의 전문성은 아동 이해가 전제된 전문성 신장의 방향으로 발휘되어야 한다. 효과적인 수업은 각 아동들로 하여금 교사가 의도한 학습을 성공적으로 가져올 수 있도록 학습활동, 과업 혹은 경험을 설정하는 것과 밀접한 관련을 가지고 있다. 초등학교에서의 효과적인 수업도 본질적으로 여러 교육적 활동을 통해 가장 최상의 바람직한 아동 학습을 가져오게 하는 일과 깊은 관계가 있다 (Kyriacou, 1986). Bruner(1966) 역시 수업이란 결국 성장을 도와주거나 조형하는 노력이기 때문에, 아동들의 발달과 관련된 문제를 고려하지 않고 아동들을 위한 수업을 구안한다는 것은 매우 잘못된 것이라고 지적하고 있다. 따라서 초등학교 교사의 전문성은 기본적으로 자신의 교육적 활동 이전에 아동 이해 측면에서 비롯된다. 즉 초등학교 교사의 전문성은 아동으로 하여금 교육적 경험에 어떻게 주의를 기울이도록 해야 하고, 아동이 그러한 교육적 경험을 어떻게 받아들이며, 학급 상황에서 학습한 것을 어떻게 아동의 삶 속에 적용하도록 할 것인지에 대한 아동 이해로부터 출발해야 하다.

넷째, 초등학교 교사의 전문성은 아동과의 의사소통 능력과 함께 발휘되어야 한다. 초등학교 교육은 교사와 아동과의 대면적 상호작용이 무엇보다도 중요하다.

초등학교 교사들은 하루 동안 아동들과 약 1,000번의 직·간접적인 개별 상호작용을 한다(Jackson, 1968). 만약 교사와 아동 간의 상호작용 속에서 일어나는 사건에 대한 즉시성과 긴박성으로 인해 교사가 아동들과의 관계가 원만하게 형성되지 못하면 교사 자신이 정신적으로 몹시 초조하고 피곤해질 수 있으며, 그로 인하여 교실 수업에 있어서도 부정적인 영향을 줄 수 있기 때문에 교사와 아동 간의 상호작용은 매우 중요하다. 따라서 초등학교 교사의 전문성은 교사의 적극적인 대면적 상호작용과 함께 발휘된다.

다섯째, 초등학교 교사의 전문성은 학급 고유의 풍토를 고려하는 방향으로 발휘되어야 한다. 즉 초등학교 교사의 전문성은 학교(학급)조직문화와 무관할 수 없다는 의미이다. 교사와 아동의 관계에서 보면 모든 학교의 모든 학급에서 일어나는 교수-학습 활동은 동일한 행위일 수 있으나 실제 모든 학교마다, 모든 학급마다 그리고 모든 교사마다 아동들과 상호작용하며 수업을 하는 현상은 다르게 나타난다. 따라서 협의적으로 보면 학급 풍토에서부터 광의적으로 보면 지역사회 풍토까지 동일한 교재를 가지고 동일한 수업전략을 한다고 하더라도 아동이 실제 받는 교육은 다를 수밖에 없다. 그러므로 교사는 하나의 수업전략이라 하더라도 자신의 학급 풍토를 고려하여 처치할 수 있는 자신만의 매뉴얼이 마련되어야 한다. 특히 모든 맥락에 맞는 교사의 전문성은 존재하지 않는다는 점에서 적어도 단위 학교의 학급 수준에 맞는 교육은 학급 상황을 누구보다도 잘 알고 있는 교사의 전문성을 통해 발휘된다. 이러한 관점에서 보면 동학년이라 하더라도 학급의 풍토에 따라 교사가 발휘하는 전문성은 다를 수 있다.

여섯째, 초등학교 교사의 전문성은 동료교사와의 지속적인 대화와 정보 교류를 통해 신장되어야 한다. 초등학교 교육은 단위 학교의 공동체적 풍토하에 아동들의 특성에 맞는 구성원 전체의 체계적인 접근이 필요하다는 점에서, 동료교사 간의 협력은 학교 내에서 공식적으로 공유되고 논의되어야 한다. 따라서 교사의 전문성은 자기 자신만의 노력이 아니며, 교사 개인의 희생이나 헌신만으로 해결될 일도 아니다. 초등학교에서는 중등학교에 비해 동학년 교사 간의 협력이 비교적 용이하다. 동학년 교사별로 좋은 교사에 대한 나름대로의 신념과 가치를 가질 수 있다. 만약 교사별로 좋은 교사 혹은 교사 전문성에 대한 방향이 다르다면, 이는 교사 개인적 신념과 가치이기 때문에 그로 인해 아동들은 반별로 다른 교육적 경험을 할 수 있다. 따라서 동료교사와 교사의 전문성에 대한 논의를 통해 서로의 신념과 가치를 공유하고 교육 상황에 대한 문제를 함께 고민하면서 지속적으로 서로 간의 인식의 간격을 좁히려는 노력이 중요하다.

학교의 주된 임무는 교사로 하여금 학생들을 교육하게 하는 것이며, 교사의 주된 임무는 수업이다. 물론 수업만이 교사의 임무는 아니지만 가장 주된 임무임에는 틀림없다. 새로운 교육개혁 때마다 교육을 실천할 수 있는 상황이나 여건이 조성되지 못하는 것에 불만의 목소리가 높다. 초등학교 교육에 있어서 교사의 본분인 수업에 집중할 수 있는 학교 풍토의 마련이 무엇보다도 시급하다. 사실 보다 높은 질의 교육을 위해 개선해야 할 문제들은 아동에게 있는 것이 아니라 교사 자신에게 있다는 책임을 인식해야 하며, 아동들이 학교에서 실패의 경험을 하는 것은 아동이 무능하기보다는 학교가 각 아동의 요구에 부응하는 교육을 제공하지 못하는 데 일차적인 책임이 있다고 보아야 한다.

나. 초등학교 교원연수

초등학교 교원은 전문성과 역량 신장을 위해 입직부터 퇴직까지 전 단계에 걸쳐 연수받는다. 이는 「교육공무원법」 제38조에 근거한 것으로, 관련 법령에는 교육공무원이 그 직책을 수행하기 위하여 끊임없이 연구와 수양에 힘써야 함이 명시되어 있다. 초등학교 교원이 받을 수 있는 연수의 유형에는 자격연수, 직무연수, 특별연수가 있는데, 자격연수는 법령에 따른 교원의 자격을 취득하기 위한 연수를 말한다. 교(원)장 자격연수, 교(원)감 자격연수, 수석교사 및 정교사 자격연수가 이에 해당한다. 직무연수는 교육의 이론과 방법 연구 및 직무수행에 필요한 능력 배양을 위한 연수를 말한다. 교수-학습, 생활지도 및 상담, 미래환경 대응 연수가 대표적인 예이다. 특별연수는 국가나 지방자치단체의 특별연수계획에 따라 국내외의 교육기관 또는 연구기관에서 받는 연수를 말한다. 특별연수에는 학습연구년제, 대학원 학위과정, 장·단기 교육기관 및 연구기관 파견 등이 있다.

초등학교 교원연수는 운영 형태에 따라 집합연수, 원격연수, 혼합형 연수로 구분된다. 집합연수는 연수자가 물리적 장소에 집합하여 동시에 이루어지는 연수이며, 원격연수는 교수자와 연수자가 공간적으로 떨어져 있지만 다양한 매체를 활용하여 실시간 또는 비실시간으로 이루어지는 연수이다. 혼합형 연수는 집합연수와 원격연수가 연계되어 이루어지는 연수를 말한다. 연수 환경의 변화로 인해 원격연수에 참여하는 비율이 늘어나고 있으며, 그 종류도 점차 다양해지고 있다. 가령, 원격연수 중에는 쌍방향 화상 프로그램으로 교수자와 연수자가 실시간으로 소통하는 연수가 있고, 교수자가 교수-학습 콘텐츠를 연수 사이트나 프로그램에 올리면 연수자가 그 내용을 학습하는 연수도 있다. 특히 후자의 경우 수강하는 동안 반복적으로 학습이 가능한 점에서 호응도가 높다.

표 11-1 초등학교 교원연수 운영 계획 예시

연수 과정	시간	장소	방법	종류	시기
초등 1급 정교사 자격연수	100	연수원	혼합	자격	1월
새학년 맞이 학급살이 직무연수	10	지정교	원격	직무	2월
초등 학습연구년 특별연수	6개월	연수원	혼합	특별	3월
초등 수업과 성장하다 직무연수	15	협력교	혼합	직무	4월
유·초등 교장 혁신미래교육 역량강화 직무연수	100	연수원	혼합	직무	5월
초등 교직단계별 직무연수	15	연수원	혼합	직무	5월
초등 새내기 교사 학급운영 완전정복 직무연수	15	협력교	혼합	직무	6월
초등 미술수업(표현, 감상) 직무연수	15	협력교	혼합	직무	6월

연수 과정	시간	장소	방법	종류	시기
초등 교감 자격연수	140	연수원	혼합	자격	7월
초등 복직교사 역량 강화 직무연수	30	연수원	혼합	직무	8월
초등 기초학력 학습지원 담당 교원 직무연수	15	협력교	혼합	직무	9월
행복한 삶을 가꾸는 인문 아카데미	3	연수원	원격	직무	10월
초등 퇴직예정교원 인생을 설계하다 직무연수	18	연수원	집합	직무	11월
초등 안전하고 즐거운 체육수업 만들기 직무연수	15	협력교	혼합	직무	12월

(서울특별시교육청교육연수원, 2022학년도 연수·교육훈련 일정표 참고)

다. 초등학교 교원평가

초등학교 교원평가는 초등교원의 전문적 교육활동에 대한 이행 여부를 진단하고, 그 결과에 따른 능력개발 기회를 교원에게 제공하여 학교 교육의 전반적인 질 향상을 도모하기 위해 실시하는 제도이다. 초등학교 교원평가는 크게 학습 지도평가, 생활지도 평가라는 하위 영역으로 나뉘며, 일반 교사와 특수교사, 비교과 교사의 평가 지표는 그 내용이 조금씩 다르다. 학습 지도평가는 수업 준비 및 실행, 학생 평가 및 활용에 관한 내용을 포함하고 있고, 생활지도 평가는 상담 및 정보 제공, 문제행동 예방 및 지도, 생활습관 및 인성 지도에 관한 내용을 포함한다. 교원평가의 대상은 교장과 교감을 포함하여 해당 학교에 근무하는 모든 교원이다. 하지만 계약제 교원이나 근무 기간이 짧은 교원은 교원평가 대상자에서 제외되기도 한다.

교원평가는 4~6학년 학생과 학부모, 동료 교원의 참여로 이루어지는데, 학생들에게는 학생 의견 조사 형태로 서술형 문항을 제공하고, 학부모에게는 학부모 만족도 조사 형태로 5점 척도 평어 문항과 자유서술식 문항을 제공한다. 동료 교원에게도 학부모 만족도 조사처럼 5점 척도 평어 문항과 자유서술식 문항을 제공한다. 이러한 교원평가 문항은 평가관리위원회의 심의를 거쳐 학교장이 확정하며, 평가실시 전에 학교 홈페이지나 안내장 등을 통해 공개된다. 평가 시기는 학사 일정을 어느 정도 수행한 11월에 진행되며, 늦어도 12월 초에는 마무리된다. 교원평가 실시 후 학교장은 평가 종류별 결과표를 개별 교원에게 통보하고 교원은 개인적으로 평가 결과를 열람할 수 있다. 교원평가 결과는 각 교원이 자신의 전문성 신장을 위한 학습 전략을 마련하는 데 활용하기도 하고, 단위 학교가 후속 교육활동 계획을 수립하는 데 활용하기도 한다.

표 11-2 초등학교 교원평가 중 학생 의견 조사 문항 예시

자유 서술식 문항
담임 선생님의 좋은 점은 무엇입니까?
담임 선생님에게 바라는 점은 무엇입니까?
올해 선생님과 했던 공부 중에서 가장 기억에 남는 것은 무엇이고, 그 이유는 무엇입니까?

표 11-3 초등학교 교원평가 중 학부모 만족도 조사 문항 예시

질문 내용	전혀 그렇지 않다	그렇지 않다	보통이다	그렇다	매우 그렇다
담임 선생님은 자녀가 수업에 흥미를 갖고 참여할 수 있도록 도와줍니다.					
담임 선생님은 평소 자녀에게 칭찬과 격려를 많이 합니다.					
담임 선생님은 공부한 내용을 적합한 방법으로 평가합니다.					
담임 선생님은 평소 자녀와 지속적으로 상담하고 관찰하여 특성과 문제를 파악합니다.					
담임 선생님은 자녀의 학교생활 적응을 위해 꾸준히 지도합니다.					
담임 선생님은 자녀가 바른 기본생활 습관을 가질 수 있도록 지도합니다.					
자유 서술식 문항					
담임 선생님의 좋은 점은 무엇입니까?					
담임 선생님께 바라는 점은 무엇입니까?					

CHAPTER

12

초등학교와 학부모

1. 학부모 학교교육참여의 이해
2. 학부모 학교교육참여의 접근과 유형
3. 초등학교에서의 학부모 참여의 전제
4. 학부모 교육참여의 실제

1. 학부모 학교교육참여의 이해

가. 학부모 학교교육참여의 의미

학교라는 하나의 공동체는 교사와 학생 그리고 학부모들이 진정한 의미의 학교 문화를 향유할 때 학교를 매개로 형성될 수 있다. 학생들은 자신의 인간성이 존중되는 문화 속에 있음을 느끼고, 학부모는 학교교육을 위해 스스로 진정한 의미의 참여가 있을 때, 이들 모두에게 협동적 문화, 즉 공동체 의식이 조성될 수 있다.

흔히 학부모, 교사, 학생을 가리켜 교육 주체라고 부른다. 그러나 그동안 교육은 교육 관료를 중심으로 이루어져 왔으며 이 과정에서 학부모는 교육 주체로서의 대접을 받지 못했다. 하지만 어떠한 경우에도 학부모는 교육의 중요한 관련자이며 교육의 책무를 함께 공유해야 한다는 점에서 교육에 참여할 권리를 가지고 있다. 때문에 학부모의 학교교육참여는 당연한 권리임을 인식해야 한다.

이제 학교는 학부모 학교교육참여를 선택이 아닌 필수로 받아들여야 하는 교육학적 당위성을 실천해야 한다. 학부모가 학교교육을 함께 고민하고, 학교의 문제해결 및 발전을 위해 봉사하며, 학교와 상호 협동적 관계를 통해 교육의 질을 개선해 나가는 학교 현장의 모습이 되어야 할 것이다.

학부모 참여는 학교 운영의 제반 과정에 학부모들을 끌어들여 자녀교육에 대한 그들의 권리와 책임을 제대로 다하게 하는 교육의 과정이다. 따라서 학부모들의 학교교육에의 유기적인 참여는 학교와 자녀교육에 대해 학부모들의 이해를 넓힘으로써 학교를 적극 지원하게 만드는 것이며, 학생들의 학업성취와 행동을 개선해 줄 뿐만 아니라 학교를 함께 경영해 나가는 진정한 학교 공동체로 거듭나게 한다. 이와 같이 가정과 학교 간의 효율적인 파트너십을 이룩하기 위해서는 모든 면에서 개방적, 협조적, 우호적인 학교 풍토를 유지하고, 무엇보다 쌍방적인 의사소통을 하는 것이 중요하다(이병진, 1999).

나. 학부모 학교교육참여의 필요성

학교교육은 가정의 협력과 지원에 의해 보다 완전해질 수 있다. 특히 학급경영에서 교사와 학부모 사이의 관계는 중요한 요소 중 하나이다. 왜냐하면 학생의 학습과 성장을 위해 교사와 학부모와의 협력은 필수적이기 때문이다.

학부모 학교교육참여는 학교교육의 민주화와 학생 성취의 향상을 위해서 필요하다. 교육이 민주화된다는 것은 교육이 그 주권을 가진 사람들에 의해 운영된다는 것을 의미하는 것이다. 학부모의 요청과 의사를 교육의 과정에 보다 많이 반영해 학교를 운영한다면 교육은 그만큼 개선될 가능성이 있다. 따라서 다양한 수준에서 학부모 학교교육참여의 기회가 마련되는 것이 바람직하며, 학부모의 실질적인 참여가 이루어지도록 이를 어떻게 보장하느냐 하는 것이 중요한 과제가 된다. 학부모 교육참여의 의미를 자세히 살펴보면 다음과 같다.

첫째, 학교 운영의 과정에 참여한다는 것은 학부모들이 자녀의 교육과 관련된 요구나 필요를 학교에 제기하여 이를 학교의 교육정책이나 구체적인 교육목표의 수립에 반영할 수 있도록 우선 발언권이 주어져야 한다는 것을 의미한다.

이러한 기회가 보장되려면 학부모들이 대표를 선출하여 간접적으로 참여하거나 또는 직접적으로 참여해 의사를 결정할 수 있는 제도적 장치가 학교 안에 마련되어야 한다. 또한 학교 운영자들이 합의한 교육의 목표 또는 계획이 어느 정도 달성되었는지 그 성과를 평가하여 그들에게 공적으로 책임을 물을 수 있는 절차가 마련되어야 한다.

둘째, 교육내용의 선정 및 교육과정 운영에도 학부모들의 참여가 이루어져야 하며, 이는 학생 성취를 극대화하기 위해 필요한 요소이다. 자녀들과 가장 가까이 있는 사람은 학부모들이며 일상적인 접촉으로 누구보다도 자녀들을 잘 알고 있다. 따라서 학부모들과 협의하고 그들의 조력을 받아 함께 가르쳐 나갈 수 있다면 학습은 보다 효과적으로 이루어질 것이다.

학생을 이해하기 위해서는 학생이 속해 있는 가정의 물리적·심리적 환경에 대한 이해가 필수적으로 요구된다. 교육의 중요한 축은 학생과 학부모들이고 이들 교육 주체를 파트너로 삼는 실질적인 참여 없이는 학교경영이나 수업의 민주화가 불가능하다. 따라서 학부모 참여에 의한 학교 프로그램의 운영은 교육의 민주화에 접근하는 중요한 통로가 된다.

셋째, 학부모는 학교교육의 교육적 활동에 있어서 지원자적 역할을 담당하며, 학교중심 교육과정의 구성과 이행에 실제적인 영향력을 행사할 수 있다. 교육적 활동에 대한 학부모의 지원적 역할은 학교교육의 중요한 기능을 담당한다고 한다(Barth, 1972).

물론 학부모가 학교교육의 교육적 활동에 항상 지원적 역할만 하는 것은 아니다. 학부모는 특정 교과나 교육적 활동에 대하여 학교에 압력을 행사할 수 있으며, 학교 교육과정에 영향을 미칠 수도 있다(Tankard, 1974). 따라서 학부모들에게 교육의 주체로서 적극적인 참여를 유도하기에 앞서 학부모가 바라는 학교교육참여의 방향과 소통하기 원하는 방법에 대해 다양한 각도로 의견을 수렴하고 분석하는 과정이 선행되어야 한다.

다. 학부모 학교교육참여의 의의

학부모 학교교육참여의 의의는 학생뿐만 아니라 학부모, 교사, 학교 등에서도 긍정적인 면을 확인할 수 있다(Henderson & Berla, 1994).

1) 학생

- 학생들은 사회경제적 지위나 부모의 교육 수준에 관계없이 더 많이 성취하고자 한다.
- 학생들은 전반적으로 더 좋은 성적, 시험 점수, 출석률을 나타낸다.

- 학생들은 자신의 숙제를 완수하고 성실하고 근면한 태도를 가진다.
- 학생들은 보다 나은 자기존중감을 가지며, 학습에 대해 높은 열망과 동기 수준을 보여준다.
- 학생들은 학교에 대해 긍정적인 태도를 가지게 되고, 학교 내 행동 개선을 가져온다.
- 다양한 문화적 배경을 가진 학생들의 문화적 차이를 줄인다.
- 학생들은 학교급 변화에 잘 적응하며 중도탈락 학생도 적다.

2) 학부모

- 학부모들은 자녀와의 상호작용 기회가 증대되고 자녀의 사회적·감정적·지적인 발달 요구에 민감하게 된다.
- 학부모들은 부모 역할과 의사결정에 자신감을 갖는다.
- 학부모들은 자녀의 발달에 대해 더 많은 정보를 얻게 됨에 따라 애정이나 긍정적 강화를 많이 활용하고 처벌은 적게 사용한다.
- 학부모들은 교사의 직무와 학교의 교육과정에 대해 이해한다.
- 학부모들이 자녀가 무엇을 배우는가를 알고 있으면 교사가 가정에서 자녀의 학습을 지원해 줄 것을 요청할 때 도움을 준다.
- 학교에 대한 학부모의 인식이 개선되며 학교에 대해 강한 유대와 헌신을 갖게 된다.
- 학부모들은 자녀의 교육에 영향을 미치는 정책에 대해 더 잘 알게 되며, 적극적이 된다.

3) 교육자

- 교사와 교장은 학부모로부터 신뢰와 존중을 받는다.
- 학교 내외에서 학부모의 참여가 높으면 교사와 교장의 사기도 높아진다.
- 지속적인 학부모 참여는 학부모, 교사, 행정가 사이에 의사소통과 관계 개선을

가져온다.

- 교사와 교장은 가정의 문화, 다양성을 더 잘 이해하게 되며 학부모의 능력과 시간을 존중하게 된다.
- 교사와 교장의 직업 만족감이 증가한다.

4) 학교

- 부모나 지역사회가 적극적으로 참여하는 학교는 지역사회에서 더 좋은 평판을 얻게 된다.
- 학교는 더 많은 지역사회의 지원을 얻게 된다.
- 학부모를 지원하고 참여시키는 학교 프로그램은 학부모를 참여시키지 않는 프로그램보다 질적으로도 우수하다.

2. 학부모 학교교육참여의 접근과 유형

학부모의 학교교육참여 즉 학교와 가정의 연계방법은 인터넷 카페나 이메일 등 과거에 비해 다양화되고 있다(Hughes, 2008). 자녀교육에 대해 학부모가 학교교육에 참여하여 수행할 수 있는 역할로는 아동의 교육과 사회발달을 위한 기본적인 의무를 수행하는 파트너로서의 역할, 학교의 노력과 문제해결을 돕는 협동자로서의 역할, 학교의 행사에 참관하고 감사하는 청중으로서의 역할, 교사와 학부모 조직, 동료 학부모들을 자발적으로 돕는 지원자로서의 역할 그리고 학교정책에 대한 자문가 또는 공동 의사결정자로서의 역할 등이 있다(Henderson et al., 1986). 이러한 학부모의 역할과 관련하여 학부모와 학교가 공동의 목표를 달성하기 위한 공동체 형성을 위하여 학부모의 학교교육참여는 다양한 접근으로 이루어진다.

- 학교나 가정에서 학생을 가르치는 일(보조교사 및 가정교사)

- 각종 학교 행사에 참관하는 일(참관자)
- 프로그램을 지원하는 일(지원자)
- 학교나 학급의 중요한 사안을 함께 의논하여 결정하는 일(의사결정자)
- 학교 또는 교사와 학생 교육을 위해 필요한 정보를 교환함으로써 의사소통을 하는 일(자문 및 의사소통자)
- 자신들이 해결하기 어려운 교육문제들을 주민들이나 관계 기관에 호소해 이를 해결해 나가는 일(문제해결자)
- 학교를 돕는 과정에서 자신들의 계속적인 성장을 위해 스스로 배우는 학습조직을 만들어 학교에서 계속 학습해 나가는 일(평생학습자)

학부모 학교교육참여 유형에 대해 Shickendarz(1976)는 학부모 참여활동을 교사와의 관련성 차원에서 낮은 수준, 중간 수준, 높은 수준으로 제시하고 있다.

- **낮은 수준** : 학교의 의사결정권이나 교사의 전문성을 침해하지 않는 활동 유형으로 교사들과의 개별적인 만남이라든지 학부모회의 참가, 뉴스레터 발간 등과 같이 학교생활을 이해하고 알리는 일들을 주로 한다.
- **중간 수준** : 학부모들이 학교 행사에 참관, 참가하는 활동 유형으로 수업 관찰, 수업 보조 등이 여기에 속한다.
- **높은 수준** : 학부모들이 학교 정책 결정에 참여하는 활동 유형으로 자원봉사자 또는 학교운영위원회 위원이 되어 교직원 인사, 예산, 교육과정 등의 의사결정에 참여하는 활동이 여기에 속한다.

또한 학부모 학교교육참여는 학부모의 참여 수준과 범위에 따라 다음과 같이 구분되기도 한다.

- **적극적 참여와 소극적 참여** : 학부모의 참여가 학교의 초청에 의해 동원되는 형태로 이루어지는가, 또는 학부모의 권리에 기초하여 적극적으로 참여하는가에

따라 구분

- **직접적 참여와 간접적 참여** : 학교운영에 공식적인 절차나 채널을 통해서 참여하거나 학교 수준에서 학교 운영에 직접 참여할 경우는 직접적 참여로 비공식적 절차나 채널을 통한 참여, 상급 행정기관 수준에의 참여를 통한 학교 운영에의 참여는 비공식적 참여로 구분
- **개인적 참여와 집단적 참여** : 개인적으로 참여하는 경우와 제도적으로 참여하는 경우로 구분, 집단적 참여는 제도적 차원에서 이루어지는 것으로 정책 결정 과정에 혹은 자문기구에 학부모 대표가 참여하는 경우(교육부, 지방교육자치단체, 학교, 학급 등의 관련 기구에 위원으로 참석하는 경우)

최근에는 학부모들이 교사들과 함께 필요한 학습 계획을 같이 세우거나 자료들을 함께 준비하며 보조교사 또는 교육기부의 형태로 단독으로 수업을 진행하기도 하는데 이는 학교의 핵심적인 활동인 수업과정에도 학부모 참여활동이 이루어지고 있음을 말해준다.

한편 학교교육의 질적 제고와 교육 선진화를 위하여 학부모의 학교교육참여는 기본적으로 다음과 같이 3가지로 나눌 수 있다.

첫째, 학부모의 자녀교육 역량 강화로 자녀를 건강하고 안전하게 양육하고 자녀의 학습활동을 지원해 주는 것이다. 학교의 준비물을 챙겨주고 자녀의 학습 과제를 같이 하면서 자녀와 대화하고 자녀의 건전한 성장을 지원하는 것이다. 이는 가장 기본적인 부모의 의무이자 책임이며 이와 같은 부모와 자녀의 상호작용이 자녀의 건강한 성장의 가장 중요한 요인이 된다.

둘째, 학교와 학부모 간 교육적 파트너십 구축으로, 자녀가 다니는 학교와의 소통과 프로그램에 대한 참여활동이다. 학교와의 의사소통을 통해 아이의 건강한 성장과 발달을 지원할 수 있다. 학교 행정체계나 프로그램에 대한 이해를 높이고 선생님과의 대화를 통해 자녀에 대한 정보를 얻을 수 있게 된다. 물론 학교에 대해

부정적 인식을 가지고 있는 부모들의 경우 학교에 가는 것에 대한 거부감이 있을 수 있지만 학교와의 상호작용이 많아질수록 학교에 대한 부정적 인식을 극복할 수 있다. 최근에는 학부모들이 지닌 전문성을 적극 활용하여 방과후 학습지도, 진로·진학지도 등 학부모의 재능을 기부하는 사례가 많아지고 있다.

셋째, 교육 주체로서의 학부모의 역할 제고로, 학교 정책이나 의사결정에 참여하는 것이다. 학부모회 및 학교운영위원회에 학부모 위원으로 활동하는 것이 대표적인 예이다. 이러한 참여활동은 적극적으로 학부모들의 의견을 학교정책에 반영하여 학생들의 교육 경험을 변화시키는 데 중요한 영향을 미칠 수 있다. 또한, 학부모의 학교교육을 위한 관심과 참여는 학생들의 학업 성과뿐만 아니라 사회성, 자존감 향상 등에 긍정적인 영향을 줄 수 있다.

3. 초등학교에서의 학부모 참여의 전제

초등학교 교사와 학부모의 관계는 중요하다. 그러나 교사와 학부모 사이의 관계는 자연발생적이지 않기 때문에, 노력을 기울여야 하는 일이다. 특히 학부모가 되어 본 경험이 없는 교사라면 더욱 그렇다(Hughes, 2008). 아동들을 위한 학교교육의 이행과정에서 초등학교 교사는 학부모와의 의사소통을 통하여 학부모가 학교교육에 참여할 수 있도록 해야 한다. 따라서 학부모의 의견이나 권리를 존중해 주고, 학부모가 공식적·비공식적 모임을 통해서 부담 없이 학교를 방문하여 자유롭게 상담할 수 있는 분위기를 조성해 주어야 한다(장찬익 외, 1999). 이를 통해 교사는 수업과 학생지도 등의 능률을 제고할 수 있으며, 학부모로부터 학생에 대한 다양한 정보를 획득함으로써 학생에 대해 보다 정확한 의사결정을 할 수 있다. 또한 학급의 다양한 활동에 대한 학부모의 이해, 협조, 지원, 참여를 유도할 수 있다.

초등학교에서의 학부모 참여를 높이기 위해서는 다음과 같은 기본 전제를 살펴볼 필요가 있다. 첫째, 교사는 학부모를 교육을 위한 동반자로서 인식해야 하며, 교육에 대한 공동의 책임성을 가지고 학부모의 요청이 있을 경우 수업을 공개하고 함께 상호 협의하여야 한다. 둘째, 학부모 의견 수렴 및 의사소통 증진이 있어야 한다. 초등학교 교사는 학부모의 의견을 경청하고 존중하여야 하며 신뢰로운 관계를 형성하고 학교활동 전반에 걸친 안내자가 되어 의사소통의 기회를 증진하여야 한다. 셋째, 초등학교 교사는 학부모가 부담 없이 학급을 방문하고 자유롭게 대화할 수 있도록 하며, 다양한 형태의 상담자가 될 자질을 갖추고 학급경영 전반의 정보를 제공하여 공유해야 한다. 넷째, 객관적이고 정확한 학부모 평가가 이루어져야 한다. 초등학교 교사는 학교교육과 괴리가 있는 바람직하지 않는 학부모의 학교교육참여 태도를 정중히 지적하고 시정해 주어야 한다. 마지막으로 학교학습과 가정학습의 연계지도를 계획해야 한다. 가정학습 및 사이버 학습 계획을 수립하고 운영하여 학부모 학교교육참여를 보다 활성화하고 보다 전문적인 학교교육참여가 이루어지도록 해야 한다.

4. 학부모 교육참여의 실제

초등학교에서는 여러 영역에서 다양한 방법으로 학부모들의 학교교육참여가 이루어지고 있으며, 학부모의 학교교육참여 문화가 점차 확산되고 있다. 다음은 학교에서 이루어지고 있는 학부모의 초등학교교육참여의 실례이다.

가. 각종 위원회 확대

학교운영위원회 회의를 하기 전에 학부모회 임원, 각 학년대표에게 안건을 사전 안내하고 의견을 취합하면, 학교운영위원으로 활동하는 학부모는 이를 학교운영위원회 회의 때 전달한다. 이후 학교운영위원회 회의 개최 시 학부모회 임원 및 일반 학부모들의 참관이 가능하다.

나. 학교교육 모니터링 참여

1) 공개수업 참관 및 교원평가 참여

학부모는 학교에서 1년에 1~2회 가량 실시하는 공개수업을 참관하고 참관 소감록을 통해 교수–학습에 대한 의견을 제시할 수 있으며, 이는 교사의 수업 개선에 활용된다. 또한 학부모 교원평가에 참여하여 교사의 학습지도 및 학급운영 전반에 걸친 영역을 평가하고 의견을 제시한다.

2) 방과후학교 모니터링

방과후 수업시간에 수업을 참관하고 참관록을 작성하여 강사 및 수업에 대한 평가를 한다. 방과후학교 모니터링 후 협의회를 통해 참관결과 의견, 전체 의견, 만족도 설문결과를 토대로 강사 및 수업의 평가에 반영하여 차기 강사 재계약을 결정한다.

3) 학교급식 검수

식재료의 위생 및 관리 실태, 개인 위생과 시설설비 위생을 점검하고 학교급식에 대한 평가와 의견을 제시한다.

다. 생활안전지도 참여

1) 녹색어머니회

안전한 등하굣길을 위해 학교 주변의 횡단보도 앞에서 교통안전 봉사를 한다.

표 12-1 녹색어머니회 활동 예시

활동시간	장소	내용
8시 10분 ~ 8시 50분	• 학교 정문 앞 횡단보도 • 문구점 앞 횡단보도	• 4인 1조로 교통안전 봉사활동 • 교통안전캠페인

2) 학교폭력예방 순찰대

학부모뿐 아니라 학교 주변의 지구대와 연계 운영할 수 있으며, 안전사고, 성폭력 등의 위험 요인, 유해업소 파악 등의 사전 예방활동 및 현장 생활지도를 한다.

표 12-2 학교폭력예방 순찰대 활동 예시

장소	내용
• 학교 건물 내외 취약 구역 • 유해업소 주변	• 2인 1조로 편성 • 매일 방과후 순회활동

라. 학부모 재능기부

학부모들의 전문적인 지식을 활용하여 학생에게 교육적 활동의 기회를 제공하고, 학습 지원을 할 수 있다. 학부모 재능기부는 단위 학교의 학부모 인프라에 따라 다양한 형태가 가능하다.

1) 독서명예교사

다양한 독서교육과 도서관 활동을 통해 학교독서문화 풍토 조성에 힘쓰고 평생

교육 연수과정을 통해 독서치료사 자격증을 취득한 학부모 독서명예교사가 독서캠프를 기획하고 운영한다.

표 12-3 독서명예교사 활동 예시

구분	프로그램명	활동내용
평일 수업 연계	엄마와 함께 스토리텔링	• 독서명예교사 공연: 나무꾼과 호랑이 형님
	독서 골든벨	• 골든벨: 역사(고려, 조선), 마당을 나온 암탉
평일 방과후	동화작가와의 만남	• 동화작가 초청, 작가와의 대화: 도서전시 및 사인회 • 학생과 학부모 참여
방학 중	독서캠프	• 독서 치료사 자격증을 취득한 독서명예교사가 기획하고 운영

2) 학습지원 명예교사

학습지원 명예교사는 학교에 설치된 학습준비물지원센터에서 당번제로 상주하면서 수업시간에 필요한 학습 자료를 제공하는 것뿐 아니라 수업에 필요한 자료를 직접 제작하기도 한다.

표 12-4 학습지원 명예교사 활동 예시

장소	활동시간	활동내용
학습지원실	월 ~ 금 (9 ~ 12시)	• 학습자료와 준비물의 대출, 반납, 물품 정리, 사용일지 기록

마. 가족 프로그램 운영

가족의 소중함을 일깨우고 가족의 친화력을 높이는 목적으로 운영한다. 또한 학부모가 자녀를 이해하고 자녀의 인성교육을 강화할 수 있는 계기로 삼을 수 있다.

표 12-5 가족 프로그램 운영 예시

영역	내용
가족 역량강화 프로그램	• 냅킨 아트 공예 : 냅킨 아트 이용해서 영수증함 만들기 • 전통음식 만들기 : 칼국수, 인절미 만들기 • 전통놀이 : 전통놀이 도구 만들기, 전통놀이 체험하기
가족캠프	• 카약, 래프팅, 페이스페인팅, 가족 손도장 찍기, 가족 꿈풍선 띄우기, 캠프파이어, 레크리에이션 등 가족사랑 미션
가족사진 공모전	• 밥상머리 교육 장면, 가족 대화 및 가족사랑 장면 등 사진 공모, 시상 및 전시
상담	• 내 자녀와의 상담, 담임교사와의 상담, 교내 전문상담가와의 상담, Wee클래스 프로그램 참여 • 연간 수시 및 상담주간에 사전예약을 통한 상담 • 맞벌이 부부를 위한 야간상담, 전화상담 • 학부모가 편리한 시간에 학교를 방문하여 개별 면대면 상담

바. 학부모로서의 역량을 키우는 학부모 연수

학부모로서의 역량을 키울 수 있도록 다양한 종류의 학부모 연수가 학교에서 이루어지고 있다.

- **학부모 학교교육참여 활성화를 위한 연수**: 교사와 학부모의 소통 및 학부모의 역할, 학부모 학교 참여 활동의 필요성 및 밥상머리 교육, 학교교육활동의 성과 및 중장기 발전 계획 청사진 등
- **자녀의 진로지도를 위한 학부모 연수**: 대화를 통한 내 자녀 알기, 적성 발견 및 진로 목표 수립하기, 꿈과 비전을 이해하고 명확한 꿈 갖기, 진로교육의 필요성, 직업 세계 이해, 현명한 의사 결정과 목표 설정 등
- **자녀의 자기주도학습을 돕는 부모코칭 리더십 연수**: 코칭 리더십의 필요성과 개념, 코칭 대화의 스킬, 자기주도학습과 동기, 진로지도를 통한 목표 설정, 학습 전략 세우기, 학습자원 관리와 평가 등

- **자녀의 행복한 학교생활을 돕는 학교폭력예방을 위한 연수**: 학교폭력예방 학부모 교육, 내 자녀와 소통하기, 자녀와 함께 듣는 학교폭력예방 연수 등

사. 동아리 참여

학부모들이 직접 동아리를 기획, 운영하며 학부모 자체 활동뿐 아니라 학생 동아리나 지역사회와 연계한 학교 내·외의 자율적인 교육활동에 참여함으로써 학생의 생활 및 교육 지원을 위한 다양한 활동을 통해 교육공동체로서의 역할을 하고 있다.

표 12-6 학부모 동아리 활동 예시

동아리 구분	활동 내용
음악 동아리	• 학생 동아리와 연계한 난타, 오케스트라 • 지역의 문화행사 공연
활동 동아리	• 공예, 목공 등 다양한 예술적 경험 공유 • 학교 교육활동 참여를 통한 교육적 환원 • 학교 축제 부스 체험
놀이 문화 동아리	• 숲 밧줄 체험 놀이 • 즐거운 교실 놀이 만들기

학부모의 학교교육참여는 교육의 주체인 학생, 교사, 학부모 모두에게 긍정적인 영향을 미침으로써 학교교육을 보다 완전하게 만든다. 그러나 이는 저절로 이루어지는 것이 아니라 전 구성원의 적극적인 노력에 의해 가능하다. 따라서 교사와 학부모 등의 단위 학교 차원의 노력뿐 아니라 제도적인 차원에서의 정책 지원 역시 뒷받침되어야 한다.

CHAPTER

13

초등학교와 지역사회

1. 학교와 지역사회의 연계 이해
2. 지역사회 연계의 기본 전제
3. 초등학교에서의 지역사회 연계의 성격
4. 초등학교와 지역사회 연계의 실제

1. 학교와 지역사회의 연계 이해

가. 지역사회의 의미

지역의 다양한 조직은 국가 유지의 기능과 마찬가지로 지역사회 유지를 위한 정치, 경제, 사회, 문화의 제 기능을 수행하고 있으며, 일반적으로 행정구역상의 지역이나, 전통적인 생활터전으로서의 거주공간과 같은 의미를 갖고 있다. 지역이라는 개념은 단순한 지리학적 특성으로 구분될 수도 있지만, 지역사회는 단순한 지리학적 구분이 아닌 사회 심리적 특성으로 구분된다. 따라서 사회 심리적 관점에서의 지역성을 지역 발전을 위한 교육의 관점에서 접근한다면, 단순한 지역이 아닌 지역사회의 의미로 이해해야 한다.

지역사회는 정신적·물질적 내용을 공통적으로 공유한 인간집단으로 그 지역주민의 기능적 관계를 중심으로 형성된 집단이다. 이러한 지역사회는 공동체적 사회를 영위하기 위하여 지리적 영역(geographic area)을 공유하고, 사회적 상호작용(social interaction)을 하며, 공동유대감(common tie)을 형성하고 있다. 따라서 지역사회는 일정한 지역 안에 모여 사는 일정한 주민들의 공동생활체 또는 공동생활권을 뜻하는 것으로서 그 안에서 사람들은 일정한 문화와 경험을 공유 또는 공동 분배하는 곳이다.

나. 지역사회 연계의 교육적 의의

1) 지역사회와의 연계

학교는 환경체제인 지역사회와 투입－산출의 상호작용을 하면서 그 기능을 수행한다. 학교는 지역사회로부터 요구와 지원을 투입으로 받아들여 그것을 결합하고 전환하여 그 결과를 지역사회에 대해서 지원과 요구의 형태로 산출한다. 따라서 학교는 지역사회교육을 실시하는 데 사용할 수 있는 인적 및 물적 자원을 확보하고 이용해야 한다.

학교와 지역사회와의 협력 내지 협동의 과정에서 필수적으로 이루어지는 것이 연계이다. 연계는 일반적으로 상호 도움과 지원을 주고받기 위해서 협력관계를 유지하는 사람들의 관계맺음이나 상호작용 그 자체를 의미하며, 사람들 사이 혹은 집단 간에 어떠한 형태로든 관계를 맺고 나름대로의 상호작용이 이루어지고 있다는 것을 전제한다.

일반적으로 협력이란 기관 또는 사람들이 단순히 함께 일하는 것으로, 관련된 사람들에게 책임을 거의 요구하지 않으며 최소한의 자원만을 투입하고 자원을 독립적으로 사용하는 것을 의미한다. 반면 협동이란 특정 목적에 대해 2개 이상의 기관이 성취한 결과에 대한 책임을 공유함으로써 공동 목적을 달성하기 위해 일하는 것을 의미한다.

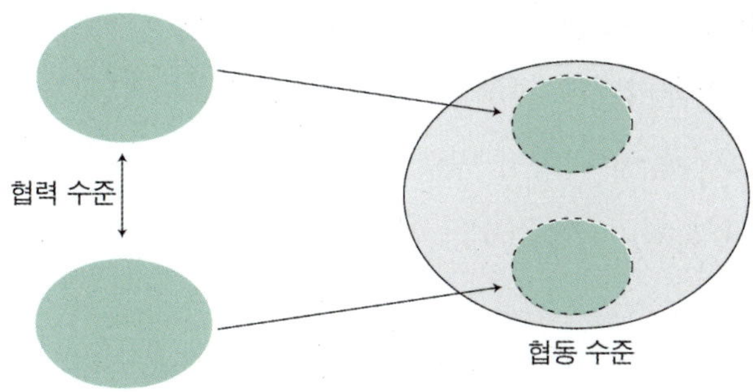

그림 13-1 협력과 협동

협력 내지 협동이 잘 이루어질 것인가의 문제는 일차적으로 관계맺음에 있으며, 그 관계의 상호작용 정도가 얼마나 높은가에 달려 있다고 볼 수 있다. 결국 두 기관 간에 밀접하고 유기적인 협력 내지 협동은 어떤 원칙하에 연계가 이루어질 것인가에 따라 그 형태와 방향이 달라질 뿐만 아니라, 연계로 인한 효과 역시 영향을 받는다.

이와 같이 학교와 지역사회와의 연계체제는 학교와 지역사회 간의 고유의 정체성을 유지하면서 정보 및 인적·물적 자원을 교류하고 상호 공유하는 유기적인 과정을 통해 변화하는 사회에 부합하여 학교교육의 목적을 달성해 나가는 일련의 과정이다.

2) 교육적 의의

공동체로서 학교는 지역사회에서 학교가 갖는 의미와 역할이 정립될 때 비로소 자기 위치를 찾을 수 있다. 따라서 지역에 거주하는 지역사회 대표, 노동조합 지도자, 연구자, 상담전문가, 예술가 등 모든 사람들이 학생들의 각기 상이한 방식과 사고를 지지하고 조력해야 한다. 학교와 지역사회와의 연계의 필요성은 다음과 같다.

첫째, 정치, 경제, 사회, 문화적 환경의 변화는 교육에서도 많은 변화를 요구하고 있다. 개방적 교육체제로의 전환, 교육의 자율성과 책무성 확대, 학교와 지역사회의 연계 강화, 평생교육의 제공 등 학교의 역할과 기능이 전면적으로 변화하고 있다. 이러한 변화는 교사에게 그에 준한 다양하고 전문적인 능력을 요구한다.

둘째, 과거의 교사들에 비하여 미래의 교사들은 보다 다양한 문화적 배경을 가진 학생들을 만나야 하고, 학습지도 전문가로서의 능력 배양에 대한 압력이 커지고 있다.

셋째, 급변하는 사회에서는 제도와 틀이 변화를 따라가지 못하여 문제 상황이 발생하게 된다. 따라서 변화의 흐름을 읽으면서 사회 현상이나 자연 현상의 문제를 발견하여 대응하는 능력이 필요하다. 이러한 역량은 암기와 문제풀이 연습보다 실험, 실습, 토의, 토론, 체험활동, 노작활동 등을 통하여 더 효과적으로 기를 수 있다는 것이 일반적인 견해이다.

넷째, 학교는 사회적 변화를 인지할 수 있는 지식과 정보를 신속하게 습득하고 이해해야 하며 이에 적절히 대응할 수 있는 교육적 방안을 마련할 수 있어야 한다.

학교가 지역사회에 개방되고 협력체제가 강화되면 교사의 대외적인 접촉과 활동이 늘게 될 것이다.

다섯째, 학교는 지역사회의 인적 및 물적 자원을 학교교육에 활용하고 지역사회의 요구와 특성을 교육과정에 담아내야 한다.

2. 지역사회 연계의 기본 전제

학교와 지역사회와의 연계는 자연적인 변화에 의한 연계가 아닌 의도적인 변화에 의한 연계가 요구된다. 지역사회와의 연계는 의도적인 발전의 목표를 설정하고 이를 달성하기 위한 세밀한 계획이 필요하다. 즉 지역사회와의 연계는 의도적인 지역사회의 계획, 변화과정, 그리고 적극적 활동을 전제로 한다.

지역사회의 근본적인 변화 원인은 다양하기 때문에, 지역사회와의 연계는 다양하게 접근된다. 국가의 흥망, 국가의 기본적인 국토종합계발계획 등으로 인한 지명과 행정구역의 변화, 행정기관의 이동, 인구의 이동에 의한 변화가 있을 수 있으며, 교통과 산업의 발달로 인한 신도시 발달, 인구 분포와 지역의 기능 변화 등이 있을 수 있다. 또한 변화 속도를 증가시키는 과학과 기술의 발달로 인한 변화가 있으며, 가치관과 생활양식의 변화 등으로 인한 전통문화의 변화 등이 있다.

이러한 변화의 원인들은 상호 독립적으로 영향을 준다기보다는 상호 복합적으로 영향을 주며, 그러한 영향에 의한 변화의 방향은 반드시 상승적 발전으로 이어지는 것은 아니다. 따라서 지역사회와의 연계를 위한 물적 및 인적 자원은 지역사회 구성원들의 인적 자원 개발에 달려 있으며, 이러한 지역 인적 자원의 개발은 교육에 있어서의 중요한 과제이다.

지역사회와의 연계는 지역의 가치, 지식, 기술, 그리고 행동 규범 등의 변형·적용 등을 통하여 이루어진다. 또한 지역 네트워크, 정치, 경제, 사회, 문화의 지역화,

지역 단위 수준의 분산화, 토착문화, 지역 차원의 참여, 협동, 지원, 지역 여건에 맞는 적절성과 적법성, 지역의 규범과 윤리 등 지역 발전에 있어서의 핵심 요소들의 영향을 받는다. 이러한 영역들은 지역사회의 발달에 따라 다양하다.

학교와 지역사회와의 연계는 다양한 관점에서 통합적이고 균형적인 방식으로 고려되어야 한다. 학교와 지역사회와의 연계를 위한 기본 전제는 다음과 같다.

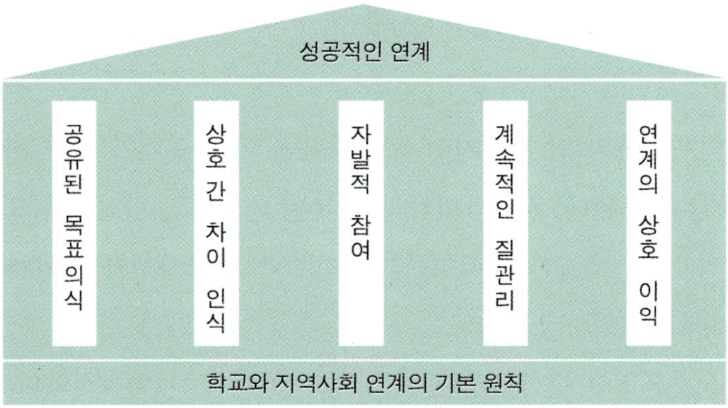

그림 13-2 학교와 지역사회 연계의 기본 원칙

첫째, 협력하고자 하는 학교와 지역사회 간의 공유된 목표의식이 있어야 한다. 왜냐하면 상호 간의 공유된 목표의식이 없다면, 협력을 위한 연계과정은 상호 간의 활동이 있을지는 모르지만, 실질적인 협력관계라고는 말할 수 없기 때문이다. 따라서 협력하고자 하는 학교와 지역사회 구성원들이 공유된 목표의식을 갖고 연계 방안을 마련해야 한다. 그러나 학교와 지역사회와의 협력은 단순히 물리적 관계 설정으로만 이루어지는 것이 아니다. 보다 적극적이고 발전적인 연계체제가 이루어지기 위해서는 학교와 지역사회 사이에 협동의 공감대가 형성되어야 한다. 즉 연계의 목적을 함께 공유하고, 상호 이익이 될 수 있는 구체적인 목표를 설정하는 것은 협동의 실질적 효과뿐 아니라 보다 장기적인 관계 설정의 유지에도 중요한 전제가 된다. 따라서 학교와 지역사회 간의 체계적인 연계를 위해서는 상호 존중의 풍토와 협의 및 토론 등의 크고 작은 다양한 형태의 모임이 이루어져야 하며, 교육공동체 구성원들의 적극적인 의견 개진과 의사결정이 이루어져야 한다.

둘째, 학교와 지역사회 상호 간 다름의 인식이 있어야 한다. 협력하고자 하는 학교와 지역사회 간에 상호 차별적 역할을 인정하고 다름의 정체성을 인정해야 한다는 것이다. 만약 다름이 없다면, 연계할 것이 없기 때문이다. 협력하고자 하는 학교와 지역사회는 다름의 차이가 있어야 보완할 수 있고 협력체제의 가치도 높아지는 것이다. 따라서 교육공동체는 지역사회의 어느 한 기관의 힘으로만 될 수 있는 일이 아니다. 지역사회를 구성하는 조직 상호 간의 긴밀한 유대가 중요하다. 학교와 지역사회의 연계 문제는 어느 특정 조직의 문제가 아닌 다양한 연령층과 다양한 사회계층을 포괄하는 지역사회 전체의 문제이기 때문에, 지역사회 내 관련 구성원들 간의 긴밀한 협력 내지 협동 없이는 상호 간에 발전은 불가능하며, 오히려 지역사회 내 이해관계의 갈등만 높아질 수 있다. 따라서 학교와 지역사회 간 연계체제는 특정 기관의 이익을 위한 것이 아님을 인식해야 한다. 보다 실질적인 연계체제의 혜택은 학교와 지역사회의 모든 수혜자들이다. 결국 학교와 지역사회 간 연계체제 구축은 단순히 학교와 지역사회 자체의 이득을 위해서가 아니라, 오히려 교육 관련자 및 참여자 모두에게 궁극적으로 연계체제의 이익이 공유될 수 있는 방향이어야 한다.

셋째, 학교와 지역사회의 의도적 연계 후 구성원의 자발적 참여가 필요하다. 원칙적으로 학교와 지역사회 간의 협력은 비의도적이라기보다는 목적을 갖는 의도적 과정이다. 따라서 협력체제를 구축하기 위한 연계의 과정은 자연적인 과정이 아닌 의도적인 과정이다. 일단 협력체제를 위한 연계과정이 이루어지면 구성원들의 자발적인 참여와 헌신이 요구된다. 아무리 의도적으로 연계과정을 마련한다 하더라도 구성원들의 자발적 참여 정도가 낮다면, 연계로 인한 협력체제의 구축은 그 효과를 얻기 힘들 것이다. 또한 교육공동체를 위한 신념을 갖춘 지역사회 주체들이 혁신적 사고와 진취적 태도를 갖추면 그만큼 지역사회와의 연계는 더욱 촉진될 것이다. 지역사회에 있는 지도자는 학교교육의 비전뿐만 아니라, 지역사회가 갖고 있는 문제해결의 비전을 함께 공유하고 있어야 한다. 지역사회가 안고 있는 문제, 문제해결을 위한 노력, 지역사회의 다양한 요인에 대한 영향 등에 대한 이해가 부족한 지도자는 학교와 지역사회의 연계를 위한 변화 촉진자의 역할을 담당할 수 없다.

넷째, 학교와 지역사회 간 연계는 상호 유기적 과정을 통한 계속적인 질 관리 노력이 있어야 한다. 형식적인 협력체제의 유지를 위한 연계는 일회적이며, 질 개선의 여지가 없다. 반면 학교와 지역사회 간 상호 유기적인 과정을 통한 계속적인 질 관리 체제하의 연계는 장기적인 개선의 과정을 통한 연계이다. 특히 학교와 지역사회와의 연계를 지속적으로 유지하기 위해서는 지역사회의 인적 자원의 확보가 무엇보다도 중요하다. 학교와 지역사회 발전을 위한 지역사회 인적 자원의 파악은 지역에 기반을 두고 추진되어야 하며, 학교교육의 혁신적 체제의 구축을 위해서는 보다 효과적인 지역사회 인적 자원의 관리가 필요하다.

다섯째, 학교와 지역사회의 연계는 각 주체 간 상호 이익을 추구해야 한다. 진정한 지역사회와의 연계가 교육공동체 의식을 유지하고, 학교교육의 발전을 실현하는 방향으로 이루어진다면, 결과적으로 지역 간 교육격차를 줄이고 학교교육의 질적 제고를 가져올 것이며, 지역 발전의 원동력으로 기여할 것이다.

3. 초등학교에서의 지역사회 연계의 성격

가. 초등학교에서의 지역사회 연계의 의의

초등교육에서의 사회적 접근은 여러 측면에서 유용성이 있다. 첫째, 교사와 학생들에게 충분한 사회적 맥락을 제공해 주기 때문에 교실에서 일어나는 일들을 이해하는 데 도움이 된다. 둘째, 초등교육의 역동성 차원에서, 사회적·경제적 변화들에 부응할 뿐만 아니라 학교교육의 과거와 현재 그리고 미래를 이해하고 사회적 환경을 평가하는 수단이 된다. 셋째, 자신의 교실에서 독립적인 생활을 하는 초등학교 교사들에게 학교 교육과정의 이해를 용이하게 한다(Marriott, 1985).

지역사회는 그 자체로 교육에 대한 실제적인 교육적 경험과 상황을 제공할 수 있다. 지역의 물적·인적 자원은 학교교육의 한계를 보완할 수 있으며, 학교교육과 운영의 다양한 참여를 통하여 보다 민주적 학교교육을 추구할 수 있다. 그러나 초등학교와 지역사회와의 협력은 단순히 물리적 관계 설정으로만 이루어지는 것이 아니다.

보다 적극적이고 발전적인 연계 협력이 이루어지기 위해서는 첫째, 초등학교와 지역사회 사이에 연계 협력의 공감대가 형성되어야 한다. 즉 연계 협력의 목적을 함께 공유하고, 상호 이익이 될 수 있는 구체적인 목표를 설정하는 것은 연계 협력의 실질적 효과뿐 아니라 보다 장기적인 관계 설정의 유지에도 중요한 전제가 된다.

이와 같이 초등학교와 지역사회 간의 체계적인 연계 협력을 위해서는 상호 존중의 풍토와 협의 및 토론 등의 크고 작은 다양한 형태의 행사들이 이루어져야 하며, 초등학교 공동체 구성원들의 적극적인 참여가 이루어져야 한다. 즉 초등학교와 지역사회와의 연계에 있어서 지역사회 구성원은 학교와 학교교육을 공동으로 논의하고 교육공동체에 대한 책무성을 함께 나누어 가지는 파트너십의 관계를 맺어야 한다. 따라서 지역사회 인사들은 학교교육에 대한 평가자로서의 역할을 수행해야 하며, 학교교육의 수혜자로서 단위 학교가 자녀들에게 제공하고 있는 교육활동에 대하여 교육의 책무성을 묻는 주체가 되어야 한다.

둘째, 지역사회는 기초 시민의식의 함양을 통하여 지역 자원의 교육적 활용을 높여 나가야 한다. 학교공동체인 초등학교가 모든 아동의 교육의 장이 되어야 하며, 지역사회는 아동의 기초적 시민의식 함양의 교육의 장이 되어야 한다. 학교는 학교공동체의 질적 제고를 위해 지역사회의 교육적인 인적·물적 환경을 적극적으로 활용해야 한다. 또한 초등학교 교육과정의 지역화를 통하여 초등학교의 지역적 관련성을 높여 나가야 한다. 즉 지역사회는 초등학교의 핵심적 지원기관으로서 초등학교로 하여금 지역사회의 문화와 전통을 반영하도록 하며, 지역사회에서의 아동이 삶의 희망과 비전을 갖도록 도움을 줄 수 있어야 한다.

셋째, 지역사회와 학교의 관계는 지식 정보화 시대의 접근방식으로 변화되어야 한다. 단순한 행정구역 내의 지역이나 지속적으로 유지되던 삶의 터전으로서 장소의 상징적 의미가 달라지고 있다. 이제는 단순한 지리학적 지역성을 극복할 시기이다. 즉 장소(place) 중심의 지역 관점에서 네트워크(network) 중심의 지역 관점으로 변화할 필요가 있다. 이는 과거 동일한 지리적 공간을 공유한 지역의 차원에서 문화나 신념을 공유하는 네트워크상의 공통 문화 차원으로 변화되는 것이다.

이와 같이 초등학교 교육이 지역사회 발전의 중핵으로 그 역할을 이행하기 위해서는 지역사회가 요구하는 필요를 충분히 충족하고, 그에 준한 충분한 교육적 자원과 역량을 갖추고 있어야 한다. 기존의 초등학교 중심의 접근에서 벗어나 지역사회가 갖고 있는 자원을 통하여 긴밀한 교육적 유대를 유지하고 지역사회가 초등학교 교육을 조장하는 방향으로 나아가야 한다.

나. 지역사회 발전을 위한 초등교육의 역할

지역 발전과 초등교육의 관계는 국가적 수준을 전제로 지역 수준에서 발전해 가는 방향을 모색하는 것이어야 한다. 초등교육의 정체성 차원에서 보면 초등교육은 특정 지역 발전의 문제라기보다는 국가적 차원의 문제라고 봐야 타당할 것이다. 따라서 지역 발전과 초등교육의 상보적 관계가 요구된다. 초등교육을 위한 지역사회의 역할이 필요하듯 지역사회 발전을 위한 초등교육의 역할 또한 요구되는 것이다. 따라서 학교에 대한 지역사회(community to school)와 지역사회에 대한 학교(school to community)는 양방향의 관점에서 상호 보완적 관계로 접근해야 한다.

물론 학교와 지역사회와의 관계는 지역공동체의 의미를 어떻게 규정하느냐에 따라 달라질 수 있지만, 지역 발전을 위한 교육, 특히 초등교육의 역할은 다음과 같다.

첫째, 지역 발전을 위한 초등교육은 지역사회에서 변화촉진자의 역할을 수행할 수 있어야 한다. 물론 교육은 변화하는 사회를 앞질러 갈 수는 없다. 그러나 학교는 변화를 촉진하는 역할을 충분히 수행할 수 있는 여건을 가진 사회적 기관이라고 할 수 있다. 따라서 지식의 전수로서의 역할만이 아니라, 사회 변화를 자극하고 촉진할 수 있는 역할을 해야 한다.

둘째, 지역 발전을 위한 초등교육은 학교 교육과정의 지역화를 통하여 초등교육의 지역사회적 관련성을 높여 나가야 한다. 물론 사회에 대한 초등교육의 본질적 의미를 유지하는 것 역시 필요하다. 그러나 지역사회의 핵심적 교육기관으로서 지역사회의 문화와 전통을 반영하여야 하며, 지역사회 주민의 삶의 희망과 비전을 갖도록 하고 지역사회 전체의 문제해결에 도움을 줄 수 있어야 한다.

셋째, 지역 발전을 위한 초등교육은 지역사회의 기초 시민의식의 함양을 위하여 초등학교 자원의 교육적 활용을 높여 나가야 한다. 즉 초등교육은 지역사회의 모든 이의 교육이 되어야 하며, 지역사회 주민의 기초적 시민의식을 함양하는 교육의 장이 되어야 한다. 따라서 학교 내외의 교육적 자원을 최대로 활용하고, 주민들의 생활 향상을 위해 학교교육의 인적·물적 환경을 적극적으로 활용해야 한다.

넷째, 지역 발전을 위한 초등교육은 특정 교육 관련자들의 몫이 아닌 지역사회 전체의 참여와 관심으로 교육의 공적 가치를 추구해 나가야 한다. 지역주민의 자발적인 참여와 능동적인 협조는 지역 발전의 가장 기본적인 요건이라 할 수 있다. 지역 발전에 있어서의 분권화된 의사결정은 지역중심의 초등교육의 역할을 극대화할 수 있는 필수적 단계이다(Ahmed, 1991).

이상과 같이 초등교육과 지역사회의 연계는 초등교육이 지역 발전에 얼마나 영향을 주는가의 논의뿐만 아니라 초등교육 그 자체의 본질 유지와 초등교육이 갖는 목적을 최대한으로 극대화할 수 있는 방안에서 논의해 가는 것이 중요하다.

4. 초등학교와 지역사회 연계의 실제

가. 지역사회의 학교 연계

교육공동체 형성을 위한 지역사회 인사의 역할은 학교교육에 대한 관심과 학교교육활동에 대한 지원이 가장 기본적이다.

- **학습지도**: 독서지도, 토론·토의학습, 협동학습, 체험학습, 방과후학교, 주말학교, 계절학교 등의 학습도우미로 학부모나 지역사회 인사가 참여할 수 있다.
- **생활지도**: 상담활동은 담임교사의 주요한 직무 중 하나이지만, 일단 치유를 위한 상담은 전문적이고 경험이 풍부한 지역상담지원센터와 협력하는 것이 더 효과적일 것이다. 기본 생활습관 지도는 가정과 지역공동체가 모두 관심을 가지고 지속적으로 참여해야 성과를 기대할 수 있다.
- **창의적 체험활동**: 창의적 체험활동의 영역은 자율활동, 동아리활동, 봉사활동, 진로활동으로 구분되며 영역별 활동은 지역사회기관 및 지역사회인사의 협조를 통해 보다 다양한 프로그램 운영이 가능하다.
- **행사활동**: 행사활동 영역은 수학여행, 축제, 체육대회, 음악회, 예술제, 동아리 발표회, 역사·문화체험 등이다. 이 영역은 학교와 지역사회가 서로 소통하며 상호 보완적인 역할을 할 수 있는 영역이다. 행사 준비 단계부터 프로그램의 내용을 협의하고 지역 주민을 초대하여 참여하도록 개방하면 지역사회의 문화센터 역할을 할 수 있다.

1) 지역사회와 학습

지역기관연구소에서는 그 지역을 공부하는 학생들을 위해 지역사회를 공부할 수 있는 프로그램을 개발하여 운영하기도 한다.

• 초등학교 3학년은 지역화 교과서를 통해 지역사회를 배워 나간다. ○○시의 ○○지역사회연구소에서는 학생들의 지역사회 이해를 돕기 위해서 ○○지역사회이해 및 체험 프로그램을 개발하여 운영하고 있으며 많은 초등학교에서 이 프로그램에 참여하고 있다.

2) 지역사회기관과 연계한 봉사활동 사례

초등학교에서는 지역사회와 연계하여 학생들이 봉사활동을 진행하기도 한다. 초등학교에서는 학생들이 원활하게 봉사활동을 하도록 돕기 위하여 지역사회 기관과 MOU를 체결하기도 한다.

표 13-1 지역사회 기관과 연계한 봉사활동 예시

협약체결 내용	교육과정 반영내용
봉사활동 협약기관 : 행복마을, 지역기관 어린이집, 근로복지공단	교육과정 봉사활동
토요 가족 봉사활동 협약기관 : 노인요양원, 장애인보호작업장	토요 가족 봉사활동

각 학년별로 이루어지는 봉사활동 내용은 다음과 같다.

표 13-2 학년별 봉사활동 예시

학년	봉사활동 내용
1, 2학년	• 환경정화활동 : 지역쉼터, 지역 유적지
3, 4학년	• 지역사회 유관기관 연계 봉사활동 : 행복마을, 어린이집
5, 6학년	• 지역사회 유관기관 연계 봉사활동 : 근로복지공단, 어린이집

지역사회 연계를 통한 가족 봉사활동은 학교 홈페이지를 통해 신청하고, 신청결과는 학교 홈페이지를 통해 공지된다. 선정된 가족은 공지내용을 확인하고 관련기관에 가서 가족과 함께 봉사활동을 한다.

3) 지역사회를 활용한 인성교육

지역사회의 활성화와 학생들의 인성교육을 위하여 농어촌의 특정 지역이나 기관을 지정하여 인성교육 프로그램을 운영한다. 체계화된 인성 프로그램을 통해 농어촌사회의 다양한 자연, 노작, 목축, 공작, 예절 등을 교육하고 이를 통해 이웃과 지역사회를 위한 나눔과 배려의 활동을 실천하고 서로 돕고 협동하는 태도를 기르도록 하고 있다.

표 13-3 ○○지역의 인성 프로그램

프로그램명	설명
길따라 물따라	• 마을 탐방 길을 이동하며 준비된 생태일지에 주변 농수로에서 자신이 발견한 곤충과 식물을 기록하고 알아본다.
꼬마 메주 만들기	• 지역에서 생산되는 콩으로 메주를 직접 만들어 본다.
별보고 달보고	• 시골의 밤하늘을 망원경으로 관찰하고 각 별자리의 설화에 대해 알아보며, 도심과 시골의 밤하늘의 차이를 알아본다.
콩타작 체험	• 파종부터 수확까지의 과정을 알아보고 직접 수확활동을 체험함으로써 곡물의 소중함을 느껴본다.
인근 관광지 연계 프로그램	• 자연 경관과 동굴 등과 같은 유적지를 방문하여 그 지역의 관광자원과 역사에 대해 알아본다.

나. 학교의 지역사회 연계

1) 지역사회주민을 위한 평생교육기관으로서의 학교

초등학교는 지역사회 주민을 위한 교양 및 기초교육, 직업기술 및 전문교육, 건강 및 보건교육, 가족 생활교육, 지역사회교육, 취미여가교육, 국제이해교육, 국민독서교육, 전통문화교육 등 다양한 평생교육 프로그램을 운영한다. 초등학교의 평생교육 프로그램 운영을 위한 예산은 민간단체 및 기업의 후원금, 참여자 수강료, 국가 보조, 교육프로그램 행사에서 나오는 수익금 등 다양한 형태로 확보되고 있다. 초등학교에서 운영되고 있는 평생교육 프로그램에는 천연염색, 유도교실, 북아트 교실, 한지공예, 컴퓨터 교실, 네일아트, 예쁜 손글씨 쓰기, 퀼트 교실 등이 있다.

2) 마을학교 운영

단위학교가 학습자의 교육에 전념할 수 있는 기반을 조성하기 위하여 지방자치단체, 교육청, 지역사회, 단위학교가 연합하여 다양한 인적 물적 자원을 협력하고 연계하는 지역교육공동체 실현을 위해 마을학교(마을교육공동체)가 운영되고 있다. 이는 학교 안에 머물러 있던 교육의 공공성을 학교 밖 마을로 확대하고, 마을의 교육적 기능을 회복하여 아이의 삶을 총체적으로 돌보는 교육복지 시스템을 만드는 일이다(성열관 외, 2016). 마을 + 교육 + 공동체의 조합으로서 '일상의 삶이 이루어지는 시간과 공간인 마을에서, 교육을 함께 고민하고 실천하는 공동체 혹은 공동체적 관계와 활동을 의미한다(김태정, 2019). 대표적인 마을학교 운영 사례는 다음과 같다.

표 13-4 마을 학교 프로그램 예시

구분	설명
마을과 함께하는 교육과정 운영	• 마을의 다양한 인적·물적 자원과 학교와의 관계망 형성을 통해 학교 교육과정을 마을과 함께하는 교육과정으로 재구성하여 운영 - 마을교육과정 연구회 운영 - 마을결합형 환경생태교육 프로그램
방과후활동	• 아이들이 방과 후에 지역에서 안전하고 건강한 여가 및 교육활동을 지원받고 행복하게 성장할 수 있도록 마을의 다양한 인적·물적 자원을 정비 및 확충하고 마을의 성장을 지원 - 마을 놀이터 운영 - 학교로 찾아가는 지역인 강연
학생 자치활동 지원	• 지역사회 구성원으로 스스로 기획, 참여하는 다양한 학생들의 자치활동을 지원하고, 창의적이고 자율적인 청소년 동아리 운영을 조장하는 사업 - 학교 운동장 야외 영화제 - 마을 벽화 그리기

구분	설명
마을 개선활동	• 지역의 문제점을 찾아 학부모와 지역민들이 함께 고민하고, 의견을 협의하여 개선을 위한 활동 전개 - 마을환경 개선을 위한 관공서 건의, 면담 - 마을 플로깅(스웨덴어 plocka upp + 영어 jogging) - 마을환경 캠페인

(서울특별시교육청, 2017년 서울형혁신교육지구 지정운영 계획, 6-8. 참고)

이처럼 초등학교와 지역사회 간에는 다양한 형태로 연계된 활동들이 이루어지고 있다. 학교는 지역사회와 연계하여 학생의 교과학습과 인성교육을 위해 지역사회를 활용하고 지역사회 주민을 위한 평생교육 기관으로서의 역할을 하고 있다. 이러한 학교와 지역사회의 연계는 자연적인 것이 아니라 의도적인 것이므로 꾸준한 관심과 노력을 바탕으로 세밀한 계획을 통해 이루어져야 한다.

CHAPTER

14

초등교육의 과제

1. 미래 사회의 패러다임
2. 미래교육의 기본 전제
3. 미래 사회에서의 초등교육의 과제

1. 미래 사회의 패러다임

미래 사회는 급격한 변화가 동반되고 새롭고 다원화된 특징을 가진 사회로서, 미래 사회에는 창의적이고 융합적 인재가 사회적으로 필요해질 것으로 예상되고 있다. 특히 미래 사회에서 필요로 하는 인재를 양성하기 위해 미래를 준비하는 학교교육이 필요하다는 점에서 미래 학교교육에의 준비는 미래 사회를 예측하는 것부터 시작될 수 있다. 특히 4차 산업혁명으로 인한 인공지능시대 도래와 사회 전반의 급속한 변화로 인해 학교교육의 환경은 그 어느 때보다 많은 변화를 요구받고 있다.

세계경제포럼(World Economic Forum)의 회장인 Schwab(2016)은 4차 산업혁명 시대가 도래하고 있다고 보고, 4차 산업혁명으로 인해 모든 것이 네트워크에 연결되어 데이터가 폭발적으로 증가하고 인공지능이 이를 스스로 학습하여 인간의 육체노동뿐 아니라 일부 지적 판단기능도 수행이 가능해진다고 예측하고 있다. 또한 4차 산업혁명이 사회를 전 분야에 걸쳐 근본적으로 변화시킬 것이며, 미래 전문가들은 축적된 개인별 데이터를 기반으로 학생들의 강점과 약점을 분석하여 자동으로 다음 교과 내용을 제시하는 인공지능 교사가 교육산업의 큰 축으로 부상할 것으로 예견하고 있다(이명구 외, 2019).

이와 같이 미래 사회에는 소위 4차 산업혁명이라고 불리는 변화가 예상되고, 이러한 변화를 가져올 기술로는 나노기술, 생명기술, 정보기술, 인지기술 등이 있으며, 이를 바탕으로 빅데이터, 로봇, 사물인터넷, 3D프린터, 인공지능, AI가 활성화될 것으로 기대된다(권순영, 2018). 이러한 핵심 기술들이 산업, 문화, 교육 등의 전반적인 분야에서 변화를 이끌 역할을 할 것으로 예상되고 있다. 이러한 변화들 중에 가장 큰 변화가 예상되는 영역 중 하나는 모든 산업과 직·간접적으로 연계되어 있는 교육 분야로, 이는 기술이 발전함에 따라 교육 환경과 형태가 달라질 뿐 아니라 새로운 사회가 요구하는 새로운 인간상을 길러내기 위해 교육의 변화가 필수 요건이기 때문이다. 특히 최근 급속히 증가한 지식의 양은 인류의 역사가 시작된 후 축적된 지식의 양을 추월한다고 볼 정도로 미래에는 지식의 습득 자체가 중요한 것이 아니라 지식을 습득하는 학습 방법 및 교육 체제 등의 패러다임의 변화가 예상된다.

미래 사회에 대비한 교육 역량과 관련하여 UNESCO의 DeSeCo(Defining and Selecting Key Competencies) 프로젝트(OECD, 2005)와 'The Future of Education and Skills: OECD Education 2030(OECD, 2018)'은 유용한 정보를 우리에게 주고 있다(이상은, 2019). 특히 2000년대 중반부터 OECD가 강조하기 시작한 역량중심 교육에 대한 중요성은 전 세계적으로 일반적인 패러다임 변화의 한 특성으로 강조되고 있다. 이들 보고서들은 미래 사회의 불확실성과 그로 인한 사회의 변혁 속에서 교육이 미래세대의 삶의 준비를 어떻게 뒷받침할 수 있는가에 대한 방향을 제시하며 기존에 각 교과지식의 숙달에 대한 교과교육의 목표를 학습자인 학생의 미래 삶에 요구되는 핵심 역량을 중심으로 함양하도록 제안하고 있다.

미래 사회는 다양한 기술을 생활에 접목하고 이를 활용, 융합하여 새로운 가치를 창출하고 사회변화에 유연하게 대응하는 역량이 필요하다. 이러한 역량들은 미래교육을 통하여 교육내용, 교육방법, 교육환경 등의 변화로 대비해야 하며, 그러한 미래교육을 담당할 교사의 역량 또한 필요하다. 교육부(2015) 역시 미래 사회를 대비하는 학교 교육혁신을 위하여 교사의 역할 변화가 필요함을 강조하면서 교사가 전통적인 지식 전달자로서의 역할에서 벗어나 학습경험 설계자, 학습 안내자, 사고 촉진자로서의 역할을 수행해야 한다고 강조하고 있다. 또한 「2022년 개정 교육과정 총론」에서 역량 함양 교육이 중요함을 강조하고 있는데, 수많은 지식과 정보의 물결 속에서 단편적 지식을 습득하기보다는 학습한 내용을 삶의 맥락에서 적용하여 복잡한 문제를 해결할 수 있는 역량의 필요성에 대한 인식을 나타낸 것이다. 따라서 교사는 기존의 지식 전달자에서 지식을 왜 배워야 하는지에 대한 깨달음을 돕고, 학습자 스스로 자기주도학습을 할 수 있도록 코칭하는 역할이 강조될 것이다(Thomas, 2021).

2. 미래교육의 기본 전제

미래 사회를 예측하고, 미래교육의 과제를 논하는 일은 쉬운 일이 아니다. 그럼에도 초등교육의 기본 성격하에 미래 사회의 교육에 대한 기본 전제를 제시하면 다음과 같다.

첫째, 미래교육 역시 교육의 출발은 학습자 관점에서 출발해야 한다. 즉 일차적으로 학습자에게 이득이 되는 방향이어야 한다. 특정 정책의 추진을 위해서, 혹은 교사의 수업 편리성을 위해서, 혹은 특정 관련 산업의 발전을 위해서 등은 학습자의 교육적 효과가 보장되어야 그 가치가 있을 수 있다. 또한 시대적 흐름이라 하더라도 이상적이고 추상적인 비전이 아닌 그것이 학습자의 관점에서 어떤 도움이 되는지에 대한 보다 확실하고 실제적인 논의가 있어야 한다.

둘째, 미래교육의 철학적 가치가 무엇인지 끊임없이 논의해야 한다. 즉 미래교육이라 하더라도 교육의 본질적 논의가 항상 선행되어야 한다. 미래교육에 있어서 교육철학이 무엇인지 논의되지 않으면, 미래교육은 단지 교육적 효과를 높이기 위한 방법론이나 공학적 접근일 수밖에 없다. 만약 그렇다면 미래교육은 새로운 매체의 등장과 함께 사라질 시한부 방법론일 수 있다. 그러나 하나의 교육철학으로 미래교육의 명분을 확보한다면 특정 매체의 변화와는 관계없이 교육에서 항구적으로 중요하게 다루어지는 주제가 될 것이다. 만약 미래교육이 단순히 정보기술을 활용하는 것만 지나치게 강조될 경우 학교교육의 본질은 왜곡되거나 주객이 전도될 수 있으며 미래교육은 보다 혁신적인 매체의 등장과 함께 사라질 것이다.

셋째, 좋은 수업의 기준이 다양한 매체 활용으로 강조되어서는 안 된다. 보다 중요한 것은 과연 미래교육에서 좋은 수업이 무엇인지 그리고 좋은 수업 전략이 무엇인지에 대해 교육공동체와 함께 서로 소통의 장을 통해 지속적으로 공유해 가는 것이다. 교사별로 좋은 수업의 기준과 접근 방식이 다르거나 특정 교과, 특정 이론으로 지도하는 수업이 좋은 수업이라고 생각한다면, 그것만큼 교육에서 위험한 것은 없으며, 그로 인한 일차적인 피해는 학생들인 것이다.

넷째, 미래교육 역시 궁극적인 목적은 삶과 앎의 과정에서 지속적으로 학습할 수 있는 자기주도적 학습 능력의 배양에 있을 것이다. 이는 특정 교과만의 수업 모형이나 전략으로 해결되는 것이 아니다. 미래교육에 있어서 학교급별로 혹은 교과별로 서로 다른 접근의 교수－학습 전략이 아닌 서로 공통 요인을 찾으려는 종합적인 접근의 논의가 요구된다. 왜냐하면 교과별 수업 전략의 공통 요인은 교과별로 추구하는 수업 모형과 수업 전략을 뒷받침할 수 있는 중요한 이론이 될 수 있기 때문이다.

다섯째, 미래교육에 있어서도 학습 부진아 현상은 있다. 학업 성취 저하에 대한 학습부진과 학습지진의 원인이 구별되듯이, 미래교육을 단순히 인지적 요인으로만 접근할 수 없다. 오히려 학습부진아의 경우 정의적 영역의 진단과 처방 전략부터 먼저 고려해야 한다는 점에서 미래교육 역시 정의적 영역의 세심한 처치와 함께 논의되고 접근되어야 한다. 또한 미래교육은 기본적으로 개별화를 전제로 하고 있다. 미래교육과 관련된 다양한 접근은 다수가 함께 수업을 받고 있는 일반 학급의 현실에서 얼마나 학습자들을 개별적으로 교사가 처치할 수 있는 여건이 마련되느냐가 미래교육의 현장 적용성의 중요한 전제가 될 것이다.

여섯째, 교사와 학생의 관계에서 보면 모든 학교의 모든 학급에서 일어나는 교수－학습 활동은 동일한 행위일 수 있으나, 실제 모든 학교마다 모든 학급마다 그리고 모든 교사마다 학생들과 상호작용하며 수업을 하는 현상은 다르게 나타난다. 따라서 하나의 수업 전략은 최종 교사로 하여금 자신의 학급 혹은 학교 풍토를 고려하여 수업 모형이나 전략을 융통성 있게 처치할 수 있도록 너무 획일적인 미래

교육 매뉴얼의 제공은 지양해야 한다.

일곱째, 만들어진 콘텐츠의 교사 구현 능력이 아닌 만들 수 있는 교사 역량의 강화 방향으로 정책이 마련되어야 하며, 최종적으로는 교사의 미래교육 역량이 중요하다는 점을 명심해야 한다. 만약 동일한 교과서를 가지고, 동일한 콘텐츠를 가지고 수업을 한다면, 교사의 창의적 수업 전략은 있을 수 없으며 미래교육이 구축하는 방향과도 부합되지 않는다. 즉 마치 영화를 만들고자 할 때 카메라를 구비하는 것이 중요하지만 보다 중요한 것은 영화를 만드는 방법을 알고 있는 것이 더 중요하듯이, 미래교육에 있어서 교육 환경의 마련도 중요하지만 더욱 중요한 것은 교사의 미래교육 수업 콘텐츠의 제작 능력이다.

마지막으로 현재 스마트 기기의 이용률 증가와 함께 스마트 기기 사용에 따른 부정적인 현상이 나타나고 있는 것도 부정할 수 없는 현실이다. 또한 미래교육의 역기능으로 타인의 ID 및 주민등록번호 도용, 아이템 절도, 소프트웨어 불법 복제, 유해사이트 방문 및 개설 등의 사이버 일탈도 심각한 문제로도 야기되고 있다. 특히 사이버 공간의 특성인 비대면성과 익명성으로 인하여 음란정보나 폭력성 정보에 무차별적으로 접근 가능하여 아동들의 사이버 범죄를 유발하는 등의 문제를 낳고 있다. 따라서 정보통신 기술의 발달과 함께 대두되고 있는 윤리적 문제에 대처하고 예방할 수 있는 규범과 정책의 마련이 있어야 한다는 점은 미래교육 환경에서는 아무리 강조해도 지나치지 않을 것이다.

3. 미래 사회에서의 초등교육의 과제

미래 사회에 따른 학교의 변화와 마찬가지로 초등학교교육 역시 변화의 흐름 속에서 초등교육의 본질을 어떻게 유지할 것인가 고민해야 한다. 특히 급격한 시대적 변화를 전제로 하는 미래 사회에서 학교교육의 역할 약화나 비인간화 내지 인간성 상실의 문제는 단순히 미래 사회로의 변화를 긍정적으로만 바라볼 수 없게 만든다. 초등교육은 본질적으로 미래를 대비하는 활동이다. 왜냐하면 현재 교육받고 있는 아동들의 활동 무대는 사실 미래이기 때문이다. 따라서 초등교육은 미래 사회가 어떻게 변화될 것인지를 예측하여야 하며, 아동들로 하여금 예측된 변화에 대응할 수 있는 능력을 갖추도록 해야 한다.

초등학교에서 현재 가르치고 있는 아동들이 바로 다가올 미래 사회를 이끌어갈 가장 중요한 주인공들이라는 점에서 보면, 급격히 변화하는 사회에 대처하고 긍정적인 변화의 힘으로 미래 사회를 만들어갈 역량을 키워야 하는 초등교육의 책무성은 높아지게 된다. 특히 학령기 아동에 대한 초등교육 본연의 교육적 의의를 토대로 아동들의 교육을 반추해 보면 초등교육을 통해 미래 사회의 모습을 전망해 보고 미래 사회의 주역인 아동들에 맞는 초등교육을 생각해 보는 것은 의미 있는 일이 아닐 수 없다.

첫째, 미래 사회는 그에 걸맞은 새로운 인간상을 요구할 것이다. 하지만 이는 인간으로서 갖추어야 할 본질적 문제에 대한 논의가 아니다. 미래 사회에 요구되는 인간은 미래 사회에 적응할 수 있는 인간을 의미하며, 이는 인간이 갖추어야 할 근본적인 인간성의 변화를 요구하는 것은 아니다. 분명 전통적 사회에서 필요로 하는 삶과 앎의 기술과 현대 사회 혹은 미래 사회에서 요구되는 삶과 앎의 기술은 다르다. 오히려 미래 사회의 변화에서 우려하는 인간성 상실이나 비인간화의 문제는 지나치게 사회 적응적 인간을 강조함으로써 야기될 수 있다. 즉 미래 사회의 교육일수록 삶과 앎의 적응 능력뿐만 아니라 인간화 교육의 중요성을 더욱 강조해야 할 필요가 있다. 따라서 미래 사회의 초등교육은 인간성 교육의 본질에 더욱 중점을 두어야 하며, 인성교육의 강화는 소홀히 할 수 없는 중요한 교육의 목적이 되어야 한다.

둘째, 미래 사회는 다원화 사회에 필요한 역량 교육을 요구할 것이다. 우리나라의 경우도 이제는 단일 민족의 국가로서의 성격을 유지하기 힘들다. 한 국가 차원에서의 다원화는 점차 국제적 차원에서의 다원화의 문제로 더욱 확장될 것이며, 미래 사회의 다원화의 문제는 한 국가적 문제가 아닌 국제적 문제라고 할 수 있다. 이러한 미래 사회의 다원화는 한 국가나 사회의 정체성 확립을 위한 학교교육으로는 미래 사회의 학교로서 기능을 수행하는 데 한계가 있을 수밖에 없다. 따라서 미래 사회의 초등교육은 한 국가 혹은 사회의 국민으로서 갖추어야 할 정체성 내지 시민성 교육뿐만 아니라 전 세계의 보편적 시민성을 구비하게 하는 교육 역시 소홀히 할 수 없게 된다. 미래 사회의 초등교육은 국제적 관심의 주제를 중요한 교육 내용으로 다루게 될 것이며, 한 국가의 문제가 아닌 전 지구적 차원의 문제를 해결하고 지속적으로 성장 가능하게 하는 능력을 구비하게 하는 교육으로 강조되어야 한다.

셋째, 미래 사회는 보다 장기간의 학교교육을 필요로 할 것이다. 현대 사회에서 학교교육이 일반 국민을 대상으로 하는 보편적 교육이자 삶과 앎의 기초적 교육의 장이라면, 미래 사회는 지금보다 더 많은 지식과 능력을 요구할 것이다. 따라서 누구나 갖추어야 할 국민 공통 기본 교육으로서의 일반교육은 의무교육을 통해 더욱 강화될 것이며, 국가의 교육에 대한 책무성과 교육복지 차원에서 의무교육의 기간은 점차 길어질 것이다. 즉 미래 사회에서 유아교육, 초등교육, 중등교육은 교육복지 차원과 의무교육의 연장으로 학교급별 경계선이 모호해질 수 있으며, 초등교육과 유아교육 및 중등교육과의 연계 가능성은 그 만큼 높아질 것이다. 결과적으로 미래 사회에서의 초등교육은 그 자체의 고유한 성격이 애매해질 수 있으며, 유아교육이나 중등교육과의 정체성에 있어서도 차별화되지 못할 수도 있다. 따라서 초등교육의 학문적 정체성에 대한 끊임없는 논의와 초등학교교육에 대한 전반적인 체제 변화에 대한 연구가 이루어져야 한다.

넷째, 미래 사회는 학교의 기능 변화를 요구할 것이다. 과거의 학교는 전통적으로 특권층의 전유물이었고, 학교를 통해서만이 지식을 획득할 수 있었으며 특권계층의 자녀만이 학교의 수혜자가 되었다. 그러나 미래 사회에서 학교는 현대 사회와 같이 누구나 쉽게 접근할 수 있는 교육기관이지만 학교가 삶과 앎의 과정에서 필요한 지식이나 정보를 획득하는 역할을 독점할 수는 없게 될 것이다. 오히려 다양한 정보화 매체를 통해 지식을 접할 수 있는 특권층일수록 학교교육을 받는 것이 필수가 아닌 선택일 수 있게 되며, 학교 이외의 곳에서 정보나 지식을 얻기 힘든 사회 계층만이 학교를 다니게 될 수도 있다. 따라서 미래 사회의 초등학교는 교육기관으로서의 역할뿐 아니라 사회 소외 계층을 위한 교육복지기관으로서의 역할이 보다 강화될 필요가 있다.

다섯째, 미래 사회는 학교 역시 지역사회의 한 구성원으로서의 교육적 역할을 요구할 것이다. 현대 사회는 학교를 지역사회에 독립된 교육기관으로서가 아닌 지역사회학교로서 역할을 하는 교육기관으로 여긴다. 이는 지역사회에서 학교가 차지하고 있는 비중이 높고 지역사회의 발전에 있어서 학교의 역할에 대한 지역사회의 기대가 크다는 것을 의미한다. 미래 사회에서도 지역사회에서의 초등학교의 역할은 중요할 것이다. 그러나 미래 사회에서는 초등학교가 지역사회에 어떤 역할을 할 것인가 보다는 초등학교가 지역사회와 함께 아동들에게 어떤 역할을 할 것인가의 문제가 중요한 논의가 될 것이다. 즉 미래 사회에서 초등학교는 단일 교육기관으로서의 역할보다는 지역사회 자체로서의 학교공동체로서의 역할이 강화될 것이다. 따라서 교육공동체로서 아동을 중핵으로 학교(교사), 학부모, 지역사회, 교육당국 등의 지역사회의 구성원들이 아동들이 잘 성장·발달할 수 있도록 어떻게 교육지원을 할 것인가에 중점을 둘 것이다. 결국 미래 사회에서 초등학교와 지역사회와의 관계는 초등학교 역시 아동의 성장과 발달을 지원하는 지역사회의 한 구성원으로서의 역할로 재구조화될 것이다.

참고문헌

강기수(2002). **인간학적 교사론**. 부산: 세종출판사.

강길수, 김종철, 김영식(1980). **教育行政**. 서울: 서울대학교출판부.

강승호, 김명숙, 김정환, 남현우, 허숙(1996). **현대 교육평가의 이론과 실제**. 서울: 양서원.

경기도교육청(2005). 신바람과 감동을 주는 학급 교육과정 길라잡이 Ⅲ(장학자료 2006-1).

고재천, 강원근, 고전, 권동택, 김은주, 박경묵, 박상완, 박영만, 서명석, 이정선, 정혜영(2007). **초등학교교사론**. 서울: 학지사.

고진호(1993). 아동생활세계와 학교교육과정 지식의 관련 탐색. **교육과정연구**, 12, 174-187.

곽병선(1981). **통합교과용 도서 구성의 배경과 이론적 기초. 통합교과용 도서의 효율적 지도를 위한 웍샵.** 서울: 한국교육개발원.

곽병선(1986). **교육과정.** 서울: 배영사.

교육과학기술부(2008). **초등학교 교육과정 해설(Ⅰ)**. 서울: 대한교과서주식회사.

교육과학기술부(2010). **초등학교 교육과정 해설: 총론**. 서울: 교육과학기술부.

교육부(2015). **과학과 교육과정**(고시 제2015-74호).

교육부(2017). '2016. 학교급식 실시현황'. 교육부 문서뷰어. https://moe.go.kr/sn3hcv/doc.html?fn=17a9fe584c773bc172b319393e27c8ad&rs=/upload/synap/202303/

교육부(2022). 초등학교 교육과정(교육부 고시 제2022-33호).

권동택(2003). 초등교육의 관점에서 본 기초교육의 의미. **초등교육연구**, 16(2), 41-58.

권동택(2004a). 불확실성 시대의 학교조직에 대한 카오스적 패러다임 이해. **교육과학연구**, 9, 1-12.

권동택(2004b). 수요자중심과 아동중심의 초등교육학적 의미 분석. **초등교육연구**, 17(1), 389-410.

권동택(2004c). 초등학교조직에서의 총체적 질 관리(TQM). 이병진 교수 정년기념 논문집 간행위원회(편), **초등교육학 서설**(pp. 97-115). 서울: 문음사.

권동택(2005). 초등의무교육에 있어서 아동 자유 제한의 정당성 연구. **학습자중심교과교육연구**, 5(1), 65-83.

권동택(2007). 서양 초등교육사적 맥락에서의 primary와 elementary의 의미 분석. **학습자중심교과교육연구**, 7(2), 29-47.

권동택(2010). 교실친화적 초등 교사 양성과 임용의 연계 방안. 한국교원대 학교 부설 교과교육공동연구부, 교실친화적 교사양성과 임용의 연계성 강화 방안 자료집(pp. 49-59). 제20회 청람교과교육 정책 포럼(2010. 1. 22).

권동택(2013). 초등학교교육의 본질과 교사의 전문성. 남원주초등학교 특강 자료집(2013. 10. 2).

권순영(2018). **미래사회의 교육 가치에 관한 연구**. 강릉원주대학교 대학원 박사학위논문.

김기태, 조평호(2003). **미래지향적 교사론**. 서울: 교육과학사.

김동엽(2006). **교수-학습이론의 이해**. 서울: 문음사.

김동환, 권낙원(1997). **教育課程과 評價**. 서울: 尙潮社.

김석우, 김대현(2001). **교육과정 및 교육평가**. 서울: 학지사.

김선혜(2003). 초등학교 학급훈육모형 개발 연구. 한국교원대학교 대학원 박사학위논문.

김선혜(2004). 초등학교 학급훈육모형의 개발준거 탐색. 이병진 교수 정년기념 논문집 간행위원회(편), **초등교육학 서설**(pp. 75-95). 서울: 문음사.

김선혜(2015). 초등학교 돌봄서비스의 목적 논의: 공공성과 아동 자기결정의 자유에 근거하여. **한국초등교육**, 26(4), 515-535.

김영돈(1983). **학급경영론**. 서울: 교육과학사.

김은정, 장수정, 정영모, 오신휘(2019). 초등아동 대상의 공적 돌봄 서비스 공급 체계 분석과 정책과제. 한국보건사회연구원 연구보고서(2019-45).

김재복(1995). **교육과정의 통합적 접근**. 서울: 교육과학사.

김재춘, 노국향, 조덕주(1998). 초·중등학교 교육과정평가 방안. 한국교육과정평가원연구보고 RRC 98-2.

김종서, 이영덕, 황정규, 이홍우(2004). **교육과정과 교육평가**. 서울: 교육과학사.

김종철(1994). **최신교사론**. 서울: 교육과학사.

김종철(1996). **현대사회와 교원**. 서울: 교육과학사.

김진숙, 김수연, 장선희(1999). **기초기능교육**. 서울: 원미사.

김태정(2019). **혁신교육지구와 마을교육동동체는 어떻게 만들어지는가?**. 서울: 살림터.

김호권, 이돈희, 이홍우(1985). **현대교육과정론**. 서울: 교육출판사.

류재화(2003). **고대 로마의 일상생활**. 서울: 우물이 있는 집.

민영순(1984). **교육심리학**. 서울: 문음사.

박경묵(1992). 초등교사의 자질 모형 정립에 관한 연구. 한국교원대학교 대학원 박사학위논문.

박도순(1995). **교육과정과 교육평가**. 서울: 문음사.

박병량(2001). **훈육**. 서울: 학지사.

박병량(2003). **학급경영**. 서울: 학지사.

박상호(1997). **초등교육론**. 서울: 집문당.

박선영(1977). 불교사상으로 본 기초주의. **교육학연구**, 15(1), 30-41.

박은종(2010). **으뜸 수업 탐구의 정석**. 파주: 한국학술정보(주).

백순근(1999). 수행평가의 이론과 실천방안. **열린교육연구**, 7(1), 5-25.

백현기(1977). **교육행정의 기초**. 서울: 배영사.

서울대학교 교육연구소(2011). **교육학용어사전**. 서울: 하우동설.

서울특별시교육청(2016). 서울특별시 초등학교 교육과정 편성·운영 지침(서울특별시교육청 고시 제2016-9호).

서울특별시교육청(2017). 2017년 서울형혁신교육지구 지정 계획. http://buseo.sen.go.kr/web/services/bbs/bbsList.action?bbsBean.bbsCd=311&ctgCd=1197에서 2023년 3월 12일 인출.

서울특별시교육청교육연수원(2022). 2022년 연수운영 종합계획. https://www.seti.go.kr/hp/hm/html

Convert.do?menuId=1000004392에서 2023년 1월 8일 인출.
서정기(1992). **교육원리**. 서울: 교육과학사.
성병창(2004). 초등학교 훈육문제 행동의 발생 경로 분석. **초등교육연구**, 17(1), 145-178.
성열관, 이윤미, 백병부, 홍기복, 최민선, 김남희, 전아름(2016). 서울형혁신교육지구 중장기 발전 방안연구. 서울특별시교육연구정보원.
손인수(1969). **한국인과 교육사상**. 서울: 교단사.
송명자(2008). **발달심리학**. 서울: 학지사.
송준식, 사재명(2006). **유아교육의 역사와 사상**. 서울: 학지사.
심진구(1992). **初等教育과 教師**. 서울: 교육과학사.
양길석(2005). 서술형·논술형 평가 문항의 제작 원리. 서술형·논술형 평가 예시문항 자료집-중1 사회. 서울특별시교육청.
엄태동(2002). 초등교사의 교수활동: 쉬움과 어려움의 패러독스. **교육원리연구**, 7(1), 109-132.
오만록(2002). **학교 교육의 이론과 실제**. 서울: 형설출판사.
오석홍(1983). **인사행정론**. 서울: 박영사.
오천석(1964). **한국신교육사**. 서울: 현대교육총서출판사.
윤오영(2005). 서술형·논술형 평가의 필요성 및 평가 문항 개발. 서울교육(여름호).
윤형모(1964). **학급경영의 계획과 기술**. 서울: 현대교육총서출판사.
이규호(1972). **앎과 삶**. 서울: 연세대학교출판부.
이덕난(2013). 핀란드 초·중등 교육제도의 특징 및 시사점. 국회입법조사처 현안보고서(제196호).
이병진(1999). **초등교육학 개론**. 서울: 문음사.
이병진(2003). **교육리더십**. 서울: 학지사.
이상은(2019). OECD Education 2030에 나타난 역량교육의 주요 특징 및 시사점: 2015 개정 교육과정과의 비교를 중심으로. **비교교육연구**, 29(4), 123-153.
이상주(1974). 의사결정의 관점에서 본 교육과정. **교육과정연구의 과제**, 59-74.
이숙례(1994). **초등교육의 이론과 실제**. 서울: 양서원.
이영덕(1983). 통합교육과정의 개념. 한국교육개발원(편). **통합교육과정의 이론과 실제**. 서울: 교육과학사.
이윤식(1992). 교사신규채용 및 전보제도 개선 연구. 한국교육개발원 연구보고서(RP92-32).
이인섭(1969). 아동 언어발달 연구 서설. **한국국어교육연구회 논문집**, 2, 49-71.
이장호(1986). **상담 심리학 입문**. 서울: 박영사.
이학주(1991). 초등교육 이념의 탐색. **인천교대논문집**, 25(1), 249-264.
이희승(1997). **국어대사전**. 서울: 민중서림.
장찬익, 권순달, 김경란, 김유미, 노진호, 심규장, 임정훈(1999). **초등교육의 이해**. 서울: 문음사.
장혁표(1983). **생활지도**. 서울: 형설출판사.
정범모(1968). **교육과 교육학**. 서울: 교육과학사.
정우현(1995). **교사론**. 서울: 배영사.

정태범(2002). **장학론**. 서울: 교육과학사.
정태범(2002). **학교경영론**. 서울: 교육과학사.
조봉환, 박미진, 임경희(2018). 초등학생 진로흥미 그림검사 개발. **초등상담연구**, 17(3), 439-457.
주영흠, 박진규, 오만록(2003). **신세대를 위한 교육학개론**. 서울: 학지사.
진수남(2012). 수석교사제 운영에 관한 교원들의 인식 연구. 서울교육대학교 교육대학원 석사학위논문.
진영은, 조인진, 김봉석(2002). **교육과정과 교육평가의 탐구**. 서울: 학지사.
진원숙(1999). **시민적 휴머니즘과 인간, 역사, 과학**. 서울: 야스미디어.
하갑수(1979). 學校 經營者의 職員觀과 組織健康. **부산교육대학 논문집**, 14(2), 79-89.
한기언(1975). **교육의 역사·철학적 기초**. 서울: 실학사.
한기언(1996). **한국현대 교육철학**. 서울: 하우.
허승일(1998). **스파르타 교육과 시민생활**. 서울: 삼영사.
홍성훈, 김희수(2009). **교육학개론**. 서울: 일문사.
황기우 역(2002). **21세기 교사의 역할**. 서울: 원미사.
황정규(1987). **학교학습과 교육평가**. 서울: 교육과학사.

梅根悟(1955). 世界 教育史. 東京: 新語論. 김정환, 심성보 역(1990). **세계교육사**. 서울: 풀빛.
山本義隆(2007). 一六世紀文化革命. 東京: みすず書房. 남윤호 역(2010). **16세기 문화혁명**. 서울: 동아시아.

Ahmed, M. (1991). *Basic education and national development*. NY: UNICEF.
Alexander, T. M. (1987). *John Dewey's theory of art, experience, and nature: The Horizons of Feeling*. NY: State University of New York Press.
Archard, D. (1993). *Children: Right and childhood*. NY: Routlege.
Bachman, F. P. (1915). *Principles of elementary education and their application*. Boston: D.C. Heath & Company.
Baron, M. A., & Boschee, F. (1995). *Authentic assessment: The key to unlocking student success*. Lancaster: Technomic Pub.
Barth, R. (1972). *Open education and the American school*. NY: Agathon.
Beane, J. A. (1993). *A middle school curriculum: from rhetoric to reality* (2nd ed.). Columbus: National Middle School Association.
Beck, R. H., Cook, W. W., & Kearney, N. C. (1953). *Curriculum in the modern elementary school*. Englewood Cliffs, NJ: Prentice-Hall, Inc.
Bidwell, C. E. (1965). The school as a formal organization. In J.G. March (ed.), *Handbook of organizations* (pp. 972-1018). Chicago: Rand McNally.
Blenkin, G. M., & Kelly, A. V. (1981). *The primary curriculum*. London: Harper & Row Publishers.
Bloom, B. S., Hastings, J. T., & Madaus, G. F. (1971). *Handbook on formative and summative*

evaluation of student learning. NY: McGraw Hill. 김호권, 이성진, 김상호 공역(1992). **교육평가 핸드북: 교과학습의 형성적 평가와 총괄적 평가**. 서울: 교육과학사.

Blyth, W. A. L. (1984). *Development, Experience and Curriculum in Primary Education.* London; Croom Helm; New York: St. Martin's Press.

Bobbitt, F. (1918). *The curriculum.* Boston: Houghton Mifflin.

Bridge, R. G., Judd, C. M., & Moock, P. R. (1979). *The determinants of educational outcomes: The impact of families, peers, teachers, and schools.* Cambridge, MA: Ballinger.

Broadfoot, P., Daugherty, R., Gardner, J., Harlen, W., James, M., & Stobart, G. (2002). Assessment for learning: 10 principles. Assessment Reform Group. https://dspace.stir.ac.uk/bitstream/1893/32458/1/Assessment%20for%20learning%2010%20principles%202002.pdf

Bronfenbrenner, U. (1994). Ecological models in human development. In International Encyclopedia of Education, Vol. 3. Oxford: Elsevier. Reprinted in: Gauvain, M., & Cole, M. (Eds.). *Readings on the development of children* (2nd ed.) (pp. 37-43). NY: Freeman.

Brubacher, J. S. (1947). *A History of the Problems of Education.* NY: McGraw Hill. 이원호 역(2001). **교육문제사**. 서울: 문음사.

Brubacher, J. S. (1966). The Influence of a Philosophical Orientation on Teaching Methods. *The High school Journal 50*, 30-34.

Bruner, J. S. (1966). *Toward a theory of instruction.* Cambridge: Harvard University Press.

Butts, R. F. (1955). *A cultural history of western education.* NY: McGraw-Hill.

Canter, L., & Canter, M. (1992). *Assertive discipline: Positive behavior management for today's classroom* (2nd ed.). Santa Monica: Lee Canter & Association.

Carroll, J. B. (1963). A model of school learning. *Teachers College Record, 64,* 723-733.

Case, R. (1985). *Intellectual development: Birth to adulthood.* London: Academic Press.

Case, R., Kurland, M., & Goldberg, J. (1982). Operational efficiency and the growth of short term memory span. *Journal of Experimental Child Psychology, 33,* 386-404.

Cashdan, A., & Overall, L. (1998). *Teaching in primary schools.* London: Cassell.

Caswell, H. L., & Foshay, A. W. (1950). *Education in the elementary school.* NY: American Book Company.

Cater, V. G. (1973). *Dictionary of Education.* NY: McGraw-Hill.

Chandler, M. A. (2012, January 15). In schools, self-esteem boosting is losing favor to rigor, finer-tuned praise. The Washington Post. https://www.washingtonpost.com/local/education/in-schools-self-esteem-boosting-is-losing-favor-to-rigor-finer-tuned-praise/2012/01/11/gIQAXFnF1P_story.html

Charles, C. M., & Senter, G. W. (1995). *Elementary classroom management.* White Plains, NY: Longman.

Clarke, J. I., & Dawson, C. (1998). *Growing up again: Parenting ourselves, parenting our children.* Center City, MN: Hazelden.

Click, P. M., & Parker, J. (2002). *Caring for school-age children.* Belmont: Wadsworth Cengage

Learning.

Cohen, M. D., March, J. G., & Olsen, J. P. (1971). A garbage can model of organizational choice. *Administrative Science Quarterly, March.* 1-25.

Collier, C. C., Houston, W. R., Schmatz, R. R., & Walsh, W. J. (1967). *Teaching in the modern elementary school.* Ontario: The Macmillan Company.

Corey, S. M. (1967). The nature of instruction. *Programed Instruction. Sixty-Sixth Yearbook* (pp. 5-27), Part II, National Society for the Study of Education. Chicago: University of Chicago Press.

Crain, W. C. (1985). *Theories of development.* Englewood Cliffs: Prentice-Hall.

Cratty, B. J. (1986). *Perceptual and motor development in infants and children.* Englewood Cliffs: Prentice-Hall.

Darling-Hammond, L., & Sclan, E. M. (1996). Who teaches and why: Dilemmas of building a profession for twenty-first century schools. In Sikula, J., & T. J., Buttery, E., Guyton(1996). *Handbook of research on teacher education* (2nd ed. pp. 67-119). New York: Macmillan Co.

Datan, N., Rodeheaver, D., & Hughes, F. (1987). Adult development and aging. *Auunal Review of Psychology, 38*, 153-180.

Dearden, R. F. (1968). *The philosophy of primary education.* London: Routledge, & Kegan Paul.

Dearden, R. F. (1983). Autonomy and intellectual education. *Early Child Development and Care, 12*(3-4), 211-228.

Denscombe, M. (1985). *Classroom control: A sociological perspective.* London: George Allen and Unwin.

Dewey, J. (1902). *The child and the curriculum.* Chicago, IL: The University of Chicago Press.

Dewey, J. (1933). *How we think: A restatement of the relation of reflective thinking to the educative process.* Boston: Heath and Company.

Dewey, J. (1938). *Experience & education.* NY: Kappa Delta Pi.

Dewey, J. (1952). *Democracy and education.* NY: The Free Press.

Dewey, J. (1958). *Experience and nature.* NY: Dover Publications.

Dewey, J. (1971). *A common faith.* New Haven, CT: Yale University Press.

Doyle, W. (1986). Classroom Organization and Management. In M. Wittrock. *Handbook of research on teaching* (3rd ed. pp. 392-431). New York: MacMillan.

Dreikurs, R., Grunwald, B. B., & Pepper, F. C. (1971). *Maintaining sanity in the classroom.* New York: Harper& Row.

Ebel, R. L. (1979). *Essentials of educational measurement* (3rd ed.). NJ: Prentice-Hall Inc.

Edwards, C. H. (2000). *Classroom discipline and management* (3rd ed.). NY: John Wiley & Sons.

Eisner, E. W. (1979). The educational imagination: On the design and evaluation of school programs. New York: Macmillan.

Emmer, E. T. (1987). Classroom management and discipline. In V. Richardson-Koehler, & D.C.

Berliner (Eds.), *Educators' handbook: A research perspective* (pp. 233–258). White Plains, NY: Longman.

Erikson, E. H. (1950). *Childhood and society.* NY: W. W. Norton & Company.

Evertson, C. M., & Weinstein, C. S. (2006). *A handbook of classroom management: Research, practice, and contemporary issues.* Mahwah, NJ: Lawrence Erlbaum Associates.

Fadiman, C. (1959). The case for basic education. In J.D. Koerner (Ed.), *The case for basic education: A program of aims for public schools.* Boston: Little Brown.

Farrell, M. (1999). *Key issues for primary schools*. NY: Routledge.

Fitzgerald, J. A., & Fitzgerald, P. S. G. (1955). *Methods and curricula in elementary education.* Milwaukee: Bruce Publishing Company.

Flacelière, R. (1959). *La vie quotidienne en Grèce au siècle de Périclès*. Paris: Hachette. 심현정 역 (2004). **고대 그리스의 일상생활**. 서울: 우물이있는집.

French, J. R. (1993). *A formal theory of social power*. New York: Irvington.

Froehlich, C. P. (1950). *Guidance services in smaller school.* NY: McGraw-Hill.

Gagné, R. M. (1977). *The conditions of learning* (3d ed.). NY: Holt, Rinehart and Winston.

Gagné, R. M., & Berliner, D. C. (1988) *Educational psychology* (4th ed.). New Jersey: Houghton Mifflin.

Gagné, R. M., & Briggs, L. J. (1974). *The principles of instructional design*. NY: Holt, Rinehart and Winston.

Gallahue, D. L. (1982). *Understanding motor development in children.* NY: Wiley.

Getzels, J. W. (1969). A social psychology of education. In G. Lindzey, & E. Aronson (Eds.), *The handbook of social psychology*, Vol Ⅴ. Boston: Addison-Wesley.

Gnagey, W. J. (1981). *Motivating classroom discipline*. NY: Macmillan.

Good, C. V. (Ed.). (1973). *Dictionary of education.* NY: McGraw-Hill.

Goodlad, J. I. (1966). *School, curriculum and the individual.* Waltham: Blaisdell.

Goodman, K. S. (1967). Elementary education. In G. F. Kneller (Ed.), *Foundations of education* (pp. 493-497), Hoboken: John Wiley & Sons, Inc.

Gordon, A. M., & Browne, K. W. (1989). *Beginnings and beyond: Foundation in early childhood education* (2nd ed.). New York: Delmar Publishers.

Gronlund, N. E. (2006). *Assessment of student achievement* (8th ed.). Boston: Allyn & Bacon.

Haertel, E. H. (1992). Performance measurement. In M. C. Alkin (Ed.), *Encyclopedia of educational research* (pp. 984–989). New York: Macmillan.

Haigh, G. (1975). *Integrative.* London: Trowbridge, & Esher.

Hamm, C. M. (1991). *Philosophical issues in education.* NY: The Falmer Press.

Harnett, P. (2008). *Understanding Primary Education: Developing professional attributes, knowledge and skills.* London: Routledge.

Harris, A. (1999). *Teaching and learning in the effective school.* Farnham: Ashgate Publishing Ltd.

Heck, S., & Williams, R. (1984). *The complex roles of the teacher: an ecological perspective.* NY: Teachers College Press.

Henderson, A. T., Marburger, C., & Ooms, T. (1986). *Beyond the bake sale: An educator's guide to working with parents.* Columbia, MD: National Committee for Citizens in Education.

Henderson, A., & Berla, N. (1994). *A new generation of evidence: The family is critical to student achievement.* Columbia, MD: National Committee for Citizens in Education.

Herman, J. L., Aschbacher, P. R., & Winters, L. A. (1992). *Practical guide to alternative assessment.* Alexandria: Association for Supervision and Curriculum Development.

Herrick, V. E., Goodlad, J. I., Estvan, F. J., & Eberman, P. W. (1956). *The elementary school.* Englewood Cliffs, NJ: Prentice-Hall, Inc.

Hilgard, E. R. (1962). *Introduction to psychology* (3rd ed.). NY: Harcourt.

Hoover, R. L., & Kindsvatter, R. (1997). *Democratic discipline: Foundation, & practice.* Upper Saddle River: Merrill.

Hopkins, L. T. (1941). *Integration: the democratic process.* NY: Heath.

Hopkins, L. T. (Ed.). (1937). *Integration: its meaning and application.* NY: Appleton-Century.

Hughes, P. (2008). *Principles of primary education* (3rd ed.). NY: Routledge.

Humphreys, J. A., & Traxler, A. E. (1954). *Guidance Service.* Chicago: Science Research Associates.

Hurlock, E. B. (1985). *Child development* (6th ed.). Singapore: Kin Keong printing Co.

Hyman, R. T. (1974). *Teaching: vantage points for study.* Philadelphia: J.B. Lippincott, cop.

Hyman, R. T. (1974). *Ways of Teaching.* Philadelphia: Lippincott Williams & Wilkins. 권낙원 역 (2001). **교수방법**. 서울: 원미사.

Jackson, P. W. (1968). *Life in classroom.* NY: Holt, Rinehart & Winston.

Jarolimek, J., & Foster, C. D. (1985). *Teaching and learning in the elementary school.* NY: Macmillan Publishing Company.

Jarolimek, J., & Foster, C. D. (1997). *Teaching and Learning in the Elementary School*(6th Ed.). Upper Saddle River: Pearson.

Jersild, A. T. (1960). *Child psychology.* Englewood Cliffs, N.J: Prentice-Hall.

Jones, A. (1987). *Leadership for tomorrow's schools.* Oxford: Basil Blackwell Ltd.

Jones, A. J. (1970). *Principle of guidance.* NY: Mcgraw Hill Companies.

Kimble, G .A., & Garmezy, N. (1963). *Principles of general psychology.* NY: Ronald Press Co.

Kohlberg, L. (1958). *The development of modes of thinking and choices in years 10 to 16.* Ph. D. Dissertation, University of Chicago.

Kosnik, C. M. (1999). *Primary Education: Goals, Processes and Practices.* NY: Lagas.

Kubiszyn, T., & Borich, G. D. (1993). *Educational testing and measurement: Classroom application and practice.* NY: Harper Collins College Publishers.

Kyriacou, C. (1986). *Effective teaching in schools: Theory and practice.* Cheltenham: Nelson Thornes, Ltd.

Landsdown, R., & Walker, M. (1991). *Your child's development from birth through adolescence.* NY: Knopf.

Logan, L., & Sachs, J. (1997). *Meeting the Challenges of Primary Schooling.* NY: Routledge.

Lorenz, E. (1963). Deterministic and Periodic Flow. *Journal of the Atmospheric Sciences, 20,* 130-141.

Marriott, S. (1985). *Primary education and society.* London; Philadelphia: Falmer Press.

Marsh, L. (1973). *Being a Teacher.* London: A & C Black.

McMillan, J. H. (2007). *Classroom assessment.* Upper Saddle River: Pearson.

Mednick, M. T., & Mednick, S. A. (1963). *Research in personality.* NY: Holt.

Mednick, S. A. (1962). The assiciative basis of the creative process. *Psychological Review, 69*, 220-232.

Michael, E. D. (1990). Physical development and fitness. In R. M. Thomas (Ed.), *The encyclopedia of human development and education. Theory, research and studies* (pp.223-225). Oxford: Pergamon.

Mill, J. S. (1910). *On liberty.* London: Dent.

Miller, M. D., Linn, R. L., & Gronlund, N. E. (2009). *Measurement and assessment in teaching.* Upper Saddle River: Pearson.

Morgan, C. T., King, R. A., & Robinson, N. M. (1979). *Introduction to psychology.* NY: McGraw-Hill.

Morrison, J. L. (1998). Power learning in the digital age-bringing reality to the discipline. *Journal of Education for Business, 73*(5), 261-263.

Mortimer, J.A. (2000). *Labor, leisure, and liberal Education.* http://www.sourcetext.com/grammarian/adler2.html

Mussen, P. H. (1979). *The psychological development of the child.* Englewood Cliffs: Prentice-Hall.

Noddings, N. (1989) *Women and evil*. Berkeley: University of California Press.

Noddings, N. (1992) *The challenge to care in schools: an alternative approach to education.* NY: Teachers College Press.

Nyberg, D., & Egan, K. (1981). *The erosion of education: Socialization and the schools.* NY: Teachers College, Columbia University.

Nyquist, E. B. (1976). The american `No-Fault' morality. *Phi Delta Kappan, November,* 272-277.

OECD (2005). *The definition and selection of key competencies: Executive summary.* Paris: OECD Publishing.

OECD. (2018). *The future of education and skills Education 2030.* Paris: OECD Publishing.

Office of Technology Assessment, U. S. Congress. (1992). *Testing in american schools: Asking the right questions* (OTA-SET-519). Washington, DC: U.S. Government Printing Office.

Otto, H. J., Floyd, H., & Rouse, M. (1969). *Principles of elementary education.* NY: Greenwood Press.

Parker, S. C. (1970). *The history of modern elementary education.* NJ: Littlefield, Adams, & Co.

Pascual-Leone, J. (1987). Organismic processes for neo-Piagetian theories: A dialectical causal account of cognitive development. *International Journal of Psychology, 22*(5-6), 531-570.

Peters, R. S. (1966). *Ethics and education.* London: George Allen, & Unwin.

Phillips, H. M. (1975). *Basic education: a world challenge.* London: John Wiley, & Sons.

Piaget, J. (1932). *The moral judgment of the child.* London: Kegan Paul, Trench, Trubner and Co.

Piaget, J. (1969). *The mechanisms of perception.* London: Rutledge & Kegan Paul,

Popham, W, J. (2005). *Classroom assessment* (4th ed.). Boston: Ally & Bacon.

Powell, G. F., Brasel, J. A., & Blizzard, R. M. (1967). Emotional deprivation and growth retardation simulating idiopathic hypopituitarism. I. Clinical evaluation of the syndrome. *New England Journal of Medicine, 276,* 1271-1278.

Power, E. (1997). *Medieval women*. New York: Cambridge University Press. 이종인 역(2010). **중세의 여인들**. 서울: 즐거운상상.

Pring, R. (1976). *Knowledge and schooling*. London: Open Books.

Pring, R. (1978). Curriculum content: principles of selection. In D. Lawton, et al., *Theory and practice of curriculum studies* (pp. 137-143). London: Routledge.

Purvis, J. J. (1994). Teacher attitude toward discipline. *The University of Southern Mississippi,* 66-71.

Reis, S. M., & McCoach, D. B. (2002). Underachievement in Gifted and Talented Students With Special Needs. *Exceptionality, 10*(2), 113-125.

Remmers, H. H., & Gage, N. L. (1943). *Educational measurement and evaluation.* NY: Harper, & Brothers.

Richards, C., Lofthouse, B. (1985). *The Study of primary education: A Source Book.* (Vol. 2.). London: The Falmer Press.

Riner, P. S. (2000). *Successful teaching in the elementary classroom.* Eaglewood Cliffs: Prentice-Hall, Inc.

Ronald T. Hyman. (1974). *Ways of teaching.* Philadelphia: Lippincott.

Schofield, H. (1972). *The Philosophy of education: an introduction*. London: Allen.

Schwab, K. (2016). *The Fourth Industrial Revolution*. Sydney: Currency. 송경진 역(2016). **클라우스 슈밥의 제4차 산업혁명**. 서울: 새로운현재.

Seidel, R. W., & Reppucci, N. D. (1995). Organized youth sports and the psychological development of nine-year-old males. *Journal of Child and Family Studies, 2*(3), 229-248.

Sergiovanni, T. J. (1994). *Building community in schools.* San Francisco: Jossey-Bass.

Shaffer, D. R. (2000). *Social and personality development*(4th ed.), Belmont: Wordsworth/ Thomson Learning.

Shepherd, G. D., & Ragan, D. (1992). *Modern elementary curriculum.* NY: Harcourt Brace Jovanovich.

Shertzer, B., & Stone, S. C. (1981). *Fundamentals of guidance* (4th ed.). Boston: Houghton Mifflin

Company.

Shickendarz, J. A. (1976). Parents, teacher and early education. In B. Persky, & L.L. Colubcheck (Eds.), *Early childhood* (pp. 15-20). Wayne, NJ: Averry Publishing Group.

Shuell, T. J., & Lee. C. Z. (1976). *Learning and instruction.* Monterey: Brooks/Cole Publishing Company.

Siegler, R. S. (1989). Mechanisms of cognitive change. *Annual Review of Psychology, 40*, 353-379.

Slavin, R. E. (1988). *Student team learning: An overview and practical guide.* Washington, DC: National Education Association.

Sotto, E. (1994). *When teaching becomes learning: A theory and practice of teaching.* London and New York: Cassell.

Sparks, S. D. (2012). Study Finds Timing of Student Rewards Key to Effectiveness. Education Week(2012.8.1.)

Spranger, E. (1928). *Types of men: the psychology and ethics of personality.* Hale: Niemeye.

Stake, R. E. (Ed.). (1975). *Evaluating the arts in education: A responsive approach.* Columbus: Bobbs-Merrill.

Stufflebeam, D. L. (1983). The CIPP model for program evaluation. In G. F. Madaus, M. Scriven & D. L. Stufflebeam (Eds.), *Evaluation models* (pp. 117-141). Boston: Kluwer-Nijhoff.

Stufflebeam, D. L. (Ed.). (1971). *Educational evaluation and decision making.* Itasca: Peackock.

Taba, H. (1962). *Curriculum development. Theory and practice. Foundations, process, design, and strategy for planning both primary and secondary curricula.* NY: Harcourt, Brace and World.

Tankard, G. G. (1974). *Curriculum improvement: an administrator's guide.* West Nyack: Parker Pub. Co.

Tanner, J. M. (1970). Physical growth. In P.H. Mussen (Ed.), *Carmichael's manual of child psychology* (3rd ed. pp. 77-155). NY: Wiley.

Tanner, J. M. (1990). *Fetus into man. revised and enlarged.* Cambridge: Harvard University Press.

Tanner, L. N. (1978). *Classroom discipline for effective teaching and learning.* NY: Holt, Rinehart & Winston.

The Educational Policies Commission (1938). *The purposes of education in American democracy.* Washington, D.C.: Educational Policies Commission, National Education Association of the United States, and the American Association of School Administrators.

Thomas, A. M. (1991). *Beyond education.* San Francisco: Jossy-Bass Publishers.

Thomas, G. (2021). *How to do your case study*(3rd ed.). Newbury Park: SAGE Publications Ltd.

Thomas, R. M. (1979). *Comparing theories of child development.* Belmont: Wadsworth Pub. Co. 백운학 역(1987). **아동발달의 제이론**. 서울: 교육과학사.

Thompson, J. D. (1967). *Organizations in action.* NY: McGraw-Hill.

Thompson, R. A. (1994). Emotion regulation: A theme in search of definition. In N. Fox(Ed.),

Emotion regulation: Behavioral and biological considerations(Vol.59, pp.25-32). Society for Resaerch in Child Development Monographs.

Til, W. V. (1972). What are the real "basics" in education? In B.C. Mills. *Understanding the young child and his curriculum* (pp. 15-18). NY: Macmillan Publishing Co., Inc.

Tomal, D. R. (1998, October). *A five-styles teacher discipline model.* Paper presented at the Annual Meeting of the Mid-Western Educational Research Association, Chicago, IL. (ERIC Document Reproduction Service No. ED 425 158).

Travers, R. M. W. (1967). *Essentials of learning.* NY: Macmillan Publishing Company.

Traxler, A. E., & North, R. D. (1966). *Techniques of guidance*. NY: Harper and Row.

Tulley, M., & Chiu, L. H. (1995). Student teacher and classroom discipline. The *Journal of Educational Research, 88*(3). 164-171.

Tyler, R. W. (1949). *Basic principles of curriculum and instruction.* Chicago: The University of Chicago Press.

U. S. Congress office of Technology Assessment. (1992). *Finding a balance: Computer software, intellectual property, and the challenge of technological change.* Washington, DC: U.S. goverment Printing Office.

Vygotsky, L. S. (1978). *Mind in society: The development of higher psychological processes.* Cambridge: The Harvard University Press.

Vygotsky, L. S. (1986). *Thought and language.* Cambridge: The Massachusetts Institute of Technology.

Warren, H. C. (1943). *Dictionary of psychology*. Boston: Houghton Mifflin Co.

Wayson, W., & Pinnel, G. (1994). Discipline and conduct in schools. In Husen, & Postlethwait (Eds.). *The international encyclopedia of education* (2nd. ed.). NY: Pergamon Press.

Weick, K. E. (1976). Educational organizations as loosely coupled system. *Administrative Science Quarterly, 21*(1), 1-19.

White, J. (1973). *Towards a compulsory curriculum.* London: Routledge and Kegan Paul.

Wiggins, G. (1989). A true test: Toward more authentic and equitable assessment. *Phi Delta Kappan, 71,* 703-713.

Wilds, E. H. (1942). *Foundations of modern education.* NY: Farrar & Rinehart.

학교 알리미. http://www.schoolinfo.go.kr

Eurydice. http://eacea.ec.europa.eu

전미경제교육협의회. https://ncee.org/country/singapore/

영국 교육부. http://orderline.education.gov.uk

유네스코 국제교육국. http://www.ibe.unesco.org

중국 교육부. http://www.moe.gov.cn

캘리포니아주 교육부. http://www.cde.ca.gov/ci/

찾아보기

인명

내용

저자소개

권동택 한국교원대학교 초등교육과 교수

남 미 한국교원대학교 강사

박현진 예미초등학교 교사

성경환 한국교원대학교 강사

이주영 교육부 교육연구사

장진희 다원초등학교 교사

정지선 경기도교육청 장학사

제2판

초등교육론

1판 1쇄 발행 2014년 8월 10일
2판 1쇄 발행 2023년 7월 1일

지 은 이 | 권동택 남 미 박현진 성경환
이주영 장진희 정지선
발 행 인 | 박철용
발 행 처 | 양서원
주 소 | 경기도 파주시 직지길 522 파주출판도시
전 화 | 031-955-8000(代)
팩 스 | 031-955-8005
홈페이지 | www.yswpub.co.kr
이 메 일 | yswgroup@naver.com
출판등록 | 1987년 11월 24일 제 406-2003-037 호

ISBN 978-89-994-1373-5

정가 23,000원